H. G. クリール

孔　　　子

——その人とその伝説——

田島道治譯

岩波書店

CONFUCIUS

H. G. Creel

This book is published in Japan by arrangement
with Curtis Brown Ltd., New York, through
Charles E. Tuttle Co., Tokyo.

著者近影

孔子

孔德成題

この題字は孔子七十七世の直系孔德成氏の筆に成るもので同氏の厚意による。同氏は孔氏の祭祀を維持する役目をシナ政府から委託されている。大字は「孔子」であり、孔子生存の頃に使用された字體である。左の小字は孔德成これを書くの意である。印には孔氏の名「德成」が商代(西紀前一七六六年—一一二二年、但し年代はやや疑わしい)の書體で彫られてあるが、それは孔子の爲に、シナ學士院の董作賓氏の手になるものである。董作賓氏は商都安陽に於ける第一回の科學的發掘を指揮した人である。

著者序文

人類の一大團に在っては、孔子は、數世紀に亙り、生民有って以來の最も重要な人物と考えられ來たっておる。近世に於ける西洋の社會上および政治上最も基本的な觀念の中には、彼の哲學がその發達に一《ひと》役演じたものもある。今日なお、東アジアでは、イデオロギーの闘爭に際し、最も保守的な人も、また時には最も過激的な人もが孔子の名を呼びかけ、その解釋を改變して、孔子が彼らの意見に賛成であったことを力めて示そうとしている。

飜って彼の名聲から離れ、その背後にあるこの人物に關する傳説の語る所を審《つまび》らかにすれば、われわれは失望を禁じ得ないのである。彼は全然非獨創的で、ただ古えの慣例を復活させたいことにのみ專念した人間として描かれている。一般に認められている彼一生の記録は、人としての氣力に乏しく、その行動は、彼がしばしば人に説いた理想の具現に、著しく失敗したように書かれている。何か間違いがあるに違いないと感ぜざるを得ない。この人物が果して傳説に描かれてる通りであるならば、歴史が實證してる結果を生む原因としては、ふさわしからぬように思われ、それを説明し得るものとしては、傳説が孔子の生涯を正確に描寫していないとする外ないのである。本書はその説明が可能なりや否やを探究せんとするものである。

言うまでもなく、本書は孔子の眞實の姿を見出そうとする最初の企てでは無いが、またこれが最終のものでも無いつもりである。本書の著者はこの書物が正しい方向への一楷梯ともなるならば滿足して可なりと思うものである。

注釋で言及する書物の略辭は「書目」にアルファベット順に排列して十分に説明を加えて置いた。

本書に出て來る人々の中には原典ではいろいろ違った名前で呼ばれることがあるけれども、混亂を避ける爲に、專斷ながら一人の人は一つの名で呼ぶこととした。便宜上、大概シナの原典は英佛の譯文を參考としてあげることとしたが、その都度いつもシナの原書をも參照した。飜譯の中には全部または一部新たなものもある。

本書は、多數友人の惜しみなき忠言、助力、批評が無かったならば世に出なかったであろう。ここに芳名を列擧するは私の感謝の意を證する以外の何ものでもないのである。

私の妻、ローレン・クリールの貢獻は特に多大であった。彼女の博士論文は重要な思想の一源泉であった。重大な論点は一々彼女と論議し、彼女の說によって變更を加えたことも少なくなかった。

全原稿を草案の時に讀んで批判した人はアドリエヌ・コホおよびアール・エッチ・プリチャードの兩教授で感謝に堪えない。また一部を讀んで多くの有益な意見を聞かせて頂いたことについては、ルイ・ゴチャック、エス・ウィリアム・ハルパリン、ジェローム・ジー・カーヴィン、エドワード・エー・クラック二世、およびドーナルド・エフ・ラハの諸教授に感謝の意を表する。非常に有益な忠言を與えられたことに對し、ナビア・アボット教授、エドウィン・ジー・ビール二世、ヘルマン・フアィナ、アラン・ゲウィルト、ウィリアム・エー・アーヴィン、リチャード・ピー・マキオンの諸教授、チャールス・モリス、エッチ・エル・ポールマン兩博士、ジー・ケー・ストロダッハ、湯用彤、鄧嗣禹、董作賓およびジョン・エー・ウィルスンの諸教授にも謝意を表したいと思う。また錢存訓氏が「書目」についての忠言の外、漢字を書かれたことについては負う所大である。この研究は國會圖書館で一年間進められたが、東洋部のアーサ・ダブルュ・ハメル氏およびその部員諸君には書目および目錄について多大の援助を忝くしたことに感謝し、ロックフェラー財團に對しては、一九四五―六年の一年間この研究に全時間を沒頭し得るよう特別研究費を与えられたことに感謝の意を表する。

リチャード・ジェー・ウォルシュ氏は編纂上の卓越した意見を数回寄せられ私は喜んでそれに同調した。地圖はスーザン・ティー・リヒャート嬢を煩わした。ジェーン・ワーク嬢は資料の蒐集から校正および索引の作成等本書のできるのに大きな役割を果たされた。また彼女が除去した誤りも少なからず、この書物に何か長所がありとすれば、それのもたらす聲譽の大半は彼女に歸すべきである。

何らか不正確な點が殘っておるとすれば、その責は私一人に歸すべきものである。廣汎で複雜な問題であるから誤謬の少なからざること疑いを入れない。私の立場は「論語」憲問篇第二十六章に出て來る人のように「過ちを寡くしたいと思っていまだ能わざるもの」である。

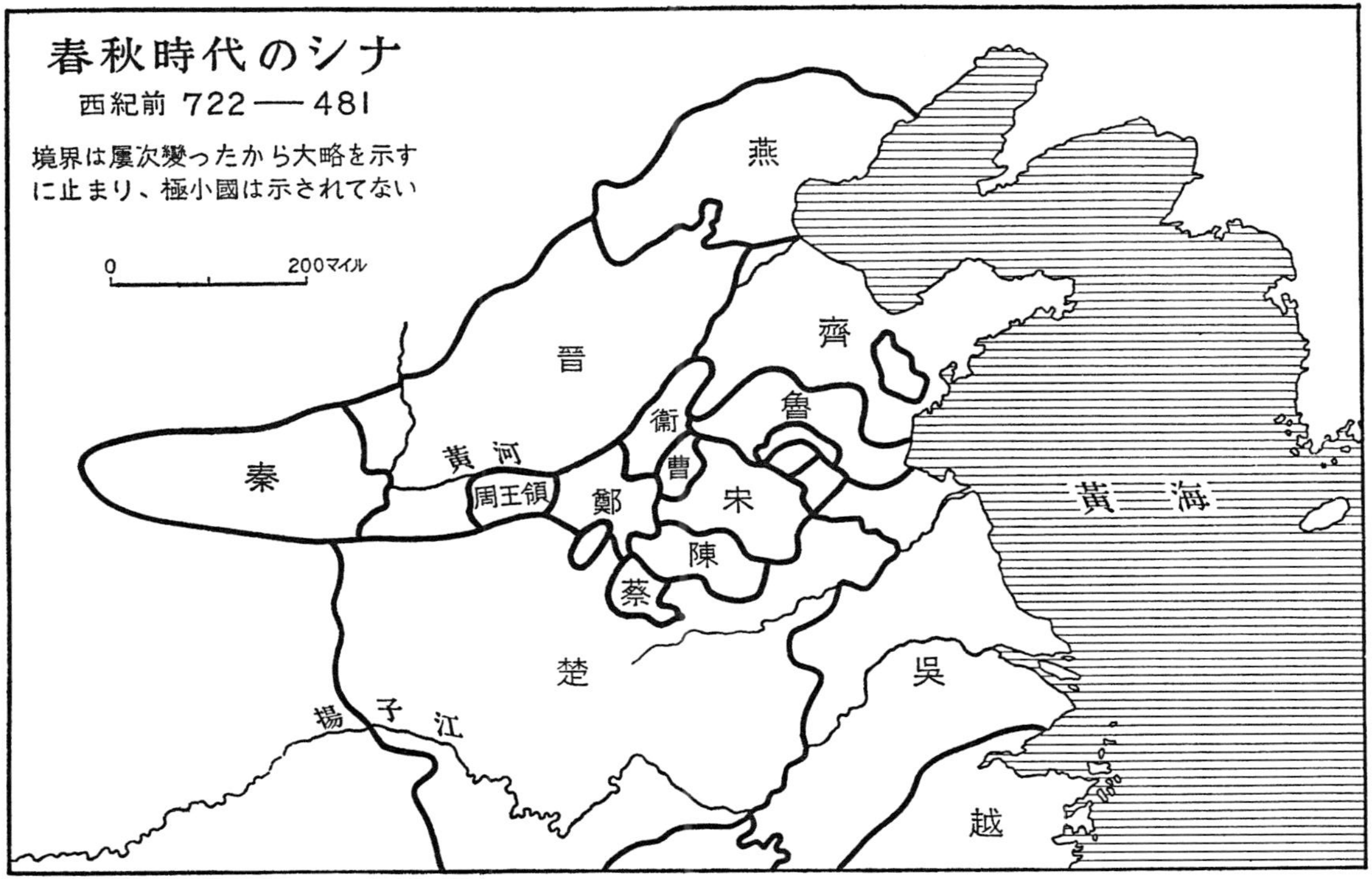
春秋時代のシナ
西紀前 722 — 481
境界は屢次變ったから大略を示すに止まり、極小國は示されてない
0 200マイル
燕
晉
齊
衛
魯
黄河
曹
秦
周王領
鄭
宋
黄海
陳
蔡
楚
吳
揚子江
越

目　次

背景

第一章　傳説と事實(一)

二千五百年の昔、シナで呱々の聲をあげたひとりの人の一生程、人類の歴史に影響を及ぼす運命を荷ってた例は、他に多くその比をみない。傳説では、その人が名門の流れ、王室の後裔であると言われ、またその生誕に際しては、龍と靈女とが天空を翺翔したとの物語を殘している。然るに、その人孔子自らは「若い時は卑賤であった」と言っているのである。(二)

傳説では、孔子は、嚴格な、學者臭味の人として描かれ、人間がその行爲や思惟に際して從うべきやかましい規則を定めた人とされているけれども、その實、彼はそれら規則類の制定を避けることに大いに意を用いた人であったのである。と言うのは、人間は、他人の系統立てた信條の爲に、自分自身で思惟する義務を免ぜられる筈のものではないと、彼は固く信じていたからである。

往々、彼を目するに反動家を以てし、古えのやり方を復活して、世襲貴族政治の權威の維持を何よりの眼目としていたのだとの説を聞くけれども、事實は彼こそ大革命家の一人に數えねばならない程、社會上および政治上に徹底的な改革を來たそうとして、自ら唱道し、また他に力をかした人だったのである。彼の死後數世紀で、シナには世襲貴族政治は事實上存在しなくなったが、この制度打破についての彼の貢獻は他の何人にも劣らないものがある。

彼は青年時代に、糊口の爲、奴役にも等しい仕事をしなければならなかったが、この爲に彼は平民に對して深い同情を抱くようになり、終生これを忘れなかった。當時の平民には、實に幾多の難題と艱苦とが横たわっていたのである。これより先、中央政府は旣に衰微し、封建諸侯は、王に對してただ名目的の臣從を認めていたに過ぎなかったが、それら封建諸侯とてもまた自主獨立とは言えなかったのである。それは、諸侯の中には自分自身の部下の亂暴者に實權を掌握されて、その傀儡に過ぎないものもあったからである。戰爭は絶え間無く、外戰内亂交〻行われて、これを遮るものとては何物も無く、法も秩序も無きに均しく、ただ便《たよ》るは、おのが股肱とたのむ配下の武力か、然らずんば、己れ自身の弄する術策の力のみで、それ以外には己れの主張を貫く術《すべ》は無かったのである。非常に有力な貴族でさえも、いつ沒落しないとも限らず、恐らくは暗殺されないという保證も附き兼ねたのである。平民の立場は、實に悲慘を極め、戰爭となればどちらが勝っても、戰禍を被るのはいつも平民と極まっておった。平時でも彼らには何ら安全の保障が無かったのは、彼らに何一つ實力の持合せが無かったからである。當時、平民は實際貴族達の將棋の駒に過ぎなかったのに、その貴族達の最大關心事は、狩獵や戰爭、それに豪奢極まる生活であった。これら貴族達の氣晴らしの費用支辨の爲に、堪え得る税率の限度を遙かに超えた重税が平民に課せられ、抗議した所で、悉く彈壓されて何の容赦もあるものでなかった。

　青年孔子にとっては、これらの狀況は、凡そ、我慢のならないものと思われたに違いなく、身を以てこれら暴政の匡正に當らんものと一生を捧げる決意をしたのである。彼は、この世をもっと住みよくするには、どうしたらばよいかと、その方法について人々に呼びかけ、漸を追うて彼の周圍には彼の說を學ぼうとする一團の青年が集まるようになり、かくて彼は敎師としてその名を知られるに至った。

　彼の敎えの眞髓は極めて單純なものであった。彼は、その周圍至るところで、人々が互に相爭う有様をみて、これが社會本然の姿とは、どうしても考えられず、互に協力することこそが、人として正常な狀態で、互に他を凌ぐ爲ではなく、相互共通の福祉を增進させる爲に努力すべきものと考えていた。明君か否かを判定する標準は、君主が自分自身の爲に富と權力とを積む能力ではなく、人民の繁榮と幸福とを招來する能力であるというのが彼の意見であった。

孔子は、その頃王位を占めていたような君主達が政治の指導權を握っている限りは、彼が夢に描いていたような社會は到底出現しないと深く悟る所があって、できることならば、喜んで世襲の君主を廢することも敢て辭さない位であったと思われる節もあるが、それはできない相談であった爲、代りに、彼は、君主が行政上の權能を、有德で而も練達堪能な大臣に引渡す氣になるよう、君主に對する勸說に努め、また今述べたような大臣に仕立て上げようとして青年の教育に力を致した。この教育は貧富貴賤を問わず、全然同一の基準で廣く誰でもを受け入れたが、二つの資格卽ち明智と勤勉とだけは之を要件とした。

孔子は無血革命を招來しようと努力しつつあったのである。王位を世襲していた君主の手から實權を取り上げて、これを功績本位で選ばれた大臣の手に委し、政治の目的をば少數の人の勢力强化から、全人民の繁榮と幸福とに改めたかったのである。彼は理知の上で確信を得ただけでは、革命を起こすには足らぬことを承知していたから、彼の一生を捧げたこの大義に對するひた向きの情熱をば門弟達の心に燃えたたせようと大いに努め、この點では多大な成果を收めた。（アーサ・ウェーレの名文句を借用すれば）この「『道』の騎士達」の一團は、後世のキリスト敎騎士道にみられるものに少しも劣らない程度の信仰によって靈感を覺えたのである。

しかし、孔子としては敎師たることに甘んずるわけにはいかなかったのである。彼は一國の政治を指導して、彼の夢に描いた社會が、彼の手によって、蘇生するのをみたかったのである。然るに、當時の君主達は、實權を孔子に託するなど本氣に考えてみる氣にもならなかったことは明白で、孔子をば、精々、無害な、やや常軌を逸した人だが、萬一、權力を握るようなことがあったならば、危險人物にもなり兼ねない位に思っていたに違いない。然るにも拘らず、彼らは孔子の門弟達には、むしろ高い地位を與えた。孔子も結局、その鄕國魯で、名だけは立派で、恐らく實際の權能は何も無かったと思われる官職を與えられたが、これはまさしく門弟達の要請によったものであった。

彼は、その地位に在っても、何の成果をも擧げ得ないことがわかってから、官を辭して諸國遍歷の旅に出掛け、彼の「道」を用いようとする君主もがなと搜し求めたが、遂に一人も見附け得なかったのである。この遍歷の旅は、十餘年の長きに亙って、而も何一つ仕出來《しでか》したこともなく終ったが、主義の爲には、どんな艱難も、どんな虐待も甘んじて受けようとする彼の烈々たる意氣は、これを證して餘りあるものがあった。

彼は魯に歸ってからまた諸生の敎育に當って五年の後に他界した。彼の生涯には、その身邊に劇的なものは何も無かったと言ってよく、從って盛り上る最高潮も無ければ、主義に殉ずる受難も無かった。彼の重きを置いた抱負はその一端だに實現をみるに至らず、彼の死に際しては誰もが彼を失敗者と思ったに違いなく、彼自身確かにそう思ったのである。

彼の死後、彼の敎えが時代を追って順次に門弟から門弟へと傳えられいくにつれ、この孔門の一羣は、規模に於いても、勢力に於いても、漸次發展の一路を辿った。その敎義には變更が加えられた上に、入念に粉飾を施されて、遂には孔子その人からすれば、同一物とは認め難い程にまで變形したが、それでも二つの原理は初めのまま殘されてあった。卽ち政治の衝に當るものは、門地によらず、有德有能によって選擇さるべきであるという主張と、政治の眞の目的は、人民の繁榮と幸福とにあるという主張との二つであった。この後の方の原理の爲に、戰爭の頻發と暴政の增大とによって生活の困難がその度を増すにつれて、孔子の教えは平民の間に人氣を博することとなった。西紀前二二一年に、比較的未開な秦が全シナを征服統一して、全體主義帝國に變貌せしめたが、孔子の徒、儒家は協力を拒んで、中には殺されたものもあり、その書物や教義の流布は禁止された。二十年も經ない中に、秦は革命によって滅亡したが、この際、儒家は重要な役割を演じた。

秦に代った漢は、大體に於いて儒家に對して遙かに好意的ではあったが、數名の儒家は第六代武帝が全體主義的野望を抱いた爲、これと衝突した。武帝は非常に俊敏な人であったから、表面儒教に反對しないで、その保護者の態度をとり、資金を給してこれを奬勵し、また多數の儒家を政府の官吏に任命し、最初の官吏選拔試驗は彼親らこれに當り、儒家の教義を進展せしめる上に少なからず盡力したのである。大體この頃から、專制政治を辯護する為に儒教を惡用することが始まった。この惡用は孔子がその爲に戰ったあらゆる主義を歪曲したもので、これに對し、進んだ考えを特ち、而も勇氣ある儒家はいつかな抗議してやまなかったのである。

今日行われている孔子に關する消息は、大部分が漢またはそれ以後に出たものであり、孔子の傳記も注釋書もまた然りで、古典的な、ひからびた骨に、肉と血とを附けようとしたものである。孔子の死後幾《いくば》くもなくして、その傳說に尾鰭を附けて潤色することが始まったが、これはあのような重大な影響を及ぼした思想を抱いていた人が、その生前にその偉大さを認められないというようなことはあり得ないと思えたからである。そこで彼の傳記には、彼が有力な政治家であったように書かれた。對立する思想の學派では、最初の中は彼を攻擊もし、嘲笑もしたが、後には彼らも孔子を己れの陣營に取り入れ、全體主義的な法家さえも、孔子を全體主義者に改宗させたのである。儒教で一番尊重されてる經典中に書き入れた章句の中で全體主義的な感想を、孔子の口をかりて言わしめることにしたのは、何と言っても一番効果的なやり方であった。

これらのことはすべて、孔子の民主的意見を迷惑に思って、彼を皇帝の無限な権力の支持者のように表現したいと願っていた人達にとっては、好都合であった。彼らとしては孔子のことばと思われてるものに附加した僞文は強調し、その他のものは解釋し、またその餘のものは忘却するということをやっておればよいことになった。かようなわけで、彼らが一つの表正面《おもて》を作り上げた爲に、その背後に隱された眞の孔子を發見することは非常に困難となり、而もそれが二千年の長きに亙ったのである。

しかし、大概いつの世にも、その邊のことを洞察し得る學者は、少數ながらいるものである。數名の耶蘇會の宣敎師の如きもそれで、シナ國の内部にはいって研究を遂げ、十七八世紀には、シナ朝廷の官吏にもなった。彼らは頻りにヨーロッパへの文通を重ね、彼らが發見したこの驚嘆すべき新顏哲學者のことを傳えた。

かような次第で、孔子がヨーロッパに知られるようになったのは、啓蒙と呼ばれる哲學的運動の初め頃であった。ライプニッツ、ヴォルフ、およびヴォルテールをはじめ多數の哲學者竝に政治家および文人が、彼らの論議を進める爲に、孔子の名と思想とを利用したと同時に、その間彼ら自身その影響を受けた。シナでは儒敎に刺戟されて、ずっと以前に、世襲貴族政治が實際には廢止されたという事實を、イギリス、フランス兩國では世襲的特權に攻擊を加える時の武器として用いた。孔子の哲學はヨーロッパに於ける民主的理想の發達およびフランス革命の背景に於いて、かなり重要な役割を演じ、またフランスの思想を通して間接にアメリカに於ける民主政治の發達にも影響する所があった。タマス・ジェファスンがある敎育制度を提案して「われわれの政治の弓形門《アーチ》の要石(三)」としてと言ったことがあるが、これがシナの試驗制度と著しく類似していたことは興味あることである。儒敎が西洋の民主政治の進展にどの程度寄與したかは往々忘却せられるが、それはやや奇妙な理由によるもので、適當な所でこれを考察する要がある。

シナでも歷史は同じで、孔子はシナ革命の重要な知的祖先であった。孫逸仙は「孔子と孟子とは民主政治の主張者であった（四）」と言明して、中華民國に憲法を與えたが、その憲法の特色は儒教の原理が深く彫《きざ》まれていることである。然るに今日、彼の同國人中には、孔子を專制政治の鐵鎖を鍛冶《たんや》するにその手をかした反動家と考えるものもあり、また孔子を目するに敵意若しくは無關心を以てするものもある。

ダブルュ・エッチ・レッキは、ヨーロッパだけのことを扱った一書で、次のように述べているが、それは驚くばかり孔子にぴったり恰當している。

「天才が時代の知的狀態に對して持つ關係と大體同じ關係を、その時代の道義狀態に對して持つ人物が、時おり出現するものである。彼らは後代の道義の標準を豫知して、當時の時代精神とは何の關わりも無いような無私の善行、博愛または克己の觀念を廣く世に與えて、諄々と義務を說き、また大多數の人には、全然、空想とみえる行爲の動機を示唆するのである。それでも、彼らが完全無缺であるという魅力は、同時代の人々の心を強く打ち、情熱の火は點ぜられ、信從者の集團は作られ、かくて多數の人々が、その時代の道義狀態から解放されるのである。しかし、こういう運動の效果が十分に現われるのは、ただ束の間で、當初の情熱はやがて消え失せ、周圍の諸情勢はその勢力をもり返して、淸淨な信仰も物質化されて、その本質に反する概念が外皮となって、これを蔽い、秩序は亂され、事實は歪められ、遂には最初の特色はほとんどその影を潛めるに至るものである。道義の敎えは時勢に副わない爲、これに適する文明の曙光を觀るまではその效果を發揮し得ない。そうでないとしても、たかだかそれはかすかに、而も不十分に獨斷の集積を濾過するだけのことで、その爲に希望する狀態の到來を幾分早めるに過ぎない位のものである。(五)」

孔子の場合はすべてこの通りであった。レッキの言は、孔子自身が言ったように、その在世中に何人も彼を十分に理解しなかったのは何故か、また後世往々にしてひどく誤解せられたのは何故かを解明すると共に、一面何故にその在世中にぱっとしない存在であったこの人が、その死後、今日までも人間の思想および行爲の上に絶えず及ぼす感化を殘したかを説明する一助となるのである。

(一) 本章は本書全體の梗概であるから、記述の根據はほとんど擧げない。本章に述べた諸點は、後に詳述してこれを明らかにする。
(二) 子罕六の三。
(三) 「ジェファスン著作集」第九卷四二八。
(四) 孫逸仙「中山叢書」第一卷「民權主義」一〇。プライス譯一六九。デリア譯二三二。岩波文庫「三民主義」上一五二。
(五) レッキー「ヨーロッパに於ける合理主義精神の發生および影響の歴史」第一卷三一〇。

第二章　根　　據

孔子に關する傳説は學者の多數が認める所であるが、また、古くからその眞否については疑義が存するとされていた。千百餘年の昔、最も有名な儒家の一人である韓愈は、その頃の人達が全く無稽も甚しいことを繰返しておるのに不滿であったから、事の眞相を知りたい時は、「それを誰に求めたらば得られるだろうか」と質したこともある。(一)

孔子に關する記錄は、大抵どれでも、西紀前約百年に書かれた「史記」の中の「孔子世家」に據るもので、西洋のある學者の如きは、史記は「いつになっても孔子傳の基礎をなすだろう」(二)と書いている位である。然るに、十九世紀の初頭、大批判學者崔述が、鋭いことばを使って、實はこの傳記の「七八割は中傷である」(三)と言い、またシナの現代のある學者もこの問題を剩す所無く研究して、「史記」に載ってる孔子の傳記は「全く混亂、不整頓も甚しいもの」であるから、あれは、今の形で、今日著者といわれてる人の筆に成ったものではあり得ないとまで斷言している。(四)そうは言うものの、さて、この聖人について、信ずるに足る記錄を組み立てようとすれば、やはりその基礎となるのは、この「史記」である。

何か今少し事實に近いものに到達すべきであるとすれば、今までとは違った方向からこの問題に近づく要がある。孔子に關する唯一の完全な記錄として現存する「史記」も、彼の死より何百年か後に書かれたものであるから、最初は史記で始めても、物語風とか、ありそうもないと思われるものとかは、史記から取り除こうとするのが從來のやり方であった。しかし、そうやった所で、残ったものが皆事實だという保證は何一つないのである。孔子のように、ひとたび文化の英雄となれば、その名は無數の話に使われ、その話たるや、それを話す人の信仰と抱負に基づくことの方が、孔子の生涯に實際起きたことよりも遙かに多いのである。

キリストの傳説からの一例を考えても、ポーロが想い起こさせるように、初期のキリスト教徒の大部分は身分の賤しい人達であった爲、度々輕蔑されたり迫害された。これら賤しい人達の子供が、その遊び仲間に虐待された時に、親達の中には、少年キリストも、神聖な力を持ちながら、いつも平然としていることはできなかったことを思うて、慰めるものもあった。かような次第で、二つの經外典では、よその子供達が若いキリストをおこらせた時、キリストがその超自然の力を使って、その場で彼らを打ち殺すならわしだったことが語られてある(五)。

どうしたらば、われわれは、これらの話を史實として理解することができるだろうか。話が誇張されているからといって、殺された子供の數をへらして一人にすべきであろうか。それとも神業《かみわざ》的な要素を除いて、この子供が全く自然な方法で死んだと言うべきであろうか。なお、進んでキリストは子供を殺す意思など全然無かったが、たまたまキリストが人を殺したことがあったのを基として、この話をつくったに違いないとでも言うべきか。明らかに、すべてこれらの想像は無意義で、話を信じられるようにしようとして話を改變すればする程、そもそもの話の起こりは何であったかを理解する機會はそれだけ減るわけである。というのは、そう言う話は、暴政に悩む悲慘な人々の白日夢から生ずるものだからで、それはそれとして意味があり、歴史的價値もあるものである。しかし、若しこういう物語からキリストの生涯についての事實を引き出そうとすれば、誤り導かれる結果となる。それらの物語はキリストと何ら關係ないからである。

孔子に關する話も、大部分は、同様に孔子とは何の關わりもないのである。それらの話を配景にあてはめて、綿密に研究すれば、それらの話ができた時代、即ち漢とか何とかいう時代の人々のことを、それらの話から學ぶ所は甚だ大であるが、孔子の死後三百餘年も經ってから、孔子についての多數の物語を、ある限りに取り上げて、眞實なものを選り拔こうとしたって、それは全然望みの無いことである。餘りにも亂雜を極めており、眞僞を判別するに足る標準も無いのである。

そういう方法によらないで、「史記」以外の二種の材料によって眞の孔子を發見することを努めてみようと思う。第一は比較的近代まで行われておった傳說を無視はしないで、從たる價値あるものとし、できるだけ孔子自身の時代に近い頃に書き下ろされた孔子に關する記錄に主として便ろうとするのである。基本的材料としては、孔子の死後二百年間に書かれた書物をとるつもりである。第二は孔子時代以前の實情を記述した書物をば、おのおの各重要な點に關して綿密に注意を拂うつもりである。

孔子以前の材料の研究は重要であるのにともすれば看過され勝ちであるが、孔子がどんな風の人であったかを本當に理解すべきだとすれば、このことは必須なことである。近世の一例を言えば、ジョン・スミスが、どんな狀況の下で、一週四十八時間勞働制を主張したかを知らなければ、彼があの主張をしたと言っても意味は無いのである。二十世紀の中葉に、一週四十時間制を多くの人々が標準と認めている國々の一つで四十八時間制を主張したところで、これは就業日を延長させようとする提案で、人によっては反動的な案だと言うであろう。しかし、十九世紀初頭に、多くの國々で風をなしていた狀況の下で、彼がこの主張をしたとすれば、思い切って就業日を短縮することを主張したもので、當時にあっては、確かに「危險な過激主義」と言われるものであったろう。

孔子がその門弟の一人を君主の地位を占めて然るべきであると言ったことも、右と同様に、あらゆる周圍の事情を知らなければ何ら意味をなさないことになる。（六）しかし、當時の事情を知れば、これは容易ならぬ重大事である。と言うのは、この門弟は君主の跡取ではなく、その上、彼の遺傳には何かしら若干汚れてるものがあるとさえ、言われていたからである。（七）それにも拘らず、孔子が、その門弟を有徳有能の故を以て、立派に王位を占め得られると言ったことは、漢時代ともなれば平凡なことであったろうが、孔子の時代以前ならば、どの時代の文獻をみても、また青銅器銘文をみても、君主というようないつの世にも尊重せられる地位を要求し得る權利は血統のみに存したように思われる。（八）この事實に照らせば、孔子のことばが、その時まかせのお愛想ではなく、最も重大な革命的政治原理であったことは明瞭である。

孔子以前のシナを描き出したものとしては、「詩經」「易經」（九）の初めの方の眞正な部分、および「書經」（一〇）等の古典、竝に「春秋」および現代まで保存されている青銅器に彫《え》られた銘文に便るの外ない。なお、「左傳」という史書も用いたいと思うが、西紀前三百年頃までは、現在の形のものはまだ無かったようであるから、これを用いる時には、かなりの注意を要する。（一一）

孔子の生涯および思想を理解する基礎としては論語を用いるが、これは主として孔子およびその門弟達のことばを集めたものである。論語は全部が全部眞正とは言えないけれども、後《あと》から附け加えられた部分は、諸種の點から造作なく自然にそれとわかる。後から附加された部分は、眞正疑いない前からのとは、文體も、思想も、用語も、一齊に甚しく相違してる爲、僞物たることが容易に判明する場合は決して稀でない。多數の學者が、これらの問題を研究し續けたその成果および論語の各部分の眞否に關する詳細な論議は「附錄」に要約されている。

哲學者墨子の名をとって名附けた「墨子」という書物は、所々、孔子のことに觸れている。墨子は孔子の死の直後に生まれた人であるから、一見これはよい源泉に違いないと思えるけれども、不幸にも批評學者の言うように、孔子を一個の人として論議している大部分は「墨子」の中でも明らかに後から附加された文章中にある。(二)

これに反して、「孟子」という本は、實に貴重な源泉である。儒家哲學者孟子は、孔子の死後約百年に生まれ、その名を名としているこの本には、かなり詳細に且つ大體論語の初めの方にあるのとよく似た極めて古風な形式で、孔子についての傳說が記錄されている。「左傳」はかなり詳細に孔子在世中の彼の鄉國の歷史を記してるものだが、概言すれば、孔子の一生についてはほとんど記すところないと言ってよい位である。實際、孔子がその生存中は、政治上の重要人物で無かったことを明らかにする多くの事實の一つで、孔子を政治上の重要人物にしたのは、後の傳說の仕《し》業《わざ》である。なお、「左傳」に載っている孔子に關する話の中には、それ以前の記錄と一致しないものや、奇怪なもの、超自然なものさえも出て來るのである。右の通りである上に、「左傳」は西紀前三百年頃までは現在の形に書かれていなかったから、「左傳」が孔子について言うべき筈のことも、一部だけ信ずるに足ると認められたに過ぎないけれども、その部分は孔子の描寫の不十分な所を充たす助けとなる點では貴重なものである。

孔子の死から數世紀後に著わされた書物の方が、彼の生存時に近く書かれたものよりは、孔子について遙かにより詳細な消息を傳えているが、これは當然われわれの期待すべき所と正反對で、その附加された消息は聞き知ったことで無く、むしろ想像の生んだものであることは明らかである。これら多數の後世の書物の考察は、孔子に關する物語の成長を審《つまび》らかにする時に讓ることとする。(三)

(一) 朱文公校韓昌黎先生集(四部叢刊本)卷一一、一。

（二）リヒャルト・ウィルヘルム「孔子と儒教」七一。
（三）崔述「洙泗考信錄」卷一、四。
（四）錢穆「先秦諸子繫年」三七、三八。
（五）ベルンハルド・ピック「キリストの正典外の生涯」九六―七。
（六）雍也一の一。
（七）雍也四を見よ。「左傳」には治者階級で冉姓の人に關する記事がみえないようだから、冉雍が君主の相續人であり得た可能性は消えるようである。私の知る限りでは、彼がそうであったという記錄はどこにもない。
（八）堯舜二帝が帝位を讓った所以のものは、勿論、門地の爲では無かった。しかし、最近の研究の結果、堯舜二帝は物語上の人物に過ぎないばかりでなく、彼らが有德を根據にして、その位を讓ったと書いてある書物は、孔子時代より後に書かれたものであることが明らかになった。本書第十二章二七八―八二を見よ。
（九）「易經」と言ってもその原典を指すので、所謂十翼卽ち附錄を言うのではない。十翼は孔子の時代より後にできたものである。これらのことは後に論ずる。
（10）「書經」の諸篇に關する詳しい批評は、クリールの「シナ古代文化の硏究」五五―八九および一一一注七をみよ。私が間違いなく孔子以前のものと思う諸篇は次の通りである。
湯誓、西伯戡黎、微子、大誥、康誥、酒誥、梓材、召誥、洛誥、多士、君奭、多方、顧命、費誓、文侯之命、秦誓。

これに加えて、既に孔子時代には作られてたかと思う數篇があるけれども、これらは疑わしい部類に殘して置くべきである。これ以外のものは、書經の今文原典のかなりの部分を占めるが、確かに後世の僞作である。古文原典について何ら言及しなかったのは、シナの學者がずっと以前に證明した通り、僞作であること何人も異論ないからである。
（11）本書第十二章。
（12）本書第十二章注九を見よ。
（13）グスタフ・ハロウンは「孔子以前の斷片」と稱する三冊の短い原典を公けにした。面白い書物であるが、その時代と內容とを根據にして考えると、孔子の爲の基礎材料に入れて差支えないと思うものは一つもない。ハロウン「孔子以前の斷片」第一卷および第二卷を見よ。

第三章　孔子の頃のシナ

孔子を本當に理解しようとするには、その頃の世相が、どんなであったかを、しかと頭に入れる必要がある。彼は物事をきちんと扱うことに意を用い過ぎた餘り、その思想が無味乾燥で、人を感奮せしめるものが無いとの批評もあるが、彼は、何か混沌にも均しいものの中から、秩序ある世を出現せしめようと努力し續けた人だということを忘れてはならない。從って人生に興趣を添える方途を講ずるの要があると思ったことは無かった。革命的思想を堅持して、而も彼のやったように、これを自由に語ることは危險極まりなかった世に、彼がこれを敢てしたことは正《まさ》に命懸けのことであった。また孔子が識者ぶった短いお説教と聞こえるような話をして、あちこちの貴族、君主に説いたことは諸書に散見するが、これもその場の背景を詳らかにすれば、犯罪といってもよい程の罪惡を鋭く糾彈したもので、孔子ならば死の責め苦を感ずる程のことを、蝿一疋たたきつぶした位にしか良心の苛責を感じないような人達に向って、眞向からやっつける爲であったことは明瞭である。

シナは孔子の頃に岐路に立っていた。そこに至るまでの推移を簡單に考察してみよう。

考古學は近代のシナ人と血緣ある人間が餘程長い間シナを占據していたと言うけれども、シナ歴史についてのわれわれの知識は西紀前十四世紀の商國からである。今日の河南省北部に都していた商國のことは、ただ發掘物や、短い銘文によって知るに過ぎないけれども、著しく進んだ文明を持っていたことは何の疑いもない。商の製作品中には高度に自然的な單純さを傷《そこな》ってることを示すものも少なくないが、その青銅器は人類の作った最も精巧な美術品の列に入るべきものである。この文明が、壞滅は免れたものの、一頓挫を來たしたのは、傳説的年代記によれば西紀前一一二二年で、商が、西方卽ち、今の陝西省から來た比較的未開な部落の連合軍に征服された時であった。この遠征軍を率いたのが周人で、ここに周朝の建設をみたのである。この侵入軍は進んで廣く北シナの大半を略取したが、これだけの地域を確乎たる中央集權の國として統治することは、彼らには不可能事であった。その爲には、良好な交通、有力な貨幣制度および豐富な統治上の經驗を必要としたのに、彼らはそれらのものは何一つ持ち合わせていなかったからである。

そこで彼らはその領地の大部分を周王の親戚および今回の遠征に力をかした他部落の主《おも》だった首領達に分與したが、これは必然の結果であった。かくて、一つの封建制度ができ上り、各諸侯は王國の平和を攪亂しない限り、己れの領地はほとんど思うままに統治する自由を與えられたが、王に對して、貢物を進獻すること、求められれば、己れの軍隊を率いて王の幕下に參じ、戰陣に臨むことは當然のこととされていた。

孔子の頃は勿論、その後になっても、周初はシナの結合、平和、および正義について理想に近い時代として人の目に映じているけれども、その頃鑄造された青銅器の銘文にみられるような、もっと眞實に近い記錄によれば、理想時代などとは誇張もまた甚しいことがわかる。それでも、比較的な話とすれば、情勢やむを得ない結果に過ぎなかったとは言え、政治道德はかなりの程度行われていたように思われる。東方へ封ぜられた周の諸侯達は、見知らぬ上に敵意を抱く人民に取り圍まれていたから、一方では、いやでも王に服從し、また相互に援助しあわなければならない情勢下に置かれ、他方では、彼らに隷屬する民衆を餘り苛酷に扱うことは愼まなければならなかったのである。實は周朝自體、王者として君臨しようとする爲に人心收攬の要があったのである。

周朝が人心收攬の爲に講じた諸方策中、重きを置いたのは、宣傳運動であった。周の起こした征討の師は、一に東方人民を「惡虐な」暴王の手から解放する爲に、愛他精神から出發した革正運動であると說いた。この捏っち上げた說を納得させようとして、周朝はシナ歷史の解說として一新機軸と思われるものを編み出したのである。(一) 周の前の夏でも商でも、初めの頃は名君であったが、終りの頃は暴君となったのである。こうなれば、主神「天」が「命」卽ち叛旗を飜して新朝を開く命令を授けようとして、有德な貴族を搜し廻ることになるという主張である。こういう次第で「革命の權利」という理論が發展したが、これによれば惡虐な王を打倒するのは權利であるばかりでなく、神聖な義務だと言うのである。單なる謀反人と「天」の命によって王位を承け繼ぐものとどこが違うかと質されれば、後の場合には、人民がその義擧に參加して、命を受けたものに勝利の榮冠を持ち來たさせるまで離れない點にあると答えるの外ない。これら周の宣傳者達は、彼ら自身には決してその積りは無かったけれども、その後の民主的思想の發展の爲に、疑いもなく、一つの立派な礎石を据えたのである。

周朝が漸く年所を經るにつれて、初代の封建諸侯の子孫達は、もう昔程には相互協同の必要を感じなくなり、王命にもだんだん意を留めなくなった。彼ら相互間の戰爭は漸次頻繁となり、强大國は弱小隣國の領土を併呑するようになった。西紀前七七一年卽ち孔子の生誕に先だつ二百二十年に封建諸侯と「蠻族」との連合軍が周の西都を攻略して、國王を殺し、ここに「西周」時代は終りを告げた。其後國王は東都卽ち今日の河南省洛陽に都することとなったから、その後の時代はこれを「東周」と稱する。東周の王は、封建諸侯中の誰かの保護の下に、洛陽で、その位には在ったが、爾來國王は、誰か主立った諸侯掌裡の傀儡に過ぎなくなった。

シナ諸國周邊の「蠻族」は必ずしも人種を異にしたのではなく、シナ文化に浴さなかっただけの差異であった。數世紀の間に、彼らも大部分は徐々に所謂シナ化して、シナ人となったが、以前には國境に待機して、虎視眈々、乘ずべき何らかの兆がみえれば掠奪を試み、さてはシナ本土を併合せんとさえした。シナ諸國は、政治上の統一を欠いた爲、漸次に共同防衛ができなくなるに從って、シナ諸國としてはシナ文化衰滅せしむべからずとする以上、一人の指導者を持つの必要が痛感されるに至った。然るに、周王は弱體を極めて、その力が無く、また王位を窺窬《きゆ》した諸侯も數人あったようだが、誰か一人が餘りにも強大になり過ぎる樣子がみえれば、他のものが一團となって、これを倒そうと手を握り合う有樣であった。西紀前六七九年に始まり、一時的權宜によって指導者となる一つの變體的地位が出現した。東方の周の諸國に一種の連盟ができ、その連盟内の最有力貴族が貴族第一人者卽ち「覇」という稱號を得た。その後の二世紀間に、諸侯でこの稱號を得または得べきだと主張したものが數人あった。いよいよ覇者たることがきまれば、覇者は覇權を認めた國々からは貢物を徵し、また共同防衛の元締となる外、萬事國王に代位した。但し王の宗教上の職務だけは例外であった。

東周時代の初め（西紀前七七〇年）から孔子の生誕（西紀前五五一年）に至るまでの二世紀間に、諸國間の境界は、變轉實に極まりなかったが、その大勢は概略的な圖解の方法で描き出し得るのである（卷頭地圖參照）。シナという世界の中央に位し、黃河の近くにあった國々が、概言すれば、シナの傳說的純粹に最も近いシナ文化を保存していた。わけても、この點で重要なのは、周王の王領、（商王の後裔の統治する）宋、および北東の孔子の生國魯である。これらの諸國およびその他中原の小國は、邊境の諸國に比して、文化は進んでいたが、實力は劣り、領土も小さかった。中原諸國が平和や人間の幸福を强調する傾向の思想家を生んだに對して、武力や「紀律」を口を極めて稱揚した人々には邊境諸國の出身が多かった。

楚という南方の大國は揚子江の流域ほとんど全部に勢力を張っていたが、その隠れた莫大な底力も、その國の貴族間に起こった屢次の爭いの爲に減少した。文化の面では、楚はシナ中原諸國と幾分違ったものを持っていた。もともと、楚は「蠻人」の國で、ただ徐々にシナ文化の圏内に入り來たったに過ぎないからである。

今日の陝西省西安の近くに都のあった秦という西方の大國についても、ある程度、楚と同じことが言えるようである。ここは周の發祥の地ではあるが、秦の文化はシナ的な中原諸國のそれとは、重要な點で相違の跡がうかがわれる。後日秦で全體主義の發達を容易ならしめたのも、恐らくこれらの相違點の爲であったろう。

この外に、晉、齊の二大國があった。晉は、今の山西省に都し、齊は今日の山東の大半を占據していた。齊は國富み、兵強く、桓公は覇を贏《か》ち得た最初の人で、王という名稱と宗教上の儀式との外はほとんどすべて周王に代ってこれを行った。しかし、桓公はその稱號を失うまいとして、遠征の軍を起こして、國力を消耗し、西紀前六四三年に彼の死んだ後は諸公子が位を爭って內亂を起こし、爲に甚しく衰微して齊は二度と優越した權力を握ることは無かった。

この頃、戰爭はほとんどやむ時がなかったが、それを事細かに一々詳述する要はあるまい。シナ諸國は常に相互か、または半未開の楚と戰っておったばかりでなく、その時分には狄と稱する北方の蠻族も活躍を始めて侮り難いものとなって來た。あるおり、時の周王が、狄に對し、周王に敵對するシナ勢《ぜい》に立ち向って、王に加勢するよう頼み、その結果、王が蠻族の爲に一時國都から追い出される羽目に陥ったことがあった。邊境の大國間では、ほとんど戰爭の絶え間が無かったことから、一つのきまった型ができることとなった。中原の諸小國は中立に終始したいことは山々でも、その力が無いので、心ならずも、首鼠兩端で、その威を揮う强壓の加わるにつれて、荷擔先を變える外は無かった。それら小國にとって一番不幸なことは、大國間に介在する爲、兩隣りの强國が干戈の間に見《まみ》える時――時には例年のこともあった――には、宿命的に、その國土が戰場に化することであった。かような次第で、邊境の大國は戰爭の慘禍を多くは免れたに反し、中原の諸國は分不相應に遙かに甚大な慘禍を被った。中原諸國の哲學者が一般に平和を强く唱道するに對して、邊境地方の哲學者が戰爭の榮光を稱《たた》える傾向のあった理由の一つがここにあったことは疑いを容れない。

大國の軍隊は、時には互に旗鼓の間に見《まみ》えないで、中原諸國の煮え切らないのを懲らして、無理にも臣從の盟約を新たに結ばせれば、それで滿足する場合もあった。盟約の締結は嚴肅な宗敎的儀式で、犧牲の動物を屠って、その血を盟約書の各册に釁《ちぬ》り、次に雙方の君主か役人かが盟約書に署名を終った所で、高らかにそれを讀み上げ、次で犧牲の血でおのおの唇にも衅《ちぬ》り、最後に、神靈の力によってこの盟約の各條項が必ず嚴守されるようにと、盟約書の一部を犧牲と共に地中に埋めるのである。この類の盟約が、一度、孔子の生まれる數年前に締結されたことがある。それは中原の鄭國が、一團となった數ヵ國から强要され署名させられたものであったが、それは「何人でもこの盟約の命ずる通りにしなければ、誠意を司る人、盟約を監視する人、名山名川(の靈)羣神羣祀七姓十二國の祖先等あらゆる明神がそのものを罰する結果、民を失い、位は地に墮ち、一族は亡び、その國家は滅亡するだろう」という文句で結んであった(三)。實に恐ろしい起誓である。然るにも拘らず、鄭國は二ヵ月をまたないで、兵力に制せられ、再び臣從を他へ移すのやむなきに至った。

他の諸國とても同樣に、このやり方で憂き目を見せられた。しかし鄭國が無理矢理新盟主に永久の忠誠を誓わされた時のあの几帳面さは、甚しく茶番化され、ある場合に、鄭は率直に、すべて何も彼も無意義だと稱し、特定の國に對してではなく、やるべきことと極まったことは、何でもやるとして、その特定の事柄に對し忠實にやるという誓いを許されたいと申込んだこともあった[三]。

かような情勢は人間の思考に二つの重大な影響を及ぼした。第一、國々が恐ろしい制裁の伴っている盟約に加入したかと思えば、都合次第で直ぐに破棄し、絶えずこんなことを續け、而も神々から受けると思われていた罰を受けることも無いのは、頗る明白であった。そして、なんと、後《あと》で後悔させられるのは、自分の引き受けたことは、どこまでも忠實に盡そうとして、强大な力にも屈しなかった人であった。この時期に懷疑論が盛んになり、神々の力は言うもさらなり、その存在までに疑念が深まっていったのは實に自然と言うべきである。第二は、宗教のみでなく、倫理までが根底から動搖したことである。力が至る所で正義、而も馬鹿は別として、何人もが尊重する唯一の正義にみえたのである。

孔子の生國、魯は比較的弱小であったが、どの大國にも亡ぼされず、また併合もされなかったのは不思議と言う外なく、弱小ながらも、周朝が終焉を告げる日まで依然として存續したのは、一つには魯が周朝創建者の弟である、かの有名な周公の創めた國で、古代文化と儀禮との淵叢《えんそう》と考えられていたことによるかと思われる。魯國を亡ぼすなど、强國にとっては易々たるものであったろうが、聞こえがよくない事でもあったろう。かく言えばとて、魯に安泰の日が續いたと言う意味ではなく、絶えず内憂外患に惱まされ通《どお》しであった。しかし、もっと中原に近い國々に比すれば、魯の被った戰禍は遙かに少なかった。ジェームス・レッグの計算によれば、春秋時代卽ち西紀前七二二年—四八一年の間に魯が侵略を受けたのは二十一回に過ぎないとのことである[四]。これとてかなり頻繁ではあるが、この時期としては少ない方である。

齊という大國が魯の北東に境を接しており、魯の受難は主にこの國から來た。魯、齊間の戰爭は度々のことで、齊が魯の境を常に侵して、少しずつ領土を奪い、魯もまた絕えず奪還に努め、時にはその目的を達したこともあった。魯は、どこか強國に援助を賴まなければ、齊に抗することはできず、既に早くも西紀前六三四年に、その爲南の未開國楚に賴んで援助を受けたことがある。また西紀前六〇九年に、魯の一大臣が魯の正當な繼承權者二人を殺して第二夫人に生まれた公子を魯公に擁立した時、齊はこの大臣を支持し、その魯公在世中は魯の政治は齊の左右するままであったが、終に獨立を恢復しようとして、魯は援助を晉に乞わざるを得なくなった。かような次第で、魯はどんな國でも、その時その時の強國の意のままになる走卒に墮し去ってしまったのである。しかし、魯をば、苦しめられつづけていた可哀そうな、道德的には何の罪も無い國と思ってはならない。強國の前ではふるえながら、己れ以下の小國には威張りちらし、やるだけの力のあった時には、いつでもそれらの國々を侵略し、掠奪し、亡ぼし、併合したのである。

魯の內政もまた、他國にみられるのと同じ有樣であった。シナを一體とすれば、王を犧牲にして己れの權力を增した封建諸侯が相次で王を一傀儡としてしまったが、その封建諸侯も自分の國內ではまた、主《おも》だった大臣連の閥族がその國の君主を犧牲にして權力を僭取する傾向を生じた。

論語を讀めば、誰でも「三家」ということばにぶつかるが、この三閥族は西紀前七一一年から六九七年まで位に在った魯の桓公の三公子の後裔である。三家は三人兄弟に因んで、孟（三）、叔および季と名附けたが、第一子、第三子、および末子の意味である。ヨーロッパのあるお伽噺同樣、一番榮えたのは末子であった。この末子卽ち季氏の始祖は、殘忍な長兄、卽ち孟氏の始祖が君位を窺窬《きゆ》したのに反抗し、魯公の正當な承繼者の命を救って、そのお禮に宰相となり、また大勢力を持つようになった季友である。この時から孔子の時代まで、ずっと引續いて魯の宰相の地位は季氏の首長が占めていたようで、他の二家の中で誰かが比較的勢力を張った時に、ほんの少し中絶したことがあったばかりである。

孔子の生誕前一世紀半の間、魯公の權力は凡そこれら三家の掌裡に握られ、而も漸次その度は强められていった。西紀前六〇九年には、二家の首長が魯公の後繼者たるべき二人を殺して、もっと受けのよい人を位に卽《つ》ける陰謀に參加したことがあり、また五六二年には、三家で國土、軍隊および收入の大部分を分配し、魯公の手には宗教上の特權以外ほとんど何ものをも殘さないことにした。五三七年、孔子が十五歲の頃には、四分の一ずつを孟氏と叔氏とに殘して、季氏が魯國の半分を取り上げてしまったので、魯公の收入は獻金にまつこととなったが、それも三家の氣の向き次第という有様であった。

魯公がこんな壓制から免れようと何の努力もしなかったと想っては間違いである。孔子が三十四歲の時、昭公は季氏の首長を殺そうと企てた一羣を率いて立った所、惜しくも一足違いで季氏に逃げられてしまった。季氏に對し叔氏が救援の手をさしのべたので、昭公は齊に出奔して亡命の客となるのやむなきに至った。季氏は、昭公およびその從者の爲に恆例として、馬や衣類や靴を送り屆けたけれども、昭公の歸國はいつかな肯んじなかったので、七年の後客死した。これは魯公が自主を主張しようとして試みた數多くの企ての中で一番目覺ましいものであった。

强力な三家以外の貴族が三家を嫉視するは頗る當然のことで、爭いは婦人との不義密通というようなことにまで發展し、またある時には、相手の鷄が金屬製の距《けづめ》を附けていたという鬪鷄についての爭いにまで及んだことがあった。こういう爭いは暴力沙汰になるのが常で、而もその口實としては、簒奪《さんだつ》された大權を魯公の爲に取り戻す企てだと稱するものも少なくなかった。しかし、三家は相變らず權力の座を占め、たまに仲間喧嘩をすることはあっても、協力しなかったら沒落に當面する外はないから、たとい氣が進まなくても協力しなければならないことを篤と心得ていただけの賢明さはいつも三家のものにあった。

天子の權力は封建諸侯に、封建諸侯の權力は主《おも》だった大臣に簒奪されるようになったこの推移は、そこで止まらないで、その大臣に使われていた役人はまたできるだけ多く上司の權力を侵犯したのである。これらの役人が知事として市邑を預っている時、市邑を暴動狀態にしておいて、その諸門を閉鎖し、臣從の義務のない旨宣言したこともあり、時としては、こんなやり方で國境に近い市邑や地區では甲國から乙國へとその臣從を變えたこともあった。

孔子が四十七歳の時、陽虎という季氏の役人中で主たるものが季氏の首長を襲擊し、どうしても盟約に署名宣誓させようと牢へ打ち込んだことがあった。翌年、陽虎は三家の全首長竝に魯國内の他の人々に強要して今一つの盟約を誓わしめたが、この時に、事實上魯國を統治していたものは魯公でも無ければ三家でも無く、實に陽虎であったのである。二年後、陽虎は外にも數名の役人を語らって、三家の首長を皆殺しにして、自分は季氏の首長その人の地位に就くつもりで、密かに謀る所があり、大體その計畫も運んでいよいよと言う時に發覺し、陽虎は魯から出奔せねばならない羽目に陷った。

魯ばかりではなく、外の國々でも同樣に、權威秩序の根底はほとんど崩れ去って、ただ絶えず變動しつつある禽獸のような暴力の均衡があるばかりであった。盟約を莊重ならしめる爲に必ず行われる儀式の際にみられる宗教の形式は廣く行われておったが、楚のある役人が「敵を凌ぎ得るなら、盟約など少しも顧慮しないで前進すべきだ」と言ったのは、その時代の基調を道破したものである(六)。また法は等《ひと》し竝《なみ》に、あらゆるものの上に立つという今日のような觀念も無かった。人命の尊重せられないことは實に甚しいものであった。呉のある王は、受けとったばかりの香しくない情報がひろまらないようにと、たまたまその帷幄《いあく》に在った七人の首を彼自身の手で刎ねたことがある。(七)毒がはいってるのではないかという疑念のある食物を犬と召使に毒味をさせたことがある。(八)ある小國の君主は刀劍の蒐集家であったが、新たに手に入れた刀でその家來を試し切りしたことがある。(九)大國晉の靈王は塔の上から通行人に射かけ、必死となってその飛道具を避けようとする通行人の有様をみて樂しんだことがある。また彼は司厨が熊の掌を彼の好み通りに料理しなかったといって殺させたことがある。(一〇)こんな君主はそう滅多には無かったけれども、貴族が、自分の行狀に反對して敢て諫言する家來を恫喝し、それでもなおやめない家來を殺したりすることは、ざらにあった。時おり刺客も使われた。刑罰は苛酷な上に、茶飯事として行われ、齊の國では足切りの刑など少しも珍らしくなく、その刑を受けた人の用いる特殊な履物を賣る店があった位であった。(一一)賄賂はあらゆる層で行われ、珍らしいことではなく、ある個人の利益の爲に便宜を計って裁判を歪曲させるものから、都合のよい外交政策をとってやるからと言って、大國の高官が要求して外國から受けとるものにまで及んでいた。

親族でも、互に信頼はできなかった。爲政者仲間の信頼の程度がどんなものかと言うことは、孔子が三十歳の頃呉王の爲に、その親族の一人が催した宴會の記録から知ることができると思う。闔盧と言う親族は、この宴會で王を殺し、とって代るつもりであった。彼は刺客を宴會の廣間の地下室にかくした。王はそんな計畫もあろうかと感附いて、然るべき備えをした上でとにかく出掛けて行った。王は王宮から饗宴場までの通路には全部兵隊を整列させ、饗宴の廣間は至る所十分武裝した味方のものを立たせ、食物を持って來た給仕人をば一々戸口の所で迎え、裸にして衣裳を變えさせ、食物を手にして膝行《しっこう》させた。その上に味方のもの二人が拔劍して給仕人について行った。警戒は十二分のようにみえたが、闔廬の刺客の一人が短刀を魚の中へ隠して膝行し、王の前にその魚を置くや否や、咄嗟に短刀を拔きとって王を刺し殺したのである。年代記の記者は、刺したその瞬間に「二本の劍が暗殺者の胸の中でぶつかりあった」と記している。(一二)

齊の有力な二家は、他の二家と相反目してたが、敵方襲擊の噂を耳にするや、早速家來を召集して武裝を整え終ってから、敵方の樣子を探った所、全然跡方も無いことがわかった。それにも拘らず、こちらが既に武裝したことを聞いたら、多分敵方は攻めて來るだろうと推斷し、進んで攻勢に出たことがあった。(一三)

孔子は倫理については嚴格であるとよく言われ、またそれに違いないとしても、彼と同時代の多數の人々も同じくそうであったとは言われない。貴族の間では、姦通は勿論、近親相姦さえもむしろありふれたことで、時としては、婦人が既にある貴族の夫人となっていても、權勢の人が望めば、式は擧げないで、その人と慇懃《いんぎん》を通ずることもあった。勿論、主君の爲、主義の爲、命を捨てた人とか、道ならぬ利得を拒んだ人とか、立派な忠誠勇武の實例が絶無というわけではないが、これと正反對の例に比して、その記錄されてる數は遙かに少ない上に、史實として首肯し兼ねるものが多數である。この時代は混亂の極、危機をはらむ不安性を帶びてるという考えが、若干存在していた證據に、貴族中には、これ以上領地が欲しいなどとは夢にも思わず、熟慮の結果、土地の一部を君主に返還し、大財産を擁していなかったら破滅は免れ得るだろうとの希望を抱いていたものもあったのである。(一四)

國際關係の特徵は倫理の大缺如にあるが、それは個人間の關係同樣に甚しいものであった。外國に使する人に勇氣が必要であったのは、派遣先の國がその使臣の本國のやり方を快からず感ずれば、殺さないものとは限らなかったからである。(一五) 君主でも、他國を親善訪問した際に、抑留されないものでもなかった。これは攻擊準備中の場合もあれば、その他の理由の時もあったようである。小國の君主二人がおのおの三年間楚に留め置かれた時は、楚の宰相の懇望した寶石や毛皮や馬を贈ることを拒んだからであった。(二六) 曾て、魯公が齊を訪問した際に、魯公がその二女を齊の大臣の嫁にやることを承知するまで留め置かれたことがあった。また、楚のある王は鄖という小國の君主の夫人が美人だと聞いて(楚王の言によれば)その君主の爲に饗宴を開くと稱してその國に出向き、到着するや否やその君主を殺して國を亡ぼし、その夫人を楚の後宮につれて來てしまった。

安全の保障は貴族にも十分では無かったが、平民には全然皆無であった。平民は主として農を業としたが、事實上概して農奴であった。何分にも貴族に反抗する權利などは無く、事實、平民は貴族の爲に税金をとられ、働かされ、沒收され、折檻され、殺されるもので、これを阻止するものとては何も無いと言ってよく、餘りにもひどく苛《さいな》まれれば、彼らとても謀反するかも知れないという一事だけであった。しかし、謀反を企てても失敗した場合には極端に殘酷な死刑に處せられるのであった。

貴族が旅行する時は、自分の領地外でも、蝗の害の如くに、通過した土地は、樹木は薪に伐られ、田畑は裸にされ、泊られた家は壞された上に、暴力を背景に獻金を「要求」された。(二七) こんなことが平時にはざらにあったが、頻發する戰爭の爲には、これ所でない劇的な悲慘事を生じた。一例を言えば、西紀前五九三年には宋の都が非常に長く包圍され、しまいには住民が子供の肉を食べるという窮境に陷れられたことがある。さすがに、わが子の肉は口にするに忍びないので、殺す前に互に子供を取り替えたとのことである。(二八)

集中されていた政治上の權威が漸次崩壞するにつれて、人民の困難は諸方面でますます增大した。時の進むにつれて、貴族の數は一夫多妻制も手傳って著しく增加し、また同時に下級の貴族までも、その生活水準は日一日と贅澤になっていった。シナとしては、一王朝を相當潤澤に扶養していく位のことは易々たるものであったが、封建諸國の首長多數が王者のような生活を營もうとすれば、經濟上逼迫を來たし、次々に彼らの家來、その家來の家來が目上の人のやり方を眞似したいとなる以上、一般大衆にとって赤貧は免れ難いこととなった。おまけに、貴族等が顯要の地位を保持する爲には、他國と事を構え、閥族間で爭い、さては私鬪までして、數多くの戰爭をせざるを得ないと感得したから、事態如何ともし難くなったことは何の不思議もないことであった。

社會という身體の内部に起きたこの病氣は、やがて、それ自身の抗毒素を生じた。理論上では、貴族の子はすべて領地を與えられ、政府部内に地位を得べき筈であったが、幾《いく》くもなくして、貴族の子孫が非常な多數になった爲に、そういうことは不可能な時代となり、君主の近親でも零落して貧困に陷るものも出現する結果となった。(九) かような次第で、たまには教育のある爲のもあったが、大多數は貴族の血を引いてる爲に、曾ては貴族であったものが、今は貧困の點でも、地位の點でも、平民とその運命を共にする邊まで零落してしまった人達の一大集團が出現することとなった。

貧境に落ちた「士」という階級を少なくも最初に組成したのは、今述べた落魄した貴族の御曹子達であったが、周朝の後半にあれだけ重要な役割を演じたのも實にこの「士」階級であった。「士」の中には軍人もあれば、頼まれて劍を懷ろにした刺客もあった。諸方の宮廷で役人や書記となったものもあった。さらにまた哲學者もあった。彼らは例外無く皆不平不滿の徒であった。彼らが現狀に甘んずる氣持ちになれなかったのは、事態を改善する道を知ってると思っていたか、知らないにしても、少なくもその資格があると感じていたからである。彼らは反抗もしないで易々として虐待に苦しむ無知な農民ではなかった。かような暴虐については、彼らは皆自分自身の上に加えられたもののように憤慨して無念骨髄に徹し、少數の人は愛他の精神に燃えて全人民の爲にする大義を唱道するに至った。孔子はそれらの仲間中で一番高名な人である。

(一)　この宣傳運動のこと、および古代史の解説を改めたことについての、より詳細な論議に關しては、クリールの「シナ古代文化の研究」四七―九五およびクリールの「シナの誕生」三六七―七五を見よ。しかし正史に書かれてる様子通りではないが、周が商に服從してたことを示す證據が、私の以前に想像してたより多く存在することは注目する要がある。
(二)　「左傳」襄公十一年上四五五―六。
(三)　「左傳」襄公九年上四四一。
(四)　レッグ譯「左傳」八二五。
(五)　莊公は二男であった。孟氏は、はじめ仲氏として知られていたが、レッグは妾腹だからだと言っておる(「左傳」莊公三十二年上九三―四)。
(六)　「左傳」成公十五年上三七六。
(七)　「左傳」哀公十三年下五〇七。
(八)　「左傳」僖公四年上一一二。
(九)　「左傳」昭公二十三年下三三九。
(一〇)　「左傳」宣公二年上二六六。
(一一)　「左傳」昭公三年下一七五。
(一二)　「左傳」昭公二十七年下三七三。
(一三)　「左傳」昭公十年下二三七―八。
(一四)　梅思平「春秋時代の政治と孔子の政治思想」(「古史辨」第二冊一七六―七)。
(一五)　「左傳」襄公二十九年下一二〇。昭公元年下一五一。哀公十二年下五〇五。
(一六)　「左傳」定公三年下四〇〇。
(一七)　「左傳」昭公六年下二一〇。

(一八)「左傳」宣公十五年下三一〇。
(一九)齊思和「戰國制度考」(「燕京學報」卷二十四、一七八—九)。

孔子

第四章　傳　　記

孔子の祖先のことは、はっきりわかっていない。成程「左傳」には家系が事細かに載ってはいるが、「左傳」より古い書物には何も言われてないことが詳細にかなり多く記されている爲、却って信を置き難く、また他の事情からも同じくこの記事には疑いが插まれるが、中でも孔子が商王室の直系だという點に於いて特にそうである。[一]

孔子は魯の郰邑に生まれた。山東省の南西部に在る現在の曲阜市の近くである。傳説は孔子の生誕を西紀前五五一年として居るが、當らずと雖も遠からず、ほぼ正鵠を得たものである。[二] 古い書物には、父の名も母の名も記されてないのをみれば、[三] 幼時孤兒になったという傳説も強《あなが》ち無稽では無いようである。孔子の家族は兄と姪が有り、孔子自身に一男一女あったこと以外には何もわかっていない。[四] その一男が孔子在世中に早逝したことは判っているが、[五] 孔子の妻のことに一言も觸れたものはない。これだけが古い資料の全部で、君子には必ず附きものと言われるものは離婚も含めてすべてこの聖人にも揃っているとしたのは後世の傳説である。[六]

孔子の家の社會上の地位[七]がどれ位だったかは斷言し難いが、彼自ら若い時には「卑賤であった」[八]と言っているし、またこれという財産の無かったこと[九]は明らかである。「左傳」によって判斷する限り、魯の國で高名を博した孔姓の人は孔子唯一人のようである。尤も他の諸國では孔姓に著名な人があった。その一つは宋の國である。その宋から孔子の祖先は三代ばかり前に移住して來たと傳説は言うけれども確かな證據は何も無い。しかし、孔子の祖先が、低いにもせよ、曾ては貴族であったことはあり得ないことでは無い。その頃のシナでは、あっという間に、貴族の階級から「卑賤な身分」に落ち、大家の御曹子が畑を耕しておる[一〇]のも見かけられたとのことである。尤もこれは孔子が農民だったという意味ではなく、彼は教育があり、弓術、音樂にいそしむだけの餘暇のあった人である。このことを説明する論據としては、傳説のように貧乏にはなっていたが、貴族の出だというのが一番よいのである。

孔子がどんな風にして教育をその身に附けたかは、記録の上では皆目判らないと言ってよく、門弟の子貢が、彼には「きまった先生」は無かったと言ってる[一一]けれども、それは全然獨學であったという意味には必ずしもならない。孔子は若い頃、役人の見習として書記的な仕事をしながら教育の手ほどきを受けたのではないかと思われる。孟子は、「孔子が曾て倉庫の管理者となった時には彼が『私のなすべきことは計算の正確を期するだけであった』と言い、また一度牧場の管理人となった時には『牛羊が强健で成長するようにして行くだけが義務だ』と言った」と書いている。[一二]

孔子は彼の過去が卑賤であったことを決して隱そうとしなかったが、年をとってからはややそれを恥じたようであった。[一三]しかし、若し彼が若い時にこれら現世の浮沈に遭わなかったならば、あの偉大な人物になれなかったのではなかろうか。してみれば、この現世の浮沈こそは、その後のシナ文化の全歴史上に至大な影響を與えたものと言うべきである。それは若い頃彼が奮闘生活を體驗した爲に、平民に接觸してこれに同情を寄せ、爾來決して平民が彼の脳裡を去ったこと無く、これがその後も終始儒教の一特色となったからである。この爲に、彼はその目的を達し得る限りで、身分などは顧慮せず、有爲な青年には皆その機會を與えなければならないという決意の臍《ほぞ》を固めたのである。後日彼が貧富などに[一四]頓着無く、志厚き學生は曾て拒んだことは無かったと言い、青年がその眞價を現わす機會のあるまでは誰れ彼れと言わず敬意を以て遇さねばならない[一五]としたが、これは偉人の寛大な主義を述べると共に（確かに無意識ではあるが）若い時に自分自身の立てた主張が決して誤りで無かったことを立證したものである。

孔子は大望を抱いていた。彼は何ら有力な地位を親譲りで承け繼がなかった故に、自分の努力によってこれを獲得しなければならなかった。而も、その目的を達せしめるもので、何か彼に適したものがあるかどうかは全然判らなかった。最も前途有望なものの一つは政治上陰謀を廻《めぐ》らすことであったかも知れないが、彼にはその方面の手腕は無く、またそういう性格の人でもなかった。たとい正しいことの爲にもせよ、節を屈して陰謀に與《くみ》することなど、彼には到底できなかった。彼はまた戰爭を職業とすることを好まなかった。政治上の陰謀を屑《いさぎよ》しとせず、軍人たることを好まず、而も名を得ようとする本街道としては、長く君寵を得て失わず、顯職に昇る役人の途が、ただ一つ殘されるのみとなるが、君主の意を迎えることなど、孔子には不向きこの上も無いことであった。

彼は本來おべっかの言えない人であった。それ所か、次のようなことが、ともすれば起きるのである。彼の友人連が、萬難を排して、どうにかこうにか、時の權勢を握る一人が孔子に對し友情的な氣持ちになる所まで漕ぎ附け、いよいよ孔子と會見の手筈までしてくれた時に、孔子はその將來の後援者に對し、その人の平常のやり方の間違いや行き過ぎを明らかにしてやる絶好の機會として、これをつかまえるという式であった。これが政治の道義的健全に貢獻したかどうか遽かに言い難いが、孔子の政治上の將來に及ぼした影響は、この上なく不爲なものであった。その上、孔子は「現實的な」人に話すことは得手ではなく、蟲の中の釣針をどうして隱そうかとも配意しないし、また恐らく隱すべき術《すべ》も知らなかったろうと思われる。この點では門弟の中にずっと優れた人物が居た。子貢の如きは孔子よりも君主に好かれ、また遙かに手際よく物事を運んだといっても別に不思議はない。孔子が能辯を餘りにも度々批難した爲に、無意識の間に辯舌の人を羨んでいたのではないかとの疑いが出る位である。（一六）

孔子の氣質では、實際政治の上で成功する役柄には不向きで、その天賦はどちらかと言えば(いろいろな點で正反對な)生まれながらの哲學者や教師たる才能にあった。しかし、青年時代の孔子はこのことが判らなくて、誰かが彼に向って、そう言ったならば、躍起になってそれを肯んじなかったと思われる。たとい、彼がこのことを認めたとしても、どういう方向に向って行動するのが適當かは實際判然しなかったと思う。と言うのは、孔子は二兎を追っていたからである。大望を抱く青年は誰でもそうだが、孔子も名は揚げたいものと願っていた。さらにそれにも増して彼の願っていたことは、自分の周圍どこにでもみられる、心膽を寒からしめるような人生の悲慘を輕減したいことであった。どうしたらば、哲學と教育とによってこの二つの目的を達することができるかということは皆目わからなかったのである。

彼の時代には、名聲を得る途も、實際に效果を擧げる途も、共に公職を通じてすることになっていた。學問も教育も、役人がほとんど獨占的にその職務に從屬する附帶面として行《や》っていた活動範圍内であった爲、學問も教育も確かに行われてはいたけれどもその結果は微々たるものに過ぎなかった。宮廷の儀式を掌《つかさど》るべき役人は禮を學び、その他の役人はそれぞれ特殊の目的の爲に歴史の記錄を參考にしていたが、日常公務の處理に當ってる人達には、すべての學問を自分の範圍と推斷するだけの時間も無く、また宇宙の流轉してやまない諸現象の下に横たわる意義を哲學者として探求するに缺くべからざる知的平靜をも得られなかった。

孔子はそのことをやったのである。彼が切望していた責任ある地位に就けなかったことは、却って研究竝に思考の暇を彼に與えることとなった。彼が自分よりは遙かに無能と思っていた(そしてある意味ではそうであった)「實際家」から再三拒絕された爲に、手剛い競爭者の無い分野で自らを擢《ぬき》んでようとして一層勉强を勵む刺戟を受けたに違いない。彼は實世間の仕事の失敗をひどく悲しみ歎いたけれども、彼が心から樂しんだものは、研究(後には教育)であったことは全然疑う餘地がない。彼は晴れの大廣間では、常に水を離れた魚のように精彩なく、かくてその死に至ったが、一旦門下生と伍するや魚の水に在るが如くに、心ゆく有樣であった。

孔子は當時のシナ人として最も學識ある人の一人であったが、それは必ずしも、彼が非常に多くの書物を讀んだという意味ではない。一つには後世になって、大昔からあったと揚言してる古典が、その實、孔子の頃には、まだ著わされていなかったものが多く、他面その後に亡佚した古典もあったりして、部數が非常に少なく、入手困難であったのである。孔子の頃は寫本で、竹簡に書かれ、紐で綴り合わされ、柵を小型にしたような恰好のものが代表的で、この「書物」は嵩張って不體裁なものであった。孔子は多くの歴史的記錄に通曉し、また今日「詩經」と稱する約三百篇の詩集はこれを暗記していたようである。その上彼は禮をも仔細に研究した。(今日では宗教的と世間的との二つの禮があるが、この區別は孔子の頃には無かった。)孔子の頃に禮がどの程度まで傳說上の事柄に過ぎなくなっていたか、またその中、どれだけが書き留められてあったか全然明瞭ではない。

書物は彼の思惟の爲に背景となっていたが、決して彼の思想の唯一の源泉では無かった。事實、彼は時によると、立論の爲に輕率と言う外ないような書物の解釋をすることを少しも躊躇しないことがあった。(七)それは彼が本來學者で無くて、革命家であり、當時の渾沌に近い世の中から脫出する方法を考えてた人だったからである。彼は、政治は全人民の利益の爲に行わるべきものだと信じ、君主制はいかに燦爛《さんらん》としていても、この點は保證できないという結論(爾來ずっと儒教としては基本的なものとなった)に達していた。彼は、この目的を達する爲には、この上なく誠實な性格で、行政事務に練達し、また公衆の福祉の爲には、全力を擧げ、いざとなればそれを裏切るよりは、死ぬ方がましと思うような人によって政治が引續き行われること以外には無いと信じていた(一八)。

この標準を以てすれば、政治を行う資格を一番備えている人として、彼が自分のことを考えるようになったのは、何の不思議もない。彼は救世こそ、彼の使命であるとの信念を固め(一九)、彼に可能と思われた唯一の方法で實行しようと企て、行政部内に支配的な地位を獲得しようと努めた。これに失敗して、彼は教育に轉向したが、どうしてそうなったかはただ推察し得るに過ぎない。彼は私人で教師になった最初の人だと言われておるけれども(二〇)、その論據を立證することは困難である。孔子以前にあったとしても、その人の名聲は孔子のそれによって歴史から吸い取られてしまったのである。教育に當ることは、當時まだ一つの職業と認められていなかったことは論語の上から明瞭である。

思うに、最初の門下生は一團の同志に過ぎず(二一)、儒家學派となったのも、最初の一歩は儀式張らない討論會として踏み出したといって不可ないようである。門弟の中には、孔子よりほんの僅か年少(二二)に過ぎないものもいたことは卽ちその證據である。しかし、幾くもなくして、彼の知性とその人柄の力によって「先生」として認められるようになった。孔子の卓越拔羣であったことは明らかだが、誰でも論語を讀めばそれが一層明瞭となる。彼の門下生は門弟となり、全く驚くばかりの忠實と獻身とを以て彼と結び附いたのである。彼は彼らに彼の夢、卽ち、戰爭と憎惡と悲慘とが、平和と好意と幸福とに置き代るような世の中のことを話した。孔子は夢を實《まこと》とする爲には勉強する機會以外に何も提供しなかった。竝々ならぬ勉強と自己修練とによって初めて新體制政治の役人となる資格が得られるのだと主張して、彼は無慈悲な程その門弟達を追いまくった。彼は彼らを怠惰だと言っては叱責し、頓馬だと言っては愚弄し、彼の主義を裏切った時には輕侮して猛烈に譏刺《きし》した。

孔子の門弟の數は從來甚しく誇張されている。論語には多分門弟と思われるもの二十二名を擧げ、孟子はなお二名多く、外に今日名前の傳わっていない門弟もあったに違いない。信頼するに足ると思われる傳説によれば、大多数は魯人で、その他の人達は隣接諸國から來たことになっている。(三三)この邊のことがやや詳細にわかる古い記錄によれば、子貢(三四)は衞から來、司馬牛は宋の錚々たるある家の御曹子であったとのことである。

司馬牛は門弟中隨一の名門の出で、その家は、代々、宋の高官であり、その兄は長く宋公の寵臣であった。その爲に、却って大不幸を招き、司馬牛(彼自身は毫も過失は無いに拘らず)が宋から亡命するのやむなきに至った時にも、彼の貴族としての格は、齊が領地として一市を與えた位であった。(三五)それにも拘らず、彼が孔子の門下生だった際に、孔子が彼に對し特別の考慮を拂ったような樣子は毫もみえない。孔子は彼に親切ではあったが、その態度には畏敬よりも(司馬牛の一生は不幸であった)憐憫の感の方が多かった。(三六)孔子の愛弟顏回は恐らく全門弟中で一番貧乏暮しをさせられたようである。(三七)

大部分の門弟の家の背景に關する資料は、古い源泉の內にはほとんど見られず、今日では皆無と言って過言ではない。彼らの半數よりやや多くの人の姓が「左傳」に出て來る有力な貴族の家の姓と同じであるが、大抵の場合、彼らとその有力者との間に近い血緣があったかどうかは知る由もない。孔子は志ある學生はすべて誰でも受け入れたが、理知的であることと、進んで勉强する意思あることとの二つの條件だけは、これを要求する旨强調した。貧困も家系も、有爲な勉强家を妨げることはできない筈だとはっきり聲明した。(三八)ひとたび、その羣に投ずれば、皆が皆同等の立場に立つので、差別を附け得るものは、各人が身につけた造詣の深淺だけであった。

學問しようとするものが何故に孔子の所へと行ったであろうか。何よりも眞先の理由の一つは、確かに孔子の人柄であった。その人柄は今日なお磁石の如く人を引き附け、二千五百年の時の間隔を超えて、論語にうすぼんやりと反映している彼の青ざめた歪められた影でさえも、多くの國で、また、いろいろの宗教の人々の心に熱情を點火し、尊敬に近いあるものを呼び起こすのである。在世中の孔子は、正に有力な「人の漁《すなど》り手」で、教師としては、學問に興味を持つ人々に向って眞面目な知的興味に訴える所があったに違いない。文學、歴史、および哲學上の進んだ研究の爲に機會を提供し得た教師は、あの時代では孔子以外には無かった。最後に、恐らくは(人間の本性はほとんど變らないから)一番重要なことと言わなければならぬと思うが、それは孔子が政治に携わる人物を訓練したことであった。孔子の提供した訓練と、孔子の推薦とは、門弟達が地位を得る上に大變な助けになったようである。

後に、孔子を眞似た墨子が頗るおおっぴらにやった(二九)ように、孔子は、門下生を集める爲に、この經濟的な論法を用いた様子は無いばかりでなく、主義ある人のようなふりをして、その實、富や物質上の安樂を事とする輩《やから》を繰返し非議した。彼は一國の政治がよく行われていない時に爲政者の地位に在ることは誇るべきではなく恥ずべきであると言明した(三〇)。それにも拘らず、少なくも彼の門弟の一人は俸給を得る目的で勉強していた(三一)ことが論語に見え、「三年間、物質上の報酬のことなど考えないで學問しようとする人を見附けるのはなかなかむつかしい(三二)」と彼自身慨歎したことも論語に載っている。

孔子の門下生の中でも初期の人達が物質的報酬を望む心は、思うに微々たるものであったようだが、時が經つ中に、世間でも、孔子に就いて學問することは、實利の伴った賢明な手《て》だと思うようになった。それは孔子の門弟達が多數非常によい地位に就いたからである。論語には二十二人の門弟のことが載っており、その一人の司馬牛は領地を持っていた。これらの門弟達がどんな地位にいたか、古い材料でわかるのは、偶然のことで、而も思ってもみないことからばかりである。そうではあるが、あとの二十一人の中少なくとも九人は何か重要な役に就いたのに、一人が申し出された地位を斷ったということは明瞭にわかっている。九人のうち二人は引續いて魯、衞兩國で役人となった。これらの地位の中で最低は市邑の知事の職で最高は孔子の門弟三人が引續いてその地位を占めた季氏の宰[三三]という役であった。これは門地によらないで、正當に就き得る魯での一番重要な地位であった。それは實權が季氏にあったので、その宰たるものが、國事についても大勢力があったからである。門弟の中には、自力でその地位を得ることのできた人もあったろうが、これらの任命に際し一番重要なことは、孔子がその間を斡旋してくれたことであった。[三四]

　かような次第で、青年が孔子に就いて學ぶわけは判らぬでもないが、孔子がそのやり方を批難した當の貴族連中が、孔子の門下生を採用したがっていたことは、いささか不思議の感がある。しかし道義的訓練を十分に受けた家來を傭おうという考えに君主達の心が引かれたのは、ちゃんと立派な理由があったからである。エドワード・ギボンは「專制君主は、自分自身の行動がどんな程度になろうとも、また自分自身はどんなに情欲に耽溺してもよい權利があるとしても、家來は誰でも皆、社會の自然的および市民的な義務を尊重すべきであるということが、專制君主の關心事であったことは、疑いないことである」と喝破している。[三五]

　當時の情勢は信頼するに足る役人の望ましいことを切實に感ぜしめるものがあった。西紀前五〇五年から五〇三年に至る間、魯の國政は陽虎と言う名目的には季氏の家來であるものの擅《ほしいまま》にする所となって、事實戰慄を覺えたのである。後年、陽虎は他の五人を語らって所謂三家の首長を殺し、とって代ろうと企てたが、ほんの僅かの所でこの計畫は失敗し、彼は出奔せざるを得なくなった。[三六]かような經驗を一度やれば、結構、放埒極まる廷臣でも、信用できる道義的性格の家來を望むようになるものである。孔子は、個々の人に忠實と言うよりは、主義に忠實と言うことを唱道した一面、暴力によらず、納得ずくで改革すべきであると說いた。君主は、孔子の門弟に權力を託して置けば、事態が流血革命までに及ぶことはまずあるまいとかなりの確信を持つことができた。現に子路は衞國でその主君を守りながら死んだ。孔子の門弟に政治上の地位が初めて與えられたのが、陽貨の不成功に終った非常策《クーデター》の直後であったのは、恐らく偶然では無かったろうと思う。

なお、孔子は門下生に政治原理竝にその技術も多少教えたので、彼らは役に立つ手腕《うで》を持っていたのである。當時孔子のやっていたような教育施設は、外にあったことをきかないから、彼らは同時代の人々に比べて大いに有利であったに違いない。門弟達が一粒選りの一羣であったのは、孔子が愚物や無精者は容れようとしなかったからである。彼らの理知は孔子との論議や相互の討論によってますます切磋され、彼らの精神は歴史、詩および禮の研究によって、いよいよ琢磨された。子貢の如きが、外交上魯の敵國にとっては、到底對抗できない人物となったことは驚くに足らず、季氏の首長がある國との會談に出掛けた際、前回のように子貢を連れて來なかったことを悔んだこともあった(三七)。門弟達は、長きに亙って政治上の諸原理を研究した上に、起きそうな事態についての討議をも盡していたから、彼らは具體的の方策をも心得ていた。吳王が魯の叔孫氏の首長(生憎この人は從來孔子を高く買っていなかった)に對し、思いもかけず、儀禮的な贈物をした爲に、すっかり當惑して、口が利《き》けなくなった時に、彼の後ろから進み出て、困惑の場面から彼を救い出した人は、外ならぬ子貢であった(三八)。教えを受けることを中絶した變節の門弟子羔(三九)でも、なお、外交儀禮については、孟氏の首長に助言するだけのことはできたのである(四〇)。かような次第で、君主達が孔子の門弟を用いたのは、德を愛するからとか、孔子の主義を信奉していたからとか考える要はなく、ただ彼らが役に立つ人達であったからである。

孔子の門下生が地位を得る上に、孔子その人の威信もまた一《ひと》役を演じたに違いなかった。この關係では彼の理知と人格とは無視し難く、この二つは彼の博識と相俟って、彼の生存中でも彼獨特の地步を贏《か》ち得たのである。勿論、後世シナで發展したような學問の尊重はみられなかったけれども、傳說は孔子出生前數世紀間大いに尊重せられ、孔子もまたこれを熱心に研究した。後に孔子に關する物語が伸展するにつれて、そのある場面では、孔子が他の追隨を許さぬ賢人として、偉い人達に見出され、その人達の問に答えることになっている。これは誇張であるが、孔子が高位の人にも知人が多く、彼の意見は彼の門地や格式を基としては說明できない程の尊敬を拂われていたことは疑いない。

しかし、孔子は同年輩の人とはともかく、青年との間は非常に旨《うま》くいっていたことは論語で明らかにされているが、これは驚くに當らないことである。改革家として、幾分實行不可能のような理想主義と、われに使命ありと感じてる人のやや自ら任ずる樣子とは、世故に慣れきった人には反撥するけれども、青年の崇拜はいやでも得ないわけにはいかなかったようである。白髯ほど豫言者の使命に自信を附けるものはないのに、孔子の門弟達が魯の歷史上で一《ひと》役演ずるようになったのが孔子の五十にならぬ前であったことは注目に値いする。

前に述べたように、季氏は魯公の權力を簒奪し、孔子の是認しないことを非常に澤山やってはいたが、それでも、魯で人を採用する場合には、全部では無くても、一番多く孔子の門弟に機會を與えたのは季氏であった。孔子は門弟が常に主義に忠實であるよう勸說してたから、起こり得べきことではあったが、冉求が苛稅を徵收する命令を實行したことに對しては公然非難した。しかし彼が、門弟達に季氏の仕事をするなと禁じたわけではなかった。禁じたとすれば、ドン・キホーテ式であったろうから、禁じないで、季氏の行くべき方向と思う所へ動かそうとして、公然而も恐るる所なく彼らを批判したのである。

西紀前四九二年に季氏の首長となった季康子は、孔子の一羣の主たる後援者であったようである。魯の事實上の君主であったこの貴族の經歷は、一つの事件の外、目立った不德も德もほとんど知られていなかった。彼が先代を繼いで季氏の首長となり得たのは、異母弟たる嬰兒が奇怪な殺され方(四一)をしたお蔭であり、彼が殺したという證據は無いにしても、その爲一番得《とく》をしたものとして、嫌疑を受ける筋合ではあった。しかし、彼は、彼のような地位におる人ならきっとやると思われる通りの政治ぶりで、侵略戰爭もやったし、魯公の權力が強くなり過ぎないようにと賄賂も使ったりした。しかし、他面彼は手際よく國防に當り、また魯公を好まなかったにしても、待遇はかなり十分にしたようである。魯公が行政の衝に當ったよりも、彼の方が遙かによく魯國を治めたといって差支えない。

孔子と季康子との關係はなかなか面白い。西紀前四九二年に季康子は季氏の首長となったが、孔子と相知ったのは少なくもその六年前で(四二)、門弟達を除いては、外の誰よりも一番よく季康子の話が論語に出て來る。彼は論語に現われる人物の大多數がやるように、ただ質問するだけで無く、問題の檢討に幾分參加したらしくある。季康子が孔子に藥を贈った時に「どういう藥か、よく承知して無いから、敢て頂かないでいる」という頭のよいことを言ったことは記錄に載っている。(四三)季康子が質問すれば、大概いつでも、孔子の返事はお說教とお小言とがくっついていた。ある時、盜賊が多數橫行したのに困って、季康子が孔子に意見を求めた際には、「本當にあなたさえ不當な慾を起こさなければ、ご褒美を出すからと言っても、誰も盜みなどしない」というのが孔子の返事であった。(四四)また國の政治はどうするのがよいかと問うた時に、孔子は「先ず自分自身を治めることをしたらよかろう」と彼に告げた。(四五)

こういう皮肉な返事をしても、季康子を遠ざける結果にはならず、全然逆のようであった。季康子は、この敎師の誠意に感銘していたに相違なく、多分その理想主義を、よし實行は不能にもせよ、驚嘆すべきものと思っていたようである。曾て彼は孔子の門弟の子路、子貢、冉求は役人となれば立派なものだろうかと尋ね、孔子が立派なものだと答えたので、彼が子路などを父季桓子に推擧したことは疑いない。(四六)と言うのは、孔子が曾て季桓子と話し合った記録は無いのに、「左傳」によると、西紀前四九八年卽ち季康子が權力の座に就く六年前に、子路は季氏の宰であったからである。(四七)康子が父の後を繼いだ後は數名の門弟子を自分の政權の下で用いた。

西紀前四九八年に、子路を季氏の宰として記しているのが、恐らく孔子の一羣の歴史上信ずるに足る最初の時で、孔子は五十三歳であったが、ここに孔子が漸次世に認められつつあった證左をみるのである。子路がどれ位長くこの地位に在ったか判らないが、その任期の初めは西紀前五〇二年より前ではあり得ない。その年は陽虎が叛亂を企てた年で、而も、この事件の詳細な記録に子路の名がみえないからである。

なお陽虎の企てた叛亂に公山弗擾と言う季氏の家來が今一人捲き込まれた。この公山弗擾は季氏の首都で、防備された費という市邑を預かっていたものだが、何かはっきりしない理由で季氏に不平を抱いていた。しかし、彼は陽虎のように私利一邊の無茶な暴漢ではなく、現に公家の利益を防護し、陽虎に控え目ながら反抗した時もあった。(四八)陽虎は、公山の參加を確保する爲に、魯國の權力を魯公の手に恢復する運動として、この叛亂を起したのだと說いたことは、全くありそうな話である。公山は人の爲に誤られたかも知れないが、それでも彼は主義の人であった。このことは、結局魯から出奔するのやむなきに至った後でも、彼が常に魯に對する忠誠を持ち續け、魯を援助してその敵に立ち向った時にはっきり現われた。この公山の行動と、齊をして魯を侵略せしめようと奔走した陽虎のそれとは實に顯著な對照である。(四九)

陽虎の叛亂が失敗に歸した時にも、公山は卽刻魯を離れないで、彼の名目上の君主、季氏に抗し費市に據って叛いた。公山の季氏に對する立場は、季氏が魯國內の資源を抑えていたから、公山は自分を支持してくれる基盤を擴大し得るのでなければ長く持ちこたえられないことは明瞭であった。公山が季氏よりも自分自身の擁護の下に魯公の權力を恢復することを夢みていたことは考えられないことではなく、公山はこの岐路に立って彼の「政府」に參加するよう孔子に懇請した。(三〇)

孔子が少なからずこれに傾いた氣持ちはよくわかる。彼の天職は、彼の見る所では、政治であり、彼の使命は世を救うことにあった。而して彼は今や老境に入らんとしている。急いで行動を起こさなければ、彼の思想を現實に試みる機會を一度もつかまないで、やがて弱り果て、老耄し去らんとしている。確かに費は一小地區に過ぎないし、而も孔子は主義として暴力革命を否認していた。しかし、季氏は既に先公を追放したこともあり、また魯を力ずくで支配して以來既に數代を經ている。この惡を匡正する爲に力を用いることは、その理ありとされないものであろうか。

子路は、孔子が萬一にも公山の所へ行こうと考えては大變だと恐れをなした。恐ろしく誠意のある人は、「正は正、邪は邪」と信じ、ある單純な主義によって行動し、ごく些細な變更も惡事と考えるものだが、子路もその一人であった。子路はアーサ王の圓卓の騎士のように氣兼ねなどしない人であったろう。孔子は曾て子路に對して、目上の者に向って暴力に訴えるのは惡いことだと敎えたことがあったのに、今公山は目上の者に向って暴力を用いたではないか。さすれば、公山は疫病のように避けるべきであるというのが子路の考えであったのであろう。子路の動機はいつも物凄く純なもののようであるから、動機の點には異議を挾まないけれども、この時既に子路が季氏の宰であったことは注目すべきことかと思う。從って公山からの脅威を除くことは子路の義務であった(これを彼は後に果たした)。

孔子は公山に參加することを斷念した。しかし彼は子路に向って「彼は徒らに自分を呼んだのではない。自分を用いる人があれば、東に周を建設したいものだ」と言った。換言すれば、孔子は、悲しくも衰亡した周帝國往年の隆盛

にも比肩する新王朝の建設を夢想していたのである。(五一)

孔子はこの時まで教えること以外に、何をしておったのであろうか。判らぬという外ない。青年時代にはいろいろのごく輕微な役に就いたが、後になっては、門弟達が衣食の心配はしたものと考えてよいようで、彼らから束脩を受けたことは既に述べたが、(五二)恐らく、支拂い得た人々からは授業料をも受けたと思われる。孔子は比較的貧乏であったが、生活はしていかねばならなかったから、國家から何か年金のようなものを貰うことなど、いかにもありそうなことで、特に彼が季康子の厚遇を受けるようになってからは、そうであったと思われる。

傳說は、孔子が魯で高官となって、その事務上、指導的な役目を演じたことを固執し、「左傳」には、西紀前五〇〇年に齊との外交上の會同で魯の定公の介添役をして、敵が魯公を誘拐しようとした企らみの裏をかき、勇氣と俊敏とによって齊が曾て魯から奪った土地を返還せざるを得ないようにしたと記されている。(五三)この話には間違ったことが澤山あり、數名のシナの學者も夙に虛僞として斥け來たったものである。この事件が本當にあったこととすれば、孔子の政治的實行力が最高潮に達した時であった筈であるのに、論語にも「孟子」にもこれについては一言も觸れてない。これは、孔子の生涯とは何の關係もない、小さな芝居がかりの物語が「左傳」に附加されたものである。(五四)

孔子が曾て魯の行刑大臣になったという話の方が、これよりもっと固執の度はひどく、一見確證が十分なようにみえるのは、比較的古い「墨子」、「孟子」および「左傳」の三書が皆その職に在ったことを斷言しているからであるが、よく調査すれば、三つの中二つの證據はつぶれてしまうのである。「墨子」には載っておるけれども、それは後《あと》から「墨子」に附加されたものと廣く認められてる部分にあり、(五五)「左傳」の場合は甚だ珍妙である。「左傳」は魯國の歴史を相當詳細に記述し、而も孔子について強い關心の横溢してる書物である。孔子が魯の行刑大臣であったらば、「左傳」は必ず彼の公務上の行動をある程度綿密に敍述すべき筈であるに拘らず、孔子が曾てこの役目に在ったことを示すものとしては、西紀前五〇九年の「後、孔子が行刑大臣となった時、彼は溝を使って代々の魯公の墓を一つにした」という記事だけである。(五六)

この問題を片附けるとしては、この記事は奇妙なものである。孔子が行刑大臣となった時、若し何かやったとして、どんな事をやったか誰も知ってるものの無いことが、これで明瞭になったわけである。孟子は孔子がその地位を辭した理由を説明したに過ぎない。(五七)後年史官が孔子の生涯を全部詳細に讀者に知らせなければならないと感じた時に、孔子が略式處刑を實施したことや、「異様な衣類の發明」というような奇妙な犯罪目錄を作って、これに死刑を課したことやを語って、この餘白を馬鹿げたことで穴埋めしたのである。これらのことは、もっと古い、もっと信用できる材料から判明してるあらゆる事柄とは完全に一致しないことばかりである。(五八)

本來孔子が行刑大臣にされると言うことは、ありそうに無いことである。行刑大臣の職は非常な要職で、屈指の貴族の首長が占めるのが常態であった。公家とも緣續きのかの有力な臧氏の首長が、孔子の生まれる前の年に行刑大臣であったことはわかっており、アンリ・マスペロの想像するように、恐らくこの職は常に臧氏の役得として世襲であったようである。(五九)孔子の門弟達がその師の爲に、その功績を認めて欲しいと願ったことがあり、(六〇)その爲に、若しかような地位が得られることになったとすれば、論語がその成功を記錄しないことは想像できないのに、論語には、孔子が何か高い地位に就いたことを想わせるものは何も無いのである。孟子が孔子の行刑大臣になったことを書いたのは、百年も經った後で、孔子についての物語がそろそろ成長しかけたことを示すに過ぎないのである。

孔子の門弟數人が魯の政府に地位を得たあと、孔子があれ程熱望していたに拘らず、未だに官職に就けなかったことは、これに關わりあるもの皆にとって、だんだん間のわるい具合になっていったに違いない。西紀前五〇〇年後、間もなく、季氏の宰であった子路だけでなく、子貢も冉求も季氏に仕えたようである。(六一)論語には、「或る人」が孔子に向って、「あなたは、なぜ政治の衝に立たないのか」と聞いた時に、孔子はその質問を逸《そ》らして「善良な市民でありさえすれば、それが卽ち政治に貢獻することだ」と言ったことを載せている。(六二)かくて孔子は、門弟達にとっても、また彼自身にとっても、同樣厄介なことになったと言えるであろう。

尤も、孔子がどんな條件でもよいから、地位を得たいと思っていたのならば、それの得られることは一點疑いないが、そういうことは彼の欲せざる所であった。子貢は、曾て孔子が國事からいつまでも超然としているのを非難し、孔子の政治上の才能を寶石に譬えて「ここに美しい寶玉があるとして、匱《はこ》に韞《おさ》めて、大事に仕舞っておかれますか、それともよい買手を捜してこれを沽《う》ろうとなさいますか、どちらですか」ときいたところ、孔子は「沽るのだ、沽るのだ、自分はよい買手を待って沽《う》る」と答えたことがある。(六三)

政治に與ることに對して、孔子が欲しいと思った代償は、政治上の發言權竝に地位、それから孔子が一日も捨ておけない弊害と思ってたものを匡正する好個の機會とであった。現に政治の衝に當っている人達としては、孔子にそのような權力を與えることを躊躇したのは、理解できないことではない。季康子は孔子の思想を寛大に考察し、興味さえ感じていたけれども、同時に彼としては、過激な思想を懷抱するのみでなく、それを實際に施そうとするだけの力を完全に持っている人をば、若干恐れを以てみなければならなかった。その上孔子が實際行政家として果してどれだけの成果を擧げ得られるかという疑問も幾分あったのである。季康子が盜賊對策をきいた時に、孔子は季康子自身が自己の欲望を抑制さえすれば、それで澤山だと答えたことがある。(六四)それは立派な説教ではあるが、高まる犯罪の傾向に處する實際的意見としては妥當と謂えない。勿論この際の孔子の狙《ねら》いは、實際的な助言を與えることでは無かったと言う人があるかも知れないが、實は孔子が實際的助言を述べようとしても、果してそれを述べ得る力があったかどうかは少しも示されていないのである。孔子は國の文化を打ち建てる主任建築家としては非常に成功したであろうが、あの當時一國の實際政治の運用を託されたとしたら、その事業を臺無しにしてしまったかも知れないのである。

それにも拘らず、孔子はやっとのことで遂にある地位を得たには得たのである。それをいつ得たか、いかなる地位であったかは、正確にはわからない。それでも、時は大體西紀前五〇二年乃至四九二年の間あたりとみてまず間違いなさそうである。(六五)論語には孔子がどういう職に就いたか直接何も書いて無く、ただ謎の手がかりのようにほのめかしているに過ぎない。論語でわかることは、重要な政治上の決定をする時はどんなことでも相談を受けるべき地位だと孔子は信じていたことである。同時にまた、論語は、孔子が一向相談を受けなかったことを強く言っている。(六六)また論語には、「孔子が宮廷で上大夫と話す時は、控え目で形式的であったが、下大夫との時は形式抜きで率直であった」とある。(六七)それから今一つ、論語には「大夫の後に從う」ということばを二度も孔子自ら言っておる。(六八)

この「大夫の後に從う」という言い方は、孔子自身、下大夫の一人であったという意味のようである。彼が大夫の「後に從う」というのは習俗上の謙遜であるが、(六九)上大夫と話す作法は控え目で形式的であった所をみると、上大夫の仲間では無かったらしく、また大夫より低かったらば國事について相談を受ける期待も持ち得なかったであろう。と言うのは下大夫が公廷席次を持つ役人の最下級であったからである。

どうして孔子にかような地位が與えられるに至ったかはわからないが、推察することは難くない。彼の門弟達は、孔子がかように任命されることに大いに骨折ったに違いないし、季康子のような人にも、その門弟達がだんだん重要人物になりつつあるのに、孔子に何の地位も無いのは妥當でないことがよく判ったに相違ない。シナ人はいつでも面子を重んずることに敏感であるから、孔子には官名は堂々だが煩わしい義務は何もない、また權限上、上役を困らせるようなことは何もできない地位を與えて、面目を立てるべきだということが極まったのではなかろうかと思われる。いつまでも政府外に置けば、政府にとって何か面倒なことを起こすかも知れないような人達の精力を逸《そ》らす目的で設けてある地位はどの政府にもあるもので、季氏に抗して公山弗擾が叛亂を起こした時に、公山を支持しようかと考えて、孔子が荏苒《じんぜん》時を過ごしたことが、孔子のような有名人をそのままに放置して置くわけにいかないことを、當局者に納得せしめる一助になったかとも思われる。そこで孔子は樞密顧問官に當ると思われる官名を與えられた。

現存する材料によれば、孔子の役が全くの閑職であったことはほとんど疑いなく、この爲後世の儒家がひどく困惑したことは言をまたない。彼らにしてみれば、孔子は最高の要人、魯公の最高顧問と思いたかったのである。しかし、論語には、孔子と、孔子を任命した當時の君主定公とのただ二回の問答が載せられてあるだけ[十二]というのが眞相で、その問答の際にも、魯公は評判の賢人に尋ねるような問題を問うたばかりで、君主と大臣との間に期待さるべき論議のようなものでは無かったのである。[十一]

「孟子」には、孔子が魯公の下でなく、當時の季氏の首長季桓子の下で役人になったと書いてあるので[十三]、儒家の中には、なお一層氣に病んだ人もあり、かような權力簒奪者に仕えることは、孔子の威嚴を落すものだと考えたのである。しかし、事實、孔子の地位は形の上では魯公の下であっても、魯公は傀儡であったから、孟子はただ實狀に即して言ったに過ぎないと考えられるのである。實際この任命を取計らったのは季桓子の子で、孔子の友人であった季康子で

あったことは萬間違い無いのである。(七三)

孔子が、その實は孔子を沈默させるだけの目的で計畫された任命を、案外にも受けたことは、孔子の誠實を反映するものとみられるかも知れないが、名譽を重んずる人は、善政に效果的に貢獻し得られるのでなければ、地位や俸給を受くべきでないと、しばしば主張し來たったことと矛盾することは確かである。しかし、とにもかくにも、孔子の心中には、この機を逸すまいとする念が大いにあったのである。孟子は、「孔子が季桓子に仕えたのは、孔子の主義が實行されるかも知れないという可能性があると思ったからだ」と言っておる。(七四) 孔子の門弟中には、行われるか、行われないか、試してみるために地位に就くよう勸めたものもあったに違いない。孔子は自分の年齢の爲に、一層任命を望んだのかとも思われる。彼も今や齢知命に近く、次の機會を漠然たる將來に期待することはもはや不可能であった。

三家の首都のあった、あちこちの市が中心となって暴動が起きたり止んだりして、數十年間魯の平和は攪亂され續けで、三家はそれらの市の防備を固めた。三家が魯を左右するようになってからは、首都に居を移して各市は知事の管理に委したのである。かように防備の施された市を掌握すれば、知事は絶えず謀反の誘惑を感じまた實際これを起こしたのである。(七五) 西紀前四九八年に子路は季氏の宰として、この危險を無くするに爲、これら三市の防備を破壊することを提案した。(七六) この案は容れられて最初は順調に運んだ所、軍部の反對が強まって(七七)最後まで遂行することはできなくなった。(七八)

この失敗の爲に、子路に對する季氏の御《おん》おぼえがわるくなりはじめたかと思われる。實に、子路がそもそも今まで政治の面で成功してきたのが不思議な位のことであった。孔子も結構妥協しない人ではあったが、子路に至ってはかの最も剛直な清教徒位に、やかましい掟に従っていたのに、どうしてその子路が季氏とうまくやっていけたかは未だにわからない。子路が季氏とうまくやっていくことも際限なくは續かず、論語にはある宮廷人が子路を季氏の首長に中傷し、その結果、子路を疑うようになったことを記している。(七九) 子路の勢力は冉求の勢力が上るにつれて下ったようである。冉求も孔子の門弟ではあったが、孔子の敎えの爲に、公的生活上妨げられたことは餘り無かった。冉求は「パンのどちら側にバタが附いてるかを知っていた。」その後引續いてどの位、子路が季氏に仕えていたかは判らないが、孔子が遍歷に旅立つ前に、免職されたかそれとも嫌氣を生じて職を離れたかしたらしい。

　孔子は、快々として樂しまなかった。ある日冉求が宮廷から退出してきた時に、孔子がなぜこんなに遲いのかと尋ねたに對し、冉求は「國事があって」と返事した所、孔子はいらだち氣味に「それは國事より輕微なことに違いない。(八〇) 國事と言うだけの何か重大事ならば、本當の責任は持たしてくれないにせよ、一應自分にも相談はあって然るべきだ」と言った。(八一) この論語の一章はこの時分のこととするのが筋が通るように思われる。しかし、孔子は直きに、この錯覺さえも失って、魯の國では何事も成し得る望みの無いことを覺ったのである。孟子は孔子が國を去ろうとしたのは、「用いられなかった」為であると言っている。(八二) 孔子は齡六十に垂《なんな》んとしていたけれども、彼の主義を實際に施す機會を眞に與えてくれる君主を探し當てんものと決意して、かの遍歷の旅に出たのである。(八三)

　孔子の旅先に於ける數年については、おりにふれての、脈絡の無い、斷片的な消息が傳わってるのみである。漢の時代に書かれた「史記」には詳細を極めた完全な旅程が載っているけれども、後世の作ではあり、明らかに誤ってる點も少なくはなく、こういうでっち上げたものを道しるべとして用いることはできない。論語と「孟子」と「左傳」

とを調べれば、孔子の歴訪した國々の名も、三書で大體一致する旅程も判明して來ることは、道教の書物である「莊子」でも確認している。[八四]

　孔子の旅行で、いつのこととしてよいか判らない所が一つだけある。「孟子」には、孔子が齊に行ったと書いてあり、論語と「墨子」には齊に滯在中景公に會ったと記されている。[八五] 後の遍歴の旅の際、齊へ行ったというはっきりした形跡も無く、また景公は西紀前四九〇年に死んでいることを思えば、これはどうも疑わしい。從って「史記」に書いてあるように、齊へは、いつか以前に旅行したことがあるのだろうと思われる。[八六] 後になって孔子の傳説を作りあげた人々が、孔子の齊訪問について數多くの話を聞かせてくれているが、皆眞赤な嘘である。[八七]

　この長途の旅行に、孔子が魯を出發したのはいつであったかは、議論が續いてはてしがない。「史記」は、出發を西紀前四九八年、四九七年、四九六年と章によって異にし、選擇に委している。[八八] 何れにせよ西紀前四九三年より遲くないことは確かである。と言うのは孔子が會った衞の靈公はこの年に死んでいるからである。[八九]

　門弟の中でこの旅行に同伴したのは誰か、またそのおのおのがどの位孔子と一緒であったかは不明である。傳説では隨員は大勢となっているが、これは恐らく後世の遊説者の慣習に動かされた結果と思われる。約百年の後、孟子が旅行した際は、後車數十乘、從者數百人と言われたものである。[九〇] 後世の人は(たとい話だけでも)孔子もこれに匹敵する位の供廻りを與えられたとしなければ、孔子の威嚴に關すると感じた爲であろう。傳説が孔子の旅行に隨伴したものの數を多くしたことはほとんど疑いない。[九一] その實孔子の外遊中孔子と一緒にいた確證のあるのは二人の門弟即ち子路と顔回だけである。

　孔子はまず衞に行った。孟子によれば、衞には、子路の妻の義兄で、衞公の寵を得ていた人がいて、子路に對し、

「若し孔子が私の所に滞在するならば、衞國最高の大官の一人となることができる」と言ったが、孔子はこの申出を拒絕したらしい。[九二] それにも拘らず、孔子は衞公に厚遇せられ、「孟子」には衞に仕えたとあるが、[九三] それは孔子が國賓として待遇せられ、國家から衣食の資を給與せられたというだけの意味だと思う。孟子も觸れているようだが、孔子は諸國でこの種の援護を受けたことはあったらしく、[九四] そうでもしなければ、富裕では無かったから旅行できなかったのであるが、彼が現役の官吏になったなどと言うことはあり得ないことであった。孔子の門弟達は孔子の任官に熱心であったのに、世間は彼を無視しているとの感を抱いていたから、もし旅行中に政治上實權ある地位に就いたとすれば、これを祝う記事が論語にあって然るべきだが、それと思われるものは論語には一つもない。[九五]

南子として知られている衞の靈公夫人はかなり醜聞の高かった貴婦人であった。この夫人は兄弟と血族相姦の關係だったのを結婚後も續けているので批難された人であった上に、政治上の陰謀にも手を出したようであった。[九六] 雍也二八によれば、孔子は南子に謁しており、恐らくは南子の命によったものと思われるけれども、子路は、孔子として謁すべきかどうかかなり惱まされた。後世の儒家もまたこれに惱まされ、中にはこの章を目して孔子を誹謗するものとし、抹殺したいというものも出てきた。

孔子が行った時の衞の國情は、去ってきた魯のそれとよく似たものであった。孔子は厚遇され、支援も受けたが、彼の理論を實地に施す機會は得られなかった。[九七] 衞にどれ位滞在したかは判らないが、去ったのは西紀前四九二年より後では無い。[九八]

孔子は南の方、陳に赴こうとして出發したが、[九九] 宋を通過する際、桓魋という宋の一流貴族が孔子を途に要して殺そうとした。[一〇〇] 史記の孔子傳にも彼の生命をねらったこの企てについては何の理由も擧げられてないが、純然たる推定とは言え、萬間違いないとはいえないまでも、尤もらしい動機の存した根據は無くはない。その話を進めるには横道へはいらねばならない。

桓魋は宋の權勢ある家柄の一人で一番質《たち》のよくない増長貴族であった。彼は宋の景公の寵臣であったのを妄用して、彼の欲しがってた他人の所有地を無理に奪いとり、その爲ひどく打ちのめされた時には、自分を守るなり、報復するなり、何れの勇氣も無い爲體《ていたらく》であった。それにも拘らず、彼は相變らず君寵を擅にし、彼の傲岸の爲に、他の大臣達が宋公から離れて、中には謀反するものも出る位になった。西紀前四八四年まではその寵を失う様子も無かったが、西紀前四八一年になって、宋公が彼を殺そうとした爲、桓魋およびその一家は宋から出奔するのやむなきに至った。[一〇一]

孔子の門弟司馬牛はこの桓魋の弟であった。司馬牛が孔子に就いて學んだのはいつ頃のことか、またどれ位の期間であったかは何も證據がない。正確では無いが、孔子が魯を去る前に一時門弟であったように思われる。[一〇二] 彼が孔子に就いて學んだ爲に、兄の桓魋に反對するようになったという直接の證據は無いけれども、兄であるこの人物を輕視してたことは甚だ明瞭で、桓魋一家擧げて宋を去らなければならなくなった後に、彼が桓魋と同じ國に住むことを拒んだことがあり、[一〇三] またある時に、桓魋と今一人の兄弟が生存してたにも拘らず、[一〇四] 兄弟の無いことを歎いたことがあった。[一〇五]

司馬牛は孔子の門弟であったから、門地の高い人間だけに地位の下ることの深さを測り知る資格があると思ってた連中は輕視すべきだということを知ってたに違いない。それ所か、儒家は子夏が司馬牛に言ったように、あらゆる人に對しすべて敬意と親切とを以て行動する人が眞の君子で、そういう人達は全世界が皆兄弟だと信じていたのである。[一〇六] 孔子が司馬牛に教えたことは結局儒家が全シナに教えたことと同じく、人間の高貴は知性と精神とによるもので系圖によらないことと、人間の價値はその人の人物如何で決まって、その人の祖父がどんな人であったかで決まらないということであった。しかし、こういう新しい評價の傾向は司馬牛の親族の行動とひどく衝突するので、彼は何かよくないことが起きるのではないかと不安の念に堪えなかった。こんなこともあったので、ある時、孔子は司馬牛に向って、「君自身の心中に顧みて、何ら疚しいことが無ければ、かれこれ思い煩うことも無ければ、恐れることも無い」と言ったこと[一〇七]がある。

桓魋の目には、孔子がソクラテースの處刑された罪、卽ち青年を墮落せしめる罪の犯人とみえたことは解するに苦しまないし、從って桓魋が孔子を殺そうとしたのもその爲だとして差支えないのである。尤も司馬牛が孔子に就いて學んだのが、いつであったかを確める方法が無い爲、これが果して司馬牛の不安の種であったかどうか判明しないことは特に斷って置く要がある。

何れにせよ、この時孔子の振舞は毅然たるものがあった。卽ち彼は「天から使命を託されてる人間だ。桓魋如きものにこれを妨げる力はない」と言明した。「孟子」には、孔子は宋を通過し終るまでは、用心して目立たぬ衣服に着かえたと記されている。[一〇八] 論語は、なお、匡という所で孔子およびその一行にふりかかった、これとよく似た事件を記しているが、恐らく一つの事件が別々に傳えられたものと思われる。[一〇九] その際、顏回ははぐれてしまい、孔子は殺されたのではないかと心配したが、結局二人は再會したのであった。

孔子およびその一行が陳の國に着いた時は、窮迫狀態であったが、それもこの事件の爲らしく、事實、食物の缺乏が原因で衰弱していたようである。[一一〇] しかし、遂に陳の首府に入り、孔子は陳公の廷臣の一人の客人として迎えられた。[一一一]「左傳」には孔子が西紀前四九二年には陳にいたと書いてある。[一一二] この不幸な國にとって最後の時が正に來たらんとしつつある時であった。陳は西方の小國蔡と同じく大國楚の領土内を南へ突き出た所に在って、兩國共に、既に呉、楚兩未開國間の爭いの將棋の駒とされていた。楚は西紀前四九四年に、先に呉に與《くみ》した蔡を報復的に征服して、蔡人に領域外に移るよう命令した。[二三] また呉が楚の不振に乘じて楚を攻撃する際に、陳は呉に味方するを拒んだが、[二四] 幾くもなくして中立を保とうとする計畫の駄目なことが判った。即ち、爾來、陳はきまって呉楚兩國の爲交〻侵略され、遂に楚の爲滅亡併合されることになったが、これは孔子の來訪から十二年後のことであった。

陳は孔子の滯在中にも一度侵略されたかと思うが、[二五] とにかく、陳公には哲學を論ずる時間はほとんど無く、有德であれば、やがては平和と繁榮と幸福とがやって來るものだということを説得するのに、孔子は甚しく困難を感じたに違いない。實際孔子が陳公に會った證據は無いが、行刑大臣に會ったという記事はある。但しこの高官は孔子に對し好意的では無かった。[二六] 孔子は、シナのこの地方では新しく友人が得られなかったらしく、[二七] 魯への鄕愁を感じ、殘してきた門弟達が孔子の掌中から脱落しようとしてる[二八] からと言って歸國の意向を表明した。しかし、事實、彼はなお彼の探求を斷念したわけではなかった。

この頃のことで、今日に傳わってる唯一つの眞に興味ある話は、非凡な二人物の會見である。一人は孔子、今一人は葉公という楚の一貴族である。「公」という漢字の英譯語としてはデュークを使うのが常で、この役人はこの稱號を持っていたのである。尤も楚では君主自身王と稱し、公は小地域の君主に過ぎなかったことを知って置く要がある。[二九] 葉公は上述した小地域の君主にも拘らず、錚々たる人物で、楚王の家と血縁のつながりがあると言われ、楚國の一重鎭で、その上(餘程稀のことだが)主義の人であった。葉公は一時左師の將で、多くの戰闘に勇名を馳せたが、彼は力よりも德の大切なことを力説し、人民を遇するには自由を重んずべきことを主張し、貴族の亂暴者が勇を好んで國に害をなすのを非難したりして、孔子と非常によく似た感想を數回述べてるのが「左傳」に記されている。「左傳」のこの種の話は必ずしも常に信を置き難く、ある人の行動から推して、到底その人の言えそうにも無いことばであることが判然としてるのに、その人の言としてる例をよく見受けるけれども、(三〇)この葉公には言もあれば行もあったのである。葉公は人民に信望があって(孔子と會見後相當經ってから)、謀反人が楚の宰相を殺して政權を握った時に、葉公は軍を率いて叛亂を鎭定し、政治の衝に當り、秩序の回復をまって前宰相の子を宰相の地位に据えて自分は葉の地へ歸ったのである。(三一)

孔子がこういう人物に會いたがったのも、また葉公が孔子の思想に興味を感じたのも、共に當然のことであった。この頃は、葉公は隣りの小國蔡が楚に併合された爲、その處理に蔡へ行っておったから、孔子は葉公に會見の爲多分蔡へ行ったと思われる。(三二)

兩人の話し合ったことは、今日斷片が少し殘っておるばかりである。葉公が、政治はどういう風にすべきものと思うかと問うたに對し、孔子は、眞の善政は、その人民を非常に可愛がって、その人民が謳歌するのみでなく、他國の人民までもがその領分内に來たがる程にすることだと答えた。(三三)「左傳」が信じ得られるならば、この點は葉公は孔子と同意見である。なおまた、第一の忠誠は家に向けらるべきか、それとも國に向けらるべきかという倫理問題はどこでもむつかしい問題であるが、特にシナでは決しにくく、この兩人も論議をつくし、葉公は國を、孔子は家を主張して、兩々相讓らず、この尊敬すべき二人の紳士は互に意見の一致をみないという點で一致をみたのである。(三四)葉公は、この遍歴する哲學者でもあり、政治家でもあるような孔子の正體がわからなかったので、子路に對し、どういう人かと尋ねた所、子路は何と答えてよいかわからず、返事をしなかった。子路がこのことを孔子に話した所、孔子は子路に向って「道を修めて得ない時は、憤慨して食を忘れ、道を得れば樂しんで憂いを忘れ、老境が迫っているのに、そ

れには一向に無頓着な人だ、となぜ言わなかったか」と言った。（一二五）

孔子は老境に入りつつあったが、それでも決して初一念を断《た》って魯に歸ったわけでは無かった。彼の熱望してた一つのもの即ち爲政者たる地位の申出を受けて、彼はまたもや心を惹かれた。それは多分この頃と思われるが、四圍の状況がこの問題を込み入ったものにした。その招請は晉の一市から來た。曾てはシナという世界の大半を支配した晉は、今や內亂の爲に大貴族が二派に別れて、晉公を將棋の歩《ふ》駒のように使っていた。状況が分明では無いが、初めにはある一派、後には他の一派が晉侯の身柄を支配して、その名に於いて命令を出すことができたという有樣であったらしく、（一二六）二派の中の一派の家來が一市を手中に收め、孔子に參加を願い出たので、孔子は行きたくて仕方がなかったのである。しかし、その頃には反對派が晉公をわが物顏にしてしまった爲に、この役人は事實上謀反人となってしまった。（一二七）

いつでも細心な子路は素早くこれを指摘し、その行状に非難の點の無いとは言えない人物と一緒になってその身を汚してはならないと言い張った。孔子のこれに對する返答は、長く失望續きであった彼の悲憤の頂點を劃するもので、「君の言うことにも尤もの所はあるが、しかし、こんなこともありはしないだろうか。即ちいくらこすっても磨滅しない程固いもの、またいくら染料に浸しても染まらない程白いものも、ありはしないか。私はただ邪魔にならぬよう高く吊されてるだけの匏瓜《ほうか》で、食うにも足りないものだろうか」と言った。（一二八）孔子は世間が自分を用いないので、とても我慢し切れない氣持ちになりつつあったのであるが、結局彼は晉へは行かなかった。（一二九）

孔子に行政上の權力ある地位が提供されたことで、論語にみえてるのは、天にも地にも、この事件と、先に述べたこれと類似の事件で陽貨五に載ってるのとの二つだけである。兩方共、その招請はたかだか一市を支配する小役人からきたのであるが、それにも拘らず、孔子は何れの場合にもこれを應諾する方に強く傾いたのである。この一事だけでも、孔子がその生存中にどうしてこんなにまで全然認められなかったかがよく判るし、また彼が高官であったという後世の作り話がいかに不合理であるかも明瞭になるわけである。多數の儒教學者が孔子の威嚴の傷くのを惜しんで、論語中のそれらの章の僞作であることを立證する爲、なんとかしなければならないと感じ、時にはその爲非常にあやふやな議論に訴えたりしたこともあったのは別に驚くに足らない。(二〇)

孔子がどの位の期間陳に滯在したかは分らず、その間の消息がさらに傳わらない數年がこれに續き、次に聞く消息は、西紀前四八四年には彼が衞に歸っていたことである。

この時衞はこの上ない不幸な狀態で、互に爭う(そして時には干戈に訴える)兩派何れにも君主大臣がおり、その內の一派の統治下であった。何れの連中の中にも、この譯のわからない時代でさえ目立ったものはいた。衞公夫人南子は、既に述べたように、近親相姦で非難を浴び惡名の高かった爲に、孔子がその夫人とちょっと會見しただけでも、子路は非常に苦慮したのである。南子の子、世子蒯聵が彼女を暗殺しようとしたのは、察するに恥を知ったのであろう。こんな狀況下では、母親殺しは、尤もとされるかどうか、議論の存する所だが、何れにせよ蒯聵の行爲は賞讚に値いするものでは無かった。蒯聵は自ら手を下さないで、暗殺することを家來に命じたが、その男の勇氣が最後の瞬間で挫折し、衞公夫人は今將に殺されんとしてると覺《さと》って聲高に叫び、衞公の許へ逃げた。(二一)蒯聵は、その罪を家來になすりつけようとしたけれども、彼をはじめ一味のものは衞から出奔せねばならなくなった。(二二)その結果、西紀前四九三年に靈公が死んだ時には、蒯聵は晉に亡命中で、位を繼いだのは蒯聵の子であった。これが出公である。晉で相爭ってた貴族の一派が、蒯聵の擧に左袒して、衞國內の一市で強いて彼を擁立した。(二三)

かような次第で、孔子が二度目に衛を訪れた時には、子は公宮にいる一面、その父は自分が位に登る機會を待ちつつ武力によって邊鄙な一市を占據していたのである。この國の實權者は公族の何れでもなく、孔圉という大臣であった[一三三]。「孟子」には、孔子がこの時衛公から俸祿を受けたとある[一三四]けれども、出公はまだ幼年であった爲だろうが、孔子が會った形跡は無いのである[一三五]。しかし、宰相孔圉は孔子を禮遇し、またよくその意見に聽從した(同姓ではあるが、孔圉は孔子と血緣のあった樣子はない)。

孔圉については、今日ほとんど傳わっていないが、聖人などというものとは餘程の距離のある人物であったことの證明には全く事缺かないのである。事實その通りであったから、シナの學者には、孔子が孔圉と提携したことの爲に頗る苦慮したものもあったのである。しかし、これは學者が孔子を誤解してた點があったからで、孔子は行動について彼の理想と合致する人々とのみ提携できれば結構だと思っていたであろうし、またそういう人達が權力の座を占めることを非常に望んでいたが、事實そういうことにはならないので、孔子は政治の實際運用上に影響を與えたいと願う餘りに選り好みしないで、彼自身の標準通りでない人々とも提携してその人達の行動の調節に努力するの外無かったのである。これは孔子が全然識別しなかったのではなく、常識と判斷力を用いたのである。彼の門弟達は(親の行動を批難する子供達のように)孔子は嚴格な規則に從うものだと期待しておった。ある時、孔子は門弟達に向って「私がある人と話し合っても、私は將來その人が何をするかの責任は持てない。なぜそんなにやかましく言うのか……私はまたそうした爲に、その人の過去のことについても責任をとるものでも無い」と言ったことがある[一三六]。

孔子が、衛で實際ある官職に就いたか、それとも單に孔圉のやや常勤的な客分であったかはわからないが、彼が衛に留まったわけはかなり判然としてる。孔圉は衛の實際上の君主で、苟くも政府の行動に影響を及ぼすに極まってることは何事も彼の手を經ることになっていた上に、彼が孔子の助言を求め、時々はそれに基づいて行動したことさえあったので、彼こそ確かに今述べたようなことの言われ得るただ一人の君主であったようである。畢竟、孔圉にいくら缺點があるとしても、彼は眞面目に知識を追求しようとする人であったらしく、孔子も彼のことを「學問に勉め、またこれを好み、下位に在るものに問うことを恥としない人だ」と言っている。[三七]

孔圉にはいろいろ長所もあったが、彼は孔子の我慢し得る限度を超えてしまった。孔圉は靈公の女と結婚した[三八]上に、權力を固める手段として所謂政略結婚を非常に重視して、衞のある貴族に強いて、その妻妾を離別せしめ、そのあとへ彼の娘の一人を嫁せしめる程のことをした。その貴族が、その後も引續いて先の愛妾と會っていたので、孔圉は軍を率いてその貴族を襲撃しようとして、どんな風に進めて行くべきか、孔子に助言を求めた。孔子は事件全體に愛想が盡き果て、孔圉にその企てをやめよといった。彼は言われるままに止めたけれども、孔子は衞を去ろうと車を命じた。[三九]ここで直ちに孔圉は陳謝し、孔子も再考したが、たまたまその時魯から使者がきて魯へ歸るよう勸說を受けた。[四〇]

門弟の中には、孔子の不在中、既に魯の國で仕事に孜々たるものもあった。子貢は既に早くも西紀前四九八年の重要會談に出席した。また西紀前四八八年の會同には、大國吳の高官が季康子(魯の事實上の君主)をその居所に召喚したことがあった。康子は恐れて子貢を代理に遣わした所、子貢は巧辭を以て卽座に決裂せしめず、その出來事を取繕った。その後も子貢は引續きその有能ぶりを事實の上に立證した。[四一]

門弟冉求の經歷については、西紀前四八四年までには何の消息も傳わってないが、既にその頃までに、彼は季氏の宰という堂々たる地位を占めていた。その年、齊の一軍が魯に侵入した時、冉求は祖國防衞の策を講じて、三家の首長を激勵し行動を起こさせた。冉求は、また樊遲(後年この人も孔子の門弟となった)を副官として自ら「左師」を指

揮した。戦闘中に魯軍の一部は敗退したが、冉求は効果的に兵を用いて侵入軍をして退却のやむなきに至らしめた。(一四二)

孔子が魯に呼び返されたのも、これと同年であったが、これには冉求の獲得した威望が與って大いに力あったと言ってよいと思われる。年老いた彼らの教師は今日まで約十年間遍歴していたので、その間ずっと魯にいた門弟達は、彼の歸り來る日を、一日千秋の思いで待っていたに相違ない。門弟達は、孔子に對して純粋な深い愛情を抱いていたから、彼が旅行中に受けた待遇ぶりも、門弟達の心の平和や彼の傘下たるの自尊心に何らの影響を與えることはできなかった。「左傳」に「魯からの使者が孔子を招く爲に贈物を持って衞に來た(一四三)」と書いてある。任官方を頼む時に、こういう贈物をするのが通例であったから、多分孔子も元のほとんど意味ない地位に復《かえ》ることを頼まれたのであろう。もうこの頃になれば、孔子も魯に歸った所で、彼を迎える機會に就いてほとんど錯覺を起こさないようになっていた。さりとて魯以外の國へ行ってみたが、結局至る所で失望を重ねてしまった。今や彼も齢既に六十七の老境に達した上に、少なくも魯の友人門弟は彼の歸國を待ち詫びていた。かくて彼は歸國したのである。

表面上、何ひとつ仕出來《しでか》したことも無かった孔子の遍歴は、ともすれば風車と槍の仕合をした有名な騎士、ラ・マンチャの旅行に譬えられ勝ちだが、兩者の間には顯著な相違がある。ドン・キホーテは最後の喘ぎに瀕していた騎士の武者修業を眞似ながら、過去を反響させているのに反し、孔子は未來の豫言者で、彼の哲人的な旅行は一見爲す所無かったようであるが、それが續く數世紀間の一つの型を成したのである。ドン・キホーテの旅行は騎士を嘲笑して彼が尊敬していた武士氣質の死の鐘を鳴らしたのであるが、孔子はその遍歴中、實行しようと努力してもできなかったその理論によって、孔子の足跡を履んであとから來る旅行者が、孔子の惡《にく》んだ壓制的貴族政治を全滅することを保證したのである。

孔子の旅行の結果が外面には表われなかったとしても、若し彼が魯に留まっていたとしたら、違った人物になったろうと思われる。確かに彼の領域は思想およびそれを人に教えることにあって、その思想を實行する爲に必要な妥協などできる人では無かった。しかし、彼が自ら努めてやるべしとしたことは、極めて重大なことであった。「自分につづけ」という士官と「進め」という士官との違いと同じである。若し孔子が魯に留まって閑職を樂しみ、弟子達と共にぶらぶらしていたとしたら、いつまで經っても教えを説く人に過ぎなかったろうが、彼が絶望のものを求めて出掛けた爲に、彼は豫言者となったのである。齢知命を過ぎても、なお未だある點で天眞の純粋を失わなかったこの尊敬すべき老紳士が、當時の御し難い君主連に領民を壓制してはならないと説得し、世を救おうと旅路に出掛けるその光景は、見方によっては馬鹿馬鹿しいようでもあるが、それは偉人ならではあり得ない堂々たる馬鹿馬鹿しさである。

孔子が魯へ呼び迎えられたことは、決して季氏即ちその首長季康子の心境の變化を示したものと解釋すべきではない。事實、孔子が落附くか落附かない中に、この豪奢好きの貴族は、既に貧に打ちのめされている自分の領民に對しさらに高い課税をして(「孟子」には二倍とある)自己の收入を増そうとしていたのである。「左傳」には季康子が冉求を遣《や》ってこの計畫についての孔子の意見をきかせたとあるが、これは人民の擁護者として知られている孔子の同意を得て新税賦課に對する人民の反動を緩和しようとの希望から出たこととより解し難いのである。多分彼は數年間孔子に拂った捨扶持の代償を若干貰ってもよい時だと思ったのであろう。しかし彼の得たものは、以ての外との非難であった。(四四)

季康子は、それをも憚らず、新税を實施し、冉求はまた彼の爲に徵收に當った。冉求は季氏の一員か、それとも孔門の一人かという疑問は、以前から持ち上っておったが、これでいよいよ決着點に當面した。孔子は門弟達が長上に對して忠實であることを期待していたが、それよりも彼らの最高の義務は主義に對して忠實であることだと信じていた。從って彼らが長上の命令には從い難く、而も主義に對してはどこまでも忠實であろうとすれば、その職を去ることが彼らの義務であった。(一四五) 然るに冉求はちょっと良心が疚しい位で洋々たる前途を棄てるような男ではなく、前にも嫌疑を受ける種を蒔いたが、今度こそは孔子をひどく怒《おこ》らせてしまった。孔子は門弟達に、「彼はわが門生では無い、諸子は太鼓を打って彼を攻めよ」と告げた。(一四六)

孔子が斷乎として門弟との縁を切った例で記されてるのは、これだけのようだが、この追放も彼にはほとんどこたえなかったようで、彼はその後もずっと儒家團の一員であったようであるが、いったい人間が練り直されていたかどうかは判らない。

孔子の晩年の活動についてわれわれの知る所は、ほとんど無きに均しい。彼は遍歴に際して、文書や知識を蒐集して來たものがあったに違い無く、恐らくは、これらを整理する爲に、いくらかの時を費したろうと思われる。彼は今日「詩經」と稱する詩集に於ける數篇の順序を整頓(一四七)したかとも思われるが、彼の精力が主として諸生を教えることに注がれたことは毫も疑いなく、その頃にも數名の門下生がいたようである。公的生活をしていた門弟達を通して、孔子も公務上に多少の影響を與えた。例えば衞の出公が魯國から逃げなければならなくなった時に、出公に對しどういう態度をとるべきかについて、冉求や子貢は孔子の意見を尋ねたことがある。(一四八) 彼はまた社交的の交際は慇懃に終始し、少なくとも季氏の首長とはそういう間柄であったようである。(一四九) 然るに、孔子自ら政府の行動に干渉しようとした唯一の事例が今に傳わっている。それは齊公の弑されたことに關してであった。

二世紀以前に、陳公の一公子が陳から齊に逃げて來たことがあった。齊では、彼を厚遇し官職をも與えたので、彼は齊で、その鄕國の名をとって陳という一家を創立し、陳氏は引續いて齊の名家となり、その子孫には力もありまた人柄もよい人が數代相次で出た。しかし、齊に於いての陳氏の地位はまだ十分に貫祿を備えたものとは言えなかった。孔子のまだ少年時代に、陳氏は金品を與えて一般大衆の人氣を博し、その基を築いたという話が「左傳」に載っている。なおまた、陳氏の人達は陰謀はお手のもので、詭計、變節、さては暴力を用いて、陳氏が齊を左右する爲邪魔な陳氏以上の有力家を次から次へと取り除いていった。西紀前四八九年に、まだほんの嬰兒であった齊公を弑した事件に、陳氏は深い關係があり、代りに悼公を立てた所、彼らがかねて希望していたより始末のわるい人物であることがだんだんに判ってきた爲、悼公も四年後には、不思議な殺され方をした。（歴史は誰が殺したとは言っていない。）その子が簡公となったのである。簡公側のものは陳氏を國外に追放しようと圖ったが、西紀前四八一年に陳氏は機先を制して叛亂を起こし、齊公を弑した。[一五〇]

この危機に際して、孔子は干渉を提案した。齊は魯の北に隣する大國で、從來魯という小國を服從せしめたかと思えば、戰爭をしかけたり、これを多年に亙って繰返していた國である。齊がこの無情無法な陳氏に支配されることは、齊の國民も、また魯の國も耐えられないことであった。

孔子は齊に叛亂が起き、齊公が弑されたとの知らせを聞き、（嚴肅な提言をしようとする人にふさわしく）斷食をして宮中に行き、魯公に對し齊討つべしと建言した。魯公は「魯は長く齊のために弱らされつづけている。魯がそういう侵入を企てた所で何ができるものか」と言った。孔子は「陳恆は主君を弑したが、國人の半は陳恆に反對である。魯軍に加えるのに齊の半を以てすれば必ず勝つ」と答えた所、魯公は三家の首長に話してくれと言い、孔子はその通り運んだけれども、三家はその行動を起こす意思がなかった。[一五一]

死が孔子の周圍でその鐘の音《ね》を鳴らしつつあった。孔子はその子が目立った才能の無いのに失望したが、その子は孔子の晩年彼に先立った。[152] それにも増して遙かに悲しい打撃は、彼の愛弟顔回の死であった。[153] また西紀前四八一年には、門弟中で社會上最上位に在った司馬牛が悲劇的な事情の下に死んだ。[154] 西紀前四八〇年には、剛勇子路の最期が見られた。彼は衞の叛亂で彼の首領を助けようとして果たさず、子路らしく冠を着けて戰場に散った。[155]

これらの人々の死は、孔子にこたえたに相違ない。彼は自分の生涯を顧み何事をも成し得なかったことを感じたに違いない。魯の國政改善の上にはほとんど成果の見るべきものなく、また彼の望み通りに、ある一國の政治をすることなど全然果たされなかった。彼は第一の高弟を失って、あとには特に囑望すべきものはいなかった。彼は自分の思想が後世まで明瞭に傳わることにも、また自分の思想の實現が強力に推し進められることにも、共に希望をつなぎ得なかったのである。子貢に對し「自分を知ってくれるものは無いわい」と言ったのも不思議はない。[156]

しかし、孔子は、稀に口の滑った場合は別として、決して泣き言を言わなかったし、また一番ありふれた、そして一番安價な贅澤である自己憐憫に沈湎《ちんめん》したような様子もみえなかった。孔子のように大志を抱き、また夢を持った人にとっては、失敗は苦い藥であったに違いなかった。そして確かに彼は失敗したに違いなかったが、それはすべて外觀だけのことであった。彼の受けた幾多の試練の上にまた誹謗の試練が加わった。有力な叔氏の首長に罵られたことは論語に載っており、[157]「孟子」には孔子は「羣小に怨まれる」[158]と書いてある。得々として當時傲っていた君主連の名は一人殘らず忘れられてしまうのに、孔子の名は地球の果てまで謳われる日がいつかは來るというような氣ぶりなど、歴史という怪物は少しも見せたことは無かった。孔子もそんなことを夢想だもしなかったが、また彼は決して泣きもしなかった。

孔子の死については信ずるに足る記録が存してないが(一五九)、彼がいかに死に面したかは、よくわかっている。と言うのは、或はむつかしいかも知れないと思われた、この前の大病の時の話があるからである。氣のよい子路は孔子が遂に大官になり得なかったことを悲しむのあまり、門弟達を、顯官に仕える家來であるかのような衣裳を着けさせた。孔子は意識を恢復してから、自分のまわりで行われている、この茶番狂言を見て、子路を叱り「私には家來など一人も無いのに、あるように見せかけて、私が誰を欺くことになると思うのか。私が天をどうして欺こう。それに私は家來達の手で死ぬよりは、君達の手で死にたいのだ」といった(一六〇)。

子路が孔子の爲に禱ろうとして、許しを乞うた時に、孔子が「慣例のあることか」と問うたに對し、子路が慣例はあると言明した時、孔子は微笑して「私も私流儀の禱りは今に始まったことではない、昔からやっている」と答えた(一六一)。

孔子は西紀前四七九年に死んだ。「孟子」には門弟達が、孔子の墓の傍で三年間喪に服し、子貢はなお三年そこに留まっていたと書いてある(一六二)。そこには門弟の中で誰々がそこにいたと特に擧げられてないが、前後の關係から、殘された門弟中多少重だったもの全部であったようである。このことは、後世孔子の傳記に附加された「奇蹟」の一つのように聞こえる。若い人と言わず、男盛りの人と言わず、また仕事をはじめたばかりの人と言わず、成功をみて今絕頂に在る人と言わず、皆ほとんど全く活動をやめて孔子の墓前に在って喪に服し、一生涯のうち三年をこれに費すというようなことは、西洋人の頭にはほとんど理解できないことである。これこそ實に「生ける犧牲」というべきであろう。而もその犧牲は誰の爲に供えられたか。親の爲でも無く、君の爲でも無く、況んや地位高き人の爲でも無く、實に非常な高位まで立身もせず、また甚大な成果も擧げ得なかった、努力一途の人――即ち彼らの老師に對してである。

然らば、この話は果して信用できるであろうか。孔子の死後、急にある年間、孔子の門弟達(變節の門弟子羔の著しい例外はあるが)が「左傳」に出てこなくなる[163]ことを想い起こす時、また子貢が孔子を日月に比した[164]とか、有若が人類あって以來今日に至るまで孔子に比すべき人は無いと言った[165]とか、門弟達がいかに孔子を尊敬していたかを知る時、なおまた、これらのことをよくよく考える時、この奇蹟はやっぱり實際に起きたことだと信じ得るのである。そしてまた、この一介の教師が「無冠の帝王」として後の世までも知られるに至った所以をも理解し得るのである。

(一) 八佾一五と「左傳」昭公七年下二二二—三とを比較せよ。「左傳」には、このことばが出た時よりも早く載っている爲「史記」の著者を迷わせたのである(シャヴァンヌ譯「史記」第五卷「孔子世家」二九四注三)。「左傳」のこの會話は孔子がまだ名を成さない三十三歲の時のことと思われるが、それにしても、系圖のことにまで及び、彼の將來の偉大を豫言している。尤も崔述は、この系圖にはかなり異議ある旨を言っておる(「洙泗考信錄」卷一、一—五)。

　この系圖では、孔子をば、先に追放された商國の跡を代々傳えて來た宋公の後裔だとしているが、恐らく事實ではなく、孔子は皇帝たるべき筈の人だという思想に基づいたものと思われる。早くも「墨子」の中で、ある儒家が、若し聖人は生存中に帝位に上るものだとすれば、孔子は皇帝となっていたろうと斷言してるし(「墨子」公孟第四十八、二三〇—一)、孟子は孔子が帝位に卽かなかった理由の說明を求められると思ったのである(「孟子」萬章上六の三)。

(二) 「公羊傳」「穀梁傳」共に、孔子の生年を西紀前五五二年としているのに、「史記」は五五一年としている。何れが正しいか、學者間の論議は久しきに亙って、今なお、片附かないままである。五五一年の方がより一般に用いられてるから、その理由で本書も五五一年說に從う。

　アンリ・マスペロは孔子が西紀前五五一年に生まれ、四七九年に死んだとされてるよりは、生も死も二十五年位遲いかも知れないと考えられ得ると言ってるが(マスペロ「古代シナ」四五五注一)、これはどうもそうでないらしい。孔子の生年は疑いを挾む餘地があるかも知れないけれども、歿年は、孔子の門弟達がこの傳說を引續いて傳え、曾て中斷しない所をみれば、彼の死んだ年月がよく判らないなどいう理由は無いのである。實は四七九年說には、少なくともほぼ正確だという立派な證據がある。論語と「春秋」とを對照して、彼の生涯での最後の出來事と確定し得るのは、四八一年であるし(憲問二二および「左傳」哀公十四年下五一六—七)、また四七九年後まで無理に彼の生涯を長くするだけの事件や人物が、彼の生涯に關して根據となる材料の中には、どれにも出て來ないようである。「孟子」(滕文公上四の一三)には、孔子の死後、門弟數名が彼の墓の傍で三年間喪に服したことが載っており、また季氏の寵遇に浴していた冉求が四八一年から四七二年までは公生活に携わったと思われる記事が無いのである(「左傳」哀公十一年下四九五、同四九六—七十四年下五一一、二十三年下五三九を見よ)。「孟子」には子貢は六年間喪に服したとある。彼は四八〇年の末までは魯の外交上、主要人物であり、その後も、なお大いに尊重されまた出仕を望まれたことは明白であるに拘らず、公的生活に與ったことは何も記されていない。「左傳」定公十五年下四五九、哀公七年下四八四、十一年下四九九、十二年下五〇三—五、十二年下五〇五、十五年下五一九—二〇、二十六年下五四八、二十七年下五四九を見よ。これらの事實は四七九年說の證據となる。服喪の期間中に門弟達が公務に携わった事例があって、これを削除する爲に「左傳」が變改されたと言われることがあったとしても、四七八年に子羔が外交會議に參加した記事の載ってることは反證である(「左傳」哀公十七年下五三三—四)。ここで想起すべきは、子羔は門弟として大いに目をかけられた人で無く(先進一七および二四)、また非常に徹底した儒家でも無かったことである(「左傳」哀公十五年下五二二)。

　孔子の死が四七九年で、五五一年がその生年だとすれば、七十二歲の生を享けたわけである。諸種の理由からして、孔子が凡そこの年まで生きていたことは考えられることで、四九八年には既に門弟の子路は早くも季氏の宰という要職に就いていたし(「左傳」定公十二年下四五〇)、爲政四(眞正なものでないかも知れないが)では孔子は少なくも七十歲までは生きてたことになってるし、その上に論語は大體孔子を老人として描いている。從って彼が西紀前五五一年頃に生まれたとすることは蓋《けだ》し眞實に近いもののようである。

(三)「孔子家語」も「史記」も、共に孔子の父を叔梁紇と言っており(「孔子家語」卷九、本姓解第三十九、シャヴァンヌ譯「史記」第五卷「孔子世家」二八七および注一)、「左傳」に出て來る叔紇とは確かに同一人だと思われるが、極く些細なことでも、かこつけて孔子の名を擔ぎ込むならわしの「左傳」が、二つの場合共に叔紇を孔子の父とは言っていない。それなら、なぜ後日に至って同一人としたのであろうか(「左傳」襄公十年上四四四、同十七年下五)。

　察するにその理由は馬鹿馬鹿しい程單純である。論語では孔子の父は鄹人であったとしか記されていない(八佾一五)。「左傳」に書かれてる鄹人と言えば叔紇だけである。孔子に關する材料ならば、どんな斷片でもと、古代文獻を精細に調べている人々にとっては、これだけの理由でもう澤山であったことは疑う餘地がない。

(四)　公冶長一。先進五および八。季氏一三。
(五)　先進八。
(六)　「洙泗考信錄」巻四、二二―三。
(七)　叔紇が孔子の父であったかどうか(上記注(三)を見よ)も判らないのみでなく、「孔子家語」には鄹の大夫と書いてある。察するに、鄹の知事と思われるが、これも十分根據のあるものとは思えない(「孔子家語」巻九、本姓解第三十九)。唐代の注釋家孔穎達は「左傳」が叔紇を鄹人と言ったことから鄹の大夫であったことになったのだと説明している(「左傳注疏」巻三十一、三)が、これも人を首肯せしむるに足らない議論である。
(八)　子罕六。
(九)　先進八。
(一〇)　「國語」晉語九、四〇五―六。
(一一)　子張二二。「左傳」(昭公十七年下二九四)に孔子二十六歳の時、郯子に就いて學んだと出てる話は本氣になって考えるに値いしない。孔子の先生とあれば論語や「孟子」に出て來ない筈はないと思うが、この人物は兩者何れにも出ていない。また孔子に關連して鳳凰、龍、および雲師火師水師鳥師等々の種々なものを言ってること、それから九や五で一羣とすることは、すべて後世のお話の特徴である。
(一二)　「孟子」萬章下五の四。
(一三)　子罕六。
(一四)　述而七。
(一五)　子罕二二。
(一六)　公冶長五。雍也一六。先進二五の四。衛靈公一一の六。
(一七)　本書第八章一六一頁を見よ。
(一八)　先進二四。顔淵一七、一八、一九。憲問一三の二。子張一。
(一九)　子罕五。
(二〇)　馮友蘭「シナ古代哲學史」(柿村峻邦譯)九九―一〇三。

(二一)「左傳」(昭公七年下二二一—三)には孔子が三十三歳の時、孟氏の首長が死に臨んで、その相續人と今一人の子に對して、孔子に就いて學ぶように話し、またその通り行われたことが載っている。時として、この二人が孔子最初の門弟と思われることもあるが、この話にはいろいろの疑點がある。孟僖子がこのことを命ずる際に、彼は孔子の偉大を豫言し、孔子は王位繼承者では無いにしても、王の子孫であるという系圖の大體を述べている。なおまた、有力な孟氏の首長およびその弟が、こうも早い頃に孔子の門弟であったとしたらば、これは孔子にとって有力な後援となった筈で、從ってまたこのことは論語に當然記載さるべきであると思われるが、この二人はおのおの一度だけその名が出るだけで、二人とも門弟であったという證據は少しもない(公治長二の南容と憲問六の南宮括が同一人であることは最も疑わしい)。

(二二)「左傳」(定公十二年下四五〇)によれば、西紀前四九八年に、子路は季氏の宰として、魯國の內政全般を左右する役目に當っていたが、その時孔子は五十三歳、子路は九歳の年少と傳えられているから四十四歳で、年配はその情勢に恰好であった。曾晳も孔門の一人であるが門弟曾參(「孟子」離婁上一九の三)の父であるから、年長の部に屬していたに違いない。「孟子」(盡心下三七の四)には曾晳のことが外の二人の門弟と一緒に出ているが、その二人は論語には全然現われていない。曾晳自身も論語には唯一度出て來るだけである(先進二六)。孔子の初期の門下生で論語に書かれてないのが數人あるが、それは確かにあり得ることである。

(二三) 錢穆「先秦諸子繫年」五六—六二。

(二四)「左傳」哀公十一年下四九九。

(二五)「左傳」哀公十四年下五一六。

(二六) 顏淵三、四、五。

(二七) 雍也一一。先進八、一一、一九。「孟子」離婁下三〇。

(二八) 雍也六。述而七。

(二九)「墨子」公孟第四十八、二三五。

(三〇) 里仁九。泰伯一三。憲問一。衞靈公三二。

(三一) 爲政一八。

(三二) 泰伯一二。

(三三) 即ち季氏の宰である。特定の家の宰という職が他に類例無いものであった證據としては「左傳」成公十七年上三九五、および昭公八年下二二九を見よ。

(三四) 子路、冉求および公西華は孔子に就いて學んでいたが、その頃三人とも未だ仕官せず、己れの能力の認められないのを喞《かこ》っていた(先進二六)。孔子は子路と冉求とを季氏へ推薦した(雍也八)。そして二人とも季氏の宰に就任した(萬々相次でだったに違いない)。公西華は齊への特使として派遣された(雍也四)。冉雍の家は何か汚點があって、爲に官途に就く妨げになる虞れがあった(雍也六)。孔子は、それにも拘らず彼の能力を高く買って(雍也一)、彼もまた季氏の宰という役に就いたと言われる(子路二)。この地位は孔子の後援が無ければ到底得ることのできないものだった。

(三五) ギボン「ローマ帝國衰亡史」五六四。

(三六) 「左傳」定公五―八年下四二二―三八。マスペロは陽貨一を根據として、孔子は陽虎に一味してある「地位を得」、計畫が失敗に歸してから、これは大變なことをした「と思ったらしい」と言っている(マスペロ「古代シナ」四五六―七)。しかし、そんなことは到底あり得べからざることである。第一論語にも「孟子」(滕文公下七の三)にも陽貨とあって陽虎とはない。同一人であるかも知れないが、そうだと斷定もできない。第二に、「孟子」には官職に就く云々は何も出てないのに論語には孔子が「將に仕えましょう」と言ったとはあるが、事實仕えたということはどこにも書いてない。第三に、「左傳」に書かれている陽虎の全經歴によれば、孔子が好きになるような種類の人間でないことは明らかである。彼は亂暴な威張り散らす陰謀家で、論語も「孟子」も、孔子が陽貨と關わりを持とうなどと思っていなかったことを明らかにしてる。從って孔子が陽虎の徒黨であったなどとは凡そありそうにもないことの最たるものである。

(三七) 「左傳」哀公二十七年下五四九。

(三八) 「左傳」哀公十一年下四九九。

(三九) 先進二五。

(四〇) 「左傳」哀公十七年下五三三―四。

(四一) 「左傳」哀公三年下四七三。

(四二) 雍也八で季康子が子路を政治に携わらしめることができるかを尋ねている所をみれば、これは子路が季氏の宰となる以前のことでなければならず、從ってまた西紀前四九八年よりあとの筈もない(「左傳」定公十二年下四五〇)。

(四三) 郷黨三。
(四四) 顔淵一八。
(四五) 顔淵一七。
(四六) 雍也八。
(四七) 「左傳」定公十三年下四五〇。
(四八) 「左傳」定公五年下四二二。
(四九) 「左傳」定公九年下四三九。哀公八年下四八八。
(五〇) 陽貨五。
(五一) 陽貨五。シナの學者の中には、この事件を身振いする程に感じ、こんなことはあるべき筈が無いから、それを立證しようと大いに努めた人もあった。その一人は崔述で、他のことも種々論じてる中で、孔子が魯の行刑大臣の職にあった時に、政府に向って叛旗を飜したものに「召喚」されて行くことなどあり得ないと言っている(「洙泗考信錄」巻二、一四—七)。それはその通りだが、そもそも孔子が曾てそういう官職に就いたかどうかが非常に疑わしいから、こんなことが起きるとすれば、却って、孔子がそういう役に就いたという説に反對する證據が少なくも一つ殖えたわけになる。馮友蘭は、陽貨五に描かれていることは事實正にあったことと思っており(馮友蘭「中國哲學史補」三七—八)、銭穆は多分西紀前五〇二年か、五〇一年の間に起きたことだろうと考えているが、それはその時の改革沙汰とぴったり一致する(「先秦諸子繫年」一四—六)。
(五二) 述而七。
(五三) 「左傳」定公十年下四四三—四。
(五四) 孔子がやったことになってるこの演説は、蠻人に對する輕侮や、神靈について不祥なもの」に關する所をみれば、論語のような響きは少しも無い。ここに表わされてるように、ただ一言の勝負で、全然譲る意思の無かった土地を、齊のような好戰的な强國が吐き出すようになったという考え方自體が馬鹿げている。康熙帝の爲に「春秋」の「欽定注釋書」の編纂に與った學者連は、この一節を削除して、これを虚僞だと公然非議した數名の學者の説を擧げている(「欽定春秋傳說彙纂」巻三十五、一一—二)。驚くべきことには、「左傳」には孔子生存中の插話というものがほとんど載っていない。たまたま載っていても、この插話のように長く且つ詳細なのは他に類がない。これは「欽定春秋傳說彙纂」の言う通り、「春秋」に書かれている土地返還の功を孔子に歸せしめる爲に製作して插入したものであること、明らかである。

(五五)「墨子」卷九、非儒下第三十九(一六六—七)。この非儒篇について梅詒寶は(「墨子」の)他篇とは「その構成、文體が著しく違っている上に、歴史的に言えば時代や事實が混亂してるので、この篇は遙か後世に書かれたことを示している」と書いている(梅詒寶譯「墨子」二〇〇注一)。胡適はこの篇について疑問を懷いている(「中國哲學史大綱」一五一)。特に疑わしいことは、孔子を「孔某」と稱することである。これは「ある孔氏」という意味で、敬虔な儒家が孔子個人の名も字も避けて尊敬する爲に用いられる變體である。孟子は尊敬すべき儒家ではあったが、孟子時代程の昔ではその用法はまだ使われてなかった。それが奇しくも、ここで孔子攻擊に現われたことは、明らかにこの一篇が後《あと》から本文に插入されたことを示している。

(五六)「左傳」定公元年下四〇七。

(五七)「孟子」告子下六の六。

(五八)これらの話は「孔子家語」卷一始誅第二、卷七刑政第三十一および「荀子柬釋」(三八九—九〇)には載っている。ここに述べた「荀子」の參考個所は中でも明らかに後世のものといわれる部分にあって、梁啓超は漢時代に附加されたものとしている。「荀卿および荀子」(「古史辨」第四冊一一五)を見よ。刑罰に關する孔子の言で誤りなきものは、爲政三、顏淵一八、一九、子路一一を見よ。孔子が少正卯なるものを誅した話の反駁については、「洙泗考信錄」卷二、二二—四を見よ。

(五九)マスペロ「古代シナ」四五七注二を見よ。「左傳」に魯の行刑大臣という名の見えるのは、ただ一回だけで、それは五五二年に臧武仲がその職に在ったことが書かれてあるのみである(「左傳」襄公二十一年下二二—四)。臧家の首長は、その後二度も國外に亡命せねばならなかったとはいえ、その承繼者は任官し、引續き極めて重要な家であった(「左傳」襄公二十三年下四三。昭公二十五年下三五三。哀公八年下四九一、二十四年下五四〇)。反證が無ければ臧家の首長が引續いて行刑大臣であったことは想像に難くない。

(六〇)子罕一二。

(六一)季康子が、これら三門弟の官途に就く適否を孔子に尋ねたのは西紀前四九八年以前のことで(雍也八)、その後四九八年に子路は季氏の宰となり、子貢は四九五年に外交上の會同に出席し、なお、其後にも重要な地位に就いて季氏に仕えた(「左傳」定公十二年下四五〇—一、十五年下四五九—六〇)。「左傳」には西紀前四八四年に冉求が季氏の宰であったとある(「左傳」哀公十一年下四九五)。先進二四、季氏一は子路と冉求は同時に季氏に事えてたことを示すようだが、これは子路が孔子と共に旅に出る前で四九三年頃よりは遲くないと思うが、季氏一の信ずるに足るや否や遽かに言い難いことは注意を要する。
(六二)　爲政二一。
(六三)　子罕一三。
(六四)　顔淵一八。
(六五)　公山弗擾が孔子を招いた事件は、察する所、陽虎の謀反の起きた年卽ち五〇二年と、公山弗擾が魯から亡命せざるを得なくなった年卽ち四九八年との間に起きたものと思われる。孔子がその招きを受けた時までに、彼が役らしい役に就かなかったことはまず確實である。孟子は孔子が四九二年に死んだ季桓子の下で官職に就いたと言っておるが(萬章下、四の七)、「左傳」(哀公三年下四七二)には孔子は四九二年に既に陳にいたとあって、その時は既に旅程に上ったものとしている。
あまり信頼できない他の記錄も五〇〇年頃に孔子が任官したことを示している。この年は、かの孔子が夾谷の會同で定公を助けたという非常に怪しげな插話が「左傳」(定公十年下四四三―四)にとり入れられてる年である。「穀梁傳」(卷十九、一二―三)の傳えるこの話はやや違っている。「公羊傳」には、この話が全然載っていない。それはこの話を否定してるらしいが、「公羊傳」によれば、孔子と「季氏との關係は甚だうまくいって」いたとあるのは、恐らく彼が五〇〇年に仕官し、四九八年にまた二度の勸めをしたという意味ではないかと思われる(「公羊傳」卷二十六、八、一一)。
(六六)　子路一四。
(六七)　鄕黨一。この章がたまたま鄕黨篇にある爲に、ウェーレその他の學者が、これは孔子個人のことでは無く、一般君子の作法に關するものだと思わせようとしてるが、この章も鄕黨篇の他の章同樣に、ある特定の個人に關したものに違いないようである。
(六八)　先進八。憲問二二。なお「左傳」哀公十四年下五一六―七を見よ。
(六九)　「左傳」昭公七年下二二一および「左傳注疏」卷四十四、一五にあって、「嬖大夫の一人である」と譯せられる「從嬖大夫」と比較せよ。
(七〇)　ありそうにも無いことではあるが、孔子が哀公の時初めて官途に就いたと想像しても、この事情には變化は無いのである。憲問二二は確かに四八一年のことで(「左傳」哀公十四年下五一六―七)、この當面の目的には時が齟齬するけれども、それ以外哀公と孔子とのたった二度の會談は、君主として親しい大臣と話す時はこうかと思うような內容のものではなかった

（爲政一九。雍也三）。

（七一）　八佾一九。子路一五。

（七二）　「孟子」萬章下四の七。

（七三）　論語には孔子と季桓子との會見の記録は載っていない。

（七四）　「孟子」萬章下四の七。

（七五）　「左傳」昭公十二年下二五一―四、十四年下二七六―七。定公八年下四三五―七、十年下四四五―八。

（七六）　「公羊傳」（卷二十六、一一）には、孔子がこの處置をとるよう助言したとある。

（七七）　「左傳」（定公十二年下四五〇―一）には、魯公および三家の首長が包圍せられたことのあった際に、孔子が彼らを助けようと軍人に命令して救援させたとあるが、これは遽かに信じ難い。孔子の名が不思議に突如として出て來るし、またそもそも孔子が軍隊を指揮したと書かれた唯一の場合である。

（七八）　「左傳」定公十二年下四五〇。

（七九）　憲問三八。

（八〇）　「事」を「私用」と譯するのが普通だが、ここでは「重要でない事柄」と譯する方がむしろいいようである。戴望はやはりそう解している。戴望「戴氏注論語」卷十三、三を見よ。

（八一）　子路一四。この譯文はやや意譯に過ぎるが、この方が眞意が正しく傳えられると思う。この一章は孔子が遍歴の旅から歸ったあとの頃と一般に思われているが、孔子が魯を去ったのは幻滅を感じたからで、歸國後も彼の進言は故意に無視されたから、この晩年になって、何か重大事件が起きた時、彼がそれに與ることを、なおも期待した所で、それはまず、むつかしかったと思う。

（八二）　「孟子」告子下六の六。

（八三）　微子四の齊が魯公を誘惑して、孔子をその職から去らしめる爲、女流音樂家を送ったのは、孔子が魯國を餘りにも强大にするのを恐れた爲であったという意味も含んでるように思われるが、この章も微子篇の他の章同様僞作たることほとんど間違いないのである。これは孔子物語の一部で、崔述は、孟子が書きそうに思われるこの事件を書かない點を指摘してこれを疑問視している（「洙泗考信錄」卷二、二五―六）。

(八四)　「莊子」盜跖第二十九、三三五。

(八五)　述而一三。顏淵一一。「孟子」萬章下一の四。盡心下一七。「墨子」非儒下第三十九(一六五)。

(八六)　「史記」孔子世家第十七、四四七―九。

(八七)　「墨子」にはこの類の話が二つ載っている。「墨子」非儒下第三十九、一六四―六を見よ。これらの話は後世書き入れられたこと疑いない部分(本章注五五を見よ)に出ておるのみでなく、その一つでは、晏子が景公に、四七九年になって初めて起きた楚の内亂の話をしているが、その景公は四九〇年に死んでいるのである(「左傳」哀公十六年下五二五―九)。こういうような話の一つで少しばかり變ったのが「晏子春秋」に出ている。この本には、他にも種々の話が載っており、或は晏子と孔子とを對立させ、或は同時代の人としておるが(「晏子春秋」卷七、外篇第八、二五―六、二八―九、三〇―三、三四(四部叢刊版)、これは年代的にむつかしい話である。「左傳」には晏子の名はしばしば出て來るが、最後は五一六年で、孔子は三十五歳に過ぎない(「左傳」昭公二十六年下三六九―七〇)。然るに、「晏子春秋」で孔子のことに及ぶ時、これらの事件の頃に既に名聲を博してる人として孔子を描いているが、實際はその前に晏子は死んでいたと思われる。あれこれ色々の理由から、これらの插話は歷史的なものとは考えることはできない。「晏子春秋」を一體としてそのできた時代をきめることはむつかしいが、孔子の時代よりかなり後だというのが定說である。張心澂「僞書通考」六〇七―九を見よ。

微子三は論ずる程の値打もない。孔子は曾て三家の首長と同列になったことは無く、またどう考えても齊公が彼に對する例として三家のことなど引合いに出すことなど無かったと思う。微子篇の他の大部分の章と同じく、物語であること、毫も疑いない。

(八八)　「史記會注考證」卷十四、十二諸侯年表一四八―九。「史記」十二諸侯年表(一)八五、衞康叔世家第七(二)一三六。孔子世家第十七(二)四五七。

(八九)　衞靈公一。「孟子」萬章下四の七。

(九〇)　「孟子」滕文公下四の一。

(九一)　先進二によって孔子の遍歷の旅に同行した門弟は十名を下らず、而も極めて傑出した人が大部分だと思われていたが、全然無關係な二つのことがお互に關連があるように誤解された結果たること明瞭のようである。公冶長二三および「孟子」盡心下三七は孔子が陳にいた時に、魯になお門弟のかなり大勢が一羣をなしていたことを示している。子貢と冉求とは孔子の留守中に魯の季氏に仕えていたが、恐らく、一時的でなくずっと留守中續いたと思われる。「左傳」(定公十五年下四五九。哀公七年下四八四、十一年下四九九)は子貢が四九五年、四八八年、四八四年に魯で國務に從ったことを記しており、中斷したことは一度も記されていない。冉求は四八四年に初めて出て來るが、それまでに、彼は既に季氏の宰であり、また軍司令官でもあった。その地位に達するまでには多少の時を要したに違いない(「左傳」哀公十一年下四九五—七)。子路九に孔子が衞に行った時、冉求が孔子の爲に御者であったとあるのは事實だが、この衞への旅行がいつのことかは、判らない。若しそれがかの孔子の遍歷に出掛けた際のこととすれば敬意を表して車を御して行き、それから魯へ引き返したのかも知れない。

(九二)「孟子」萬章上八の二。「左傳」定公六年下四二六。哀公二十五年下五四二。

(九三)「孟子」萬章下四の七。

(九四)「孟子」萬章下四の三および七。

(九五)子路三は孔子が衞の政治の衝に當ろうとしてるように思わせるものがあるが、この章は明らかに僞文だと思う。本書第十二章注四七を見よ。

(九六)「左傳」定公十三年下四五五、十四年下四五七—八。

(九七)衞靈公一では孔子が戰術について質問を受けて立腹し、衞を去ったようになってるが、信じ難いことである。「洙泗考信錄」卷三、二八—九。「先秦諸子繫年」三八—四〇。

(九八)「左傳」哀公三年下四七一—二。

(九九)衞靈公二。「孟子」萬章上八の三。

(一〇〇)述而二二。「孟子」萬章上八の三。

(一〇一)「左傳」定公十年下四四八、十一年下四四九。哀公十一年下五〇一—二、十三年下五〇六、十四年下五一四—六。

(一〇二)顏淵五で子夏が司馬牛と話していることと、司馬牛が孔子の旅行前の門弟だったと考えることとは相反する。「史記」は子夏を孔子より四十四歲の年少としている(「史記」仲尼弟子列傳第七(三)七五)。若しそうだとすれば、孔子が旅立つ時には、子夏は精々十四歲であったからである。尤も司馬牛が孔子の旅行以前に孔子に就いて學んだとして、子夏との話はその後のこととすることはできないことでない。

(一〇三)「左傳」哀公十四年下五一六。

(一〇四)　顏淵五。
(一〇五)　「左傳」哀公十四年下五一四―五。
(一〇六)　顏淵五。
(一〇七)　顏淵四。
(一〇八)　述而二二。「孟子」萬章上八の三。
(一〇九)　子罕五。先進二三。なお、「洙泗考信錄」卷三、三―六を見よ。
(一一〇)　衞靈公二。「孟子」萬章上八の三。
(一一一)　「孟子」萬章上八の三。この君主は陳侯周と呼ばれているが、これは五〇一年から四七九年まで在位した湣公のことに違いない。「孟子注疏」九下一〇および閻若璩「校正四書釋地」卷四、三八を見よ。
(一一二)　「左傳」哀公三年下四七二。
(一一三)　「左傳」哀公元年下四六一。
(一一四)　「左傳」哀公元年下四六四。
(一一五)　「左傳」哀公六年下四七八―八一。
(一一六)　述而三一。
(一一七)　「孟子」盡心下一八。
(一一八)　公冶長二三。「孟子」盡心下三七の一。
(一一九)　孔安國の注とされてるものには、葉公は公という稱號を「僭用」したとある。葉公が時に策士といわれる所以も恐らくこの爲であろう。邢昺は楚の君主が王の稱號を僭用したので「地方の知事が皆」自分から公と稱したと說いている。「論語注疏」卷七、六―七。この說明は楚が曾て周室に隷屬した確證が無いから、周を愛する餘りに出たものであることは言をまたない。なお一層的確な意見としては戴望「戴氏注論語」卷七、三を見よ。
(一二〇)　本書第十二章二九九を見よ。
(一二一)　「左傳」昭公十九年下三〇六―七、二十三年下三四〇、二十四年下三四六―七、二十七年下三七一―二、三七六―七、三十年下三九三、三十一年下三九六。哀公四年下四七四―五、十六年下五二五―九。

（一二二）「左傳」哀公四年下四七五―六、十六年下五二七。孔子が蔡を訪ねたことはわかっており（先進二。「孟子」盡心下一八）、崔述の言うように（「洙泗考信錄」巻三、二―一四）この兩人の會見したのも多分蔡であったろうと思われる。後世の傳說で孔子が楚へ行ったと言うのは、蔡が當時の楚の一部であったから、そういうのなら格別として、楚へ行くことは到底ありそうもないことだと崔述は言明している。古い資料で、孔子が楚へ行ったなど書いたものは一つもない。「墨子」（非儒下第三十九、一六五）には孔子が楚へ行ったと書いてあったり、楚での孔子の行動について馬鹿げた話が語られてあったりするが、それの載ってる篇は明らかにあとから書き入れられた僞文である。本書第四章注五五および「墨子」（梅詒寶譯）二〇六注三を見よ。

（一二三）子路一六。

（一二四）子路一八。

（一二五）述而一八。

（一二六）「左傳」定公十三年下四五二―四。

（一二七）この事件の前後の事情および年代は大いに議論の存する所で、私は劉恭冕の解釋に贊意を表するが、この解釋では、佛肸を范氏および中行氏の家來としてるのに、邢昺は趙簡子の家來としている。劉寶楠「論語正義」巻二十、八および「論語注疏」巻十七、四を見よ。劉氏の說ではこの事件の發生を四九〇年としている。

（一二八）陽貨七。

（一二九）こういうことは起き得ないと崔述は否定に熱心だが、崔述の關心は主として孔子の名聲にあって、その論據は薄弱である（「洙泗考信錄」巻二、三六―九および本章次の注一三〇を見よ）。馮友蘭は事實あったことと、思っている（馮友蘭「中國哲學史補」三七―八）。このことは「墨子」にも載っているが、これは改竄された形になっている上に、かの疑わしい非儒篇の中にある（「墨子」非儒下第三十九、一六七）。

（一三〇）崔述は最も偉大な學者の一人で、その誠實に對しては最大の敬意を拂うに吝《やぶさ》かでないが、この人でも熱心の餘りに、思わず、陽貨七を信じないというようなことになってしまうのである。崔述は、この章で用いられてるように直接に話し合ってる相手を指して、夫子というのは、孔子の時代には決して無かったと言っている（「洙泗考信錄」巻二、三八―九）が、實はこの呼びかけ方は、先進二六の九、顏淵八の二、憲問三〇、陽貨四の三にも出ているのである。崔述は先進二六と陽貨四とは恐らく僞文だろうと言って取り除いているが、他の二章は無視しているようである。

(一三一)「左傳」定公十四年下四五七―八。

(一三二)「左傳」哀公二年下四六六―七。

(一三三)「洙泗考信錄」巻三、二九―三〇。「左傳」哀公十五年下五二〇―一。

(一三四)「孟子」萬章下四の七。「孟子」には孝公とあるが衞侯としてはこういう名は無いから出公に違いない。「洙泗考信錄」巻三、二九を見よ。

(一三五)シャヴァンヌ譯「史記」第五巻三七七注二。

(一三六)述而二九。

(一三七)公冶長一五。

(一三八)「左傳」哀公十五年下五二〇―一。

(一三九)「左傳」には、この際、孔子が「鳥は木を擇ぶが、木はどうして鳥を擇ぼうや」と言ったことが載っている(「左傳」哀公十一年下五〇二)。このことばが、この遍歴の旅をする哲學者を暗に侯鳥としてる點およびその傲慢さの點からみれば、孔子らしい響きはないが、その後の状況は反映している。例えば孟子の場合とすれば、そっくり、人柄に合っている。

(一四〇)「左傳」哀公十一年下五〇二。

(一四一)「左傳」定公十五年下四五九。哀公七年下四八四―五、十一年下四九九。

(一四二)「左傳」哀公十一年下四九五―七。

(一四三)「左傳」哀公十一年下五〇二。

(一四四)「左傳」にも、「國語」にも、孔子は返事を断って、冉求に對し、個人的に自分の意見を知らしたとある(「左傳」哀公十一年下五〇二―三。「國語」魯語下一七六―七)が、論語に見る孔子平素の直截さ、季康子に對する痛烈な直言およびこの事件の爲、孔子が冉求を勘當したことなど、考え合わすれば、兩者の記事は信を置き難い。

(一四五)先進二四の三。

(一四六)先進一七。「孟子」離婁上一四の一。

(一四七)子罕一五。

（一四八）　述而一四。この章は、孔子が衛に居た時のことと解するのが普通である（「洙泗考信錄」卷三、二六を見よ）。そうだとすれば、事實、冉求、子貢二人共、魯に居たと思われる時に、兩人が孔子と共に衛に居たことになる。崔述は、この解釋の苦しいことを認めながら、やや無理押しにそう極めようと躍起である。衛の出公が難を避けて魯に亡命した時、卽ち四七九年に、この全事件が魯で起きたとすれば、話の辻棲がずっとよく合うことになる（「左傳」哀公十六年下五二九）。その時、冉求も子貢も共に責任の地位に在る役人として、亡命の人をどう待遇すべきかという、魯國の將來に關する政治上の重大問題に精根を盡していた。
（一四九）「左傳」哀公十二年下五〇三―五。
（一五〇）「左傳」莊公二十二年上八一―三。襄公二十八年下一〇一―五。昭公三年下一七三、八年下二二九―三〇、十年下二三七―九、二十六年下三六九―七〇。哀公六年下四七八、十年下四九四、十四年下五一一―四。
（一五一）　これは、私が「左傳」（哀公十四年下五一六―七）と論語（憲問二二）との記す所をつなぎ合わせたものである。孔子が季氏の首長にこの問題を持ち出すを拒んだという「左傳」の記事は論語と合致しないが、かの無力な魯公が獨自で行動をとり得ると期待する程、孔子が純直であったとは考えられない。
（一五二）　先進八。
（一五三）　先進九。
（一五四）「左傳」哀公十四年下五一六。
（一五五）「左傳」哀公十五年下五二二。
（一五六）　憲問三七。
（一五七）　子張二四。
（一五八）「孟子」盡心下一九の三。
（一五九）「禮記」（檀弓上五九―六〇）に書かれ、「史記」（孔子世家第十七㈡四八八―九）に轉寫されてることの記事は、崔述も旣に認めている通り（「洙泗考信錄」卷四、一二）孔子の性格とは全然背馳するものである。
（一六〇）　子罕一二。
（一六一）　述而三五。

（一六二）「孟子」滕文公上四の一三。
（一六三）本書本章注二を見よ。
（一六四）子張二四。
（一六五）「孟子」公孫丑上二の二八。

第五章　人

孔子はどんな肌合の人であったろうか。今日彼と會って話をし、知合いになったとしたら、どんな風であろうか。この問に答えるには、ただ彼の門弟友人の言にのみよるべきでないことは勿論で、彼に對抗するものや、(もっとよいのは)彼に對して中立の感を抱いているものの意見を聞いてみなければならない。所が、困ったことに、信頼するに足ると思われる中立の人からはほとんど何も得られない。孔子と對抗する哲學を信奉して、他を顧みなかった人達の孔子攻撃については、後に本書で篤と研究するつもりだが、その結果として、孔子が實際送った一生に關係ありそうなものは皆無に近いことが判明すると思う。どちらかと言えば、これら孔子の敵は、この有力で憎らしい一羣の首領を非難し、その特徴だと思うものは何でも一番ひどく有害なものだとして、これを孔子の所爲《せい》にした。大抵の場合、これらの攻撃は巨細に亙っていたが、その爲却って、その内容が史實で無いことが忽ち明らかにされるようなものであった。従って一番信頼できて使える材料としては、またも主として論語に研究の基礎を置くの外ないこととなる。(一)

論語から受ける印象では、孔子は好感の持てる人で、この點に反對するものは敵對者の攻撃にも、無かった。論語に「閑暇《ひま》な時は孔子は打解けて機嫌がよかった」とあり、(二)また外の個所には「愛想はよいが、ちゃんとしており、堂々としているが、ひどくやかましくもなく、容子は整っているが、少しも窮屈に感じない」とある。(三)孔子は恭敬であるべき所では恭敬であったが、決して媚《こ》び諂《へつら》うのではなかった。その代り、彼は他人からも相當の尊敬を受けることを期待して、一定の地歩を守るべきだと感じていた。(四)それにも拘らず、彼は同じ人間として、どんな賤しい身分の人にもお高くとまってはいなかった。彼は民主主義のお説教をしただけではなく、これを實踐躬行した。(五)

　他面、彼は知合いの一羣が大勢集まっている所で、いつも、その中心になるという風の人であったかは疑問で、彼には固く結んだ友人は多くあったけれども、素晴らしく一般の人氣を博するという人柄ではなかった。彼は隨分思慮の深い人であったが、同時にかなり率直でもあった。彼は「怨んでるのに、その怨みをかくして相變らずその人と仲好くする……そんな行爲は恥ずべきだ」と言っている。(六)彼は大體面前で批難し、蔭で褒めるというやり方であったらしい。(七)こういうやり方では、尊敬は贏《か》ち得られても、人氣は博せられない。大體彼はやや控え目がちで、それはわが子に對する態度にまで及んで、わが子の無能に失望したことを率直に認めていたようであった。(八)

　彼はほとんどいつでも、人に對して鄭重であったが、有力者に對し諂うなどは、彼の斷じて屑《いさぎよ》しとせぬ所であった。彼が君主や世襲貴族と話を交える時に、氣に入ろうと努めることなどは皆無といってよく、全く批判的なのがその常であった。こういう處世ぶりが實際に賢明かどうか、議論の餘地はあるが、彼が訓えとしていた眞面目一方とは正に一致しておった。彼が辯舌を嫌ったのもこの態度の一面であり、多辯の人は信用しなかったし、論語から察すると、彼自身も多辯ではなかったようである。「孟子」には孔子が「自分には辯舌の才は無い」と言ったとある。(九)彼の言には、時に人を感動せしめ、而も氣品を失わないものもあったが、宏辯美辭は聞かれなかった。外の點でも同じく、外觀を飾ることは、彼の生來氣に食わぬことで、それは田夫野人には意外でなかったとしても、洗練された世馴れた人にとっては驚くの外ないことであった。(一〇)彼は物質的な安樂や富は、君子たるものが、それを得る爲に奮闘する程のものではないと思っていた。(一一)孔子は「若し富が求めるべきものならば、その爲必要なことは何でもしよう。たとい馭者にな

って鞭を執ることも辭さない」が「富は求むべきで無いから、自分は自分の好きなものを追い求めて行くのだ」と言った。（一二）

すべてこれらのことから、孔子を禁欲主義者だとする結論が容易に出て來るかも知れないけれども、それは思い違いである。（一三）と言うのは、本當の禁欲主義者は、常に快樂自體を惡と考え、苦痛を善と看做すだろうが、孔子にはそんな點は微塵も無かったからである。實は儒教は、哲學として、適度な肉體的快樂に反對したことは全然無く、孔子親らは、德義や誠實と相容れないものでない限り、享樂を否認したことは無いばかりでなく、全くその正反對であった。彼は學ぶことを快樂の源泉だと稱揚していたから、彼がただ享樂だけの源泉として音樂を愛好したのは例外であったようである。（一四）彼は交響樂には非常に深い興味を覺え、自分でも一種の絃樂器を奏し、また歌を歌って、本格ではないある音樂團の一員でもあった。（一五）

快樂はただ望ましいだけでなく、人生に必須なものであるとさえいう深遠な、心理學上の眞理を認めた點では、古代シナの主な哲學中で、儒教以外他にその例をみなかった。ほかの哲學は、おのおの行き方は違っても若干全體主義への傾向を持っていたので、享樂には、少なくとも平民の手前、眉をひそめる傾向があった。墨子およびその學派では、人生に精彩あらしめること、卽ち嚴密に經濟的生產に貢獻しない活動は、何でも非なりとして、喜怒哀樂の情を除くことさえ主張した。（一六）同樣に、道敎の書物である「老子」も人生の精彩を非難して、人々の「無欲」を望んでいる。（一七）法家は羽翼漸く成った全體主義者であるが、人間は個人的な思想や感情を持たない國家の機關以外の何者でもない筈のものだと思っていたので、法家の一人は、人民の正常な生活は非常に不愉快なものとすべきで、その爲に戰爭を不愉快からの解放として人民が歡迎するのだと主張した。（一八）

これに反して孔子は、政府が人民を樂しくさせないならば[一九]、その名に値いしないと考え、特に門下生には、各自の生活に休養をも含む計畫を立てるようにと言った[二〇]。漢代に編纂された「禮記」に載ってる次の話は、偽作たること一點の疑いも無いけれども、孔子の態度を正しく理解することから出た話のように思われる。門弟の子貢が年末に農事のお祭りへ出掛けて人民行樂の様子を見、まるで狂者のようだと、不滿を洩らした所、(この話によれば)孔子は、數ヵ月の勞苦のあとで、必要な休養をとっていただけのことが判らなくては困る。弓でも年中張りっ放しにしておいて、而も反撥力を失わないようにすることはできない相談だということを忘れないようにと子貢に告げたというのである[二一]。儒教が人を惹きつける魅力の祕訣は、その大半が、かように一般男女の感情や要求に同情することに存したのである。一方では快樂にひたむきに耽ることを避け、他方では無意義な耐乏をも退けて、權衡宜しきを得ることは、儒家の特徴でもある。天才(孔子は確かにそうであった)として、また偉大な創造的指導者として孔子は實によく均整のとれた人であったと思う。

彼は文明の全運命が己れの雙肩にかかっていると感じていたと言っても過言でない程、頗る自信に滿ちていた[二二]。彼の確信の源が非常に純眞であったから、不公正な批判を受けても、心を亂されること無く、ただ微笑を以て、これを迎え得たのである[二三]。それにも拘らず、彼は何でも知っているような素ぶりは少しもせず、苟くも學者たるもののことばとしては一番肝心な「私にはわからない」ということばを心得ていた[二四]。彼は質問して知識を求めたが、その爲、人が彼を無學と思っても少しも意に介しなかった[二五]。彼は門下生が必ずしも彼と同意見で無いことがあっても、己れの威嚴に關するなどと怒ったことは無く、また門下生の方が正しい場合には、これを認めるに吝《やぶさ》かでなかった人である[二六]。彼は絶大な使命を託されているというその自信にも拘らず、本當に謙遜であったようである[二七]。彼は、人は名聲よりも實績を擧げることに專念すべきだと始終主張してはいたけれども、誰一人彼を理解してくれないとの歎聲を、時には懇意な門弟に洩らした位に人の評判はこれを顧慮した。(二八)

　彼は、彼自身、自重すべき確信を持っていたから、事が順調に運ばなかったからといって、その爲に、彼は同胞に對しつらく感じもしなかったし、また彼が對照的に大きく見える爲に、他人を小さく見せようとしたことも無かった。彼は心の溫《あたた》かい上に、思いやりの深かった人とみえて、盲人を接待した時など、同席の各人と、この盲目の客人とが結構知合いになるように仕向けたり、また客人が目の見えない爲に、知りたくても知られないことは何でも聞かせてやり、氣を配ったことが記錄に殘っている。(二九) 彼は人情に厚かったので、自分の財產のことより、人類の福祉の爲に多く心を配った。「孔子は厩が燒けた時、宮廷からの歸途、『怪我人は無かったか』と尋ねたけれども馬のことは聞かなかった。(三〇)」戸外では運動はやったが、釣をしても網はせず、弓は射ても巣籠りの鳥は射たなかった。(三一)

　青年について、孔子があのような言明をしてる以上、彼が、至る所で全青年の歡ぶ所となったのは當然であった。彼は青年は「最上の尊敬を以て遇すべきである。他日これら青年が今日の要人と同じようにならないなどとどうして言えよう。尤も四十、五十になって頭角を見《あら》わすだけのことを何一つしない人は尊敬に値いしない」と言った。(三二)

　この非凡な人物について、恐らく一番不思議に思われることは、彼が諧謔についての狂熱者であったことである。(用語上は矛盾に近い。) 知れてる限りでは、彼は餘り冗談は、口にしなかったけれども、目附きに、道化た色が光ったことは頻繁であったに違いない。孔子の言ったことの中には、その場ではすぐ解らない諧謔の急所があったことも少なくなかった。孔子を尊信する注釋家がしばしば彼の冗談を不快に感じたことのあったのは、注釋家の中には冗談を言うなどは、聖人の威信を傷けるものだと思い込んでた人もいたからである。

彼と同時代の一人の人が、ひどいあてこすりを言ったことがある。「孔子は實に偉い。彼の學問はひどく博いが、そうかといって、これといって何一つ名を成したものはない」と。孔子はこれを聞いても、教師としてかなりの評判を得てることを擧げて、自己辯明などはせず、これは容易ならぬ批判だと快く認めて門弟達に「さて何を採り上げようか、戰車の操縦か、それとも弓術か。そうだ、戰車の操縦をやろう」と言った。(三三) 大多數の注釋家は、孔子が不條理な批評に對して、皮肉な返事をしたとするのは、不本意の至りだとして、この事件全體を生眞面目に扱い、孔子は褒められたのに對して謙遜な返事をしたのだと主張し、(三四) 初めの文句「孔子は實に偉い」は今も聖人を稱える爲に作られたことばとして大書され、壁間に掲げられてある。論語の中で特に冗談を言ってるのだと斷ってある所でさえも、注釋家によってはそう思わない人もある。(三五)

しかし、孔子も完全無缺な人では無く、また聖人でも無かった。孔子とても、今日われわれ大多數のように、自分が生活してた社會との社交的交際の習慣に從っていたので、必然的にその場限りの嘘をつくことも無いことは無かったが、その嘘たるや嘘をつかれる人の威嚴を重んずる爲につく嘘で、騙す心持ちなど無いのである。ある時、會見を頼んできた人に、應じ難いことを頗る明瞭にしたことがある。「孺悲は孔子に會いたいと言ったが、孔子は病氣だといって斷った。しかし、その使者が戸口から出ようとすると、確かに使者に聞こえるように、孔子は瑟《しつ》を奏で且つ歌った。」(三六)

孔子の克己は大《たい》したものだったが、超自然的ではなかった。彼は喜怒哀樂の情は調節すべきものと思ってはいたが、愛弟顏囘の死んだ時には、その悲しみを抑えきれなかった。門弟達が「極度なお悲しみ」だと言ったに對し、孔子は「ああ、成程そんなか。それにしても、私が度外れの悲しみをこの人の爲にしなかったら、誰の爲にするのか」と答

えた。(三七)

彼は曾て無禮な知人の爲に堪忍袋の緒を切られて、杖でその人の脛を打つに至ったという記事がある。(三八) 孔子としては慨《なげか》わしい行いであること疑いないが、論語からこれを削除してはならないと思う。この記事で孔子もまた人間であることがわかるのである。

(一) 附録に説明した理由で、この章を書くのに、郷黨篇からはただ二三の章を用いただけである。附録四三六頁參照。
(二) 述而四。
(三) 述而三八。
(四) 學而八の一。先進八。
(五) 述而二九。子罕八。
(六) 公冶長二六。
(七) 憲問六。
(八) 先進八。季氏一三。陽貨一〇。
(九) 「孟子」公孫丑上二の一八。
(一〇) 雍也一六。顏淵二〇。憲問二五。陽貨一八。
(一一) 學而一四。里仁九。述而一五。泰伯一三。憲問三。衞靈公三二。
(一二) 述而一一。
(一三) 季氏一一の二は「隱居して、その志す所の成るを求める人」を褒めているように見えるが、これは十中八九、あとから論語に插入された道家的なものらしく、大體季氏篇には如何わしい章が多い。とにかく、この世から隱退することについての孔子の觀念は、例えば述而一〇の一や衞靈公七の二に見るように、勿論それ自體よい方途ではないが、惡者《わるもの》がしかと權力を掌握している時に、自尊心ある者がなし得る唯一の方途だというのである。しかし、彼は政治上積極的且つ效果的な役割を演じようとして常にその機會を待っていたのである。

(一四) 學而一の一。述而一三。泰伯一五。
(一五) 述而三二。陽貨二〇。
(一六) 「墨子」節用上第二十、第二十一、九一―六。非樂上第三十二、一四〇―五。貴義第四十七、二二二―三。
(一七) 「老子」三、一九、三七、八〇。しかし荘子が墨子の哲學のこの面をば「餘りにも味もそっけもない」、「人間の性質に背反する」ものと非難しておることは注目すべきである(「荘子」雑篇天下第三十三、三七〇―一)。
(一八) 「韓非子」詭使第四十三、四四一。「商君書」巻第一、農戰第三。
(一九) 子路一六。
(二〇) 述而六。竝に、陽貨四を見よ。
(二一) 「禮記」雑記下四二〇。
(二二) 子罕五。
(二三) 述而三一。
(二四) 八佾一一。子罕八。
(二五) 學而一〇。八佾一五。なお公冶長一五を見よ。
(二六) 雍也二。陽貨四、二一。
(二七) 公冶長二九。述而二、三三、三四。子罕六。憲問三〇。
(二八) 憲問三七。なお、衛靈公二〇を見よ。
(二九) 衛靈公四二。
(三〇) 鄕黨四。
(三一) 述而二七。
(三二) 子罕二三。
(三三) 子罕二。
(三四) 程樹德「論語集釋」四九三―四。
(三五) 程樹德「論語集釋」一〇三二(陽貨四の四に關して)。「洙泗考信餘錄」二の一九。

（三六）　陽貨二〇。
（三七）　先進一〇。なお先進八を見よ。
（三八）　憲問四六。

第六章　門弟達

教師としての孔子を理解しようとすれば、まず、彼がその力を及ぼすべきことになってた門下生がどういう型の人であったかを多少知って置く要がある。既に述べたように、彼の門弟の數は甚しく誇張されて、三千餘人の多きにまで及んでいるが、「孟子」その他の書物にはその數を七十（一）としておる。恐らくこれが最大と思われる。凡そ七十の名を列擧したいばかりに、孔子と何らか、關わりがあったと記されてる人は、大概誰でも、門弟にしてしまったのである。こんな次第で、「史記」では公伯寮までを門弟に數えているが、公伯寮は子路の政敵であることが論語に出ているだけのことである。（二）

孔子に質問した爲に、論語にその名の出てる場合でも、果してその人が門弟であったかどうかを確めるのは、容易なことではない。論語には門弟と考えて然るべき人をざっと二十二人擧げているが、個性のはっきりした人として精彩を放っているのは、この中の數人に過ぎない。

シナ現代の學者錢穆は、門弟達が二大羣卽ち第一、孔子が遍歴の旅に魯を去る前に孔子に就いて學んだ前期のものと、第二、孔子が魯に歸ってから孔子の教えを受けた後期のものとに分れると言っている（三）が、この二羣をはっきり區別することは容易でない。第二羣に屬すると思われる人の中にも、孔子が旅へ出掛ける前に、僅か短期間にせよ孔子に就いて學んだ人もあろうし、また第一羣に屬する人で後年まで引續き孔子の意見を聞いた人もあるからである。また門弟達の年齢については何もわかっていない。「史記」には二十人以上生年を掲げているが、崔述の言う通り、これは頗る怪しげなものである。(四)

しかし、子路が、傳説の傳えるように門弟中の最年長であったことはまず間違いなく、時によると門下生と言うよりは最良の友人、且つ最も容赦しない批評家であったようである。孔子が衛公夫人南子と會見した爲に、彼が憤慨したことや、市邑に據って謀反した人間に孔子が荷擔しようとした時に、彼が二度も抗議したことは、既に述べた通りである。子路は自分自身に對しても、人に對すると同じようにやかましかった。彼は約束したことを翌日に持ち越すことはできなかったと言われ、(五)「孟子」には、「子路は自分の過ちを誰かに指摘されると喜んでいた」とある。(六)

しかし、子路はこういう風に、萬事熱烈で眞《ま》正直であった一面、門弟中で一番溫《あたた》かで人間らしい人間であった。彼は生まれながらの武人であったように思われる。孔子は軍を監理する機能があると、彼を推薦したこともあるが、また彼のような人間は自然な死に方はできないだろうと言ったこともある。(七)彼は單純で、率直で、しかも性急《せっかち》の爲に、宮廷的作法に通じ學者的好尙のある他の門弟達と伍しては全然その所を得なかった。彼はその邊のことがよくわかって、自分には不適であると覺ると共に、自分が持ってるとわかってる諸《よ》の素質を誇りとする程に、彼本來の傾向を高めていったのは自然の數であった。かようなわけで、ある時孔子が愛弟顏回の材幹を賞めた際に、子路は無遠慮に、「若し先生が大軍を指揮されるようなことがあったら、その時は誰と一緒になさろうとお思いですか」と言った。孔子は詩にあるように「虎を手搏ちにし、河を徒ち涉るような人とは共にしたくない。危險に近づくには、あくまでも用心深く、周到な計畫を立ててやり遂げる人が欲しいと思う」と答えた。(八)氣の毒にも、子路は、いつも出過ぎて、叱られ通《どお》しであった。時には、孔子がわざと彼に係蹄《わな》をかけることもあったが、彼はいつも、まんまとそれに引っかかった。ある日、孔子が「自分の考えは少しも行われないから、筏に乗って海に出ようと思うが、子路はきっと一緒に來るだろう」と言った。彼はこれを聞いて喜んだ所、孔子はすげなくも、「子路は自分よりも勇ましいことが好きだが分別に乏しい」と附言した。(九)

　子路が大いに非難を招いたのは當然で、直情徑行の長所はあったに拘らず、孔子が門弟達に説いてる行爲の理想には遙かに達し得なかったからである。しかし、一面また孔子は氣を使って非難を柔らげ、餘り深刻に亙らないようにした。(一〇)二人の氣象は隨分違っていたに拘らず(或は却って違っていた爲かも知れないが)、孔子と子路との間には、愛情という強い絆があった。孔子は子路の熱心過ぎるのを常に抑えようとした半面、この飽くまで忠實な自分の門人の眞價を十分に認めていた。子路は顏回と同じく、孔子の旅行に際しては艱苦を共にした。孔子が、いつも褒めていた顏回と、ほとんど常に非難のしどおしであった子路と、どちらにより深い愛着を感じていたかは問題である。「愛すればこそ、目標を嚴格な方へと向けるのではないか」と言った人は孔子である。(一一)

　孔子も子路も既に魯に歸ったあとだが、西紀前四八一年に起きた一事件は、實によく子路と冉求との相違點をはっきりと現わしている。隣國小邾の役人で一邑を治めていたものが、魯へ來て、その邑は魯へ併合されてよい代りに、彼自身にある保障を與えて欲しいと申込んだ。こんなことは別に珍らしくなく、こういう場合の取極めは盟約によって固めるのが通例であった。所が、その人は通例によらず、盟約には及ばないと言って、子路との間で紳士協約を結ぼうとした。子路が魯の政府に再度仕えたかどうか不明だが、とにかく、子路は小邾の人との會見を斷った。そこで、季康子は、冉求を遣って子路を説得させた。冉求は、「あの男は大國の誓約は信用しないが、あなたの一言には信を置くと言う所をみれば、あなたにとって、どうしてそれが不名譽になりましょうか」と尋ねた。子路は「萬一魯がこの小郲と戰端を開くことがあったとしたら、戰爭の由來など聞かないで、首都の前で喜んで死のう。けれども、あの男は賣國奴だ。あの男の望むような行動をして、あの男を正直者扱いすることは私にはできない」と答えた。(二二)
その後、幾《いく》ばくもなく、子路は配下の子羔をつれて衞に行き、二人は、孔子が衞に居た時交わりのあった孔家に仕えた。叛亂が起き、孔家が容易ならぬ危險に陷った時、子羔は逃げたのみでなく、子路にも逃げるよう說得を試みたが、子路は「孔家の祿を食《は》んできた自分だ。孔家の悲運を見捨てて逃げようとは思わない」と答え、主人を助けようとして、敵の矛の一擊に最期を遂げた。(二三)

冉求も初期の門弟中では傑出していたが、子路とは凡そ正反對であった。彼は熱心過ぎる缺點などはなく、反對に退嬰的だから推進する要があると孔子が批評したことがある。(二四)あるおり、冉求は孔子に向って「あなたの『道』(譯者注・一八四頁譯者注參照)がきらいなわけではありませぬが、私にはそれだけの力がありませぬ」と言った所、孔子の返事は「力の足らない人は、できる限りやってから止めるが、君はやってみることすらしないではないか」と言うのであった。(二五)

冉求は何かに乘出す時は、事前に今後辿るあらゆる經過について豫想し得る利害を冷靜に商量したようである。孔子も、幾分進まぬながら、認めたように、彼は有能な人物ではあった。(二六)彼は話しぶりはもの柔らかであったし、行政事務には練達であったし、兼ねて將軍としての材幹も備えていた。彼が有利な進路を擇ぶ鋭敏さは、彼が政界に頭角を見《あら》わすのに大いに役立った。一旦孔子が彼の爲に季氏の所で、ある地位を確保してくれれば、それから先は、彼にとって一番力になるのは、孔子では無く季氏の人達だということを早くも見てとる人だったからである。從って冉求は孔子の理論よりは、季氏の政策を進めることに努めて君寵を得、ますます出世するに反し、妥協を知らない子路が凋落していったのは、蓋し自然の成行きであった。孔子は、冉求について不満を感ずる度を加え、前に述べたように、既に暴政的税金となっていたのを、なおも増税しようとする季氏に冉求が力をかした時に、孔子は彼を門弟と認めないこととした。(一七)尤も、その實、彼が孔子一門から除外されてたのは、とにかく、そう長い間では無かった。

既に述べたように、子路は、勝算はさらに無く、絶望的な時でも、その地位を離れようとはしないで、その爲命を捨てたが、冉求は數年後にその名が出なくなるまで、彼は引續き繁榮を極め且つ寵用せられた。(一八)この對比から學び得る道德的敎訓は倫理學者に待つこととして、ここでは論及しない。

門弟子貢は、その氣象が重寶にも中庸を得ていた爲に、大いに人の注目を引いた。子貢は幸運にも仕える人にお世辭を言わないで氣に入られ、また自分の主義を捨てないで、順調に進むことのできる能力を持ち合わせていたようである。彼は恐らくある內省的なものとある外應的なものとを兼備して、この上なく如才ない人物とでも言うべき人であった。彼自身幾分哲學者たる所もあったが、彼の態度が何人にも好感を與えるので、誰もが彼を好いたらしく、演説をすれば雄辯であり、樽俎の間に折衝すれば頗る有能であり、季氏の首長が外交的會同に彼を随伴しなかった淺慮を悔いたことがあった位である。政治上の案件は鋭意檢討の上でなければ、その判斷を下さなかった。その上、彼は經濟の面でも大いに成功した。(一九)

論語をみれば、子貢が孔子と頗る親密であったことは明瞭である。孔子の死に際し、子貢が葬儀委員長として世話することになったのも、恐らくこの親密關係竝に年長且つ有能であった爲と思われる。(二〇)彼の孔子に對する忠實は終始一貫して渝る所が無かった。彼は孔子に賢《まさ》るとも劣らないと言われたことが二度あった(一度は門弟子禽)が、二度共、彼は至極穩かに、そういうことを言うのは、言う人の思慮の足りなさを證明するだけのことだと說き、子禽には、馬鹿者という評判の立たないように氣をつけたらよかろうと警告した。(二一) 彼は「人類の歴史あって以來、孔子のような人は未だ曾てなかった」と言明した。(二二)

孔子は子貢の智慧を稱揚し、達識の人として季氏に推擧した。(二三) しかし、孔子は子貢に對し、ひどくはないが、中《ちゅう》っ腹《ぱら》になったことがある。孔子は日頃辯舌には疑惑を持っていたのに、子貢はその辯舌の雄であった。取り繕わない、魅力に富む、この上品な門弟が易々として成功していくのを見、恐らくは、孔子にしても、毫も不快に感じまいとするには、人情の常を超越する必要があったろうと思われる。孔子が、子貢の泰然と構えてるのを、ちくりとやるたくらみで、おりに觸れて、とぼけた、あてこすりで一本參らしてやろうという衝動に抗し得なかったのも蓋し驚くに足らぬことであった。(二四) 殊に孔子にとっての惱みの種は、子貢や何かが苦もなく成功していくのに引替え、孔子が全門弟中でずば抜けて一番有能だと思っていた顔回が、いつまでも世に顯われないで貧乏暮しをしてることであった。孔子は、ある時、子貢にたずねた。「君と顔回と、どちらがまさってると思うか」と。子貢は自分を顔回と比べるなど、さらさら思ってもみないと答えた。(二五)

この愛弟顔回の評價は容易でない。彼の話は隨分澤山あるが、それを總計してみると諸德目を列べた目録に過ぎないこととなる。孔子自身も、「有德の人かどうかを判定し得るのは、その人がどんな過失を犯すかを見てからのことだ」ということを認めている。(二六) しかし、この行間の意味を讀みとれば、顔回には容易ならぬ缺點があったのではないかとの疑いが起こりがちである。他の數名の門弟達と違って、顔回が何事かを述べたのを曾て聞いたことが無いようで、いつでも孔子に同意するか、孔子の言を無批判に受け入れるかだけであった。彼は自分自身の心を持たない愚物に過ぎないのではないかと疑わざるを得ない。

また愛弟顔回が温かい人間味のある態度を示したこともまず絶無と言ってよい。ある時、彼と子路とが孔子と一緒にいた際に、孔子が「君達銘々のやりたいと志してることを、私に話してくれないのか」と言ったに對し、子路は卽座に「私は車馬や、毛皮の着物が欲しい、而もそれらを友人と催合《もやい》で使って、友人が破損しても意に介しないようにしたい」と答えた。顔回は「私の願いは自分の長所を誇ることのないよう、また私が他人の爲にしたことを見せびらかさないようにしたい」といった。子路は困惑して、突如孔子の願いは何かと聞いたことがある。(二七)そうは言っても、顔回が全然同情心の無い人間だという感を抱けばそれは間違いと言って差支えない。子路は愛すべき人物ではあったが、年中子供っぽい自慢をするのと、褒められたさで一杯であった爲に、たまには一緒に暮しにくい時もあったに違いない。

孔子その人も、顔回がどうしてこんな度外れの從順になったのか不思議に思っていた。孔子は「一日中顔回と話をすることはできるが、顔回は一度も不同意を唱えたことがない。愚なるが如くである。しかし私の所を去ってから彼のすることを見ていると、彼の行いは私の教えたことを十分に實證している。いや、回は決して愚ではない」と言った。(二八)孔子ばかりでなく、外の門弟達も顔回を褒めて、その卓越した知能と德操とを稱讚していた。(二九)孔子は顔回を、外のすべての人よりも秀でていると褒めていたが、それは孜々として勉強する研究者としてと、渝る所なく行動の理想を堅持し得る人としてとの兩方の意味であった。(三〇)

それにも拘らず顔回は、官途に就く目的を一度も達しなかったようである。(三一)比較的若死したには違いないが、早世だけでは、説明しきれないものがある。當時の君主は、誰一人として顔回に對しては、他の同門の人に示したような興味を持たなかったらしく、(三二)孔子は自分同樣、顔回も登用されなかったといっている。(三三)

登用されなかった理由が何かの缺點にあるとすれば、それは知性でなく人柄に關してであった。彼は一生を赤貧で送った。この赤貧と生來の控え目勝ちとが、察するに、彼を引込思案にしたのではなかろうか。孔子は、顏囘が外の人なら到底堪えられそうにもない窮乏に直面しても、快活さを失わなかったと言明しているが、[三四]こういう快活さはしばらくたてば、やや機械的になるものである。知性も才能も自分に及ばないものが、またしても、またしても自分を差しおいて登用されるのを見て、人情堪え難い、心の最高試練を忍ばねばならない時は特にそうなるものである。これが顏囘の運命であり、また孔子自身の運命でもあったが、孔子はほとんど完全に、この運命に勝ち得たので、これが孔子のいつの世までも偉人たるを失わない所以の一つである。若し顏囘が、もっとわれわれ同樣になってややひねくれても、これを非難することはできないであろう。

孔子は顏囘をわが子のように思って[三五]いたから、その死に際しては、「天が私を亡ぼした」と叫んで悲歎にくれ、外の場合とはまるで違っていた。[三六]顏家は貧しかったので、葬式を盛大に營むことはできなかったが、同門のものが協力して本式にこれを行った。（孔子はそれをくだらない趣味だと言い張った。）同門のものは、深い尊敬と恐らくは救われたという感じとを以て顏囘を墓場に送った。先生の愛弟という立場は至難なものである。

門弟達は皆が皆、今まで論じてきた少數の顯著な人達のような有爲な人だったわけでは決してない。宰予はただ御し難いという點で有名で、孔子の敎えとは、考えを異にしてたばかりでなく、薄い衣《きぬ》を着せてその敎訓を嘲弄さえした。[三七]彼が極めて有爲な人物であったならば、或はそれでよかったかも知れないが、彼はそんな人間ではなかった。彼は話上手であったが、[三八]彼の身上はそれだけであったらしい。孔子は「私は人のことばを聞いただけで實行されるものとのみ思って、やってきたが、今では私は人のことばを聞いた上にその行いを見るようになった。これは宰予の所爲《せい》で、經驗させられた結果だ」と言った。その上、彼はなまけ者で、孔子をひどくおこらせた程であった。[三九] こんな風だのに、宰予は魯公とも會談したようだが、[四〇] こういう殊遇は一度も顔回の所へは廻ってきたことが無かった。[四一]

後期の門弟は大いに重視すべきである。それは、この人達によって、孔子の教えが、後世に傳えられたからである。後期の門弟達の中には子路、冉求、子貢のように、政治上の高い地位まで登ったものは一人も無い。しかし、孔子が世に重大な影響を與えた所以のものは、彼自身およびその門弟達の政治的活動ではなく、むしろ彼が諸生を教育したことである。孔子が諸生を教育した効果は、門弟達が、これを宣傳した時、初めて發揮せられたのであるが、この後期の門弟達こそこの役目を果たすに最も大切な人物であったようである。當然期待されたことだが、彼らの教えたことは、彼らの學んだこととは全然同一と言うわけではなかった。これらの人達は、孔子の學說と孔子についての傳說を形成して、これに最初の方向を與えたのである。從って彼らがどういう風の人々であったかは、これを考察する要がある。

門弟中で誰々が、ともあれ相當な規模で帷を下ろしたかを、はっきりきめることは、むつかしく、從來これに就いて傳わる所は、どちらかと言えば間違っているようである。[四二] 崔述は、誰もが知りたい、證據となる材料を多く知っていたと思われるが、主な宣傳者を子游、子張、子夏および曾參だと考えていた。[四三]

「孟子」に面白い話が載ってるだけの理由ではあるが、後期の門弟中で今一人その名を擧げなければならない。「孟子」には、「孔子の死後に、子夏、子張および子游が『有若の聖人に似てることを考えて』彼らが孔子に仕えたように、有若に仕えようと思って、三人が曾參にも參加するよう、しきりに勸めた所、曾參は孔子と比肩すべきだけの人間は一人も無いと言ってこれを退け、この案ははっきり沙汰やみとなってしまった」とある。[四四]有若には自分の門下生があったかも知れない。と言うのは、論語に三度も「有子」と書かれてる個所があるからであるが、有若のことはほとんど何もわかっていない。

子游の消息は僅かばかりだがやや餘計に傳わっている。彼は文學研究の業績を賞讃されているし、[四五]また他の後期門弟達のように特に「禮」に興味を持っていたようである。孔子が子游の知事であった邑へ近づいた時に、絃歌の聲を聞いたことが論語に出ている。その聲の出所を調べて、宮廷の君子用として平素はとっときになってる禮樂を、子游が邑人に教えていたことがわかった。子游はこんな風にして、孔子の「道」を邑人に教えているのだと説明した。そうとすれば、子游は大衆教育を實施した最初の一人ということになりそうである。[四六]

子張は後期門弟中では一番元氣旺盛な人だったらしく、現に孔子は曾て「行き過ぎ」[四七]という過ちを犯していると言ったことがある。彼は地位と俸給とを得るのを目的に、勉強してる旨を率直に言って名を揚げることを望んでいた。[四八]彼は「道」を求めるのに不熱心な人々に我慢ができなくなり、いざとなれば、自分の主義の爲には、いつ死んでもよい覺悟であるべきだと言明したことがあった。[四九]この元氣旺盛な門弟は仲間内で専ら好評と言うわけにはいかなかった。曾參は彼を自負獨尊と呼び、子游は「友人の張は困難なことをよくやってのけるが、德はまだ至らぬ所がある」と言った。[五〇]論語の表面には子張に彼自身の門下生があったと書いては無いが、「韓非子」や「史記」には、孔子の死後、諸生を教えた門弟の中にその名が擧げられている。「韓非子」では彼は儒教中の一派を創めたものとなっている。[五一]

子夏に門下生のあったことは、論語に特筆してあり、彼の教え方も若干記されている。[五二]「墨子」には、墨子と子夏の一門弟との對談が載ってるし、[五三]「史記」には子夏に就いて學んだもの四人が、後に「王者の師」になったことを記している。(五四)子夏自身、晩年は魏の文侯の侍講であった。(五五)孔子の學説を傳えてこれを形成した人々の中では、子夏は非常に重要な人物であったことは毫も疑いない。

子夏はやや衒學的であったらしいが、(五六)論語では、文學の研究者として賞讃されており、(五七)孔子は子夏と子張との氣象をいい對照として「子張は行き過ぎるし、子夏は必要なだけも進まない」と言った。(五八)この兩人の相違は遂に論爭にまでなった。ある時、子夏の門下生が、子張に向って、人との交際の要諦は何かと尋ねた所、子張は「子夏は何と言ってるか」と反問した。そこで子夏の門下生が「子夏は正しい行いをする人には交わり、正しくない人には遠ざかれ」と言ったと答えた。子張は「私の聞いているのは、それと違う。君子は有德有能の人を尊敬するが、さりとて、あらゆる人、皆に對しては寛大だ」と言った。(五九)

こういう類の議論は孔子の死後には盛んに行われた。「韓非子」には「孔子の門弟達で諸生を敎えた人は皆、おのおの『われこそ眞の孔子の説だ』と言ったものだが、孔子は、生き復れないから、誰がこれを決し得るだろうか」とある。(六〇)

子游は「地に水を撒いたり、掃除したり、また呼ばれれば、これに應じ、問われればこれに答え、或は進み、或は退くというようなことだけが問題ならば、子夏の門下生は結構よくやってるが、これらの事柄は表面的のことで、もっと根本的な事柄については、彼らはなす所を知らない」と言った。子夏は、自説を辯護して、「門下生には眞理を一時に全部知らせることはできないから、敎えるには漸を追う要がある」と言った。(六一)

しかし、子夏を衒學者以外の何者でも無いと思ったら、それは間違いである。彼は一邑の知事の職にも就いたし、(六二)關心の範圍も廣くまたそのことばの中には孔子を想起せしめるものもある。それにも拘らず、子夏はある卑俗な性質があった。一例を言えば、次の言にもそれが現われている。「道義上重大な事柄で、決して境界線を超えない限り、些末な事柄では境界線を出たり、入ったりしても差支えない。(六三)」これをみれば、孔子は道義を何かある望ましい目的を達する爲の積極的な秩序のような風に考えていたに反し、子夏は、むしろ權力主義の用語での最も嚴重な規則と考えていたことは明瞭である。孔子が子夏に小人風でなく、君子風に行動するよう警告したのも、こういう傾向があった爲であろう。(六四)

外の門弟の場合同様に、子夏にも澤山逸話があるが、それは、今日主たる材料として使われてるものよりは、後の世代にできた書物に載っているのである。かようなわけで、法家の書である「韓非子」には、子夏がまるきり法家のような話をしたのが載っており、それは忠實な儒家としての彼に疑念を插ましめるようなものである。(六五)かように、死後にいろいろと轉向が起きることは、思想的《イデオロギー》の争いにはよくやる趣向である。後世の儒教の書物にも諸門弟の話が非常に澤山出ており、中には本當の話もあるようだが、確かに想像から出たものもある。結局これら後世の書物の材料の眞僞を區別することはほとんど不可能である。この爲に、分量は少ないが、より信頼し得る古い記錄の中で眞實を探し續けるより外無いのである。

大きな影響を殘した今一人の門弟は曾參で、(六六)論語ではいつも曾子と呼ばれている。これは曾參の門弟が曾參を呼ぶ呼稱である爲に、論語の編纂には曾參一派が相當關係したということが尤もらしく從來から論じられている。「孟子」には曾參を先生と呼んでる所があり、一時は七十人もの門下生がいたと書いてある。(六七)

孟子は、また曾參を恐れを知らぬ人と言ってるが、「孟子」に出て來る曾參の話では、その點は出てこない。「孟子」には、曾參が住んでいた邑が隣國の軍隊の爲に掠奪の憂き目にあった時に、彼は眞先に逃げ出して批難されたとある。孟子は卑怯という批難に對して辯護し、彼は軍人では無いから、卑怯の罪名から免除されるだろうと言っている。曾參が侵略のはじまらない前に、邑を去る時、彼の家の世話人に「私の家には、人を泊めないようにしてくれ、草木をいためるかも知れないから」と言ったような全然人情の無いことは、より重大視すべきことである。(六八)孔子がこんなことを言うなどは想像もつかないことである。

　しかし、曾參が德行を重んじなかったと思うのは大きな誤りであろう。實際曾參はその他の小事にも注意を拂った。論語に多く出て來る曾參のことばの中には、世の有様とか、政治の動きとかには無關心だが、人としての德を涵養する方法には專心沒頭の様子が見える。曾參が重態になり、孟氏の首長が見舞いに來た時に、曾參は「人が將に死のうとする時のことばはよろしい。君子が『道』に從う上では、外のことより次の三つのことが大切だ。あらゆる態度、あらゆる仕《し》種《ぐさ》から、無法や不法は痕跡も無くなるまで一掃すること、顏のあらゆる表情が誠實を表わすこと、口にするあらゆることばから、粗野と非禮とは片鱗だも殘さず去ってしまうことだ」と言った。(六九)曾參は死に面して、間違いを仕《し》出《で》來《か》す恐れの無い所へまもなく行けることを、救われたと感じていたようである。(七〇)

　曾參は儒教の方では孝行の點で有名である。(七一)彼は論語の數章でこのことを論じているし、「孟子」には、彼の非常な孝行ぶりが相當詳細に記されている。(七二)興味深く思うことは、孝行に特に注意を拂う人がほとんど例外無しに、前期の門弟達でなく、後期のそれらであることである。

　二つの羣と考えられていた前期と後期との門弟達の間には、關心事や行動について相當の差異のあったことは明瞭である。この理由の一半は確かに孔子自身の經歴にあり、旅行の結果、終に己れの夢を破られる時までは、彼は彼の說く所を、役人として實現し得るようにとの希望を絶えず抱いていたのである。彼が教育に當ったのは、ほんの一時的のことで、天下を改造する絶大な機會の到來を待ち望んでいたのである。合間をみて、孔子は喜んで同志の青年達にどうしたらば、彼らもまた孔子の企てていたことをすることができるかを話した。そして彼の教えを受けた人達はその熱意に感じた。しかし、孔子が自分の機會は遂に來たるべくもないという現實に直面せざるを得なくなったあと、書物と教育とに移行したのは、自然の成行きであった。彼は自分で、この世を悲慘から救うことができなくても、どうしたらばそれができるかを、人に教えずにはいられなかったのである。前期の門弟達は、初期の孔子の如くありたいと努力し、政治上重要なことに携わろうと願って、中にはこれに參加し得た人もあった。後期の門弟達は、大部分、孔子がなってもらいたいと望んだような人間にならないで、後年の孔子その人のように成りたいと努めたようである。このことは、後期の門弟達が諸生を教えること、儀式のこと、また社會全體としてよりは、むしろ個々の人に德を植えつけることに、より多く興味を持ったことの説明の一助になると思う。これがまた、儒教が孔子と比べて、改革運動者たるの熱意が少なく、衒學者の形式的な點の方が目立つ所以の一つでもある。

(一)「孟子」公孫丑上三の二。なお錢穆「先秦諸子繫年」五六―六二參照。
(二)「史記」仲尼弟子列傳第七㈢八二。憲問三八。
(三)「先秦諸子繫年」七五―六。
(四)「洙泗考信錄」卷三、三二。
(五)顏淵一二。
(六)「孟子」公孫丑上八の一。
(七)公冶長八。先進一三。
(八)述而一〇。
(九)公冶長七。

(一〇)　先進一五。
(一一)　憲問八。
(一二)　「左傳」哀公十四年下五一一。
(一三)　「左傳」哀公十五年下五二一―二。
(一四)　先進二二。
(一五)　雍也一二。
(一六)　公冶長八の三。雍也八。
(一七)　先進一七、二四。
(一八)　「左傳」哀公二十三年下五三九。
(一九)　先進三、一九。子張二三、二五。「孟子」公孫丑上二の一八。「左傳」哀公二十六年下五四八、二十七年下五四九。
(二〇)　「孟子」滕文公上四の一三。
(二一)　子張、二三、二五。
(二二)　「孟子」公孫丑上二の二七。
(二三)　學而一五。雍也八。
(二四)　公冶長四、一二。憲問三一。
(二五)　公冶長九。先進一九。
(二六)　里仁七。
(二七)　公冶長二七。「衣裘」については劉寶楠「論語正義」卷六、第一冊一三九(國學基本叢書本)。
(二八)　爲政九。
(二九)　公冶長九。先進三。「孟子」公孫丑上二の一八。
(三〇)　雍也三、七。子罕二〇、二一。先進七。
(三一)　彼が官途に就いた形跡は無いばかりでなく、死ぬまで貧乏であったことは、仕官しなかった證據のように思われる。雍也一一、先進八、一一および「孟子」離婁下三〇の二を見よ。

(三二) 崔述は顔回が魯の哀公に侍して語ったという意味の「韓詩外傳」の話は全然誤りであるとしている。「洙泗考信餘錄」巻一、二—三を見よ。
(三三) 述而一〇。
(三四) 雍也一一。先進八、一一。「孟子」離婁下三〇の二。
(三五) 先進一一。
(三六) 先進九、一〇。
(三七) 雍也二六。陽貨二一。
(三八) 先進三。「孟子」公孫丑上二の一八。
(三九) 公冶長一〇。なお、八佾二一を見よ。錢穆はこれらの非難と「孟子」公孫丑上二の二五—六に宰予の意見の載っている様子とは相容れないものと思って、これらの非難はやや入り組んだ、そして十分納得できない理由の爲に誤って論語の中へ插入されたものと考えている。「先秦諸子繫年」五〇—三を見よ。
(四〇) 八佾二一。
(四一) 本書本章注三二を見よ。
(四二) 「韓非子」には、孔子の死後、儒家は分れて八派となって、八人の宗師があり、その中三人は孔子の門弟卽ち子張、顏(察するに回か)および漆彫開であると書かれている(「韓非子」顯學第四十、四九四)。子夏が除かれているのも、顏回、漆彫開がはいってるのも、共に不思議に思われる。顏回は若死にで、而も孔子に先立っており、彼が別に一派を立てたことは、ありそうにもなく、漆彫開は論語(公冶長六)にただ一度出て來るだけで、外にはほとんど出て來ない。「墨子」には一度出て來るが、彼の刑殘によって孔子を非議するためである(「墨子」非儒下第三十九、一六七)。「史記」には孔子の死後七十人の門弟は封建諸侯の間を旅行したとある(「史記」儒林列傳第六十一(四三六二))。
(四三) 「洙泗考信餘錄」巻一、四〇—一。
(四四) 「孟子」滕公上四の一三。
(四五) 先進三。
(四六) 陽貨四を崔述は疑問視しているが、その反對論は弱い。「洙泗考信餘錄」巻二、一九を見よ。

(四七)　先進一六。
(四八)　爲政一八。顔淵二〇。
(四九)　子張一、二。
(五〇)　子張一五、一六。
(五一)　「韓非子」顯學第四十八、四九四。「史記」儒林列傳第六十一㈣三六二。
(五二)　子張三、一二。
(五三)　「墨子」耕柱第四十六、二一四。
(五四)　「史記」儒林列傳第六十一㈣三六二。
(五五)　「史記」仲尼弟子列傳第七㈢七六。
(五六)　孟子は子夏と曾參とを恐れを知らない勇士達に比している(公孫丑上二の六―八)がその章をよくよく見れば孟子は子夏と曾參とは、肉體的よりも道義的な勇氣があったと言っておるのである。
(五七)　八佾八。先進三。
(五八)　先進一六。
(五九)　子張三。
(六〇)　「韓非子」顯學第四十八、四九四。
(六一)　子張一二。
(六二)　子路一七。
(六三)　子張一一。
(六四)　雍也一三。
(六五)　「韓非子」外儲說右上第三十二、三二四。
(六六)　より正確に言えば、ツェンツァンであるが(瀧川龜太郎「史記會注考證」㈦仲尼弟子列傳卷六十七、三二の「考證」を見よ)、この本ではより一般的な慣例に従い、ツェンシェンとした。
(六七)　「孟子」離婁下三一。

（六八）「孟子」公孫丑上六―八。離婁下三一。
（六九）泰伯四。
（七〇）泰伯三。なお泰伯七を見よ。
（七一）往々、孝經の著者は曾子であると言われるが、誤りである。クリール「歸納法による文學的シナ文」第一巻三五を見よ。
（七二）學而九。子張一七、一八。「孟子」離婁上一九。

第七章　教　師

今日までに幾百萬の人が教師になったか到底數えきれないが、一人の教師としてただ青年の教育に當っただけで、人類の歴史の動向を一變せしめた人は實に稀有である。孔子はその稀有な一人であるから、彼の教えた方法や内容は特に人の興味を惹くのである。

孔子以前にもシナに教育はあるにはあったが、今日では餘りよく判っていない。孔子以前、數千年間實施されていた本式の學校制度があったと書いてある書物は確かにあるけれども、その書物たるや、概して孔子時代より數百年後に書かれたもので、果して信頼し得るや否や疑問である。(一) 成程孟子は孔子より一世紀足らず後の人で、周以前の二朝が何れも學校を設けていたと斷言しているけれども、(二) 孟子は自分が將來そうあって欲しいと思ったことを過去にあったことにしてしまったのではないかという疑いは晴れないのである。事實、孔子より前から傳わる文獻に徴すれば、弓術を教える爲に建てられたものの外に、學校のことは何も見當らず、弓術學校のことは青銅器の銘文に見えている。(三)

しかし、個々の家庭教師に就いて學んだ例が相當多數あったことは明瞭で、將來君主たるべき人は言うもさらなり、上流子弟には恐らく皆家庭教師がついていたようである。下級役人たる青年達は、その上司から訓練を受けたが、これは孔子の教育課程とは別種のものであった。政府の現役の役人が教師となって、既に役人となってるもの、または門地上、將來爲政者たるべきものを訓練するもので、その目的は現行の形體に從って行政事務を實施することに備えたものであった。

孔子の教育は全然これとは違ったものであった。彼は人として素質のよいと思われるものは、どんな境遇の人でも皆これを門下生として訓練したが、その意圖は、今までとは違った政治、而も彼の信ずる所によれば、面目一新の政治を持ちきたすことにあった。

從って、彼の教育の目標は實際を離れたものでは無かったが、決して狹義の實際的のものではなかった。教育の終局の目的は善政を招來することにあったが、さりとて、教育の結果、でき上る人物は、皆が皆、有能な行政官になるべきであって、外のものには一切なってならないという意味では無かった。實は、それ所ではなく、教育の結果でき上る人物は、あらゆる觀點からみて、理想的な人間にできるだけ近づけるべきであり、斷じてある特殊技術の單なる専門家になってはならないのであった。[四] 孔子は、曾て、完全な人を定義して、智慧があり、貪慾で無く、勇敢で、一般教養が深く、その上に禮儀や音樂に通曉してる人だと言ったことがある。[五] これこそ正《まさ》しく孔子が門下生の前途に抱いていた典型であった。

孔子がその門下生に備えて欲しいと思った德の中には、例えば勇敢とか眞面目とかいうような、政界で成功する必須條件で無いものもあったが、孔子の目的とする所は、立身出世では無く、善政の行われることで、その善政は、普通の意味の教育を受けた上に、誠實と衡平の德を備えた人が、政治の衝に當る時に、初めて行われ得るというのが、彼の信念であった。彼は、「自分自身を治めきれないものが、人を治めるなど、どうしてできるだろうか」と質《ただ》したことがある。[六] 彼は實際各國の元首や政府の全役人は最高の行狀を垂範すべきであり、またそうすれば、說教や刑罰をどんなに多くやるよりも遙かに治績を擧げ得るものだと信じていた。

この點では、孔子は往々誤解せられた。彼の時代より遙か後になって(漢代は特に明瞭である)一種の形而上學的理論で、擬科學的論とでも言うべき一つの型が流行するようになり、その論では、宇宙のあらゆる部分は、相互に密接して、驚くばかりに連繋を保ち皇帝の極めて些細な行動でも、宇宙の機構に影響を及ぼすと考えられたのである。かような次第で、「禮記」(漢代に編纂された)によれば、「皇帝が季夏の月に、赤い衣服を着ないで、白い衣服を着れば、高地も洪水に見舞われ、田畑の穀物は實らず、婦人の間には流産が多くなる」とある。(七) 從來は、この形而上學的理論に照らして、孔子を解釋した研究者が多く、孔子が君主の德は、世を一變させるだけの力があると言えば、「禮記」に書いてあるような魔術に近い類いのことが、否應なしに行われることを言っておるのだと思っていた。(八) 著者の如きも、前にはこの說を懷いていたが、(九) 正眞正銘の古い文獻を周到に研究すれば、こういったような考え方は、孔子以前には何の關わりもなく、また孔子よりやや後の頃の書物にも出ていないことがわかった。決して上古に迷信が無かったわけではなく、大いにあったのであるが、それは別種のもので、複雜怪奇な靈驗があるというよりは、時には子供を生むこともできる位の實體を備えた鬼神に關する迷信であった。おしなべて、古代の文獻で、君主の力が人民の利益を增進したと言うのは、魔法的に否應なしにそうなったのではなく、有德な模範の影響による結果に外ならず、孔子もまたそう考えていたのである。(一〇)

前に述べたように、孔子の門下生には卑賤な身分の人もいたが、彼はそれらの門下生を國を治めるということばのあらゆる意味で、それに副うよう仕立て上げようと努力したのである。彼らが人として、それを目指して奮勵すべき理想の典型を、彼が「君子」と呼んだのは恐らくこの爲と思われる。漢字では、「君子」は「君主の子」の意味で、即ち人民を治めるものの血緣のもの從って貴族の一員となるのである。この意味で君子は、小人卽ち平民とは對蹠的である。(一一) 古代の文獻では君子ということばは、世襲貴族を指すのが極めて普通であったから、孔子以前の文獻で、何かそれ以外の意味に使われたことは、あったとしても、稀有の場合だったのである。(一二) 孔子も時には、「君子」をこの古い意味で使ったことも無くはないが、孔子としてはむしろこの方が例外で、彼が「君子」と言う時は、概して貴族が理想として身に附けなければならない諸德を具備している人、即ち(單に門地だけで無い)眞の貴族を指していたのである。かように意味の轉化したことは英語のゼントルマンと全く軌を一にしている。ゼントルマンも初めは、社會上高い地位の家に生まれた人を指したが、今日では、一般に門地のことは問わないで、行狀の正しい教養ある人を指すことになっている。こんなわけで、今後「君子」はこれを英語では「ゼントルマン」と譯することにしようと思う。

「君子」ということばが、古い意味よりは、新しい意味で使われることが多くなるにつれて、孔子の標準にあわない行狀の君主達は自動的に「非君子」という階級になった。かような次第で、儒家に在っては、眞正の貴族、從って政府に立って政を行うものは、世襲の君主ではなく、新しい意味の「君子」であると言った。

孔子の狙《ねら》いは、門下生をこの「君子」に仕立て上げることにあった。彼はこれを何人に施そうと企てたであろうか。彼はたとい貧乏で乾肉一束しか束脩として差出せないような人にでも、未だ曾て教えることを斷ったことは無いと彼自身言っておる。(一三) これはただの自慢話ではなく、現に儒教ではかように卑賤な人を厚遇することが跡を絶たなかったことを示す面白い話が「孟子」に載っている。孟子の旅行は大變な格式で行われたから、彼が客として宿泊した公館の管理人が自分の靴の片方が見えなくなったのを、孟子の門弟の盗みの仕業だと嫌疑をかけてきた時には、孟子もひどく腹を立てたが、孟子が入門希望者を何の調査もしないで受け入れていたのは、周知の事柄で、その門下生に疑いをかけるのも、一理無くはないとその管理人が嫌疑をかけた言開きをしたという話である。(一四)

貧しい生活をしてても、賤しい出身であっても、孔子に就いて學ぶ妨げにはならなかったが、妨げになる事情は他に存した。彼自身、遲鈍な人は教えたくないと言い、また「啓蒙されること」を熱望し、その志に燃えてる人だけを教えたいものだと言明した。(一五)その上、彼は富貴を得ることのみを目的としてる人達を教育して時間の空費を避けようと努めていたようである。比較的高尙なことに關心ある樣子はしていても、衣服のみすぼらしさ、食事の粗末さを恥じる人は「與に語るに足らない」として、その門を去らしめた。(一六)そうは言うものの、「三年に亙っても勉學の意氣旺盛で、而も物質的報酬など少しも考えないというような人はなかなかあるものではない」との嘆聲を洩らしたこともあった。(一七)

近くに家の無かった門下生は、恐らく孔子の家にいたものと思われる。(一八)彼の教育の仕方は全然形式に拘泥しなかったらしく、學級とか、一定の試驗とかいうものは何も無かったようで、彼は自分から進んで語り、或は問題を出して、對談したが、その相手は一人の時もあれば、一時に數人の時もあった。書物は各自これを勉强することになっていたらしいが、彼は研究題目を示したり、また章によっては特に門下生と議論を戰わせた。この個々的に教える方法は(費用がかかり過ぎるため)今日は廣く行われていないけれども、一部最良の單科大學や綜合大學で行われている個人的指導方法と酷似している。

孔子の希望を達する爲に用い得る方法としては、これしか無かったのである。それは、彼としてはただ學問する人を教育するのではなく、社會へ出て全局を決定する役割を演じ得る「君子」を仕立て上げなければならなかったからである。彼は、何かの事柄を教えたのではなく、何者かになるよう門下生を教育したのである。從って彼の教え方は極端に個人的で、門下生が各人各樣の問題を出す爲に、教え方もまた各人各樣であった。(一九)

こういう次第で、第一になすべきことは、入門者一人一人の人物を観察することであった。立派な先生なら誰でもそうすべきように、彼は慎重にその人物如何を考察したのである。(三〇)彼の考察方法には近世の精神病治療法を思い起こさせるものがある。それは、先ず弟子達を樂な氣持ちにさせて、それから自由に腹藏無くその志望を話させるようにしたことである。こういう場合に、彼は途中で口を插んだり、批判したりなどはせず、微笑を以て十分それに耳を傾け、所謂聞き上手であった。微笑といっても、それはただ自分自身にほほえみかけていたに過ぎない。しかし、彼はそうやって話してる間、始終、受けた感じを貯め込んで、その長所はどうして活かすか、その短所にはどうして打ち克つかを思案していた。(三一)

ひとたび、個人の人物分析が終ると、孔先生はそれに應じて教育する型を定めた。彼は、時によると、同一の質問を受けても、質問者が違えば、全然違った返答をしたこともあった。ある時、子路が何でも教わった時には、それを直ちに實行に移すべきものかと孔子に尋ねた時に、彼は、そうではない、まず父兄と相談すべきであると否定的に答えたが、しばらくして、冉求が同一の質問をした時には、孔先生は、教えられたことは即刻實行すべきであると肯定的に答えた。門弟の公西華は、この二つの答えをきき、その意を解するに苦しんで、答えの違う理由を尋ねた所、孔子は「冉求は熱意に缺ける所があるから、推し進めたし、子路は人一倍の元氣者だから、これを控え目にさしたのだ」と言った。(三二)既に述べたように、このことばは實に二人の性格にぴったりである。

孔子が形式に拘泥しなかったのは、その教授方法のみでは無かった。シナではその後しばらくたって、教師が非常にお高く止まって、門下生は教師の言ったことに疑問を持たず受け入れるものときめてかかるようになったが、孔子は形式張らない心安さで門下生を遇し、嚴格な規律で臨むようなことは無く、今述べた後世の教師などがみたらば、或は言語道断と思う位であった。これは決して偶然では無く、後に述べるように、彼の政治哲學と知識哲學とに相通ずるものであった。いずこの社會でも彼が重きを置いたのは、處置を誤ったのを罰することでは無く、處置宜しきを得るよう激勵することであり、強制では無く説得であり、消極的では無く、積極的であることが終始一貫した重點であった。（二三）

從って、墨子の門弟は、新入生として、短い上衣を着ることと粗末な野菜汁を食べることを強制されて、不満を訴えたことがあるけれども（二四）、孔子には、そのようなことは無かった。それ所か、孔子は門下生から満腔の信頼を受けることに力を集中した。而も、それが比較的容易にできたのは、彼は心から青年が好きであった上に、彼らを尊重していたからであり、また若い時、自分の嘗めたさまざまの辛酸をまざまざと記憶に存していたからである（二五）。その態度は父の如く、兄の如く、また先輩の如きものであった。彼は門弟達を煙にまいて迷わせるような印象を與えようとしたことなどは無く、また彼らに何も隠しだてはしてない旨を表明した（二六）。彼は門弟達に對し彼に忠實であって欲しいとたえず要求することなどはせず、むしろ彼の方から門弟達に對して忠實であることによって、遙かにより効果的に教訓を與えた。彼は仲間以外の人達が門弟達の批評をして「彼らの名聲を傷けようとすること」は、やらさなかった（二七）。

幾くもなくして、シナでは、從って儒教でも、教師の權威が天下に周知されて、孔子の死の直後に生まれ、その哲學は孔子の教えから出た一分派である墨子などは「私の言うことには、指針とするに足るものがあるのに、これを捨てて自分で思考するのは、丁度收穫を捨てて穀粒を拾うようなものである。自分の考えたことばで、私のことばを反駁するなどは、卵を石にぶつけるようなもので、世界中にありとあらゆる卵をぶっつけ盡した所で、石はどうにもならない」と言明した（二八）。また西紀前三世紀頃に盛名を馳せ、名實共に備わっていた儒家荀子は、「先生のやり方を正しいと思わないで、自分のやり方をよしとするのは、譬えば盲人を使って色を見分け、聾者を用いて音を聞き分けようとするようなものだ。混亂と過誤とは免れようが無かろう」と言った。[二九]

孔子は前述したように、盲目的な信頼を求めなかった。いや、實は求めることのできない人だったのである。と言うのは、彼には自分こそ絶對的眞理を把握してるのだと言うだけの、おおけない確信が無かったからである。また彼は明敏であったから、門弟は蓄音機のレコードより、幾分ましのものであるべきだとする上は、自分でものを考えることを覺える必要がある筈だということを、十分心得ていたが、同時に、門弟達の方は、先生の一言一句を神聖なものと考えてる限り、自分で考えることはできないことであった。孔子は門下生が彼の意見に承服しないでも、怒ったためしは無く、時には門下生の方が正しく、自分が誤っていたと率直に言うこともあった。[三〇]また彼は門下生の方が確かに誤ってると思った時でも、書物、古人、或は教師としての彼自身の權威などを振り翳して、彼らをやっつけようとしたことは曾て無かった。彼は物の道理を説いて彼らを納得させようとはしたが、若し納得しない時にはそのままに放置しておいた。[三一]

これらのことは、何れも彼が呑氣な教師で、門下生に對してほとんど何の期待もかけていなかったという意味ではない。それ所か、彼は明らかに甚大な希望をかけていたのである。[三二]彼が彼らに向って、何の爲に彼らが、彼ら自身を仕立て上げていかなければならないか、その責任は結局彼らにあることを明らかにしたから、彼は、それだけ多く彼らに要望する立場に立ったのである。[三三]また彼が門弟を決して叱らなかったと思うのは、正確を缺いているようで、冉求が富裕な權勢家、季氏に荷擔して、なおも人民から搾取しようとした時、勘當する所までいったことは既に述べた通りである。尤も彼の叱る時は、概して柔らかで、叱られる門下生の自尊心を傷けないように心を配った。[三四]時折素っ氣ない顔して冗談を飛ばしながら、目指す所へ詰め寄ることもあった。「子貢は絶えず人の批評ばかりしていた。孔先生は子貢に向って、『人の批評ばかりしてる所を見ると、君自身は、完全無缺な人間になったに違いない。私には人を批評する暇などない』」と書かれている。(三五)

かように、輕く抑える薫陶の結果は、想像されるように、門弟達を手におえない横着もののままにはさせて置かなかった。彼らはいつも、孔先生に服從していたわけではなく、彼らが社會に出て、責任ある地位に就いてからは、殊にそうであったが、彼に對する忠實と情愛とは全く大《たい》したもので、確かに人類の歴史上多くその比を見ないものである。孔子が常に叱責して、一度は叱っても無駄だと言った位の門弟宰予でさえ、孔子は空前の最大偉人だと言ったことが「孟子」に記されている。(三六)

孔子が入門者を皆(頭がよくて、勉强家でさえあれば)君子にしようとする爲に採った教育課程はどんなものであったか。それは近世のどの教育課程とも違ってると同時に、その頃の青年貴族が通例受ける訓練とも違っていた。主《おも》な差異の一つは弓術と戰車操縦術の無いことであった。戰爭に必要なこれらのことの實習が、上品な技術として學ばれたのは、丁度最近までフェンシングがヨーロッパ貴族一般の身嗜《みだしなみ》とされていたのと同じである。孔子自身、弓術を能くしたし、少なくも數人の門下生は、弓術および戰車操縦術の達人であった。孔子はこれらの手竝の程を貶《けな》しはしなかったけれども、彼の所謂「君子」には不必要だとして、教課には入れなかった。(三七)ここにも、軍事が基礎となってる世襲的貴族政治から、功績、有德、わけても行政上の業績による貴族政治への移行の兆が見られるのである。

なお外にシナの貴族の傳えた術があった。それは孔子の意圖にぴったり適していた爲に、彼はそれを承け繼いで、これに彼獨特の强調を加え、儒家の折紙と稱せられるまでに伸展せしめた。これが「禮」と言われる術である。「禮」

はセレモニアル(儀式)、リチュアル(禮典)またはプロプライェティ(作法の諸規則)等々のことばに英譯されておるが、この譯語では、章句によって、「禮」という漢字の意味を傳え得ないのみでなく、「禮」の本當の意味を全然不明にさえしてしまうことがある。

「禮」という漢字は象形文字で、神靈へのお供《そな》えとして、祭器に貴重なものが置かれてある所を表わしたものである。この文字の最初の意味がお供えであったことは疑い無いらしく、今なお、その意味は殘っている。その意味を簡單にちょっと擴げただけで、お祭りに用いられる禮典をも意味するようになった。

「禮」のその後に發展した形態はやや複雑で、それを理解するには、今日の所謂「宗教的」および「世俗的」の活動範圍が古代シナでは截然別々になっていなかったことをよく呑み込まなければならない。事實兩者は交錯してほとんど解きほごすべからざる程であった。死者、生者間に一線を劃することすら、餘り判然としていなかった。青銅製の祭器は、祖先にお供えを薦める爲に作るのが通例であったが、祭器の銘文によれば、諸靈にお供えする爲と、「友人達にご馳走」する爲と兩樣の目的で作られたものも多數あったことがわかる。[三八] 神に祀る儀式がローマ皇帝在世中に行われたことが想起されるが、[三九] 同じように、シナ古代の記錄中にも、死者に對する祭りと、生存中の君主に對する表敬の式とが、ほとんど同じ文句で記されてるのを見受けるのである。[四〇] 君主が外交使節團を派遣し、その歸國前に死んだ場合には、使節團長は歸國後、その君主の遺骸が公式に横たわる廣間に進んで「遺骸に向って報告した。[四一]」

宗教的慣例は人間生活のほとんどあらゆる面に接觸があった。祭祀を掌るのは專門の祭職でなく、家の首長で、國祭の場合には君主であった。遠征に際しては宗廟(武器がここに貯藏されていたこともあったらしい)と、社稷卽ち「土地と穀類の祭壇」とで、出陣の式が行われ、戰爭終了後、戰勝が報告されるのも、戰勝將軍が恩賞を受けるのも宗廟であった。[四二] 外交交渉も宗廟で行われ、眞に祖先の面前で行うのだとの感を新たにせしめた。[四三] なお、外交上の饗宴もやはりここで行われた。結婚の申入れの如きも、未來の花嫁の父が、その家の廟で卽ち祖先の靈の面前でこれを受けるのであった。[四四]

「禮」ということばは、宗教的儀式を掌る際の慣例や作法を表わすものとなっていたが、それらの儀式の範圍が今述べた通り廣汎な爲に、時には、より廣く用いられて、「禮」が總じて正當な振舞を表わすようになったのは、必ずしも不思議ではない。一應孔子以前の文獻と信じられそうなものには、「禮」という文字はざらに出てこないが、それでもかなり古い書物中に、お祭りの儀式の意味ばかりで無く、この廣い方の意味に使われてる例が三つある。[四五] その頃になって、孔子が初めて「禮」の概念を行爲の軌範としたわけでは無いが、彼がこのことばを使ったり論じたりするにつれて前に言われてたどの意味よりも、行爲の軌範の意味が遙かに長足の進展を見たわけである。

孔子が、「禮」に從う行爲には魔術的效果が伴うものだとしていたという說が、從來から唱えられているけれども、[四六] 孔子の宗教に對する態度如何は難問で、これは次章に讓ることとする。確かに、彼は禮の主要部分である宗教的儀式に關して、何ら疑念を公にしたことは無いが、彼が諸生に教えることに關連して、禮を論ずる時には、非常に健全な、そして常識的な社會心理學の用語で話すのを常とした。彼の頃の社會は、道義的標準が潰滅に瀕していたことを忘れてはならない。一例を擧げれば、陳公とその大臣二人が同時に一人の未亡人と浮氣沙汰をして三人とも、その未亡人の下着を身に着け朝廷で不義についての戯言《ざれごと》をかわし、一大臣がこの淫らな話を公然人前ですることに抗議した爲殺された程であった。[四七]

宗教的儀式を行う際にだけなお、社會的に認められた行儀に關する規制で調整された一種の行爲の方式が儼として見られたのであった。その行爲の方式では、人間の動作がその時々の貪婪や情慾に左右せられないで、ある協同的動作の型に動かされるのである。そこで、孔子は、その型を天下に弘めたいものだと言ったのである。彼は冉雍に向って、すべて人と交際する場合には「大いに尊敬すべき賓客を迎えるかの如くに振舞い」、また幸いにも人民に對する權力の座に卽くことになったならば「大祭に與るかの如く」周到な注意を以て託された任務を果たせと言った。[四八]

「禮」と言えば、禮典を行う形式も含まれるけれども、この形式が、「內部の精神的美質の外部への表われで、人の目に觸れる目印」となって初めて値打があるので、眞に有德で無い人と「禮」とは何の關わりも無いのである。[四九] 孔先生は「心中に敬虔の念の無い人がただ手順を運ぶだけの『禮』の形式は見るに堪えない」と言った。[五〇] 死者を弔うに際しあらゆる儀式を、極めて小心に落度なくやるよりは、心から悲しむことの方が、より大切だと言明した。[五一] 上部《うわべ》だけを取り繕って見せることは、孔子の一番嫌いなことであった。「『禮』、『禮』と人は言うが、『禮』には寶玉や帛布を見せびらかす以外、何の意味も無いのだろうか。」[五二]

それ所か、眞の「禮」は下品な見せびらかしとは相容れないものである。後世の一文には、「最も敬虔な行爲には文飾を容れる餘地がない」とか、「寶玉のすばらしい象徴は彫琢を加えない簡素な面に存する」とかある。[五三] 「禮」は十分過ぎるよりは、控え目勝ちの方がよろしいとの孔子の言もある。[五四] 「禮」の定義を二語で與えねばならないとすれば、恐らく「上品な趣味」とでも言うべきであろう。

上品な趣味とは、勿論どんな狀態に在ってもそれに相應《ふさわ》しいことをすることだが、「禮」も正《まさ》にその通りである。「禮記」には、「『禮』は宜しきに適うものを具體的に表わしたもので、一つの慣例が宜しきに適っているというので、その考査に合格と判定されれば、たとい先王の慣例の中に無いものでも、宜しきに適ってることによって採用して差支えない」とある。(三五)孔子はこの點について自説を非常に明瞭に述べている。「禮」によれば、祭祀に携わる人々は麻絲でできてる比較的高價な冠を被《かぶ》る定めとなっていた。所が孔子は「麻絲の冠は『禮』に定められてあるが、今日では絹のを誰でも被っている。この方が、より經濟的だから、私は一般に行われている慣例に從おう」と言った。これは單に費用だけの問題で、禮典の字句から離れた所で何の不可もないというのが彼の考えであった。しかし、直ぐ次の文章で彼が、定められた通りの慣例に從うことがどこまでも大切だと思っていたのは、どんな場合かを語っている。臣下が、君主に謁する時は、正殿に至る階段を登るのであるが、宮廷の作法として、階段を登る前に拜禮することになっていたのが、實際はこの拜禮を略することになってしまっていた。孔子は「これは僭越な沙汰だから、私は一般の慣例とは反するが、まだ階下にいるうちに必ず拜禮することにする」と言った。(三六)

ここで注意を要するは、これが卑屈な敬意を表わして、機嫌を取ろうとすることでは斷じて無いと言うことである。孔子は、臣下たるものは、君主の地位に對して、その身邊に近づいた時には、十分適當な敬意を示すべきであり、また君主と話す時には、誠心誠意最も深い信念を表明すべきで、その爲に君主の怒りを買うのやむなき場合があっても仕方がないと思っていた。これもまた「禮」であったのである。(三七)

こうなれば、明らかに、「禮」はもはや當否の諸規則という單純な事柄では無くなり、諸規則に拘泥すれば、人をして却って眞の「禮」を冒瀆せしめることにならぬとも限らないのである。しかしまた、その反對に、眞心から喜怒哀樂の情を感ずるのみでも足れりとは言えなかった。「禮」は喜怒哀樂の情の表現を傳えるものではあるが、その表現は社會一般に認められた方法でなければならないのである。このことの必要は明瞭で、今日ある社會では拳を固めて擧げることが好意ある挨拶であるのに、他の社會では敵意の身ぶりである。人間が社會的動物として行動すべき以上、自分の周圍の人々の認めた習俗の俘となる要は無いけれども、その習俗をば用いていかなければならない。從って孔子の所謂「禮」を行うということは、社會の傳統的慣例の知識に加えて、周圍の事情と常識との要求があれば、それにつれて從來の慣例を加減するだけの力をも兼ね備えてることである。

個人に關する「禮」の役目は、社會的に認められた、而も社會的に有益な方向へと行爲を導くことであった。「禮」は文明人と未開人とを區別するもので、未開人は立ち所に感情を動かし、これを抑制しないのである。(五八) 例えば死に對する素朴な反應は、人の死を悲しむと同時に遺骸に反感を持つのである。「禮」は遺骸の處理を圓滑にし、またこうでもしなければ、氣持ちがわるくなる位いやなことを、それ相應の儀式で美化する方法を與えてくれるのである。また「禮」は服喪の慣習を作って悲しみを表わし、而もそうやって悲しみを緩和するという何人にも受け入れられる方法を用いさせることにした。全然服喪しないとしたらば、社會という織物を編んでる家という紐帶を弱めることになるだろうし、また激しい果てしない悲しみに身を委ねたらば、その人自身や周圍の人々の命を損ってしまうことになるだろう。「禮」は社會の要求を主張しつつも、中庸に合致する一つの道を定めたものである。(五九)

「禮」は、實は、行爲についての一種の平衡輪で過不足の無いように氣をつけて、社會一般に寄與する行爲の中道へと導くものである。孔子は、「恭敬でも、『禮』で調節しなければ、無駄骨折りの努力となり、戒愼しても、『禮』で調節しなければ、ただの怯懦となり、勇氣があっても、『禮』で調節しなければ、ただの亂暴となり、直截でも、『禮』で調節しなければ、ただの鐵面皮となる」と言った。(六〇)

人との交際が、社會の存立上、不可缺なことは言をまたないが、これを指導しまた容易ならしめる方法として、「禮」は極めて重要なものである。友人間では儀禮的なのは、場違いと感ずる傾きがあるが、そうかと言って、法外に出鱈目であれば、友情を損うこともまた認めなければならない。孔子は「晏平仲は友情を持續する方法を十分心得ていた。相知ること長きに及んでも常に敬意を失わなかった」と言っている。(六一)ジェームス・エフ・バーンズはアメリカの「禮」についてすばらしい一例を記している。「アメリカの最高裁判所では、判事は、誰でも會議室にはいると、そこにいる判事の誰とも握手して、そこから一團となって公判廷に臨むことになっている。私が初めてその一員となった時には、馬鹿げたことのように思えた。と言うのは、私は握手する前に、判事の誰れ彼れと話をして丁度終ったばかりというようなことも一再では無かったからである。しかし、この慣例は、昔ある長官の定めたもので、それは前日には判事連の議論がいかに白熱したとしても、まず握手し、ことばを交わして、その日の仕事を始めれば、相互の相違點を調和せしめることができるという持論からであったことを知った」とある。(六二)

教育上、「禮」の大切なことは明白である。孔子は低い身分出身の人々に、政治上効果的に役目を果たすだけの素養を身につけさせたいと思ったから、彼らに君子間の行儀のよい交際と宮廷儀典との法式を教えなければならなかったが、これは純然たる外面的水準に於ける「禮」であった。尤も、この洗練された行爲に重きを置けば、動《やや》もすれば、彼らをして行儀は几帳面だが、人としては非力で上品な風流人以外の何者でも無いようなものにしてしまう危險が、決して無いわけではなかった。事實、その弊は後の儒教ではその跡を絶たなかったのである。孔子はその危險に十分氣づいていたから、これを戒めることばは、相當にあからさまであった。彼は、本當の「禮」なるものは、ただの行儀とは全然異り、立派な人格を表現する手段であり、人格を隱蔽したりまたはその代用をするものでないことを明らかにした。彼は「君子の人格の本質は『義』であるが、これを行うのは『禮』によるのだ」と言い、(六三)また別の所では、「人の自然の性質が修養を超える時は粗野となり、逆に修養が自然の性質を超える時は、教育のあるお仕着せを着た従僕となるに過ぎないことになる。天賦の素質と修養とが調和して、相互に補い合う時、初めて君子と言うべきである」と言った。[六四]そうとすれば、「禮」は人格の基本をなす本質では無く、正しい類いの人格を打ち立ててこれを飾る一手段に過ぎないのである。[六五]

孔子は、門弟の子夏がやったらしいように、[六六]「禮」を行うについて、門下生を實地に練習させたかどうかは、論語では判然しないが、孔子が身體を動かして、習慣をつくる方法を講じたかどうかは別として、彼が「禮」を以て情緒(近世西洋の教育では悲しくも無視されてる人間の一面)を規制する手段と考え、また權衡と律動とを確立して、不意打ちを食ってどんな危機に曝されようとも、遺憾とするような振舞には出ないことを保證する方法であると思ってたことは明瞭である。知的教養より上位に置かれた情緒規制という機能は繰返し力說されている。孔先生が言うに、「博く學問をした君子が、『禮』を以てその學識を規制すれば、限界を踏み越えることはまずあるまい[六七]」と。論語には、孔子の旅行中、ある時、孔子の一行が非常な窮境に陷れられて空腹の爲に身體の衰弱したことが載っている。子路は憤激の餘り、孔子に向って「君子がこんな困苦を忍ばねばならないとは、果して何たることか」と言った所、孔子は彼に「困苦に直面しても毅然たり得るものは君子だけだ。尋常の人は、窮迫したとなると、度を失う」と告げた。[六八]

「禮」という概念は、人生には釣合いと相應《ふさわ》しさとを、個人には均衡を與えるものとして、孔子の時代以來いつの世にも、シナ文化では重要なものであった。林語堂は「『禮』はシナの國民生活の目標としてきた原理で、社會の組織および統御の働きをしてきたものである……」と言っている。[六九]シナ人の特性中最も顯著なものを彼らに與えたものは「禮」であったが、西洋風がシナ風にとって代るようになって、「禮」はその姿を消しはじめた。

音樂は孔子が力を入れた今一つの貴族の術で、大多數の儀式に音樂はつきものであった。このことと、音樂は音と音との關係が拍子と諧調との方式から成立ってることと相俟って樂と「禮」とはいつも隨伴することとなった。シナ人は、今日われわれが考えてるように、音樂の教育的價値を單に上品な身嗜のそれに過ぎないとは思っていなかった。このシナ人の態度に比較的似てるのが古風なギリシアのそれで、「音樂の第一の役目は教育の爲にするもので、その教育というのも古代社會の意味で、人格および道義の涵養を含んでいた。」アリストテレスは「音樂には人間を形成する力があるから、青年の教育にはこれを取り入れるべきである」と言い(七一)、またプラトンは「音樂の訓練は、外のいかなる手段よりも強力であるがそれは拍子と諧調とが人の胸奥まで達するからである……」と書いている。(七二)

孔子は音樂に深い關心を持っていた。(七三)論語のある章は、「詩經」中の詩篇の排列をきめることに若干携わったことを示しているが、昔は詩には音樂の伴奏がついていた。(七四)彼は琵琶に似た絃樂器の瑟を鼓し、また歌うことも好きであった。(七五)プラトンと同じく、彼は音樂を個人にとってのみでなく國家にとっても重要なものと考えていたが、それは音樂も種類によりけりで、人格を傷け、從って社會を毒するものもあったが、裨益するたぐいもあると考えていたからである。この二人の哲學者は、理想國では、ある種の音樂は奬勵する必要があるけれども他の種のものは排除の要ありと思っていたのである。(七六)「孟子」には、孔子の門弟子貢が君主の裁定した音樂を聞けば、その君主の德の判定もできると言ったと記されている。(七七)

孔子親ら音樂を教えたかどうかは、判然しないが、彼の弟子の中二人(その中の一人はかの逞しい子路である)が瑟を鼓したことは、全く偶然な關係からではあるが、はっきりわかっている。(七八)門弟全員が瑟を鼓したことも、有り得ないとは必ずしも言い切れない。確かに、彼は門弟達によく音樂の話をしたが、これを深く學ぶには他の教師に就くことを期待していたかも知れない。彼は曾て、「完全な人は、その人格の最終の飾りとして『禮』、樂に精通したものでなければならぬ」と言った。(七九) また他の場合に、彼は「學ぶものの品性は詩の研究に刺戟され、「禮」の研究で自ら立ち、音樂を研究して、初めて完成される」と言っている。(八〇) 明らかに、彼はただ知性だけで無く、情緒や精神の教師として音樂を「禮」に結びつけていたのである。

近代の西洋文化では、音樂を最高の複雑さまで向上させたことは疑い無いのに、比較的音樂のより深い含蓄には、餘り注意が拂われずにきたのは不思議である。音樂が、これを聞く人々の情緒のみでなく思想にまで影響を及ぼすことは、否定すべからざる事實として、古來認められ來たっておるが、この素朴な觀察に基づく說については驚く程遲々たる進步の跡しか見られないようである。音樂には、血壓、心藏の鼓動、呼吸、基本的新陳代謝および內分泌腺に影響する特性のあることが研究の結果明らかにされたが、この類いの研究は着々行われており、(八一) なおまたある狀態の下では音樂の調子が大腦の外層に於ける波動に影響を及ぼすことは的確であると言われるに至った。(八二) 音樂が教育上、道義上重要なものだというシナ流の理論が非常に多數存在することは疑い無いが、科學的調査をした場合、これに合格することは、むつかしそうで、この問題に關する眞の研究というべきものが頗る僅少であることは、むしろ一驚に値いする。然るに正常な人間に及ぼす音樂の影響については今日餘り多くの注意が拂われていないのに、數人の精神病學者の精神病患者の治療に音樂を用いることの研究竝に實驗が既にある期間行われてることを耳にするは興味深いことである。(八三)

孔子が「禮」とか音樂とか言うような身嗜を第一義のものと考えていなかったことは、いかに強調しても強調し過ぎる氣遣いは無い。彼が繰返して門下生に強く打ち込んだ根本的主旨は、一にも誠實、二にも誠實、三にも誠實であった。彼は彼らに告げて「人は誠實でなくて、どうして世に處して行けるか、私にはわからない。丁度馬車に馬をつける輗《くびき》が無いようなものだ」と言った。(八四)門弟子張が、いかに身を持すべきかを問うたに對して、孔子は「何でも、口にすることは、すべて誠實で信賴するに足り、何でも行うことは皆尊敬すべく而も愼重であれば、野蠻國でも十分滿足にやっていける」と答えた。(八五)彼は地位の低いものに啓發されることを求めて恥じない人や、低い地位の人でも、功績を擧げた人ならば自分と同列まで昇進させる位誠實な人を賞讚した。(八六)彼は僞善を蔑んで、卑屈にも、「言葉巧みに、樣子を飾り、また上邊《うわべ》ばかり尊敬すること」は恥じると言った。(八七)嚴めしく、高く構えた態度で、内心の弱さを蔽う人は盜賊に均しいとも言った。(八八)

誠實はそれだけで結構なもので、無くてはならぬものであるが、さりとて誠實だけでは十全とは言えない。人間は完全に誠實であることもあろうが、同樣に誤りをせぬとも限らぬのである。孔子は門弟達に向って、一旦自分が口にしたことは、何事があっても、これを守って、四圍の狀況にはお構いなく、發足した以上終局まで行かなければならないと固い決心の人は、若干の取柄が無いとは言えないけれども、孔子の理想とする行いでは無いと告げた。(八九)彼はまた、君子でもいつ過ちを犯すかも知れない以上、過ちを改める心構えを寸時も忘れてはならないとも言った。(九〇)

それから、孔子はまた、門弟達に向って、單に考えの上や、ことばだけで誠實だとしても、それだけでは不十分だとか、眞の誠實は必ず行爲を伴うものだとか、官途に就いたら、その任務達成の爲に全心身を捧げ盡すべきで、受けることあるべき俸給その他の報酬は全然第二義的なものと考うべきであるとか、(九一)正しいとわかっていても、これをしない人は卑怯というものだとか、(九二)必要とあれば主義の爲には生命を捨てる覺悟を常にしておるべきだとか、(九三)言ったことがある。

右に述べたような行動を促す爲に、孔子の採った一方法は、「士」の理想を門下生の前に掲げたことであった。元來「士」ということばは、單に青年を指したらしかったが、[九四]軍人を意味するようになり、それから、歴史上極めて普通な經過で、貴族を意味するようになった。この意味では「士」はヨーロッパの「ナイト」ということばと全然同じであった。兩方とも貴族の一員ではあるが、最下級に屬し、大概は軍人であった。しかし、この點で、また孔子の「士」ということばに與えた意味は違うのである。千餘年の後、中世ヨーロッパで、キリスト教會が「騎士團の限りない兇暴を抑える仕事」[九五]を企てて種々の手段を講じ、教會の美點や本領を騎士達をして翼贊せしめようと努力して若干の成功を收めたことがあった。幾分これと似ているが、孔子は君子の行動すべきが如く行動しない人は「士」という價値は無く、一面また儒教の諸德を身を以て示す人は誰でも(門地を問わず)最高の意味での「士」であると言明した。

キリスト教會はその騎士傳來の美德卽ち勇氣、忠誠および教會自身の爲にする獻身を利用しようとして、虐げられたもの、寡婦孤兒をどこまでも防衞することを若い貴族達に宣誓させて、彼らの好戰的な精力を十字軍という聖戰の方へ向けた。孔子が「士」を論ずることばの中には、まことの騎士に期待される熱意と獻身とに觸れる所のあることがわかり得るのである。孔子は、「安穩に家居することだけ考えてる『士』は『士』と考えるに値いしない」と言った。[九六]門弟曾參は『士』は心が廣く、膽が大きくなければならない。それは、その負荷が重く、その行程が遠いからだ。全德を完備することを負荷としてとりあげたとすれば、實に重いではないか。行程はただ死に至って終るとすれば、實に遠いではないか」と言った。[九七]

所でキリスト教の騎士は、依然として騎士であったし、また依然として貴族の一員であったのに、孔子の謂う所の「君子」は、通例の場合、全然軍人で無かったことは强調する要がある。また「士」は世襲貴族ですら無かったのがその常であった。孔子は貴族社會の持ってる短所は除いて、長所だけを門弟達に注入し、戰爭のことは彼らに教えないで、彼らの爲に貴族社會の聲望を借りようと努めた。結局この企圖は非常に成功し、その爲に、シナ人の目には、もはや軍人は學者と太刀打ちできないものと映ずるようになった。

孔子は、その門下生が自分達の職業をあらゆる職業中最高のものと感ずるように仕向け、最高の職業の報酬は、彼が門下生に述べた限りでは、心の平安と意氣の軒昂との二つだけであるが、それは他の如何なるものにも勝る價値あることに(事の成否には重きを置かず)努力しつつあるという自信から生まれるのである。

絶えず、孔子は門下生に向って自己修養の大切なことを力説し、責任は彼ら自身にのみかかるべき筈で、彼らが、たとい僅かでも、いくらか進歩すれば、その功績は彼らに歸すべく、また若し目的を達しないで中止すれば、達成す前今一歩でも、その不成功の責は彼らが負わなければならないとした。[九八] 彼はまた、「大軍を率いる將軍ですら攫《さら》われるかも知れないが、ごく卑しい身分の人でもその意を決したらば、それを盜み得る力はどこにも無い」と彼らに告げたが、このことは記憶すべきである。[九九] 恃むべきは自己を措いて他に無いことと、人に賴らぬこととは、彼の好んで語る題目であった。「君子は自らに求め、小人は人から求めようとする。[一〇〇]」「官職に就いていないことを氣にする要は無く、氣にすべきは、自分でその資格をつくることである。」「人に知られないことを氣にする要は無く、氣にすべきは名聲を博するに足るだけの人になることである。[一〇一]」

道義上の缺點は批難して然るべきものではあるが、他人の缺點よりも、まず自分自身の短所を批判すべきである。[一〇二]「自分のことには嚴格で、人のことに寛大ならば、人の怨みを買うことは無い。[一〇三]」孔子は「三人連れで、漫然散歩してる時でも、連れの二人から學ぶ所は必ずあるものだ。彼らのよい所は採って眞似、わるい所は捨て去る」と言った。[一〇四]

「立派な人を見れば、これに倣おうと思い、そうでない人を見れば、内に向って自分を反省する。[105]」門弟達は謙虚なものと期待されていたから、そうでない時には嘲笑された。孔子は門弟達に言った、「孟子反は決して自慢しない人だった。敗軍の時、退却するのに殿《しんが》りをしたが、城門に近づいた時、一鞭《ひとむち》くれて『私は、勇氣があって、あとに殘ったのでは無く、馬が進もうとしなかったのだ』と言った[106]」と。また孔子は曰うのに、「君子はことばの方が實行より先になるのを恥と思うものだ[107]」と。「君子はまず實行して、それから後でそのことを話すものだ[108]」と。

自慢話に限らず、どんな類いの話でも、不當に口數の多いのは、孔子の顰蹙《ひんしゅく》を買った。孔子は、ことばの大いに重要なこと、例えば外交上でのこれが中樞的役目など十分認めていたが[109]、その場合場合できめられた範圍内で、できるだけ簡單に、端的に、且つ事務的に、話すべきものと思っていた。孔子は、「ことばは意味さえ通ずれば、それで澤山だ」と言っている[110]。孔子は多辯は非難すべきものと、思っていて、門下生に向って、何でも聞いたことを直ぐそのまま人に話すのは、得る所が無いと語った[111]。また彼は、「君子のものの言い方は遲くて重い」と言った[112]。前述したように、彼は、何か、雄辯をやや蛇蝎視するに近かった。顏回に對して彼が、國政に當る時に守るべき大原則を述べた中に「口先のうまい人は危險だから遠ざけよ」とある[113]。

こんな風に雄辯を嫌うのは、度外れとも思えようし、或は少しおかしいとさえ思われるかも知れないが、實はこれにはちゃんとした正當な理由が存するのである。孔子は議論の相手を説破するのに、最終權威の主張だと言ったり、またはそれに訴えたりしたことは一度もなく、その代り物事をどこまでも論究して、その理非曲直によって論議しようと努めた。しかし、ひとたび雄辯が振われるか、討論的な言辭が出現するかした瞬間に、眞の推論はできなくなるのである。それは、討論者の目的は眞理を發見することでは無く、討論に勝つことであり、その目的を達しようとして、できる限りしばしば本論から離れようとする。雄辯や討論の狙いは、問題を決定することで無く、人々を動かすことである。こういうわけで、彼らは情緒や偏見に訴えることに重きを置いて、思想の深遠な解説よりは、要領のよい、如才無い、時には諧謔的な言い廻しを用いるのである。これらはすべて孔子の輕蔑した所である。

政治上では、雄辯は頗る危險なものとなり得るので、民主政治では國民を誤り、君主政治では君主を左右する目的で不德漢がこれを利用する。孔子は、口が達者でなければ災難を免れることは非常に困難だと言って、時勢を慨歎した。(二四)

陰謀を廻らすことは既に述べたように當時の定石であった。孔子は「鋭い辯口の人の國を滅ぼし家を覆《くつがえ》すのを惡む」と言った。(二五)陰謀は儒家團にとってもちょっとの間はその甲斐はあるかも知れないが、結局は陰謀である爲に彼らの運動を不信用なものとしてしまうのである。孔子は賢明であったから「小利を求めるのに汲々たる人は、大事を成し遂げ得ない」ことを十分に承知していた。(二六)孔子自らは陰謀を避け(二七)、門弟達には、己れの主張を人に勸說する時は、慇懃誠實を以てすべく、疫病のような佞辯は決して用いないようにと教訓したことは、流石に孔子だけあって天晴れである。孔子のような人がこういう主張をしたことが、恐らくはシナの歷史上、雄辯術がその役目を演ずることの、他の諸國に比べて甚だ少ない理由の一つであると思う。

儒家たるものは、使命を持ってる人間であったから、彼自身並にその一羣の聲價を失墜させないように、その擧止にある威嚴を保つことはその義務であり(二八)、主張に熱心の餘りでも、自重して、爭論などしてはならなかったのである。(二九)また速かに結果を見ようと急いではならず、愼重に考慮の結果、妥當な方途であるとの確信がついてから、初めて行動すべきであった。(三〇)

利己的な動機から行動することは、彼の屑《いさぎよ》しとしない所であった。「君子は腹一杯食べようとしないものだし、住居も居心地よいのを求めないものである。」(一二一)君子の關心は、正義に存して、利得の動機はこれを小人に委した。(一二二)彼には聲名(あるまじき方法で得た時には、特にそうである)さえも、自尊に比すれば物の數では無かった。(一二三)子貢が「同郷の人皆に好かれる人はどうでしょうか」と尋ねたに對し「それだけ聞いただけでは何とも言えない、不十分だ。」「同郷の人皆に好かれない人はどうでしょうか」と尋ねたに對し「それだけでもやはり不十分で、何とも言えない。郷人の中のよい人々に好かれ、わるい人々に好かれない人が一番よいのだ」と答えた。(一二四)その名が徒らに聞こえるだけのことは、かように輕んじたけれども、それでも「君子たるものが、終生何一つ仕出來したこともなく、死ぬと同時に忘れ去られるようにはなりたくないものだ」と言った。(一二五)

孔子が門下生に對して掲げた君子の理想は崇高とも言うべき精神上のある高貴さと約言し得られるようである。彼の生活していた社會が偏狹、强欲、暴力に取り巻かれたようなたぐいのものだったことを今日から想えば、彼および彼の門弟達が、その環境から知的には引き込むことが、いかに必然のことであったかはよく理解できるけれども、それをすることは頗る難事であったに違いない。彼らがその社會に生活し、引續きその社會の仕事に携わりさえもしながら、この難事を實行し、而も引き込むのに哲學上の根據も無く、宗敎上の大きな助力も無いことを考えれば、人間精神の成し得た大きな業績の一たることを認めざるを得ない。

君子は非常に自尊心が强い爲に傲慢などにはなれない筈だと孔子は思っていた。(一二六)君子に仕えることはわけ無いと言うのは、君子は、人々の能力相應のことしか期待しないからである。しかし、君子を喜ばせることはなかなかむつかしい。と言うのは、工夫して悅ばせようとしても、それが最高の原理に叶っていなければ、君子の氣に入ることはできないからである。(一二七)君子は本來協調的で、愛想もよいが、自分の仲間に偏したり、私黨を作ったりなどはしない。(一二八)と言うのは、君子の人格は堅い根據の上に立って、何事が起きても、泰然自若だからである。(一二九)君子は拷問にあってその生命がいつ終るかわからない時でも、少しも恐れる所はない。「孔先生が曰うのに、內心反省して、己れに疚しい所が無ければ思い煩うことがどうしてあろうか。また何の恐れることがあろうか。(一三〇)」

今まで述べたことは、皆頗る說敎らしく聞こえるけれども、孔子は人間はことばだけでその人柄を立證できると思うような過誤は犯さなかった。論語にしばしば出て來るように、彼は模範の及ぼす影響力を何物にも增して大いに重視した。彼は「品性の感化」なるものは、眞實存するものと信じていたから、魯の國のある一人について「かかる人こそ眞に君子と言うべきだが、若し魯に君子がいなかったら、このような品性をどうして得ることができたろうか」と言ってる。(一三一)彼は門弟達に警告して、交友關係は最も愼重にする要があると言った。職人がよい仕事をする爲に、道具を鋭利にするように、人間は立派な上司の下で職に就き、有德の人とのみ友情を深めて品性を涵養しなければならない。(一三二)彼はあらゆる人に對し好感を懷くべきだが、親交は眞に有德な人とのみ結ぶべきものだと言った。(一三三)彼はあるまじき行狀の人がさらに改悛の意思無き場合に、忠信の意味のはきちがえから、その人との友情をなおも續けようとするのはよくないと繰返し訓戒した。(一三四)

孔子その人の模範としての影響力が、彼の敎育上に主要な役割を演じたことは疑い無いが、それが容易に行われたのは、彼の敎え方が形式に拘泥しないたぐいのものだったのと、彼と門弟達との間が親密であったからである。既に述べたように、彼が人に說いたことで、彼が躬行し得なかったと言われる場合は無かったのである。彼が叛亂に荷擔することを懇請されて、子路がこれに反對を唱えた二つの場合に、彼は荷擔する正當の理由も無くはないと感じたにも拘らず、結局荷擔しなかったのは、間然する所無い模範を青年達に提供する責任の彼に存することが、あの決定をなすのに與って力あったことは疑いを容れない。[一三五]

今日まで書物のことが少しも出てこなかったことは、儒家ということばが本の蟲とほとんど同意語に考えられたこともあることと思い合わせて、特に奇異の感を與えるのは、むしろ當然であろう。孔子の死後數世紀間、儒家が餘りにも書物に囚われ過ぎるようになったことは、後に述べることとする。なお後になると、國家試驗が書物一本鎗となり過ぎ、從ってその爲の教育もそうなって遂に西紀一〇五八年に「新法」を實施した王安石は、その頃の教育が主として「古典を章句に分けて、これを講說すること」であった不滿を訴え、これは「古えの方法ではない」と附言した。[一三六]

そういうのは、確かに、孔子の方法では無かった。彼は書物の研究は君子教育の一部、而もほんの一部に過ぎないと考えていた。より根本的なことは、品性の陶冶と親族および廣く同胞と共に、社會的生物として生活していくことの習得であった。[一三七] 書物に書かれてることから、眞の知識が得られるならば、換言すれば、彼の知り得たことを實地に活用し得るならば、書物の內容を學ぶことは、大いに望ましいことであるが、若しそうでなければ、書物をただ暗記するだけのことで、無益であると孔子は明言している。[一三八] 論語のある章には、孔子は四つのことを教えたとある。嚴密に言えばその四つを表わす漢字をどう譯すべきか、若干の問題はあるが、まず、文學、行動、忠誠および信實の意味だと思う。[一三九] 何れにしても書物がただ教授課程の一部に過ぎないと想われていたことは明瞭である。

論語によく出て來る書物は唯一つで「詩經」と呼ばれる詩集であるが、孔子はこれを單に「詩」と呼んでいる。これは周朝の初めから西紀前六〇〇年頃までに編纂された詩集で、作者も異り、種類も違う詩篇が集められている。今日の「詩經」には三百十一篇の詩があるが、孔子は彼の知ってる「詩經」の篇數は、端數を切って、三百篇だと稱している。（一四〇）孔子の頃の「詩經」は、全然とは言えないまでも、大部分は今日のものと同じだと思われる。（一四一）孔子が「詩經」その他の書物の構成または編纂に携わったかどうかの問題は次章に譲るとして、ここでは、彼が諸生を教えるのに「詩經」を用いたことに觸れるのみとする。

彼は、その子に向って、若し「詩」を學ばなければ、壁に面して立ってるようなものだと言った。（一四二）また彼は門弟達の一羣に言ったことがある。「皆《みんな》はなぜ『詩』を勉强しないのか。『詩』は情緒を振るい作《おこ》させるし、眼界を廣くしてくれるし、同情する範圍を擴げ、不正に對する憤慨を緩和せしめるものである。家に居ては父に事《つか》え、外に出ては君に事えるのに『詩』は役立つものである。その上に多數の鳥獸草木の名を知る」（一四三）と。

すべてこれらのことは、正《まさ》にその通りで、また正に首肯し得ることであるが、シナの古代には、詩に今一つずっと單純でない用途があった。詩は寓言的意味を傳える爲に書かれたものと思われていた(少なくも大多數の場合は全然思い違いである)。當時は、これらの詩を外交官が公式の演説をする際、その寓意に關連させて引用したものである。かくして、會同または饗宴の席で二國または數國の代表は微妙な諷刺を含む(か或は含むと思われる)句を引用して自國の立場を擁護しまたは露骨でなく目的とする所へ有利に導こうとしたのである。相手方はその引用された詩句を卽座に、それと覺って、どういう意向かがわかるだけのことはできるものと期待されていたから、できれば先方の議論を反駁する企らみで、もっと適切な句を引用してこれに應えたいのであるが、それのできない場合は、その相手方は打ち負かされたこととなるのである。（一四四）こういうわけで、「詩」に造詣の深いことは官界に身を立てようとする人にとっては、缺くべからざることであった。孔子が、その子に詩の話をして「『詩』を學ばなければ、話の際に用いるものが無い(一四五)」と言ったり、また「詩三百を誦することができても、任務を託されて、成績は擧がらず、外交上の使命を帯びて派遣され、何人にも補助されないで(即ち黒衣《くろご》なしで)應對ができなければ、たとい博識だと言っても、それが何の役に立つと言えようか」と言ったりしてるが、これは恐らく詩のこういう用途に関連して言ったものと思われる。(一四六)

今日でも、幾分昔同様、句を引用することは演説家の常套手段であるが、現在の引用句の用い方については、われわれは少なくも批判的であるように努め、若し餘りにもひどく原作の意向を蹂躪するようなことがあればそれは瑕瑾であると考える。然るに、正統派の詩の解釋は、解釋者が詩の明白な意向を認めるよりは無視する場合の方が遙かに多いようだというのが、シナ竝に西洋の現代の學者の多數が一致する意見である。(一四七)

一例を言えば、鷄鳴と題する一篇の詩は明らかに若い女とその愛人との閨房の會話と思われる。女は鷄が旣に鳴いて夜が明けたことを男に告げるが、男は、「いや鷄の鳴いたのではない、蒼蠅の聲だ。東の明るいのは、夜の明けたのではなく、月が出たのだ。今一度お前と同じ夢を見たらば、どんなに樂しいだろう」と言う。そこで女は男のことばに我慢できなくなって、「私があなたを嫌う言種《いいぐさ》のできないように早くお宅へお歸りなさい」と言うのである。(一四八)こういうものでも正統派の解釋では、女を「貞淑な夫人」として怠け者の夫が早く起きて朝廷の勤務に出仕するよう勸めているのだということになる。(一四九)

孔子から傳わってる材料中には、どこにも、詩に關連して、この種の馬鹿げたことを孔子が犯してる所は無いけれども、彼が詩そのものの意味と全然關連の無い類推の範圍で門弟達と詩を論議したことが二度あるので、(一五〇)顧頡剛の意見は孔子自身でこんな風に詩を用いた爲に、後世の儒家が非常に奇拔な用い方をするようになったので、これには、孔子に重大な責任があるとしている。われわれも恐らくはそれに同意せざるを得ないであろう。(一五一)

既に述べたように、孔子が書物について、何かきまって講義をしたとか、門弟達の研究に系統的な指導を與えたとかいう形跡は何も無い。彼はある題目を研究するように門弟達に話してから、彼らと共にこれを檢討した。「詩」の場合は書物を紹介したが、音樂の研究を唱道した時にも、彼が書物を參考としたかどうかは難問である。古代に音樂に關しても、書物があったと思ってる學者もあれば、これを否定するものもある。何れにせよ、孔子がそういう本を用いた明白な證據は無い。

「禮」についても幾分似通った狀況である。十三經の中に「禮」を論じた書物が三つあるが、どれも今日存在するのと寸分違わぬ形で孔子の時代にもあったかどうかは疑わしく、その中二つが後世の作であることは明らかで(一五二)、殘る一つ卽ち「儀《ぎ》禮《らい》」は少なくも一部分は他の二つよりは幾分古いらしいが、さりとていつと時代をきめることは至難である。傳說的な意見では、これを周公の作として周朝初期とする學者もあるが、孔子が「禮」を諸生に敎えたものからできてると思ってる學者もある(一五三)。

とは言え、「儀禮」の本文に改訂および書入れが若干行われたのは、少なくとも孔子時代より後であることは明瞭と思われる。こういう次第で、今日では「禮」に關するどの本を指して確かに孔子時代にも現在の形で存在したとは言い得ないが、それでもある種の「禮」について書いたもののあった形跡はあるから(一五四)、孔子が門弟達に「禮」を學べと言った時には、何かある文書を讀むと共に、その敎訓を實踐すべしという意味だったと思われるが、さてその書いたものが何であったかは判らないというわけである。

最後に、論語に「書」という名稱で出て來る文書に關することだが、文字の上から言えば「書類」の意味に過ぎないが、「書」と言えば特に公文書保管所に保管されるような公文書を稱するようになった。今日判然と極め難いが、孔子より後であることはほぼ確實な、ある時代にこういう文書が一體に集められた。これが今日「書經」と呼ばれるものである。(一五五) こんなわけで、論語で「書に言う」と書いて引用している時、大抵は「『書經』に曰く」と譯されるけれども、實は孔子のつもりでは、「こう書いてあった一つの文書があったがそれには」ということらしいのである。

「書經」は五經の一つであり、五經なるものは儒教最古の教典の集成である。從って論語に「書」に關する個所の餘りにも少ないのは奇異に感ずる位で、ただ三ヵ所あるのみである。(一五六) なお孔子が門弟達にこれらの文書を研究せよと勸說したことはどこにも見られない。

孔子自身が諸生に教える際、材料の上から書物を用いる餘地は、比較的少なかったと結論せざるを得ない。このことは、儒家を「學者」と飜譯する習わしにさせた後の儒教のやり方とはその對照の最も鋭いものである。孔子以後の儒教の歴史を檢討すれば、書物に重點を置くことの漸次增大したのは、關心が實際的な改革から去って、抽象的な學問にますます沒頭する方向へと變遷した顯著な徵候であることがわかるであろう。

(一) 一世紀前にある有力なフランスのシナ學者が述べたこれらの疑問については、ビオー「シナに於ける學校教育および學者團體の歴史に關する論文」一〇—七二を見よ。

(二) 「孟子」滕文公上三の一〇。

(三) 郭沫若「金文叢考」一六—七を見よ。レッグは周朝の初期に帝國大學《カレッジ》が建設されたと書いてある竹簡書の一部を飜譯しているが、これは、その實、ある青銅の銘文に「弓術修行道場」と稱するものであったようである。それ以後の書物には、他の術もそこで修業できたとあるが、それについての古い證據は一つも無いようである。上記引用文、レッグ譯「書經」の序論一四〇およびレッグ譯「詩經」四五八大雅文王之什、靈臺の「辟廱」の注を見よ。

(四) 爲政一二。

(五) 憲問一三。

(六)　子路一三。

(七)　「禮記」月令第六、一五四。

(八)　マスペロは、こういう思想は孔子から出たもので、孔子は「書經」の洪範から得たのだと言っている。マスペロ「古代シナ」四六三注二を見よ。しかし、この洪範の本文は頻りに所謂五行に觸れ、また神祕的な數の使用で一貫している。この二つのもので扮裝してることからみても、また全體の構成からみても、孔子の時代ほどの古い特徵は見出されず(本書第十二章注一三六を見よ)、確かにそれ以後のものである。なお、アーサ・ウェーレも、孔子には一種の魔術的な思惟があるとしておるけれども、前述した宇宙論的魔術の型は論語の中の孔子の教えには無いことを認めている。ウェーレ「孔子の論語」一八および六四—六を見よ。

(九)　エッチ・ジー・クリール「シニズム——シナ世界觀進化の研究」六五を見よ。この本の大前提は漢代の形而上的學說の起源はずっと古いということであったが、勿論これは全然誤りであった。この書物は二十餘年前の執筆に係り、今日贊意を表する重要な議論は無いと思う。

(一〇)　古代文獻に見られる垂範がかなり顯著であった實例としては「詩經」小雅桑扈之什角弓七五七、大雅文王之什、思齊八三二および下武八五五—六、大雅生民之什、卷阿八九三、大雅蕩之什、抑九一六竝に魯頌駉之什、泮水一〇二九を參照し、右「詩經」各篇のウェーレの英譯各二九七、二六〇、二六五、一八三、三〇〇、二六八にある角弓、思齊、下武、卷阿、抑、泮水とを比較せよ。なお、「書經」多方(一九四—二〇〇)を見よ。爲政一、子路六および衞靈公五のような魔術的な力に關するものと解され得る數章が論語にあることは確かであるが、垂範の力によるものとも解され得るのである。而も孔子の思想を全一のものとして考え、同時に當時の知的風土を思えば、ますます垂範によるものと解すべきように思われる。里仁一、公冶長三、衞靈公一〇を見よ。

(一一)　「詩經」小雅鹿鳴之什、采薇四七五—八〇。ウェーレ譯「詩經」一二三(采薇)。

(一二)　これは「書經」「詩經」および「易經」本來の原典の調査に基づいて言うのだが、中には前後の關係上「君子」の定義を下すに無理な章がある。孔子の使ったと同じ意味で「君子」ということばが用いられてると思う一例は「書經」の秦誓(二四一)にある。これはずっとではないが、孔子以前のものとされて居り、而もそれは尤もらしくある。この意味は「易經」の剝(一三一)および大壯(一八一)にも見られるのである。

(一三) 述而七。
(一四) 「孟子」盡心下三〇。
(一五) 述而八。
(一六) 里仁九。
(一七) 泰伯一二。
(一八) この點については確たる證據は無いが、やや後の墨子や孟子の頃には、慣行であったようで(「墨子」魯問第四十九、二四四—五および「孟子」公孫丑下一〇の三)、當時の經濟狀況からしてもそうであったろうと思われる。
(一九) 子夏はこの點を特に子張一二で述べている。
(二〇) 爲政一〇。里仁七。公冶長一〇。
(二一) 先進二六。なお公冶長二七を見よ。
(二二) 先進二二。
(二三) 學而一五。爲政三。
(二四) 「墨子」魯問第四十九、二四四。
(二五) 子罕二三。
(二六) 述而二三。
(二七) 公冶長五、八。
(二八) 「墨子」貴義第四十七、二二七。
(二九) 「荀子」修身篇第二、一四。
(三〇) 雍也二。陽貨四。
(三一) 陽貨二一。
(三二) 述而八。泰伯一七。子罕一一。憲問八。
(三三) 子罕一九。
(三四) 先進一五。

(三五)　憲問三一。
(三六)　「孟子」公孫丑上二の三六。
(三七)　子罕二。
(三八)　實例は吳大澂「愙齊集古錄」一五の一八および羅振玉「貞松堂集古遺文」四二を見よ。
(三九)　ジェームス・ブライス「神聖ローマ帝國」八版二三。
(四〇)　羅振玉「貞松堂集古遺文」六、一一―二。
(四一)　「儀禮」聘禮第八篇第十八章第四節。
(四二)　郭沫若「兩周金文辭大系考釋」一〇九―一〇。「詩經」大雅文王之什、緜八一八。ウェーレ譯同上二四九。「左傳」桓公二年上三四。莊公二十三年上八三。成公十三年上三六七。
(四三)　「儀禮」聘禮第八篇第十六章第二節。第十九章第一節。
(四四)　「儀禮」士昏禮第一篇第三章第一節。
(四五)　禮という文字は「易經」本來の原典には出て來ないし、容庚がその著「金文編」で解讀した多くの青銅銘文のどれにも擧げられていない。恐らく孔子以前のものと思われる「書經」の各篇では、ただ金縢篇にもっと廣い意味で出て來るだけである(「書經」一三五)。この金縢篇のできた時代については若干の疑問がある(レッグ譯「書經」三六〇)。「詩經」では廣い意味で二度出て來る(鄘風、相鼠一七七、小雅祈父之什、十月之交五九九)。
(四六)　アーサ・ウェーレは禮を狹義にのみとって、次のように述べている。「私は、神が任命した君主の行う祭祀以外の祭祀に、この魔力があると孔子は考えてたとは思わない」と(ウェーレ「孔子の論語」六六)。しかし、魔術的效果という考え全體が、論語に見られる孔子の一般の考えの型とは全く沒交涉である。成程、顏淵一は、往々一人(恐らくは君主だろう)がたった一日仁(德)を行えば、世人はすべて仁になるという意味に解されることはある。若しそれがあの章の意味だとすれば、それこそ魔術という外ないが、この章が眞正なものならば、そういう意味にはなり得ないわけである。子路一一および一二では善良な君主でも世の惡を匡正するには、一つの場合は一世紀、今一つの場合は一世代入用であるのと比較せよ。
(四七)　「左傳」宣公九年上二八一―二。
(四八)　顏淵二。

(四九)　八佾三。
(五〇)　八佾二六。
(五一)　八佾四。
(五二)　陽貨一一。
(五三)　「禮記」禮器第十、二三〇。
(五四)　八佾四。
(五五)　「禮記」禮運第九、二三一。
(五六)　子罕三。
(五七)　憲問二三および「孟子」公孫丑下二の四を見よ。
(五八)　「禮記」檀弓下第四、九一。
(五九)　それは比較的の話で、今日から見れば、孔子が三年の喪をきめたのは長過ぎること、言をまたない。「禮記」檀弓上第三、五三―四、檀弓下第四、九〇―三。
(六〇)　泰伯二。
(六一)　公冶長一七。
(六二)　ジェームス・エフ・バーンズ「率直に語る」一三八。
(六三)　衞靈公一八。なお八佾八の三を見よ。
(六四)　雍也一八。
(六五)　泰伯八。憲問一三。季氏一三。
(六六)　子張一二。
(六七)　雍也二七。なお子罕一一を見よ。
(六八)　この章、即ち衞靈公一の一は遽かに信じ難いが(「洙泗考信錄」巻三、二八―九を見よ)、ここに引用された部分の要點は里仁二および泰伯一〇にも表明されている。
(六九)　林語堂「禮――社會統制のシナの原理と組織」(「シナ社會學および政治學評論」第二巻第一號一〇七)。

(七〇) ポール・ヘレン・ラング「西洋文明に於ける音樂」一三。
(七一) アリストテレス「政治學」一三四〇。
(七二) プラトン「共和國」一〇四一。なおプラトン「法律」六七二を見よ。
(七三) 八佾二三、二五。述而一三。泰伯一五。陽貨一一。
(七四) 子罕一五。
(七五) 述而三二。陽貨二〇。
(七六) プラトン「共和國」三九八―四〇〇、四二四。プラトン「法律」七〇〇―一、八〇二。衛靈公一一。
(七七) 「孟子」公孫丑上二の二七。
(七八) 先進一五の一、二六の七。
(七九) 憲問一三の一。
(八〇) 泰伯八。
(八一) イラ・エム・アルトシューラー「精神病患者の社會復歸に於ける音樂の役割」七九―八〇。
(八二) イラ・エム・アルトシューラー「精神病患者の社會復歸に於ける音樂の役割」七七。
(八三) ロバート・ジェー・ラ・マスタ「病院に於ける精神病患者の治療具としての音樂治療」を見よ。
(八四) 爲政二二。この章の文飾を簡にしてやや短縮した。
(八五) 衛靈公六。
(八六) 公冶長一五。憲問一九。衛靈公一四。
(八七) 公冶長二六。
(八八) 陽貨一二。
(八九) 子路二〇の三。
(九〇) 學而八の四。子罕二四。子張二一。
(九一) 雍也二二。顔淵二一の三。衛靈公三八。
(九二) 爲政二四。

(九三) 憲問一三。衞靈公九。

(九四) 例えば「易經」(大過一五五、歸妹二七五)に使われてるのは、この意味だけのようである。この漢字の沿革に關する各種の材料はあるが、ここでそれを詳述するのは、餘りにも本論と隔絕しすぎると思う。

(九五) エフ・ジェー・シー・ハーンショウ「ヨーロッパの騎士道」(「社會科學百科事典」第三卷四三七)。

(九六) 憲問三。これは、アーサ・ウェーレの譯に基づく。

(九七) 泰伯七。

(九八) 子罕一九。

(九九) 子罕二六。

(一〇〇) 衞靈公二一。

(一〇一) 里仁一四。

(一〇二) 顏淵二一の三。

(一〇三) 衞靈公一五。

(一〇四) 述而二一。

(一〇五) 里仁一七。

(一〇六) 雍也一五。「左傳」哀公十一年下四九六—七を比較せよ。

(一〇七) 憲問二九。「論語注疏」一四、「校勘記」七を比較せよ。

(一〇八) 爲政一三。

(一〇九) 憲問九。

(一一〇) 衞靈公四一。「儀禮」(聘禮第八篇第十八章第二節)を見よ。ウェーレは「辭」の意味を「口實、傳言、本務に從い得ざる申譯」等に限定しようとしている(ウェーレ「孔子の論語」二〇一注二)が、「辭」の意味については「書經」(秦誓)二四〇—一、泰伯四および「孟子」公孫丑上二の一八、竝に萬章上四の二を見よ。

(一一一) 陽貨一四。

(一一二) 里仁二四。

（一一三）衞靈公一一。
（一一四）雍也一六。
（一一五）陽貨一八。
（一一六）子路一七。
（一一七）憲問三八。
（一一八）學而八。
（一一九）八佾七。衞靈公二二。
（一二〇）爲政一八。子路一七。
（一二一）學而一四。
（一二二）里仁一六。
（一二三）顏淵二〇。衞靈公一九。
（一二四）子路二四。
（一二五）衞靈公二〇。
（一二六）泰伯一一。子路二六。
（一二七）子路二五。
（一二八）爲政一四。子路二三。
（一二九）里仁五の三。述而三七。泰伯六。
（一三〇）顏淵四。憲問三〇。
（一三一）公冶長三。なお里仁一、二五および子罕一四を見よ。
（一三二）學而一四。衞靈公一〇。
（一三三）學而六。
（一三四）學而八。子罕二四。顏淵二三。
（一三五）陽貨五、七。

（一三六） エッチ・アール・ウィリアムスン「王安石」巻一、六一。
（一三七） 學而六、七。
（一三八） 子路五。
（一三九） 述而二四。
（一四〇） 爲政二。子路五。
（一四一） 八佾八の一と「詩經」衛風碩人（一九二―三）とを比較せよ。
（一四二） 陽貨一〇。
（一四三） 陽貨九。泰伯八。
（一四四） ウェーレ譯「詩經」附錄一、比喩的解釋（三三五―七）に於ける、これを實行するについての論議を見よ。
（一四五） 季氏一三の二。戴望「戴氏注論語」十六、四を見よ。
（一四六） 子路五。
（一四七） 錢玄同「詩經の眞相を論ずる書」（「古史辨」第一冊四六―七）。顧頡剛「詩經の春秋戰國間に於ける地位」（「古史辨」第三冊三〇九―六七）。ウェーレ譯「詩經」附錄一、比喩的解釋（三三五―七）。
（一四八） ウェーレ譯「詩經」（三七）齊風鷄鳴。
（一四九） 「詩經」齊風鷄鳴二七六―八〇。
（一五〇） 學而一五。八佾八。
（一五一） 顧頡剛「詩經の春秋戰國間に於ける地位」（「古史辨」第三冊三四七）。
（一五二） 「禮記」は前漢時代に戴聖が編纂したものであるが、資料の年代は區々で一番古いものがいつ頃か、論議は一定を見てない。その文體および內容からみて、孔子の時代からは隨分後のものの存することは確かである。
「周禮」は整然たる中央集權政治の理想的制度で西周時代の初期に存在したかと想像せられてたものを書いたのであるが、それは周圍の情勢上有り得べからざることで、確かに古代のものである書物および靑銅の銘文はすべてこれを反駁する證據となっている。マスペロは、西紀前四世紀頃からのものではあるが漢代に編纂插入されたものもあると考えている（アンリ・マスペロ「古代シナ」第十二章）。胡適は漢代にできたものとしている。胡適「王莽、千九百年前の社會主義者皇帝」（王立アジア協會北シナ支部誌第五十九卷二三二)。

(一五三)　張心澂「僞書通考」卷一、二六九—八〇。

(一五四)　「左傳」襄公十二年上四五九。哀公三年下四七一—二。

(一五五)　勿論、ここでは今文だけのことを言っておるのだが、その今文にも僞文は相當ある(クリール「シナ古代文化の研究」五五—九三、九七注一および二)。「墨子」の本文に「尙書」ということばがあるからといって墨子の頃に、一體として「尙書」があった證明にはならない。「尙」という文字は數個の靑銅器の銘文では保存する意味に用いられている(容庚「金文編」二、二—三)。こういうわけで、「尙書」もはじめは記錄の意味以外の何ものでなかったと言えなくはないようだ。その上、孫詒讓は「尙書」ということばは「墨子」の本文では無意味で、本文を改訂して削除したと言ってるが誠に當を得た説である(孫詒讓「墨子閒詁」卷八明鬼下第三十一。國學基本叢書本一五五)。

(一五六)　爲政二一。述而一七。憲問四三。ここで先進二五を揭げなかったのは、あの章は書物一般のことを言ってるに過ぎないらしいからである。

第八章　學　者

「孔先生が言うのに、學んで未知のことを知り、そして折《おり》さえあれば、これを繰返し實習すること、――これは心中禁じ難い滿悦でなかろうか。(一)」この有名な論語開卷第一のことばによって、われわれは直ちに孔子が學者であったことと、彼に在っては學問の目的が實踐に存したこととを知るのである。

孔子は物事を知ろうとする念が強く、重要だと思ったことは、あらゆる種類の質問を試み、その爲、彼は物事を知らないとの評判の立つことなどは毫も意に介さなかった。(二)彼は最も科學的な標準が要求する程に愼重であったとは必《ひつ》し難いかも知れないが、見聞したことに對しては、批判的態度で臨むべきであるという強い主張を持っていた。彼は一人の門弟に、見聞を廣くするのはよいが、「疑問のあるものは速斷するな(三)」と助言した。彼は、また昔の寫字生は本文の文字が確められない時には、そこを空白にしておいたのに、今は、その空白を想像で埋めるようになったことを遺憾としていた。(四)「智慧を好んでも學を好まない時は、淺薄な綜合となる」ということばは、後に附加された論語の部分の一節で孔子の言とされているが、その章の本旨を道破したものといえよう。(五)

孔子は「十五歳の時から彼の志は學問におかれた」と言い、(六)凡そ大抵のことに、非常に謙遜であったに拘らず、「學問好き」の點では人後に落ちないと言い得る旨を公言している。(七)他人《ひと》の見る目もこの自己評價と合致していた。彼はその時代でも、後になっても、稀に見る好學の人とされていた。孔子に關する傳說の進展に連れて、彼の死後かなり經《た》ってから著わされた書物では、彼は實に超自然的に聰明とされ、またあらゆる種類の古來からの不可思議な特殊の事柄に通曉する人として描かれるようになった。かようなわけで、何か變ったものが發見されると、他國からもその説明を依賴されて、それを果したと言われている。(八) これは物語であるが、物語は時には實在のことを歪めて換骨奪胎することもある。これらの話からも判るように、孔子は當時隨一の學者だったと言って不可ないようである。

しかし、既に述べたように、孔子が門弟達に教える際は、主に書物によらなかったと同じく、孔子が學問と言う時には、ただ本を讀むことだけの意味で無かったことも事實で、(九) 品性陶冶も學問の中にはいっていた。そうは言っても、彼が書物を學んだことは少しの疑いも無く、その證據として論語を提出し得るだけで無く、いつも孔子を惡しざまに言う墨子も、孔子が「詩經」および「書經」についての該博な知識と、「禮」樂についての明確な理解を持っていた(一〇)ことは、澁々ながら同意を表している。

孔子が書物を學んだことは何人も異議を挾まないが、彼が書物を著述または編纂したかの問題はシナ學界に兩説存し、甲論乙駁今なお論争が絶えないのである。

孔子は著述家として多作であったという説の最も極端な主張者は、恐らく西紀一九二七年に物故した有名な政論家で同時に革命家であった康有爲である。西紀一八九七年に、彼は「孔子改制考」と題する一書を著わし、その中で孔子は、シナ文化の徹底的改革を徐々に成し遂げたと斷言し、その諸〻の改革を口當りよくする爲に、孔子はすべて古えのしきたりの復活であると觸れこんだのであると言明した。康はこれは事實では無いが、子供を愛する母親にとっては、子達をおとなしくさせる爲に、おばけの話をするのが正しいと同じように正しいことだと言った。(一一) 孔子は(康の説によれば)自分の話を信じさせる爲に、初期の古典はすべてこれを書いたもので、換言すれば、孔子以前から貯えら

れて來たシナの文獻はいつの時代のものもすべて編著されたと言うのである。[三]

この主張を支持する爲に、康有爲は漢代(人々を納得させるには時代が後過ぎる)の證據を多く擧げるばかりでなく、古代の書物の章句によって論點を立證しようとしたけれども、論據は如何にも薄弱であった。彼の第一の「證明」は大體典型的で、「墨子」に儒家が「詩經」を暗誦したとあるのを引いて、孔子が「詩經」を編纂したことを、最も明白ならしめるものだと言うのである。[三]こんな證據で、どうしてかくも激しく、彼がこの說を唱えたかは、誰にも不可解であるが、彼の經歷を一瞥すれば、やや明らかになる。康有爲は、十九世紀末葉に、シナは西洋の技術を多く採り入れる要があり、それをしなければただ衰滅あるのみと、深く覺る所あったシナ學者の一小羣に屬していた人で、彼らが近代化を目指して企圖したことが、保守主義の爲に挫折せられ、その保守主義が彼を西紀一八九八年に生命を全うする爲、日本に亡命するのやむなきに至らしめたのである。康に對しかような抵抗をしたその中核は儒敎の正統派であったのである。從って孔子その人も曾ては過去と緣を切った人であるという觀念を普及させようとして、康が西紀一八九七年に企てたことは(全く誠意に出たことは疑いないが)拔け目のない處置であった。彼は前例に背く前例を打ち建てようとしていたのである。

この近世の出來事はわれわれの今研究してることの埒外に見えるかも知れないが、孔子およびその著述がまたしても政治や政策の玩具となって、その結果眞實を害することとなるやり方の完全な一例である。そしてこの一事によって明らかにされたことは、孔子が書いたもの、書かなかったものを定める爲には、學者および政治家の議論すべてについて、古代の材料まで溯らなければならないということである。

この問題全體に關わる章は論語にはただ一つだけである。前後の事情はむしろ漠然としてるが、孔子が自分を指して、「前人のものを傳えるだけで、自分で創造しない人間である。古人を信じ且つ好むものだ」と言っておる(一四)。孔子は、彼に何か著述のあることをこの一章で否定してるのだと一般に解されているけれども、このことばが、如何なる状況の下で、如何なる時に言われたかが判らないから、實際はその證明にはならない。

「史記」には、「詩經」は以前は三千篇で構成されていたのを、孔子が最善のものを撰んで三百五篇としたのだとあるが(一五)、孔子に關しては「史記」は必ずしも信賴し難いから、この記述も用心してみる要がある。古代の文獻に引用されてる詩で「詩經」以外の詩はほとんど無いからといって、孔子が「詩經」を縮小したことに疑問を抱く學者は昔も今もある(一六)。孔子自身は、でき上った一つの詩集として「詩三百」と二度も言っているが(一七)、數をきめたとすれば、多少勝手だと思われる。その上に、彼は今日の「詩經」には無い詩を一篇引用してるし(一八)、また二度も現に「詩經」の中にある一連の詩全部を批難している(一九)(一度は淫らなものだといって)。彼がこの書を編纂したとすれば、こういうことは腑に落ちない話である。

然るに、孔子は衛から魯に歸ったあとで、ある種類の詩はその所を得たと言っており、(二〇)これは何か詩篇の排列替えのようなことをやった意味かも知れないが、恐らく「詩經」に對して彼のやったことは、精々それだけだったと思われる。

「書經」についても「詩經」同様に孔子が編纂したとか、さては最初三千二百四十篇もあった一羣の文書中から今の「書經」の諸篇を撰んだとか、序文を孔子が書いたとかいろいろの話が後世の種々の書物に現われているが(二一)、これらを調査するのは時間の空費である。既に述べたように、孔子の頃には、この種の公文書が一定の固まった文集になるように蒐集されてなく、また若し孔子がまとまった一羣の公文書を編纂したとすれば、一世紀後に、孟子が『書』

を盡く信用するならば、全然『書』のない方がよい」というようなことは言わなかったろうと思われる。[二二]

その上、孔子は「春秋」も編纂したと言われてるが、不幸にもこの主張はそう簡單に却下するわけにはいかない。「春秋」は魯の國に保存されてた、粉飾を加えられてない簡潔な年代記で、西紀前七二二年から四七九年までの出來事を記載したものである。これには政治上の出來事、公式の結婚、要人の死および戰爭についての無味乾燥な骨組だけが書いてあり、時には、「この春は氷が無かった」[二三]とか、「鸜鵒《くよく》という鳥が來て巣を營んだ」[二四]とか、「六羽の鶪《げき》という水鳥が飛んで退き宋の都を通った」[二五]とかいうような何か意味ありげな事柄を記している。何か出來事が起きるか、傳わって來るかするままに、宮廷の記錄官が何の連絡も無く書き留めて置いただけの年代記と思われるから、[二六]かの孟子の文章が無かったら、これを年代記以外のものと考える人は無かったと思う。

「孟子」に、孔子が「春秋」と稱する書物を書いた、また、その完成後には「亂臣賊子」が肝を冷やしたという意味の文章がある。[二七]所が今日われわれの知る「春秋」には、そんな效果を擧げさせようとする狙いらしい所は毫も見られないのである。これらの事實を綜合して、後の儒家は、「春秋」に「隱れた意味」があるに違いないと、決めこんで、非常に多數の學者が全歷史の暗號を解こうとして、恐らくは最も大がかりと思われる企てに晝夜を分たぬ努力を重ねる結果となった。努力の成果として、例えば人の死を記錄するに使う表現の仕方が人によっていろいろに少しずつ異るのは、「褒貶」の意を表わす爲の方法だということが判った。そうかといって、この原則が「春秋」全體を通じて適用され得るというわけでもなかった。同じ一人の注釋家で、同じ一つのことばを、ある所では批難のことばとし、他の所では賞讚のことばと解している。[二八]こういう研究を詳細に亙って試みたレッグは「全篇謎の集積で、その謎の解き方は解き手の數だけある」と書いている。[二九]若し暗號があるとするならば、これだけ努力を集中して解けない筈はないから、結局「春秋」はただの年代記に過ぎないことは明らかと思われる。

そうとしたらば、孟子の言明はどういうことになるか。孟子の言に従えば、孔子の書いたという「春秋」は今日われわれが「春秋」と稱するものとは別個のものだと答えることになるようである。シナの上代には「春秋」と稱する本はいろいろあったし、孟子の記述では、今日の「春秋」と合致しない點は一二にとどまらない。[三〇]そもそも、問題は、孔子が「春秋」と稱する本を書いたかどうかである。「孟子」には、孔子は「春秋」を書いた爲に、それによって主として彼の名譽を主張し得ると思っていたと書かれている。[三一]若しそうだとすれば、「春秋」にせよ、他の書物にせよ、とにかく、孔子が本を書いたことを示すことばが一言も論語にみえないのは、非常におかしな話である。孟子の頃には既に孔子に關する物語の數は莫大に増加してたから、一例を言えば、孟子が孔子の帝王とならなかった理由を説明する必要を感じた程であったということを看過してはならない。[三二]

孔子はまた「禮」の源泉と考えられており、現存する「禮」に關する最古の書物「禮記」はその一部分も書かなかったとしてもこれを鼓吹した功は彼に歸すべきだとなっている。[三三]これは疑わしいとしても、孔子は「禮」に關心を持つことの促進に大いに力を致したから、その結果少なくも間接には「禮」に關する著述を奬勵することになったことは明白である。論語は、孔子が「禮」に關心を持っていたことを立證するだけで無く、「禮」の歴史的研究をしたことを示している。實際、彼は遠き將來に亙って、「禮」が如何に變遷していくかを豫言し得ると思ってた程であったようである。[三四]しかし、「史記」に、孔子が「禮」を「篇次」[三五]したとあるが、この「篇次」の意味を、「禮」に關する書物を著述または編纂したと解するならば、この「史記」の記述を正しいとする古い材料は何も無いのである。

今述べたことは音樂についても同樣である。右の「史記」の記述は音樂のことにも及んでいる。孔子は音樂に興味を持っていたし、またこれを學びもしたが、これについての著述の跡は窺われない。（三六）古代シナの音樂に關する特殊の書物の有無さえ明らかでないことは前述の通りである。

こういう關係で考察すべき書物の最後は「易經」である。その實、これは易者の必携便覽で、その使用法を知る人が、それを使って將來の出來事を豫言するものと言われている。「易經」は全然異る二部、卽ち原典と一連の附屬書から成立っている。原典の年代を孔子以前とすることは學者のほぼ一致する所であるが、一連の附屬書は傳統の力の頑強な爲に孔子の著作となってしまった。今日なお、少數の批判學者の見識あるものが、これら附屬書の全部または一部は孔子の著述または編纂にかかると思っており、彼の哲學を論ずるに際してはこの附屬書の解析を根據としている。

とは言え、今や、見識ある學者の大多數は、孔子と「易經」とは何の關わりも無いと思ってると言っても恐らく誤りで無く、これを證するものは多數に存するのである。是より先、卜筮はシナでは少なくも一千年間、恐らくはそれ以上長く行われ、（三七）孔子の頃には、廣く一般に用いられていたけれども、孔子が卜筮をやった形跡は、古い材料には皆無である。いかにも、孔子および初期儒家が卜筮には眉を顰めたと思う十分の謂れがある。

しかし、後世「易經」は一部の儒敎の學者に採り上げられて、熱心に研究された結果、遂に五經の首位に列せられた。かの易の附屬書を作ったのも、またこれを孔子の著述だとしたのも、これら後世の儒家の仕業《しわざ》であった。孔子が一度も卜筮をしたことは無かったばかりでなく、曾て「易經」なることばを口にしたことも無かったことが妨げとなって、その爲述而一六は孔子が易經の研究に若干贊意を表した如く見えるように、後日插入されたもののようである。後世の儒家を論ずる際に、ここに至った事情をやや詳細に調査し、またその證據をも十分に提供するが（本書第十二章るであろう。

二九一―七參照）、その證據によってどの部分も、孔子の著述または編纂にかかるもので無いことが十二分に明瞭とな

これで、孔子の筆に成ると思われていた各種の書物の調査は完結し、その結果われらに殘された結論は、彼が苟くも何かを著作または編纂したという證據で信を置かざるを得ないようなものは一つも無いということである。これは何ら奇拔な判決ではなく、近時同じ結論に到達した學者は多きを加えてきておる。(三八)

孔子には著書が無かったとしても、讀書はしたし、また教授上にも書物を用いたのである。孔子の思惟に關して、書物がどんな役目を果たしたかを調べることは敢て失當ではないと思う。この解答を見出すに資する爲に、論語に示されてる所によって、孔子が諸書から引用したその引用の仕方がどんなかを調べてみよう。

論語では詩の引用が、遙かにどの書物よりも多い。孔子は自分で七回も詩を引用または援用している。その中三つの場合は原句に何ら背反しない意味で引用し、素直に當て嵌めているが、(三九)あとの四つの場合は決して原文に忠實でなく、皆原句の意味を勝手に解釋したり、無理にこじつけたり或は全然變更したりしている。(四〇)一番顯著な例は「思想に邪惡無からしめよ」の意味で引用されてる一句である。(四一)そういう思想を表わす、そういうことばは、そこで何ら差支えは無いのだが、ウェーレの言う所によれば、「思想」と譯されてる漢字「思」は、ここでは單なる感嘆詞「おお」なのである。この詩は馬の飼育に關するもので、この句の意味は、「おお、間違いの起こらぬように」である。(四二)

「書經」を構成することになった類の文書は二度論語に引用されてるのみで、その中一回だけが孔子の引用である。孔子はこういう書物からは相當程度その思想を承け繼いだと言われるのにしては、二度という回數は奇異の感がある。(四三)おまけに、彼が「書にいう」とちゃんと言ってる場合でも、彼は自分の意圖に合うよう引用文を勝手に曲げているら

しくある。(四四)

現存する「禮」に關する諸篇が實際どの程度に孔子に知られていたか判然しないことは既に觸れた通りである。それらの諸篇から孔子が論語に引用してるかどうかは到底判らないが、彼が「禮に曰く」と言ったことは一度も無いのである。論語と全然同一か、または酷似する短文が「儀禮」に一章、(四五)「禮記」に四章散在しているが、ある場合には「禮」に關する書物が、論語(か、またはそれの基礎となった孔子の傳說)を引用してる方が、その逆の場合よりは確かに多く、總體としては全くそうだろうと思われる。

孔子は「易經」に出てる八字から成る一節を引用してるがその引用文中、八字の一節を區別する爲に圈點を附した。「孔先生が言うのに、南方の人の間に、『恆心の無い人はよい巫子にも醫者にもなれない』という諺があるがその通りだ。『德行が變り易いと恥辱を受け勝ちだ。占ってみるだけのものもない(四六)』」と。この一章(論語中で易占に關する唯一の章)で孔子がご託宣に多く信を置かなかったことが判るのは注意に値いする所である。

孔子は、諸書から直接論語に引用した文章の量が示すよりは、遙かに廣きに亙って書物を讀んでたことは疑いない。しかし、彼は讀書によって得たものを、彼獨自の筋の通った思想體系に同化してしまったように思われ、その言說が、主として引用文を綴り合わしてできてるような種類の學者では無かった。彼はまた、討論に際しては、自說を有利にする爲に既に著わされてる權威には終始決して便《たよ》らなかった。孔子は討論に際してはその說がある書物に出てるかどうかよりは、筋が通ってるかどうかに遙かに多大の關心を拂っていた。彼の獨創は卓越を極め、しばしば原著の意味を顧慮せず、引用句を用いた程であった。

孔子は本來學者では無かったと同樣、彼はまた教師になろうと初めから思ったのでも無かった。彼は自分の周圍の社會が悲慘に滿ちてるのを見て、これに代えるに幸福を以てしたいと願った人で、この目的に向って仕事をするのに、彼の用いた道具は少なくなかったが、書籍もまたその一つであった。しかし、彼の關心は知識そのものの爲の知識では無かった。門弟の一人が農業について教えを乞うた時に、彼はそういう勉強は君子のすまじきことだと言った。(四七) 彼は自分の住む社會の一日も捨て置かれない惡弊が、道德と政治との關連する分野に集中するものと思って、人を教えることも、自ら研究することも、共にこの問題の方へと焦點を合わせていった。彼は如何に博學でも、何らか實用に資することができなければ、(四八) それ自身何もわるいことだからと言うのではないが、社會の現狀としてはそんな贅澤をしてる餘裕は無いから、實に慨歎に堪えないと明言した。

(一) 學而一の一。黃式三は、この章の「說《ユエ》」には徹底的に了解したことから生ずる喜びの意味がある。同じこの漢字がシュオと發音される時の意味と、これと關連があると言ってる(黃式三「論語後案」巻一、一を見よ)。

(二) 學而一〇。八佾一五。

(三) 爲政一八。この殆《タイ》は「辛うじてあり得る」意味とされてるが、この方がこの章にはぴったりする。同じ使い方が「書經」顧命(二一四)および「孟子」梁惠王上七の一七にある。普通、「危險なもの」と訓むが、それでは、爲政二四、憲問一三の三および衞靈公九と正面衝突する。

(四) 衞靈公二六。

(五) 陽貨八の三。

(六) 爲政四。

(七) 公冶長二九。

(八) 「國語」巻五魯語下一六四、一七三—五。

(九) 學而七。陽貨四。子張二二。

(一〇) 「墨子」公孟第四十八、二三〇—一。

(一一) 康有爲「孔子改制考」卷十一、一。

(一二) 康有爲「孔子改制考」卷十一。こういうのは、孔子が、今日流布してる古典を全部書いたという意味ではない。康はその大部分は劉歆の僞作だと思っていた。

(一三) 康有爲「孔子改制考」卷十、二―三。

(一四) 述而一。

(一五) 「史記」孔子世家第十七(二)四八〇。今日の「詩經」は三百五篇ある上に、名のみ存して實は佚失してるものが六篇ある。

(一六) 崔述「洙泗考信錄」卷三、三四―六。

(一七) 爲政二。子路五。

(一八) 子罕三一。

(一九) 衞靈公一一の六。陽貨一八。

(二〇) 子罕一五。

(二一) 「史記」孔子世家第十七(二)四五一。シャヴァンヌ譯「史記」第五卷三九〇注四。「史記」孔子世家第十七(二)四七八―九。崔述「洙泗考信錄」卷三、三六―八。

(二二) 「孟子」盡心下三の一。

(二三) 「左傳」襄公二十八年下九七。

(二四) 「左傳」昭公二十五年下三五一。

(二五) 「左傳」僖公十六年上一四三。

(二六) ジョージ・ケネディは最近の研究の結果、孔子が「春秋」を編んだという正統派理論を奉ずるに至った。彼は各國別に材料の分量を比較する一圖を作成して「外のことが同じならば、孔子が遍歴した道筋に當る國々は他に比して、よりよく敍述されている」という結論に達した(ケネディ「春秋の解釋」四八)。しかし、彼の集めたこの貴重な材料は、別の解釋をも許すわけで、彼の地圖と圖表とは魯國の政治上の關係を示すものと解すれば、その方が一層意味あるものになりそうである。その書四五所載の表には西紀前五八〇年以前の呉王の死は一人も記されていないのに、その後は一人殘らず載っておる如きその一例である。魯をはじめ、北方諸國が呉と交渉を持ちはじめたのは、正しく西紀五八四年である(「左傳」成公七年上三四八）。ケネディは「春秋」には祕敎的な理論の無いことを主として立論したようであるが、それは問題の無いことで、彼はそれについての證據を印象的に整理したのである。

（二七）「孟子」滕文公下九の一一。なお滕文公下九の八、離婁下二一の三を見よ。

（二八）ケネディの證する通りである。ケネディ「春秋の解釋」を見よ。

（二九）レッグ「左傳」序論（その本質と價値）五—六。

（三〇）「孟子」離婁下二一の二では「魯の春秋」と言いながら、直ぐ次の節で「齊の桓公、晉の文公」のことを記すと言ってる。われわれの謂う「春秋」は魯の記錄である上に、たまたまこれらの人々のことをも附記したに過ぎないのである。孟子の言ってる「春秋」は、「天子のこと」を記錄するものだと言ってることにも同じく異議があるわけである（「孟子」滕文公下九の八）。孟子の謂う「春秋」は果して今日の「春秋」かどうかと疑う學者も少なくないのである。顧頡剛「孔子六經を刪述する說および戰國著作の僞書を論ずる書」（「古史辨」第一冊四二）とレッグ「左傳」序論四注を見よ。

（三一）「孟子」滕文公下九の八。

（三二）「孟子」萬章上六の三。

（三三）「禮記」雜記下第二十一、四一九—二〇。ここに引用された文は「儀禮」の一節である。

（三四）爲政二三。八佾九。

（三五）「史記」孔子世家第十七(二)四七八。

（三六）子罕一五は孔子が衛から魯に歸った後に、「音樂が正しくなった」と彼が言ったように書いてあり、彼としても修正に若干與ったことを示すようでもあるが、同時にただ魯の朝廷の樂師達を指導したに過ぎないことを示すとも言えよう（八佾二三、泰伯一五を見よ）。

（三七）明らかに卜筮に用いられた骨が「黑窯」の遺跡二カ所で發見されたが、これは安陽に都した商以前、新石器時代の文化に屬するものである。クリール「シナ古代の文化研究」一七六—七を見よ。

（三八）馮友蘭「孔子の中國歷史中に在っての地位」（「古史辨」第二冊二〇二）。マスペロ「古代シナ」四五九。

（三九）八佾二。述而一〇の三。子罕二八。

（四〇）學而一五。爲政二。八佾八。顏淵一〇の三。

(四一) 爲政二。

(四二) ウェーレ譯「詩經」二七五。レッグはこの詩(魯頌駉)を傳説によって譯している(レッグ譯「詩經」六一一—三)。「思」を「彼は思う」とすることは不合理を示すもので、第一節の終りは特にそうである。

(四三) 爲政二一の二。憲問四三の一。

(四四) 爲政二一の二。この一節は、やや形式は異るけれども、「書經」(二一〇)君陳に出ている。君陳は古文の一篇で、古文は僞作であること學者の意見の一致する所である。この引用句が論語にある爲に、僞作者がその作の中へ入れたことはあり得ないとは言えない。從って原文について十分に確めることはできないにしても、孔子がその意味を曲げてとったことは明らかなようだ。と言うのは、有政という問題の人が官界にある地位を有することを示すように思えるからである。孔子がここで問題を回避しつつあるのは、恐らく彼の門弟達が自分達の地位と全く同じものを彼の爲に得ようとして失敗したので、孔子はその門弟達に對し困惑してたかと思われる。

(四五) 「儀禮」鄕射禮(十三經經文二〇)と八佾一六とを、「禮記」檀弓上第三、六八と述而九の一とを、「禮記」曲禮上第一、二二と述而九の二とを、「禮記」檀弓上第一、七三と鄕黨二とを、および「禮記」緇衣三十三、五四四—五と子路二二の一とを比較せよ。

(四六) 子路二二。易經(下經一七五)、恆および「禮記」緇衣第三十三、五四四—五を比較せよ。

(四七) 子路四。

(四八) 子路五。

第九章　哲　學　者

孔子の思想に關する書物は汗牛充棟もただならず、また孔子程論議の題目とされた哲學者も他に餘り類例をみないようである。にも拘らず、彼の哲學に關してわれわれの信ずるに足る知識が依然として貧弱を免れないのは遺憾なことである。これには各種の理由があろうが、別して重大なのは、孔子の思惟の型が極めて捕捉し難いものであることで、成程、そうなるのはほとんど必然であったのである。

孔子の時代に起きたようなことが、前にも一度ならず生じたことはある。數世紀間存續した古い宗教上の信仰や、古い社會的、經濟的並に政治的の型が、その頃になって、周初來の封建制政體の漸次崩壞するに伴って、政治以外のあらゆる面にその影響が波及し、長きに亙って人と人とを團結させてきた紐帶がその力を失った結果、個人は比較的自由を獲得したけれども、社會は混沌に近い狀態を呈した。西紀前二一〇〇年頃に、これに酷似する危機がエジプトに起きたことがあり[一]、またこれと多少似通ったことが古代ギリシアにも起きたことがある。ウィンデルバントの敍述によれば「個人主義の進展が華々しく、その爲共同意識、信仰、道義というような古來の紐帶が、漸次弛緩して、ギリシアの潑剌たる文明が無政府狀態の危險に曝されるや、社會上の地位、識見、および品性の卓越した人々は、各自反省して、失われそうになった尺度を取り戻すことの急務たることを、痛切に感ずるようになった。[二]」こういう狀態であった爲に、ギリシアでは、ソクラテース哲學が、またシナでは孔子の哲學が出現したのである。

こういう道義的且つ政治的な危機に瀕すると、人間は本來の人間性に立ち復らせられるが、ただ昔の神々を使《たよ》って祈願し、昔の權威を引張って來るだけでは、もはやどうにもならなくなるのである。と言うのは、これらのものは人々に畏敬の念を起こさせるけれども、それが半信半疑だからである。もっと根源まで掘り下げて、すべての人が皆納得のいく議論をすることが必要になる。こういう時に率先して敢て自分の思想を唱道する人は、なかなか受け入れてもらえない爲に、懷疑的批判に對しては、いやでも絶えず論爭しなければならず、いきおい、その哲學は旨味《うまみ》の無い、固い感じのするものとならざるを得ない。

　こういう哲學には普遍性が存するものであるが、時には、われわれにとって餘り意味の無いことばが多少使われることがあり得る。孔子が己れの使命を保證するものとして「天」を語ったり、ソクラテースがどんな美しいものとも全然別な、本質的に存在するものとしての「美」を語るが如きはその例であり、われわれは同意し兼ねるかも知れない。[三]それでも彼らの語る所は、時も隔たり、文化も違うに拘らず、今日のわれわれにもわかる話のようであり、その論ずる所は問題の眞諦に觸れ、その言う所は、解決に向って何らかの貢獻をするように感ぜられるのである。

　しかしこういう哲學は永續きできないもので、若しそれが世に行われれば行われたで、その行われたことが、却って惡用される端緒を開いて、こういう哲學の承繼者達は、最初の形體から遙かに飛躍して、その概念に修飾を加える。また、一旦危機が去れば社會は安定するし、新制度が舊制度に代れば、哲學もまた新秩序に順應する。ジョン・エー・ウィルスンに従えば、「エジプトでは、舊王朝の崩壞に伴った危機は、中王朝の下では『社會道義上の進歩』を招來したが、これもまた帝政下では漸次その影を潛めた。こういう次第で、以前の個人主義は、人間の無力觀に代り、その形體は『順應的で形式主義的』なものとなった。[四]」ソクラテースの哲學的思想は、プラトンによって修飾されたが、結局プロティヌスとポルフィリーの複雑な神祕的な新プラトニズムに落ちついた。これと同じく、倫理的且つ合理的を主眼とした孔子の教えも、三百年の間には非常な變化を遂げて、終には有名な漢儒董仲舒が、ある學說を皇帝の前で講じたが、その學說は、道義は、宇宙的の規模に於いて吉凶を卜したり、魔法を使ったりする精巧な技術と分離し難い程に微妙に交錯するものであった。これらの場合、何れも後の哲學が榮えて、現代により近い數世紀間、世に行われることになったけれども、知的には前とは比べものにならぬ程、われわれからは遙かにより遠いもののように思われる。

孔子の哲學には、大別して二種の源泉がある。一つは論語である。論語は孔子の著作では無いが、概して孔子その人の時代を去ること遠からざる頃、門弟達が、言い傳えてその頃にまで及んだ話を基礎として編纂したものである。今一つは、後世の各種の書物で(中には誤って孔子の筆に成るとされてるものもあるが)、孔子より後の儒家のことばで、孔子の思想を解明したものである。ソクラテースの傳說も、この孔子の例とある程度類似しておると言えるのは、一方には直接ソクラテースを知っていたプラトンおよびクセノフォンの著述があり、他方新プラトニズムというソクラテースの創めた哲學を修飾したものがあるからである。然るに新プラトニズムから溯ってソクラテースの哲學を再建しようとするものは無く、むしろプラトンやクセノフォンのような人の證言の中でどれだけが信頼し得るかをきめる爲に、新プラトニズムを研究するのが普通のやり方である。然るに、孔子の場合は、常にこれと反對の研究方法が採られて、孔子の思想を、後の儒教の形而上學に合致させようとして多大の努力が拂われたのである。こういう接近の仕方をやめて、研究の範圍を上代の源泉のみに限局すれば、豫め收穫は比較的貧弱と諦《あきら》めざるを得ないけれども、ここから學び得る成果は、廣大で無いにもせよ(材料を正しく解すれば)眞實なものである。

われわれの問題の第一は孔子の思想の出所に關することである。孔子は、往々、實在かそれとも想像に過ぎないかが不明な、かの太古の黄金時代を再現しようとのみしていた人と言われ、門弟の子貢は、孔子は周初の君主、文王、武王の教義を學ぶことができたから、普通の意味での「先生」の必要が無かったと言い(五)、孟子は、孔子が上古シナの神祕的皇帝堯、舜から承け繼いだ教えを傳えたのだと言っておる(六)。現代のあるシナの學者は、孔子をば反動家たるにとどまらず「反革命論者」であったと斷定し、(この學者の説によれば)孔子畢生の希望は、シナの社會に起きた變遷を元に戻して、古えに復ることにあったと言うのである(七)。

孔子がどの程度古えに信頼していたかの詳細な調査は次章に讓ることとするけれども、材料を調査すれば、孔子は一面古えのことを實によく語り、また彼の思想の肝心の所には、この古えと言う源泉から出たものもあるには違いないが、他面孔子は敢て古えに復ろうとしたことなどは曾て無く、また彼の一番基礎的な觀念の中には、古えには到底見出し難いものが存するという結論に達することだけは、豫めここで言っても差支えないようである。重要な諸點については、實に、彼は革命家であったのである、たとい愼重ではあったにせよ。

既に述べたように、孔子の生まれたのは政治的にも社會的にも大變革の時期であった。この變革については、近年シナの學者が相次で優れた業績を擧げておるにも拘らず、これは全體から見て今日なおわれわれの知る所餘りにも貧弱な事柄である。藝術でもこの時代は變革の時期で、(孔子と同じく)藝術も何がな天來の妙想に接しようと過去の盛時に心を向けた時であった。ベルンハルト・カールグレンは、「西紀前七乃至三世紀の頃、シナの社會は、文化が相當に發達し、意識的に藝術復興運動をなし得るだけになっており、その運動の結果、今は既に古くなり尊敬もされていた諸要素を合成した……」と言っている(八)。しかし、藝術も思想同様、古いものは非常に變質していた爲に、全然新規な性質のものとなる結果となった。

この文化革命に於ける孔子の特殊の役割は何であったか、これを糺す必要がある。彼はこの革命の煽動者では無かった。と言うのは、この革命は彼の支配の及ばない諸種の力によって、彼の生まれる前から既に始まって自然に盛《も》り上ったものだからである。研究者の中には、實は孔子以前に遙かにより有能な人達が發展させた思想を、どうかして偶然に孔子の思想だとしてしまったのだとの説をなすものもある。いろいろの書物、と言っても、特に「左傳」には、孔子よりやや前の時代の數人の政治家が孔子の思想に酷似する表明をしたことが記されているが、事實その措辭が論語で見かけるのとそっくりのものもある。[9] これは夙にシナの學者の氣附いたことで、ある人の如き、これらの政治家はその思惟でも孔子を遙かに凌駕してるとして賞讃し、[10] 彼らこそ正眞正銘歩く百科事典で、あらゆる事柄についての知識を持っているが如くに、「左傳」に描かれてあるのを驚嘆の眼を以て見てはいたけれども、流石に、その人も、この人達の知識が(「左傳」によれば)非常に廣汎であったから、政治上の出來事は一世紀先のことまで、薄氣味わるい程、實に正確に豫言することができたのだとまでは附言しなかった。[11]

これら豫言は、全部ではないにしても、大多數は、豫言したと言われてる人が言ったものでは無く、むしろ事件が起きてから、ずっと後に書かれたものであることは明瞭である。「左傳」で各種の人物の口をかりて言わせてる立派な「儒家張り」の言論も皆が皆では無いにしても、孔子の死後、年經て、「左傳」そのものの書かれた頃、即ちこういう思想が一般に流布した頃になって書かれたものが多數であることもまた、全然疑う餘地はないようである。

こう言ったからとて、それらの人達自身が實在しなかったという意味では無く、確かに實在の人で、而も有爲且つ聰明な人であったのである。彼らは孔子の思想に酷似したものを持っていて、それが孔子の思惟に少なからず影響を與えたのだろうとも思われるし、またそれも決してあり得ないことでは無いけれども、果して然るや否やはわからない。と言うのは何人にも異議のない古い書物に、彼らの思想を述べたものが載っていないからである。それでも次の一事は明白である、即ち孔子が、彼と年代の隔たない二三の先驅者の思想を相當程度承け繼いだとしても、そのことは論語は勿論、彼に反對する人達の書いたものにさえ全然見當らないことである。それ所か、傳説は孔子の獨創から出たものだと强調している。彼もその一員であった社會がかくも變遷しつつあるに際して、彼の受持った役割は、是なりとした變革はこれを明徴して合理化し、非なりとしたものは努めてこれを抑壓して、シナ文化をその行くべき進路と信じた方向へ導こうとする人の役割であったことは明らかのようである。

　孔子の哲學を攻究する爲の背景として、彼の宗教觀を考察してみよう。宗教は保守的なのが通例で、今日判ってる限りでは、數世紀間宗教にはこれという程の變化は無かった。商の時代、即ち西紀前一一二二年以前に、國王は勿論、恐らくその他の人々も、自分達の祖先に對し、またその他の諸靈に對して心をこめて犧牲を供えお祭りをしたが、中でも特に重きを置いたのは、「地」と稱する有力な靈であった。商の人達は諸靈、わけても、祖先の靈が人間の運命を支配するものと信じていた。即ち諸靈の意に叶えば成功が授けられるし、叶わねば大は敗戰から小は歯痛に至るまでのいろいろな不祥事を以て人間は懲らしめられるというのであった。(三)商の人達は禍難を免れ、幸福を得る爲に犧牲を供えてお祭りをし、また絶えず卜筮によって神々の思召《おぼしめし》の程を伺った。

　周は商を征服して、商の宗教からもある面は受け入れて、周自體のものと結び附けた。周の主神は「天」と呼ばれた。この天という文字の古い形はで、單純に大人、從って要人の繪像であった。今日では、いろいろな根據から天という文字の沿革は、こうでもあったろうかと思われるものを作ってみることができるのである。天はあらゆる人間の中で一番重要な人、即ち既に故人となって天空にその居を定めた先王達を指すようになった。そして、この先王達は一種の「神々の合議體」として人の運命を支配した。シナ語には單數複數の區別が無い爲に、その頃には、天は單數と考えられて、大空に座を占めて支配權を揮う「天帝」となってしまった。その上、この同じ「天」ということばが、具體的な天空についても用いられるようになり、かくて、天の概念はむしろ非人格的な理知となってしまった。周が商を征服した時に、周の神、「天」と、商の神、「地」とを同一視したのは、ローマ人がローマの神々の中に、ギリシアの神々と同じものもあるとしたのと同巧である。(一三)

宗教は文化の中央に座を占め、國王は「天子」と呼ばれ、その偉大な祖先の佑助によって政治を行った。國王程で無い貴族も、その祖先が有力者であったというだけで貴族になっていた。それこれ有力な神々に對する祭祀は、國家的儀式で、豐穰の爲には草取りよりも重要であり、戰勝の爲には練兵よりも大切であった。しかし粉飾が多くなると共に懷疑論の擡頭は不可避となり、また交通の發達につれて、人々が多種多樣な信仰や習慣にも觸れるようになった。條約は神靈によって保證されると思われていたのに、つぎつぎに締結されたかと思えばまたつぎつぎに破棄されて、而もその場合に苦惱を嘗めさせられるのは、條約を破棄した側ではなく、軍備の手薄な方であった。貴族も名譽を失墜し、困窮に陷れば、祖先の靈の力に懷疑の念を起すこととなった。孔子時代直前の時期より溯る文獻で實際今日現存するものは皆無である爲に、この懷疑論の起きた詳細は今日知る由もないが、起きたことは明瞭である。孔子の死とほぼ時を同じうして生まれた墨子は、儒教が「天には英智なく、死者の靈には意識無し」と考えたことを批難している。(一四)

孔子その人の宗教に對する態度は、單純で無く、傳統的宗教のある點は認め、而もこれに重きを置いたが、他の點は認めないで變形または抑壓しようと努めたのである。概言すれば、宗教に關する根本的な議論をすることは差控えたのであって卑怯とも解せられるし、賢明とも解せられる。孔子は大體形而上學的で無い基礎に立って、政治的且つ社會的性質を帯びた、重要中でも最重要と考えた改革をやろうと企てつつあったというのが眞相である。形而上學を論ずることは、孔子の目的の爲には何の役にも立たず、或は邪魔になったかも知れない。孔子が形而上學を論議しなかったので、一體彼は何を信じていたろうかという疑念は殘るのである。

孔子が宗教上の儀式を儀式として、ほとんど子供のように喜んだことは、何ら疑いない[一五]ことであるけれども、これによって彼の信仰に關する説明は何も得られない。イギリスの高教會の儀式を喜ぶ人の中に、懷疑的な知識人は少なしとしない。孔子は、また、三年間父母の喪に服することは、子たるものの義務だと强調したが[一六]、西洋人にはやや過度の獻身ぶりと思われる。しかし、これは、死後の生命を信ずることの確證でもなく、彼としては、ただ家という協同體の一面として主張し得たに過ぎないのであろう。

靈に關して、孔子の口から言明されたことはほとんど無く、現に孔子は(前兆のような)「怪奇な現象、力業《わざ》、擾亂、および鬼神の話はしない」と特に述べている[一七]。成程、孔子は神話的皇帝禹を「鬼神に非常に孝行であった」と賞讃したと言われてるには違いないが[一八]、子路が鬼神に仕えることを問うた時には、孔子は「まだ人に事えることすらできないのに、どうして鬼神に仕えることができようか」と答え、また死のことを問うた時には「まだ生のことがわからないのに、どうして死のことがわかろうか」と答えているし[一九]、また門弟の樊遲が知を問うた時には、孔子は「人民に相應《ふさわ》しい正しいことには勉めて従い、鬼神は尊敬するけれども、而も適當な間隔を保つべきだ」とも言っておるのである[二〇]。

この鬼神云々の一節は、從來「一面鬼神を尊敬しながらも彼らからは超然としている」と英譯され、不可知論の明證と考えられておるが、この英譯はシナの大多數の注釋家の解する所と一致しないし、(三一)不可知論の證據として役立つかどうかも疑問である。イマヌエル・カントは、人間は尊敬の原則によって、「お互に若干の距離を保つ」べきことが教えられてると言っており、(三二)鬼神に對しては人間以下でよろしいとは思えないのである。孔子は、鬼神に對してそれ相當のことは、すべてなすべきであるが、君主や上官に對してなすべき以上に、過度な配意をしてその意を迎えるようなことはなすべきでないとの見解だったらしい。

論語には、祭祀に關する數章があるが、(後に論ずる一例を除いては)孔子が祭祀に現實の效驗があると信じていたか、それともただ一つの社會的行事と見ていたか、判然しない。(三三)しかし、注目すべきは、孔子が惡を矯正しようと積極的に唱道した諸活動中に祭祀は勿論、宗教的のものは何一つ無かったと思われることである。祈禱については、孔子が重態の時「長い前から自分流の祈りはしていた」(三四)と稱して祈禱してもらうことを斷ったことは旣に述べたが、孔子流の祈りというのは、祭するにことばでなく行いで祈るという意味のようである。

孔子として、事、宗教に關し確乎たる信念を率直に述べたものを求めれば、一番明瞭なのは「天」との關連にあるようである。「地」という名は「天」と同じ神の一面で、より身近かに感ぜられるのに、論語全篇中で、孔子が曾て口にしたことの無いのは興味あることで、(三五)彼は、シナ文化の擁護者という神聖な使命を彼に託し、その力を彼に賦與したものは「天」であるとしていた。さればこそ彼は危難に際しては、敵が「天」をも憚らず彼に抗した所で、抗し得るものでないとして、これを退けたし、失意の時には少なくも「天」だけは彼を理解してくれてると思って慰められたし、また彼が過ちを犯したものとして攻擊された時にも、彼はその無實を證明するよう「天」に呼びかけたし、愛

する門弟顏回の死に際しては「『天』が亡れを亡ぼした」と言ったりしたのである。(二六)

この「天が亡れを亡ぼした」という一節はただ苦惱の餘りの叫び聲に過ぎないと解するのが一番よく、孔子が「天が特に惡意で彼に反する行爲に出たのだ」と思った意味にとるべきではない。それは、孔子が「天」をそんな風に考えたような樣子が少しもみられないからであり、昔は「天」をそういう風に解していたのである。かような次第で「書經」「詩經」および古代靑銅器の銘文に、王朝の變更を掌るものは「天」であり、その「天」が橫暴な君主の系統はこれを斷絕して、その惡德には罰を加え、立派な人物を後繼者として立て、その德に酬いたことが書かれてあるのをしばしば見受けるのである。(二七)これらの書物の中には、「天」に觸れて、或は惡虐な國王が、そのやり方を改めるかどうかを見極める爲に「五年間待つ」とか或は「破滅を降す」とか「怒りを發す」とかいうことばが出て來る。(二八)周朝の創建者武王の子成王は死に臨んで「今天疾を降す」と言ったと傳えられている。(二九)

すべてこれらのことを思えば、またもや「天」の起源の問題に戻ってきたように思われる。卽ち「天」をば天上に在って、絕えず子孫の行動を監視し、思うがままに賞罰を行う偉大な祖宗を指す集合體として考えるのである。しかし、孔子に在っては「天」はほとんど人格無きものであった。彼が「天」をどう考えていたかは言っていないし、門弟の子貢は「天道」については彼から何も聞くことができなかったと言ってる。(三〇)それでも、孔子が「天」をば或は人格を有しない倫理上の力とか、或は人間に在る倫理感の宇宙に通ずる契符とか、或は全人類の本性そのものの中に、人の正義感に同感する何ものかが存在する保證とか、思っていたことは確かなようである。

しかし、こうは言っても、正義は必ず勝つとか、有德ならば必ず成功の域に達するという意味では無かった。萬一孔子がそう思ったとすれば孔子自身の生涯も、一般歷史も同樣彼に幻滅を感ぜしめた筈である。有德ならば必ず成功を以て報いられること間違いなしと彼が約束した話など誰も聞いたためしがない。彼は有德は成功をもたらすに與って力あることは、恰も君主が暴政を行えば身の破滅を來たすことになるのと同じであると確かに言っておるが、これら兩者間に單純に、必ず相伴う關連は無いのである。むしろ有德に對する最大の報酬は、それによって得る心の平和と、他を援助することから生ずる滿足感とである。人が人として振舞うべきように振舞う所以と、成否とは直接何の關連も無いのである。「孔先生の曰うには、君子は己れの計畫を立てる時には、『道』のことを考えるが、生活のことは念頭にない。土地を耕しても飢餓に苦しむこともあり、學問をしても、高給を受けるようにならないとも限らない。しかし君子の關心は、『道』の進展の上に存して、貧困の如きは何ら意に介しない」と。(三一)

右に述べた所と、比較的古い書物や青銅器の銘文によく見受けるものとは雲泥の差である。それらの書物や銘文では、宗教上の儀式、就中犠牲を供えてお祭りすることは、物々交換の取引と大凡似たようなものと看做されておる。「詩經」の中で、その領地が旱魃の爲荒廢に歸した國の王樣が「なぜ『天』や祖先の靈がかくも自分を苦しめるのか」と訴え、「曾てどの神靈の一つにも犠牲を供えることを怠ったことは無く、また犠牲を惜しんだことも一度だって無いのに……なぜ私の願いは聽き届けられないのか」と言っている所がある。(三二)「詩經」や「書經」を繰返し讀めば、犠牲を供えてお祭りする目的が天惠を得たいことに存することはよくわかるのである。(三三)數百では無いにしても數十の祭祀用の青銅器に刻まれた文章をみれば、長壽、子孫繁昌、官職永勤等の天惠を得んが爲に制作せられたものであることは一目瞭然である。大凡孔子の生まれた頃に、齊で鑄造された青銅の鐘には、その鐘の作者が己れの信心の代償としてその祖先から受けることを期待する恩惠の數々を特に長々と、また事細かに書いてある。(三四)孔子時代の直後の人である墨子は「一豚を供えて百福を願う」やり方を批難しているが、墨子は諸靈が天惠を與えるのは、受けたお供えの質と量とに左右せられるものと信じきっていたから、彼の腑に落ちなかった點は、主としてその取引の不公正ということにあったようである。[三五]

孔子は、すべてこういった考え方とは全然違った立場にいた。孔子よりも大分古い時代の文獻には、有徳も供え物も一様に同じく「天」を喜ばすものだという趣旨[三六]が時々述べられてあるのを、見受けるには違いないが、孔子が自分の思想を、これらの文獻から得たにもせよ、彼はこの面だけを選びとったに違いない。と言うのは、彼が重きを置いてたのは、ほとんど倫理に關するものに限られていたからである。

彼はまた傳說的宗教では非常に重要視されていたある要素、例えば人身《ひとみ》御供《ごく》のようなものは、これを排斥した。商時代に人身御供にあげられた人數は夥しいものであったが、[三七]周代になっても引續いて行われ、少なくも「詩經」に二度、「左傳」にざっと十一度載っている。[三八]「左傳」に載ってる例の中、三回は孔子の生存中で、而もその一回は魯の國で行われたのである。孔子の死の直後に生まれた墨子は、厚葬を主張する人は多くの殉死者を必要とし、皇帝の場合の如きは百を以て數えた程で、地位ある人の死に伴って多くの人命が絶たれたと述べている。[三九]秦の始皇帝の葬儀が西紀前二一〇年に行われた時には、多數の後宮婦人が殉死したと傳えられている。[四〇]降って西紀前一世紀にも漢のある王が彼の奴隷である樂人達に殉死を命じた爲、彼の死に際して餘儀なく自殺したものが十六人もあった。[四一]

然るに論語には人身御供のことは少しも出ておらず、「孟子」には、孔子が死者と共に俑を埋めることすらも非難したことが書かれてある。[四二]察するに俑がまことの人間を埋めることを考えつかせるかも知れないと思ったからだろうと思う。「禮記」には、孔子の門弟子禽が、その兄の葬儀に當って數人を死なないようにしたと思われる事件を詳記している。[四三]儒家は一般に人身御供に反對しつづけ、かくて遂にその目的を立派に達し、前段に述べた人身御供の最後の事例に際しては、嚴罰が行われた。即ち奴隷を殉死させた王は、漢の皇帝の血筋の人であったに拘らず、その子の相續は許されずその領地は沒收された。彼に對する訴追文をみれば、儒家の立場に基づいて行われたことは明瞭である。こういうわけで、「左傳」にも數ヵ所、人身御供のことが載ってはいるが、必ずこれを非難し、「古代に」かかることは行われなかったと書いてあるが、凡そ眞實を去ること遠い話である。二十世紀になってからも、數名の考古學者は、商の時代に人身御供の行われたことを頑として信じなかったが、數百の犧牲者の斬首された骸骨の發見が論より證據で、終にこれを肯んずるようになった。儒家は非常に手際よく目的を達したから、その成功が彼らの手によった跡形はほとんど殘されていない。

孔子は今一つ宗教上の大刷新をやったが、これもほとんど氣附かれずに行われた。孔子以前に在っては君主の一番大切な財産はその祖先であった。祖先は君主となる合法的な資格を與えてくれるだけでなく、平時には繁榮を、戰時には勝利を得る爲に必要な神々の有力な佑助を受けられるように取り計らってくれた。「詩經」には、周朝について、「三后は天に在り、この三后と相俟って王は都に在り(四四)」とあるし、またさほど有力で無かった君主も、青銅器に彫《ほ》られた銘文に、「在天のかの有名な祖先が、下界に在る子孫の爲に堂々と道を開く」とあるのを誇りとしていた(四五)。

孔子はこれらをすべて無視した。さらに進んで、大切なものは門地では無く、人としての素質であると言明した。孔子の門弟冉雍の遺傳には、よくはわからないが、何か面白くないことがあったらしい。然るに、孔子は、それは決して彼にとって不利となるべきではない旨を聲明した(四六)のみでなく、門弟中南面せしむべきものは冉雍ただ一人だと言った(四七)。祖先に有名な人の無かったらしいこの人についてのこの聲明は革命的とも言うべく、その爲古代宗教の中心をなしていた多くのことを平穏裡に廢したのである。

この言明は、要するに、爲政者としての適否は、その人自身の有德有能によってきまるものだということを言わんとしたもので、倫理的行爲をしようとする刺戟を大いに強めたのである。かように儀典から倫理的思惟に移行することは、勿論多くの宗教に起きたことで、古代エジプトやメソポタミアでも顯著であったが、直ぐにも思い出されるのは、ヘブライの豫言者達のことである。[四八] 孔子をば唯一無二では無いとしても非凡な人とした所以のものは、倫理が、知識人すべての普通に理解する以外の何ものかに依存していたのを、絶縁してしまったその程度である。マックス・ウェーバは「儒教には形而上學は全然無い上に、宗教的錨地の影もほとんど殘っていないから、『宗教的』倫理といえるかどうか、ぎりぎりの境に立ってる程、極端に合理主義的なものである。同時にまた、儒教は、非功利的な尺度が皆無で、且つこれを排撃する意味では、ベンサムの說は恐らく例外であろうが、他のどんな倫理學說よりも、より合理的で而も着實である」と言っている。[四九]

ウェーバの言ってるのは、儒教のことで孔子のことでないことは注意すべきであるが、それでもこの批評中の「宗教的錨地の影もほとんど殘っていない」とのウェーバの言に耳を傾けるならば、この批評は孔子その人にも通用するようである。孔子の所謂「天」という思想の中には非人格的な倫理的攝理という意味が確かに保有されてることは既に述べた通りである。なお、孔子は、理想的な天地協調の觀念を持ってたようで、恐らく次の一章の趣旨はそれであろう。「ある人が褅の祭りの意味を問うた。孔子は『私には、わからないが、その意味を知ってる人はこれを私があなたに示すように、たやすく天下のあらゆることを論じ得るだろう』と言って自分の掌を示した。[五〇]」この章および外の數章をみれば宗教となにがしかの關連のある、漠然と考えられてる天地間の秩序に言及してることがわからぬでもないが、これすら强調はされていない。(ウェーバの言をかりれば)あるにはあるが、それは殘り滓で全能の諸靈の昔の權力の契符が青白い元氣の無い狀態で殘存してるに過ぎないのである。

この概念と密接に結び附いているのは、しばしばフェート(運命)と譯されるデクリー(命)の概念である。「命」をデクリーの意味に使えばそれは「天命」の略語である。尤も孔子はこの表現を餘り用いてない。(五一)「墨子」と題する本には、儒家は萬事が人力の如何ともすべからざる運命できまると言っているのを非難した所がある。(五二)後世の儒家には、この非難に値いする人があるかも知れないが、それは孔子の教義では無かった。孔子は「命」ということばを「生命」または「壽命」の同意語として使った(五三)けれども、壽命が定まっておって人力の如何ともすべからざるものであると考えていなかったことは明瞭であるのは、彼が「危きを見て生命(ことばの上では命)を授けても主義は曲げない」と言ってるのを見てもわかる。(五四)若し壽命が豫め定まっており、從って人間の力ではどうすることもできないものとしたらば、このことばは意味をなさないものとなる。

一見孔子を運命論者と思わせるような一章が(而もただ一章だけ)ある。子路が季氏に仕えてた頃、ある時子路の友人で、且つ同僚であった人が、孔子に向って、他の一同僚が季氏に子路を中傷したことを告げたのである。そして、その友人は、その中傷者を死刑に處する運びにするだけの力は自分にあるから、その力を用いようかと言ったに對し、孔子は「道が行われるようになるのも命であり、行われないようになるのも命である」と言って、「この中傷者が、この命を何とかすることなどできるものか」と言った。(五五)

なぜ、孔子はこんな風に返事をしたのであろうか。どんな返事をし得るかいろいろの場合を考えてみよう。孔子は中傷者が處刑されることに同意することもできたが、それは彼の主義に反することになる。と言うのは、彼は派閥を作ったり、策謀を助長することは、長い目でみれば、決して得策とは思っていなかったからである。また申出を拒絶して「あなたの提案はとるべき手段で無い」と言うこともできた。けれども、それでは好意ある友人をいわれなく侮辱し、疏んずることとなる。彼は上述の方途に出ず、「命有り」という一般普通の観念を引合いに出すことによって、何人の感情をも害せず、始末をつけたのである。

しかし、孔子は自ら運命にたよったことも無ければ、またそうせよと人に勧めたことも無かったことは極めて明瞭である。それ所か孔子は、人間は各自努力の大切なこと、最善を盡すべき道義的責任のあること、奮闘すればその甲斐あることを繰返し主張したのである。(五六)然るにも拘らず、儒教内の一部に運命論の進展を見るに至ったのは、論語の他の一章が確かにそれに寄與したからである。「子夏が曰うのに、私は曾て聞いたことがある」に始まる一章を見れば、それは子夏が孔子その人から聞いたことを引用してるのだと見るのが通例である。その章は「死ぬるも生きるも定めがあり、富むのも貴くなるのも天に在る。君子は誠意を盡し、その義務を怠らないようにし、人との交際には鄭重に振舞い、禮を守る」と續いている。(五七)この章を引用する人は、大抵「天に在る」までで止めるが、それでは眼目を逸している。生死はほとんど人力では如何ともし難いもので、一生懸命やった所で、結局死がやって來ればこれに身を委ねて「これが運命だ」と言うの外無い。孔子もそうだったが、今日のわれわれとても同じである。富貴については、やればなにがしかはできるだろうが、君子はやろうと思わない。それを目指して奮闘するにしては富貴は君子の注目を引くに値いしない。「君子の關心は『道』を進めることにあって、貧乏など餘り苦にしない」(五八)のである。そこで富貴とか貧賤とかについては、何もしないで、「天に在る」としてしまったのである。何をしたかと言えば、(卽ちこれがここに引用した章の後半の重要な點である)己れ自身の品性と、同輩との關係に心を用いてこれに努めることであった。

そうだとすれば、ここに孔子の宗教に對する態度についての鍵がある。彼は明らかに宗教的信仰を持ってはいたが、さして深い關心は無かったのである。宗教は、人間では如何ともし難い力の世界に關するものであるが、孔子はこの堪え難い世を住みよい世に變えることに興味を持っており、如何ともし難いことは孔子の關心をさほどに強く引かなかったのである。効果的に行使せねばならない能力を最もよく用いるにはどうしたらばよいかという非常に實際的な問題に、彼は沒頭していたのである。

孔子の哲學の中心概念は「道」である。今まで「道」とは言わなかったが、「道」そのものにはしばしば觸れてきたのである。「道」はシナ人の思惟では多くが形而上學的概念となったが、孔子に在ってはそうで無かった。

「ウェー」と譯されるを常とする漢字は「道」である。この漢字は商時代の神託の骨には見當らないようで、(五九)孔子よりやや前の時代の青銅器の銘文には稀に用いられてるらしいが、その意味は二樣に限られ、一つは本來の意味の道路であり、今一つは固有名詞としてである。(六〇)「道」は孔子以前の文獻全部を總計してもざっと四十四回しか使われておらず、論語に出てくる回數の半分である。比較的古い文獻では、道は道路の意味に用いられることが一番多く、稀には導くとか、話す(道案内する意味から展開して)とかいう道路に關連ある意味に用いられて、行動の指針の意味には六回使われている。(六一)

論語の「道」には、これらの意味が皆出てくるが、大概いつでも「行動の指針」に關連し、外の意味はどれも稀である。善い道、悪い道、共に道として使われてるのを見受けるが、孔子は不適應の道ということを言っている。(六二)ここまでの所、別に新しいことはないが、孔子以前の文獻に前例の無いように見えるのは、あらゆる他の道以上の「道」(譯者注・便宜上清朝活字で表わすことにする)の意味で「道」の文字を使うことである。孔子が「『道』に從って君主に事えるのが偉い大臣と言うべきである」(六三)と言うことのできたのは、この意味での「道」を心中に描いていたればこそである。「道」という文字が論語で非常に頻繁に使われてるのはこの新しい意味を以てである。

『道』は、個人も、國も、また天下も、これによって己れを持し、また世に處すべきであると孔子の考えた道である。「天下(シナの世界)『道』あれば」とか特にある邦「『道』あれば」とか言うのは、政治があるべきようにあり、道義上の諸原則が行われていることである。個人が「道」ありと言えば、人としてなすべきことをなし、道義心の深い人と言う意味である。この概念は右に述べた所から想像して何の特色も無いものと思われるかも知れないけれども、そんなものではない。

孔子は曾て「自分の『道』には一つの主義が行き亙っている(六四)(文字通りに言えば、貫いている)」と言ったが、その主義が何であるかを明言したことは無い。しかし、論語を精細に研究すれば、その歴史的背景に於いて、その主義の何であるかは、明瞭に知り得るのである。それは一つの協同社會の夢想境で、敵意と疑惑、闘爭と苦難はあらかた不用に歸するという信念であった。人間相互の眞の利害は相容れないものでは無く、むしろ互に相補うもので、戰爭や、不正や、己れの爲に他を利用することなどは、それによって利益を受けるものも、不利を蒙るものも、均しく傷けられるものだという深い信念であった。これこそ孔子のすべての思惟に「一貫する」絲であり、この一筋の絲から彼の哲學の大部は論理的に演繹されるのである。この、よりよい社會の夢が實現される道として「道」の概念は、惡をするなというような效果の期待し難い道德律ではなく、時には危險の伴うような積極的な行爲をも要求する一體の原理である。ロレン・クリールは、最近の研究で、「道」という思想の意味を社會學的見地から分析して次のように論じている。

「道」は……孔子が個人にとっても、國にとっても理想的な生活の道と考えたものである。これは、眞摯、恭敬、正義、親切等のあらゆる諸德を包含し、いろいろの「禮」の定めや音樂を重んずるものである。しかし、人間の身體と同じく、全一の道は、これを組成する各部分の總計以上のものである。と言うのは、一種の「創發的綜合」によって「道」が獨特の性格と力とを得るからである。……

法律は有德な君主以上に、より不變な、より持續性ある行爲の準繩を與えるが、「道」はその法律以上により不變な、より持續性ある行爲の標準を與える。法律は爲政當局の思い附き次第のもので、その權威は爲政當局から發している。然るに「道」は全然如何なる政府にも從屬せず、その權威は「道」自身から出ている。從って春秋(西紀前七二二年—四八一年)や戰國(西紀前四六八年—二二一年)のような無秩序と混沌との時代には「道」には特に値打があった。なぜならば、人々に臨む中心的權威が無いのに、「道」が人々に共通する標準と紐帶とを與えることができたからである。齊の君子も魯の君子も兩者共にその標準として「道」によることができたのである。

「道」はまた行爲の最低標準よりは高いものを要求する點に於いて法律に勝っていた。……「道」は隣人を殺傷することを禁ずるだけでなく、なおその上に、隣人に對し好意ある、且つお役に立ちたいという態度をとるべきだと命令するが、恐らく、これは、また、「道」は制裁を以てこれを行うものでないことと關連があるものと思われる。ある準繩に從わなかった結果、刑罰に訴えなければならないとすれば、大多數の人が從い得ないような高い標準は持ち得られないわけである。……それからまた有德への刺戟が利己心に基づかないということは、

「道」に制裁の無いことと關連がある。と言うのは、「道」は賞罰を約束して人々に善良になれとは勸奬しないし、また「道」は人々の關心を、自分または、自分にとっての利害に向けないからである。このことの大切なのは、ひとたび人間が自分とか、自分の利害とかを、終局の目的として行動すべきものと思うようになったとしたらば、人間が道義上正しいことをするのは、目方を量って、利益の方が、不利益より重い時のみに限られることになるからである。

人が一生懸命「道」の命ずる所に從おうと努めるならば、自分とか、自分の利害とかは注意の焦點で無くなり、行動の基準は自分の利益よりも、むしろ「道」に合することとなる。同時にその行動は、他との關連の無い、その行動だけで、意義あるものでは無くなるが、それは皆同じく「道」に焦點を向けることによって、それらの行動が今では、關連あるものとなるからである。同じように、人としては、己れを歴史的背景の中に置くことができるが、それは時と所とは隔絶しても皆「道」の進展に心を寄せた一團の人々の一員として自分を考えることができるからである。(六五)

孔子が人のことでも國のことでも『『道』有り」と言う時には、「道」を一つの物、恐らくは形而上學的實在として考えていたかのような響きがある。明らかに、この思想には、そう思われるだけのことは、十分にあったし、また後年シナ思想界ではその通りになった。しかし、孔子にとっては「道」は依然として、一つの行爲の道であったが、むしろ一つでは無く一定の行爲の道といった方がよいかと思われる。このことは、彼が「外出するのに戸口を經由しないものがあろうか。どうしてこの『道』に由るものが無いのか」と言ってるのに徵しても明らかである。(六六)なお、「孔先生の曰うのに、朝『道』を聞けば、夕方死んでも遺憾ない」というかの有名な一章(六七)にみられるように、孔子が「道」

こそ一番大切なものと考えてたことは明白である。

孔子が、「道」の明確な定義を決して与えなかったことは、正に「道」が孔子の全哲學の要約であるからである。「道」の何たるかを理解する爲には、孔子の哲學を一體として考察する要がある。しかし、われわれにできることは、「道」の中心概念たる協同社會の觀念について、その根源を若干知り得ることである。本來この觀念が一家の家族の間に存した關係に基づくことは恐らく事實であろう。

家の制度は、多くの文化に在って重要なものであったが、シナ程に重要で、而も永續きした國が他にあるかどうか疑問である。家が重要である爲に生ずる縁者贔屓の如きは、特に批難に値いする面であるが、シナ文化を驚くばかり永續せしめ得たものとしては、恐らく如何なるものも家の制度に及ばなかったと思われる。多くの社會問題も、その發生の初期には、この家の制度が解決したものである。家の制度のお蔭で、シナは莫大な數に上る社會細胞から組織され、而もそれが必要なものをほとんど全部備えていたから、國が破滅する時でもその細胞の働きは少しも影響を受けなかった。家は道義の孵卵器で、國の縮圖であった。ある觀點からすれば、儒教はシナの家族制度の哲學であると定義できなくも無いのである。

家について、孔子はほとんど何ら新しいものを附け加えなかったようである(六六)。占いの獸骨によってやや明らかにされた所では、家は商の時代でさえも重要なものであったようである。周の文獻では、家に根本的重要性の存することは絶えず强調されているが、古い文獻からは、平民のことはほとんど何ら知り得ないことを銘記して置く要がある。貴族にとっては、家は無くてはならぬもので、貴族たる地位は、その祖先のお蔭であったのである。なお、戰いに勝った周朝は封建制度と家の制度との紐帶を網のように張り廻らして、ますます强大となり、王族との結婚と、王族を封ずることによって、この二つの紐帯を一本に綯《な》い交ぜて離るべからざるものとした。周朝初期の君主は、その領土内の秩序維持の爲に家の制度の持つ基本的役割の何であるかを十分に心得ていた。孔子が「道」の古い先覺者として尊信していた周公が、その弟に送った諭告の一篇が「書經」の中にある。周公はその弟に對し、彼が君臨する領土統治の方法を教え、また彼自身の一族を取締る上に、特に細心な注意を拂うべきことを切言している。なお、周公はその家來で、若し家の制度という紐帯を尊敬しないようなものがあれば、「天」が人に降した(道義の)諸原則を棄てて世の中を無秩序にするものだと言明している。不孝な子や不悌な弟は盜人や人殺し以上の惡人で斟酌なく罰すべきものだと言っているが、不孝な子や不悌の弟のみでなく、無慈悲な父や、横柄な兄も同様に罰すべきものとして非難している。そしてこれを一番重要なこととしていた。(六九)

孝行の義務は古代文獻で絶えず力説されている。死んだ祖先が子孫の運命を左右した時に、孝行が大切であったことは言をまたない。孔子は孝行を社會的義務だと解していたが、なおそれを强調した。勿論、父に從うべしという觀念と「道」に從って行動すべしという觀念との間に衝突は生じ得るわけだが、若し相容れぬ場合どうしたらばよいか。孔子はこれについて何とも言っていないが、ある時、父母に意見はしてもよいがそれは穩かにやらなければならないと言った。(七〇)

國と家との衝突が鋭く出ている章が今一つある。葉公が孔子に向って「われわれの所に正直者がいて、父が羊を盜んだ時、その子がそれの證人となった」と言った。孔子は「われわれの方で正直者というのは、それとはまるで違う。父は子の爲に隱し、子は父の爲に隱す。こういうのをわれわれは正直だとしている」と答えた。(七一)この矛盾は今日なお存在し、西洋にもある。若しあなたの父親が殺人罪を犯したことを知ったらば、あなたは、これを當局に知らせますか。孔子は社會の要求が判らぬではなかったが、家の制度を第一として重視したのである。しかし、孔子が、自分の親族が殺された場合「血の復讐」の手段をとるのに參加したということが、後世の書物に書かれてあるが、これは疑わしいように思う。(三二) 孔子は家と國との利害は根本的に相反するものと考えないばかりか、正反對に一致するものと信じていた。孔子の了解してた所によれば、人が服從や共同の態度を覺えるのも、社會化された活動をして經驗を積むのも、またそれによって有能な市民や役人になり得るのも、皆これは家の制度に存していたのである。(三三)

家と國との間に、若干類似點のあるのを見出したのは、シナで孔子が最初というわけではなく、古代の詩に「君は民の父母」とあるのが二篇ある。(三四) こういう表現は多くの國によくあるけれども、その表現が態度および活動の上に、何を意味するかが重要な問題である。大抵の場合、父權制は專制政治の同意語に近い。君主は民の父母というような思想が上代に於いて、シナの平民大衆の心を大いに柔らげたという證據は何も無いと言ってよい位だが、儒家がこの概念を用いた場合には改革に對する力となった。

家を國と對比して、家が權威に對し、從順な服屬の型であることに、孔子の心が惹かれたことは疑うべくも無いが、その他の面でもっと強く孔子の心を惹いたことも想像に難くない。シナでは、家は、本來家族誰でもが全く同等な組織體であり、さりとて服從關係が無いというわけでもなかった。子供達は兩親の權威に從っていたが、早晩その子供達も番が廻ってきて親となるのである。二男坊三男坊は普通でいけば、決して家長にはならなかったけれども、この爲に何の疵がつくわけでもなく、家族會議の席では發言權もあったし、經濟上の利益はかなり公平な分配に與っていた。若し誰か家族の一員が不當な扱いを受けた時は、これに抗議することもでき、その抗議の通る場合も相當に多かった。理論上では家長は獨裁者となって差支えなかったが、實際上は毎日生活を共にする多數の人の不贊成には長く抗することは家長としては爲し難いことであった。理論上シナでは家は必ず家長制であったが、實際は大いに民主的であったようである。その結果シナの家に在っては、家族は二三の社會學者の提唱する「相互で一團となった團體」の構成者で、手段としてでは無く目的として扱われたのである。彼らの間には服從はあったけれども、各人がそれぞれ、その持場があり、その機能があり、その威嚴があった。

孔子が至るところで、あらゆる人を歡迎したいものと思ったのは、今言ったような地位へ、また今言ったような社會へと思った爲であった。これが子夏の「四海の内皆兄弟」ということばの要旨であって、子夏はこのことばを人から聞いたと言っている。(七五)(その人を孔子と考えて、まず間違いなさそうである。)孔子には、漢人以外の未開族に對する攘夷論者のような偏見は片鱗だも窺われなかったことは、注目に値いし、ウェーレは、孔子が「優れた蠻族をある程度理想化」して考えていたとさえ思っている。(七六)孔子は未開族が、シナの標準での文明人になることを望んでいたことは確かであるけれども、彼の理想國家は世界國家であったのである。國際連盟の計畫が進められつつあった際に、アメリカのウィルスン大統領の需めに應じて康有爲が世界國家に關する孔子の見解について彼の了得する所を提出したことは興味あることである。(七七)

あらゆる階層の人が、皆彼ら自身に價値を有し、從ってただそれによって國が目的を達する手段としてのみでなく、その爲に國が存立する目的として取扱う要があるとの孔子の主張は、その時代としては、相當革命的とさえ言うべきであった。孔子がこういう意見を抱いていたことは、例えば彼が政治の最終目的は、人民を幸福にすべきことに存すると言った一事に徴しても明らかである。(七八)門弟の有若は、國は協同して經營すべきもので、國運の消長は、全國民が、地位の高下を問わず、皆で分ち合うべきものであると言ったことがある。卽ち魯の哀公が不作の爲、入用なだけの歳入をどうして徵收すべきか判らなくなって、有若に尋ねた時に、有若が十分の一稅を進言した所、十分の二を取り上げても足らないのに十分の一稅などどうにもならないとの哀公の返答に對し、この孔子の門弟は、「人民が十分足りていて、あなたは誰と共に足らないと言えましょう。しかし人民が足りていなければ、その人民の君主は誰と共に足るものと言えましょうぞ」と答えた。(七九)

威壓が風をなす社會とは反對に、(ある限度內で)自由な當局者達で組成される協同社會では、個人は至上なものである。社會はその構成分子の總計以上のものになれないので、その構成分子の相當部分に道義心に缺けた所があれば、その社會は危險に瀕するわけである。かような次第で、孔子の出發點は、個人であり、必要を强調したものは、反省、德の涵養および教育であった。(八〇)孔子は彼自ら教育に全力を集中したが、それも將來爲政者たるべきことに彼が希望をつないだ人々を養成することであった。當時教育上なすべき仕事は山の如くにあったが、中でもこれが最も喫緊の重要事であったのである。然るに、論語の數章に於いて、あらゆる人に、少なくも若干の教育を施すべきであることを明白にする爲、彼の目標の一つにこれを數えたことは、從來十分に人の注目を惹かなかったことである。(八一)教育の普及は論理的に必然で、全然無知の人は、盲目的服從はできても、協力することは、その方法を知らない爲にできないのである。そこで、孔子は「平民が『道』を學ぶと、使い易くなる」という風に言っている。(八二)即ち彼ら平民に向って發せられた命令、その目的、實施方法など彼らが若干理解すれば、共同の利益になるようなことは、わけなくやる氣になる。(八三)近來の軍事教練の論議に當って、政治教育の重要性が强調されているが、それは何の爲に戰うのかということが、判っている兵隊の方が戰爭に强いからである。孔子はこれと同じ觀念を「無教育の人を率いて戰爭するのは、彼らを棄て去るというものだ」と言っておる。(八四)

既に述べたように、孔子の考えでは教育は品性陶冶の面に重きを置くべきものとして、忠誠、眞摯、信實、正義、親切、「禮」に從う等々の諸德を琢磨する構想であったが、(八五)この忠誠は個人に對するもので無いことに注意する要がある。孔子は封建制による、いろいろの盲目的な個人的忠誠は特にこれを非とした。(八六)孔子の理想とした家臣は「道」に從って、及ぶ限りの力を擧げその主人に仕えるけれども、「道」を守って去るか、「道」に背いて任に留まるか二つに一つを擇ばねばならない時には「道」を堅持して爲政者たる任務を去る人である。(八七)

この、人よりも、主義に忠實ということは、民主政治の要諦である。これが無かったら、國家はいつ何時、配下を集める力のある將軍や政治家の思いのままにされるか、判ったものでない。儒教ではこういう忠實をとりあげて、これを民主政治の重要な條件の一つということにした。後世監察院の設立を可能ならしめたのも、この主義への忠實であった。監察院は過去二千年に亙って如何なる役人の職務怠慢でも批判する權能を持つシナ政府の一部門で、時には皇帝自身の懈怠にさえ及んだことがあった。また監察院の役人の中には、敢て勇氣を揮い、その報いとしては、死刑か流刑がやって來るのを承知しながら、恐るる所なく、その任務を遂行したものもあったが、この擧に出でさせたものは、正《まさ》しくこの主義への忠實であった。物語の上では度々監察使が皇帝に抗議したことを誇張して傳えてる嫌いはあるが、そういう物語の存することとそのことに意味深いものがある。

孔子は、すべて他は顧みないで、ひたすら主義に忠實で本務を堅守すべしとする人達に對し、どんな報酬を約束したであろうか。富か、地位か、將たまた權力か。すべて否である。孔子は富や地位や權力やは、不安定である上に、こういう私利を以て、君子の心を動かす目的物とするのは君子の威信を傷うものと思っていた。(八八)然らば不死か、死後の幸福か。この二つとも彼は口にしたことは無かった。それならば、一體「危險を見ても命を捨て」ようとする程に強くこれを欲するようにさせたものは果して何か。[89]

それはこうである。徳を涵養してこれを躬行する人や、「道」を好んでこれを現世に具現する爲懸命に最善を盡す人は、人としての本務を完全に果たす人である。こういう人は貧困などに何の痛痒も感じない。孔子は「粗末な食事をして、水を飲み、肱枕で寝ても、樂しみはその中に在る」と言っている。[90]「道」を躬行する人が高官になり得なかったとすれば、それは不幸なことで、若しなり得たらば隨分世の爲になれたろうと思われるが、それの非難される原因はその有徳な人には無く、その人を用い得なかった政府にのみ存するのである。

「孔先生が曰うのに、位のないことは氣にしないで、どうしたらば、世に立ち得るかを氣にするがよい。自分を知って用いてくれる人の無いのを氣にしないで、知られるだけのことをするよう努めることだ。[91]」孔子こそは「やろうとしてることは不可能と知りながら、なおそれをやろうとしてる人だ」と立派に言えるのは、この意味に於いてである。[92] 成否の機會を精密に打算するなど見當違いも甚しいのである。孔子は「自分の心に省みて正しいと思ったらば、千萬人の反對があろうとも前進する」と言ったといわれてる。[93] 人間は、自分は何をなすべきかを極め、極めたらば、これに向って最善を盡す。ただそれだけでよいのである。

かような次第で、孔子は心の平和という、金で買えない、この上なく貴い財産を提供したのである。心中省みて、責められる筋がなければ、何の思い煩うべきことがあろうか、何の恐るべきことがあろうか。[94] 孔子は心の平和を誰でもの手の届く所に置いて、外界の氣紛れには顧慮しなかった。「孔先生の言うのに、眞の徳は遠くにあるものだろうか。欲すれば直ぐそこにあるものだ。[95]」かような次第で、個人個人が尊嚴侵すべからざる一種の自主權を有すれば、心は卽ちその城塞である。「大軍を率いる將軍でも攫って來ることはできるが、身分の極めて卑しい人でも、その一旦こうと極めた意思を奪う力はどこにも無い。(九六)」これは歴史上非常に重要なことで、儒家が「邦に『道』が行われている時には仕官するが、行われていない時には、その主義をば巻いて懐ろにしまって置く」ことのできたのは、心の平和があったればこそである。(九七)またこの爲にこそ、時の來るのを待って、世にはほとんど認められずに、漢代まで民間學者の一學説として儒教を存續せしめることができたのである。

個々の人が、無理のない範圍で自ら足れりとすることは結構なことだが、その度を越せば、世間との接觸から全然絶縁する結果となる。それならば、自分の主張を緩和して大衆と伍し、一好漢となってしまってよいだろうか。孔子は否と言って、「(道義的に)自分と同列でない人達を友人に選擇するな」というのである。(九八)平等を達成するには、あらゆる人を一般標準まで切り下げるか、それとも大衆の標準を引き上げるかという、よく出る問題がここに起きてくる。孔子は斷乎として後者に左袒したが、それも、己れを持して全く超然としてるという意味では無かったのである。孔子の人と交わるのは、餘りにも自由で、門弟中の自由を好んだ人にも勝っていたことは前に述べた通りである。このことに關する孔子とカントの意見は至極類似している。カントは、「獨自に確乎たる主義の中核を築くことは、……人としての義務であるが、同時にまた己れの周圍に引き寄せた連中をば何物をも包容する四海同胞的同情を持つ連中の一部と看做すこともまた人の義務である」と書いている。(九九)孔子は、「何人に對しても好感は持つが、親交を結ぶのは有徳な人に限る」べきだと言っている。(一〇〇)

しかし、ただ好感を持つだけでは物足らず、若しわれわれが眞に有徳ならば、人の爲に何かをなすべきである。門弟の曾參は、孔先生の道は「忠と恕」以外の何物でも無いと言った。(一〇一)レッグは忠恕の眞の意味の勘所を立派におさえて、「人の本性に關する諸原理に忠實で、それを他人の上に慈愛に滿ちて働きかける」とやや自由に意譯している。孔子は「恕」は必ず躬行すべき原理だと言い、これを説明して「自分が人からされたくないことは、自分も人に對して、してはならない」意味だと言った。(一〇二)このことばは、消極的な概念に過ぎないとして時に非難されたものであるが、その當否はしばらく措いて、孔子が本務なるものをただ消極的なものと考えていなかったことは一點疑い無い所である。孔子は「眞に有德な人は、自分が立とうと思えば、まず人を立たせようとし、自分が成功しようと思えば、まず人の成功に助力しようと努めるものである。他人に對する自分の行動に就いては、この主義によることを胸中常に希願することが眞に有德となる方法である」と言った。(一〇三)

讀者は直ちにカントのかの有名な定言的命令、即ち「汝の意志に從って汝の行爲の準則が自然の一般法とされようとしてるかの如くに行爲せよ」を想起するだろう。(一〇四)この格言は、かなり修飾に過ぎると思う人もあるように、その嫌いはあるが、それでも趣旨は全然同一である。カントも孔子も個人主義者であったから、個人的見解から、世界は二つの大きな面、即ち自己と外界とから成立っておると思っていた。その自己について言えば、自分で自分を支配し、從ってその責任は事實無限である。從って人は不斷刻苦して品性を陶冶する必要がある。そうやって善は何かということを知った所で、それから、この善を自分以外のすべての人々の爲に實現するよう最善を盡さねばならないのである。かような次第で、カントは自己の完成と他人の幸福との二つの目的があるとし、われわれにはその達成に向って極力奮鬪すべき道義上の義務があると主張している。(一〇五)これは論語の道義的教訓を要約したものと言ってもよいであろう。

これは峻嚴な且つ合理的な教義ではあるが、人間性についてはかなり樂天的な所がある。他人に對して振舞うには恕を以てすることが人の義務ならば、その他人の方にもこれに應ずるものがあるべき筈である。實に、これこそ協同社會としての必須條件である。孔子がこの感應力を信じていたことは至極明瞭である。孔子は、眞の君子が實際に示す模範の及ぼす力は甚大で「たとい君子は夷狄人の中へ行ったとしても、何ら蕪雜なことは起こらない」と言ったことがあるが、それは君子が來れば蕪雜は消え失せるからである。(一〇六) 孔子は魯の季氏の首長に對し、彼自身の望むことが、望んで然るべきことであれば、人民もだんだんよくなっていくから、ひどい刑罰などは用うべきで無いと言ったことがある。(一〇七)

しかし、これらの美辭麗句を餘り本氣にとり過ぎる必要はない。最後の孔子のことばは、所謂惡い思想を抱いているものを皆、殺してしまう政策を申し出たばかりの專制君主に向って言ったものとして甚だ整然たるものであったけれども、孔子は一夜にして完全が得られるものでないことは承知していたから、他の個所では、孔子は善人が國を治めても嚴刑が無くなるまでには百年かかるということに同意を表している。(一〇八) なお、「孔先生の曰うのに、人がこの世に生きているのは、眞直ぐであるからであり、さもなくて生きておるのは、幸運にもお目こぼしになっているのだ」というようなことばにも、餘り重きを置くことはできない。(一〇九) 若しこれが本當だとしたらば、孔子もよく承知してたように、孔子の時代にはその幸運な人達で世の中は一杯だということになる。

孔子が、人間には、善に向う傾向は確かにあり、教育によって左右される素晴らしい素質があると思っていたことは言をまたないが、彼はまた「最も賢明な人と最も愚昧な人だけは變り得ないものである」とも言ってるし、(一一〇) また話をするのも全く時間の空費と思われるようなひどい片意地の者もいると思ってもいた。(一一一) しかし、彼は「人間は生來は似たりよったりだが、習慣によって隨分違ってくる」と言明してはいるが、(一一二) 性善か性惡かの問題は何れとも主張していないようである。生まれながらに知識を賦與されてる所謂生知の人も無いことはないと、彼が考えていたと思う人

がよくあるけれども、それは到底あり得べからざることである。（二三）

然らば知識を得るには、どうしたらばよいかが問題になるが、それよりも大切な問題は、人が知識を得た場合に、どうしたらばこれを評價することができるか、知識の眞僞はどうして判別するかである。それから德とは何か。人は「道」を躬行すべきであると謂われているが、どうしてその「道」なるものを見出すのか。即ちあらゆるものを量る大基準とは何を謂うか。これは如何なる哲學にも質すことのできる恐らくは一番徹底的な問題であろう。而もこれを孔子に質せばこの上ない意外の感を受けるのである。

孔子にはそういう基準は無いのである。

彼は、神話的皇帝堯、舜というような古人に倣いさえすればそれでよいと言わなかった。孟子はそう言っており（二四）、孔子もそう考えていたろうと思われているが、論語にはそれに觸れたことばは無く、また眞理の基準は、何か一冊若しくは一揃の本に見出さるべきものだとも言わなかった。孔子自身としては書物を思想の唯一の源泉として便《たよ》っていなかったことは既に述べた通りであるが、人にも書物にたよれと勸めた樣子は見えない。儒敎も、しまいには、ある種の書物(古典)に最上の敬意を拂うようになったが、この傾向は後になってからで、實は孔子その人の敎えの本質に對する反動の一部として生じたもののようである。（二五）畢竟するに、彼は己れの言を窮極の權威として示さなかったばかりか、誤りないものだとも主張せず、門弟が彼と意見を異にすることがあっても、何の咎め立てもせずこれを許容してたことは前に述べた通りである。

そうかと言って、彼が論語の中で、古代の人とか、ある書物とかに眞理の根據となるものがあると述べて無いからという理由だけで、彼が古代の人や書物が根據になると信じていなかった證明にはならず、むしろ證明になる

のは、論議がひどく緊迫した時でも、彼が古代の人とか書物とかに何ら訴える所無かったことである。[二六]

孔子には前に述べたような基準の無かったことは論語にも再三述べられている。「孔先生には全然見られなかった四つの特性があった。決して豫め結論を立てなかったこと、過度に積極的に進まなかったこと、頑固でなかったことおよび自分の意見のみによらなかったことである。[二七]」彼自身頑固は大嫌いだと言っている。[二八] 彼の柔軟性についての名聲は非常に高く、あらゆる周圍の事情を愼重に考慮して必ずこれに合うよう行動していった彼は百年後に孟子が詳論の上、「時に適った聖者」と言った程である。[二九] この原理を孔子自ら述べたことばの中では「君子が天下に處する時は、何ものに對しても豫めそれに傾くことも無ければ、反感を持つことも無く、何でも義《ただ》しいことに必ず味方する」という一章が最上である。[三〇]

ここでライトと英譯されてるのは「義」という漢字で、これまた頗る重要な概念であるが、ライトまたはライチャスという英語の普通の意味である單純に「正しい」というのでは無く、[三一]「義」はむしろ妥當とか適應とかの意味である。かようなわけで、門弟の有若が「約束するに際して、『義』から離れてないならば、ことばを番《つが》えたことは履行される」と言っている[三二]のは、何事か約する場合には、前以てあらゆる四圍の事情を考慮し、妥當なことだけを約すべきであるとの意味で、孔子が「利得する機會を見ては、『義』を考える」人の行爲を是なりとしたのと同じ意向である。[三三] こういう人は、取れば取り得る利益を取ったら、その爲に信頼に背き、他人を損い、また何かの點で、その情勢下妥當で無いような行動をとることになりはしないかと反省するのである。

明らかに、この「義」という觀念は、極めて重要な道義の力である。「義」は「禮」や「道」と同じく人の行いを調整するもので、絶えずこれによって、人が己れ自身の責任をまともに感ぜしめられるものである。と言うのは、「道」

は一般原理である爲、何らかの指導を受けようとすれば、これについては他人にたよることもできるのに、所與の情勢下で何が妥當であるかという問題は、自分獨りで決めなければならないからである。孔子が妥當という標準で導かれた事例は既に述べた通りである。(一三四)

しかし、問題はなおも、われらを追究する。何が妥當であるかは、どうして決めるのか。沈思默考によるか。「孔先生の曰うのに、私は曾て一日中何も食べないで、また一晩中少しも眠らないで、沈思したが、何の役にも立たなかった。學ぶに越したことはない」と。(一三五)さりとて、學ぶのみでも解決できない。「孔先生の曰うのに、學ぶのみで思わなければ骨折損であり、思うのみで學ばなければ危險である」と。(一三六)

論語に、孔子が眞理を獲得できると思った方法を述べてる所が數ヵ所ある。「孔先生の曰うには、私は生まれ附き物事を知ってるのではない。私は古えが好きで、これを刻苦攻究した」と。(一三七)古えを攻究することは、知識を獲得する重要な源泉の一たるを失わないが、それは秩序正しくやる要がある。「孔先生の曰うのに、私は夏朝の禮を若干語ることはできるが、杞(夏朝の子孫が君主であると謂われる小國)には、これについての十分な材料が無い。私は殷(商)朝の禮を若干語ることはできるが、宋には同樣材料が無い、……材料に事缺かなければ、眞正な證明がついてる記述をすることができるのだが」と。(一三八)

しかし、あらゆるものが、材料として一律に信頼できるとは限らない。實際政治に當っては、如何に身を處すべきか心得て置きたいと思った一人の門下生に向って、孔子は、「多く聞いて、疑わしい所は脇へのけ、その餘の所を愼重に話すという風にすれば、非難されることはまず無い。多く見て、その意味の不分明なものは脇へのけ、その餘の所を愼重に行えば、後悔することはまず無いだろう」と言っている。(一三九)常に活眼を開いて經驗から學び得るものは、すべてこれを學ぶ要がある。さりとて、あらゆる事がわかるなどいうことは期待できるもので無いから、わかるだけわかるようにして、あとは斷定を下さないで、そのままにして置くことが必要である。(二〇) こういうわけで、孔子は判讀しにくい文字を當推量《あてずいりょう》しないで、「闕文のままにして置いた」寫字生のやり方を推稱した。孔子は、彼自身の知識を得る方法を次のように述べている。「多く聞いて、その善いものは擇んでこれに從い、多く見てこれを記憶する。これが知識(卽ち智慧)を得る階梯である」(二一)と。

以上、孔子の言は、知識は專ら經驗によって得るとする哲學者の所謂經驗論者に酷似する響きがあるけれども、別の個所で、彼は門弟の子貢に「君は、私の知識を得る方法は、私が事柄を多く學んでそれを記憶するだけだと思っているか」ときいたことがある。子貢は「そうだと思いますが、違いましょうか」と答えた。所が、孔子の返事は「違う。私には一つの原理があり、いろいろの事柄にすべてこの原理を一貫させて一筋の絲のように使っている」というのであった。(二二) この孔子のことばには、理性論者の響きがあり、世の中の諸現象を、彼自身の心の原理に從って處理しようとしてるようである。事實、孔子は既に述べたように、一面經驗論者であると共に他面理性論者であったのである。

しかし、眞理の基準は何かという問題に對する解答は、未だに出てこないが、孔子からはこの問題の答えは到底得られないであろう。若し彼にこの問題を問いかけることができたとしても、彼は必ず、各人各自に見つけるべきだと返事するにきまっている。そういう返事は本當に協同的な社會にあって初めてできるのである。機械は人に操縦されるもので自ら進んで協力することはできない。そして眞理と權威について基準が一定してる社會では、個人の役目は機械同樣に創造的でなくなり、個人は基準に從っても從わなくても、眞の貢獻はできなくなる。若し人々が社會の進運に對して責任があるならば、彼らはまた社會の目的を選擇すること卽ち眞理の(正體を露《あらわ》すだけでなく)發見に力を致す機會を持たなければならないわけである。こういうわけで、カントは何人も「その人獨自の義務の思想に從って、獨自に、その人獨自の目的を決するだけの力がある」のでなければ十分に發達した人格を完成することはできないとはっきり認めている。[一三三]

ここで復た個人のことに戻ってきたわけだが、それなら、誰も彼も、全く同じように何が正しいか、何が眞實かを判定するだけの力があると結論して差支え無いだろうか。ある意味では正に然りである。ここでわれわれは、自然科學の思惟と同じ型のそれで議論しているのだが、科學者は論據とする事實を經驗に求めて、そのすべてを普遍性ある一つ或は一連の假說に結び附けんとするのである。この點孔子も同じであった。科學者はまた生まれつき正常な人であれば、誰でも眞理を判定する力を潛在的にはひとしなみに持っていると信じていた。從って科學者としての一人の人の評價に相當だと認められる尊敬は、王家の出とか、億萬長者とかでは毫厘も增すもので無く、增すものと思われるのは教育、經驗および確證された能力のみである。

孔子も同樣な判斷を下しておった。彼はすべて人は潛在的には平等であると考えていたので、高位高官を懼れもしなかったが、貧困だといって侮りもしなかった。しかし尊敬に値いするとの評判のあった人達は、學問なり、德の涵養なりによってその潛在してた力を現實に發揮した人であった。こういう次第で進んだ考えの人ひとりの意見は思慮の無い多數大衆の考え以上に重要であり得るのである。[一三四]

誤解を防ぐ爲に、孔子が近世科學の方法に先鞭をつけたとここで主張するつもりのないことを明言して置きたい。孔子の思惟には科學的理想に遙かに及ばない點も存するが、[一三五]これは決して驚くに足らないことである。しかし、孔子の思惟の特徴は、獨斷の無いこと、判定を見送る必要を痛感していたこと、および知的民主主義を支持していたことである。而もこの知的民主主義たるや科學的思惟の最小限度の哲學的條件を率直に受け入れた點、全く素晴らしいものである。それが事實なら遙か昔、その時既にシナ人は、科學的方法を既に發達せしめていたのではないかの疑問も出ないとは限らない。それは何れであったにもせよ、孔子のこういう思惟の面は幾くもなく、あらかた消え失せてしまったのである。

科學には、孔子と同じく、眞理についての一定不變の基準は無い。卽ち、科學は、ある豫め用意された公式から眞理を演繹しないで、探求するものである。科學は眞理とは何かとは言わないけれども、どうしてこれを探求するかについては、非常に豐富な助言を與えてくれる。孔子のやり方は正にそれである。

哲學者、少なくも近世科學勃興以前の哲學者中には孔子程に重きを柔軟性に置いた人の無かったことは確かである。西洋では、眞理は一定不變のもので、神または聖賢は、絶對的眞理の一定不變性を幾分受けているものと考え勝ちの傾向があった。古代メソポタミア人(ヘブライ人を通してわれわれの知的祖先の一に數えられる)は、一定不變をば神聖の一屬性と考え「王の言は正しい、王の口にしたことは神のそれのように變更できない」としていた。[一三六] 地位ある人が考えを變えてそれを自分の過失と認めれば、その人の威嚴を傷けることになると一般に思われてきたのは、地位ある人が一定不變の眞理を持っているべき時、持っていなかったことを證しているからである。

孔子の議論は、これとは違って「過ちを犯して、而もなお、それを改めないのが、本當の過ちだ」と言い、また「間違いをしたらば、そのことを認めて、やり方を改めることを憚るな」と言ってしばしばこの論旨を强調している。門弟の子貢は「君子の過ちは日蝕月蝕に比すべきもので、過ちをした時には、人が皆これを見るが、改めた時には人

が皆君子を見上げる」といっておる。（三七）

このいつでも改めるに躊躇しないということは、判定が懸案となっている状態の下で生活すれば、勿論避くべからざる一面に過ぎないが、こういう状態が如何に立派なものにせよ、全く快適というわけにはいかない。自分の住居の前の歩道を毎日散歩して、その歩道はいつもそこに何事もないつもりでいたとする。然るに、ある朝、その歩道に大きな穴が口をあけているとしたらば、その人はこの新事態に應じようとして（そうありたいものだ）面倒の起きないようにするのである。然るに、事實何かの都合でその歩道の下の方が掘られていることも無いとは限らないし、その爲、外面はまだしっかりしてるように見えても實は係蹄みたようなもので、誰かが來て乘るのを待っているようなこともあろう。そうだとすれば、車道を歩くべきであろうか、恐らく車道はなお一層危險であろう。若しこういった恐怖心を抱きはじめてここまできたらば、勿論食事もやめてしまうことになる筈だが（少數の精神錯亂者は別として）誰もそんなことはしない。われわれのやることは、與えられた状態がどんなでも、成否と安危の見込みを勘案して、その判定に照らして行うこと以外に無い。われわれは四六時中そういうことをやっているが、これがわれわれの暮し方なのである。これらの場合に於ける判定は人によって違うもので、すべてわれわれが前に經驗したこととか、訓練を受けたこととかに制約されるが、而もそれは實際に即したものである。判定を下す爲に知ってる限りの理論を持ち出して、少しも差支え無いが、結局は時機が來て、二つまたはそれ以上の方途の中で一つを擇んでその選擇が間違っていなかったよう希望する外無いことになる。

同様に、判定が懸案になっている事柄についても、實際に即するという一線を劃する要がある。例えば何も絶對正確には知らないからと言って、隣人が飢餓に瀕している際に、これに食糧を贈る義務が自分にあるかどうかわからないというのは間違っている。孔子は知識に關する事柄でも實際的な一線を引く必要を認めた。彼は智慧を定義して「あることを知っている時に知ってると認め、知らない時に知らないと認めることだ」と言った(一三八)。前に述べたことからして、勿論彼が絶對的の意味で知るということばを使っていないことは、明らかである。むしろ彼は理由の無い懐疑論と、すべてを包容する獨斷的確信との間に合理的で適當な平衡を得る必要を主張しつつあったのである。

この平衡を得る、中道を守るという觀念は孔子にとっては非常に重要なものであった。「孟子」には、「孔子は極端に走らなかった(一三九)」とあるし、論語には「孔先生の曰うには、若し私の理論を實行する爲に共に中道を歩む人が得られなければ、短兵急な人と、用心に過ぎる人とを取らなければならない」とある(一四〇)。彼は缺陥というものは、種類は違っても均しくわるいものと考えていた。卽ち「行き過ぎるのも、足らないのも悪いことは同じである」と言い(一四一)、また、「中道は實に最高の德だが、これが人民の間に行われないのも久しいものだ」と言っている(一四二)。

ここに妥協の哲學が生ずるのは、もともと然るべきことである。西洋風の思想では、妥協はやや喜ばれない傾向があるが、これは眞理と德とが、ともかくも一定した絶對なもので、これを以て賢良の士が共同體を設けたのであるという西洋の觀念から出てきたものである。そういう事情であったから、誠實という嚴格な道を固守すべきであるとした。孔子はまたある一線を劃し、この線を超えて、彼の主義を讓歩し、妥協するなどは死を賭してもしてはならないと思っていた。しかし、孔子は眞理が一定不變のものかどうかについては、決して意見は述べなかったものの、人間が苟くも考える力のある道義的な存在である以上、眞理の理解は常に變化しつつある筈のものだと思っていたことは一點の疑いが無い。なおまた、何人も自分を神から認められた眞理の唯一の番人だと思う權利などはある筈がなく、相互に意見を異にすれば、相互間で論議する要はあるが、恐らくは雙方共に一部の眞理があって、その兩者の中間に、眞理により近い何ものかがあるのではなかろうかと思われる。こういうような妥協の必要なことは、協同的であることとが、社會の概念だとすれば、論理上當然の歸結であることは言を待たず、妥協こそは民主政治の要素なのである。

その上、眞理はよく判ったとしても、それを具體的の狀況に、どう適用するかは、眞理も教えてはくれない。叛臣共が彼らのなす政治を指導してもらいたいと孔子を招請しようとした時に、彼がこれに應じようかと心を惹かれたことは既に述べたが、これなどもその一例である。彼は彼らの行動を全面的に認めなかったけれども、個人の潔白を失うまいとする願望の爲に、或は人民の苦難を緩和することになったかも知れない好機を受け入れなかったことは、果して彼としての名分も立ち、差支え無いことであったろうか。これは現實の問題であった。マックス・ウェーバは次のように言っている。「多くの事例で善い目的を達するには、道義的にはいかがわしいか、少なくもあぶなっかしい手段を用いること、即ちわるい枝葉の派生することもあり得るし、また實際起きそうになる場合に直面すること位の代償を拂う覺悟をきめる必要があることが必ず隨伴することに對し、世界中の倫理學は一つとしてこれを回避することはできない。倫理的に『よい』目的ならば、倫理的に危險な手段を用いても、またわるい枝葉の生ずることがあっても、いつになったらまたどの程度位ならば『差支え無いことになる』かという結論は世界中の倫理學からは出てこない」(一四三)と。

孔子は今言ったような問題には、人として絶えずぶつかるものだということを認めていた。所でそういう問題が、どれもこれもある程度は獨特で他に類例の無いのは、その周圍の事情が二度と再び決して同じではあり得ないからである。このことを認めた跡がシナの法律には今日なお儼として存している。フランスの法律家ジャン・エスカラは、その著「シナの法律」の中でシナの法律手續きは依然として根底は儒教風のままであると言っている。かような次第で、エスカラの言によれば、シナの司法當局は人情的に過ぎるとか、個人的に過ぎるとか評してもよいような法の適用をして(法文に定められている)刑罰を名ばかりの嚴重さに輕減しようとする先入觀を持っている。そして、シナの刑法に關する書物を著わした人達が、非常な巧妙と精緻とを以て、犯意の決疑論的分析から、共犯、赦罪、酌量事情、常習犯、累犯等々に至るまでのあらゆる種類の刑法理論を創り出した、かの紛れもない天才的特徴もこれによって説明せられる。(一四四)シナでは裁判所までが、道義は個人が、その行爲を一連の嚴重な規則と常に一致させていくだけのものではないことを知っている。

孔子の哲學では、個人に非常に大きな責任が殘されているから、わが事としてその精神を教育し、その性格を強くする外には何もすることは無い。中庸の理想は、品性陶冶上重大な作用をなし、「禮」や「道」や「義」と同じく、自己鍛錬の上に裨益し得る原理の一つである。穩健な人も、時に過ちもすることはあるが、極端に走る人のようなひどい間違いを起こすことはまず無い。孔子は如何に修養だといっても、餘り洗練され過ぎて、人間の基礎をなす人間性を稀薄にするようなことがあってはならない、人間性こそ眞に人格の根底をなすものだという意見を持っていた。(一四五)

慈善をする時でも、理性で調節すべきである。かの手に負えない門弟の宰予が、ある時、孔子に向って「ある人が本當に有德者であれば、井戸の中に人が落ちていると告げられたとして、その人はすぐ井戸に飛び込みましょうか」と言った。孔子は「どうしてそう思うか。そうやって、君子を井戸の所まで連れて行くことはできても、飛び込ませることはできない。君子は一應だますことはできるが、大馬鹿にすることはできない」と答えた。(一四六)

かようなわけで、有德と眞理とは、孔子にとっては居心地のよい避難所では無かった。尤もわれわれはそこで滿足して安らかに休養をとることができそうだというより、むしろ有德と眞理とは、それに向ってわれわれが絶えず歩を進めねばならない目標である。孔子は「學問をするのは、誰かを追っかけ、近附き得ないので、見失わないよう氣をつけるべきかのようにすべきだ」と言った[四七]。こういうのは、人生は常に熱狂して、心は惱んでいなければならないというのではなく、その反對に競爭は必ず早い人が勝つとはきまらないし、また一番あせって探し求める人がいつも探す目的物を見附けるわけでもない。教育と自己鍛錬とによって、また常に中庸を守ってこそ、混亂の中から平靜と自由とを贏ち得るのである。しかし、生きている限りはわれわれの道義的機能がある爲に、却ってその機能を働かせてわれわれに開かれた種々の行路から、それぞれの新しい状況下で選擇する機能相當の義務を課せられるのである。孔子は、「何をするのがよいのかと始終自問しない人こそは、どうしたらばよいかわからない人だ」と言ってこのことを明らかにした[四八]。

(一)　ジョン・エー・ウィルスン「エジプト」一〇〇―一。
(二)　ウィルヘルム・ウィンデルバント「哲學史」二四。
(三)　プラトン「ファイドン」六五―六。エー・イー・テーラー「ソクラテース」一六四―七一。エー・ケー・ロージャース「ソクラテース流の問題」一五六―七。
(四)　ウィルスン「エジプト」一〇〇―一三。
(五)　子張二二の二。
(六)　「孟子」盡心下三八。
(七)　梅思平「春秋時代の政治と孔子の政治思想」(「古史辨」第二冊一八五)。
(八)　ベルンハルト・カールグレン「淮と漢」四。
(九)　顏淵二と「左傳」僖公三十三年上二〇二とを、子路二九および三〇と「左傳」僖公二十七年上一七七とを比較せよ。
(一〇)　梅思平「春秋時代の政治と孔子の政治思想」(「古史辨」第二冊一八一―五)。
(一一)　「左傳」襄公二十九年下一一三―二一を見よ。他の所で鄭の子産が「陳は十年を出でずして滅亡するだろう」と豫言したことが引かれてあるが、その後九年五ヵ月でその通りになった(「左傳」襄公三十年下一二五。昭公八年下二三一)。「左傳」にはこの種の豫言は澤山ある。

(一二) 羅振玉「殷虚書契前編」一の二五の一。六の五八の四。劉鶚「鐵雲藏龜」一九〇の二。

(一三) クリール「釋天」(「燕京學報」卷十八、五九―七一)。

(一四) 「墨子」公孟第四十八、二三三。

(一五) 八佾九、一五、一七。先進二六の七。

(一六) 憲問四三、陽貨二一、「孟子」滕文公上二の四を見よ。三年の喪という慣例がいつ頃からはじまったかは、論議の種となってるが、「孟子」滕文公上二の三から判断すれば、孔子の頃に、一般に行われてたとは到底思えない。

(一七) 述而二〇。

(一八) 泰伯二一。

(一九) 先進一二。

(二〇) 雍也二二。

(二一) クリール「孔子は不可知論者か」(「通報」卷二十九、八二―九〇)。この論文のやや漠然たる私の結論は、かなり修正の要がある。

(二二) 「カント全集」第九卷三〇八。

(二三) 爲政二四。八佾一〇、一一、一二。

(二四) 述而三五。

(二五) 上述の通り、天と地は初めは別口だったが孔子の頃以前に、既に一つになった。

(二六) 雍也二八。述而二二。子罕五。先進九。憲問三七。

(二七) 「書經」大誥一三八、一四〇―一。康誥一四四―六。多士一七五―七。多方一九四―八。「詩經」大雅文王之什、大明八〇六―一四、周頌閔予小子之什、敬之一〇二―一二。郭沫若「兩周金文辭大系考釋」三三―四。

(二八) 「書經」多方一九六―七。郭沫若「兩周金文辭大系考釋」一三九。「詩經」大雅生民之什、板九〇五―六。

(二九) 「書經」顧命二一四―五。

(三〇)　公冶長一三。
(三一)　衞靈公三二。
(三二)　「詩經」大雅蕩之什、雲漢九三八—四〇。
(三三)　「書經」召誥一六一。「詩經」小雅北山之什、信南山七〇三—七。桑扈之什、賓之初筵七四一—三。大雅文王之什、旱鹿八二九—三一。生民之什、鳧鷖八八〇—三。周頌清廟之什、執競九九五—六。臣工之什、雝一〇〇四—五。等。
(三四)　郭沫若「兩周金文辭大系考釋」二〇二—三。
(三五)　「墨子」節葬下第二十五、一〇二。魯問第四十九、二四五。
(三六)　「書經」酒誥一五五—六。召誥一六五—六。郭沫若「兩周金文辭大系考釋」一四〇—一。
(三七)　クリール「シナ古代文化の研究」二一四—八。
(三八)　「詩經」小雅祈父之什、黃鳥五五四—六。ウェーレ譯「詩經」二六八、魯頌之什、泮水一〇三一—二。「左傳」僖公十九年上一四七、三十三年上二〇一。文公六年上二一九。成公三年上三二九、十年上三五九。昭公十年下二四〇、十一年下二四六、十三年下二六二。
(三九)　「墨子」節葬下第二十五、九九。
(四〇)　「史記」秦始皇帝本紀第六㈠二三三。
(四一)　ウィルバー「前漢時代のシナ奴隷制」一五四および三九三。
(四二)　「孟子」梁惠王上四の六と、「禮記」檀弓下第四、八八とを見よ。シナの學者は人形を用いたのが初めで、本當の人身御供は、それから出たものと思っていたらしいが、事實歷史に徵すればその反對のようである。
(四三)　「禮記」檀弓下第四、九五—六。
(四四)　ウェーレ譯「詩經」二六五、大雅文王之什、下武八五五。
(四五)　郭沫若「兩周金文辭大系考釋」一三三。
(四六)　雍也六を見よ。この章は仲弓に向って言ったと讀むべきだとされてるが、子罕二一を見れば、仲弓に就いて言ったと讀むべきであることは明白である。
(四七)　雍也一。

(四八) ウィルスン「エジプト」一〇六。ジャコブセン「メソポタミア」二一三。アーヴィン「ヘブライ人」三三八—四一。

(四九) マックス・ウェーバ「社會學論文集」二九三。マックス・ウェーバの孔子および儒教についての諸評論は何れも皆犀利だと言い得れば幸いであるが、不幸この場合はそうでない。それでも飜譯書と第二流の材料とで研究した割には、實に驚嘆に値いする辛疎な觀察をしている。

(五〇) 八佾一一。「禮記」仲尼燕居第二十八、四九五。中庸第三十一、五二一と比較せよ。

(五一) 孔子が「天命」と言ったのは、爲政四と季氏八との二章だけということになっている。爲政四の至極整然たる外形と、全く自得したような内容とは疑念を生ぜしめるし、季氏八もまた三という數字の用い方や權力主義の色彩を帶びている點、信を置きがたい。

(五二) 「墨子」非儒下第三十九、一六一。公孟第四十八、二三一。

(五三) 雍也三。先進七。

(五四) 憲問一三。

(五五) 憲問三八。

(五六) 雍也一二。子罕一九。

(五七) 顏淵五の三—四。これは、一部を切り離して引用したが、意味を傷うような切り離しではない積りである。

(五八) 衛靈公三二。

(五九) 「道」は孫海波の「甲骨文編」には載せられてなく、董作賓は占骨の研究に從事すること二十年に及ぶも、未だ曾て「道」という漢字にぶつかったことない旨一九四七年十一月十八日口頭で私に話してくれた。

(六〇) 容庚の「金文編」二の二三には四つの銘文に出て來る「道」を列擧している。郭沫若「兩周金文辭大系考釋」の五九、一二九、一八六、一九六。なお、同書一四〇をも見よ。

(六一) 「道」は次の場合では道路、通路の意味である。「易經」七七。「詩經」邶風、雄雉一〇七。谷風一一六。齊風、還二七九。南山二八五—六。載驅二九四—五。唐風、有杕之杜三三六。秦風、蒹葭三五三—四。陳風、宛丘三七〇。檜風、匪風三九五—六。小雅鹿鳴之什、采薇四八〇。四牡四五一—二。小旻之什、小旻六一六—七。小弁六二七。大東六六五。都人士之什、緜蠻七八五—六。何艸不黃七九五。大雅文王之什、緜八二〇—一。蕩之什、韓奕九五八。魯頌之什、泮水一〇三〇（毛詩注

疏二十帙一の一五、六―七行と比較せよ)。「書經」禹貢三七、三九、四一、四三に於いて四回現われる「道」は「道びく」意味である。また「書經」の康誥一四七、顧命二一七、および「詩經」鄘風、墻有茨一五五に二回出る「道」は「語る」「述べる」意味である。また「易經」小畜七三、隨一〇九、復一三七や「書經」君奭一八六、康王之誥二二〇や、「詩經」大雅生民之什、生民八六八では「道」は行程の意味である。

(六二)　子罕二八。衛靈公四〇。

(六三)　先進二四の三。

(六四)　里仁一五。衛靈公三。

(六五)　ロレン・クリール「初期儒教に於ける社會秩序の觀念」二二一―五。

(六六)　雍也一七。

(六七)　里仁八。

(六八)　クリール「シナの誕生」一二七―三一。

(六九)　「書經」康誥一四八―九。

(七〇)　里仁一八。

(七一)　子路一八。

(七二)　「禮記」檀弓上第三、六一。および「孔子家語」曲禮子夏問第四十三、一一を見よ。これは、二つではなく、一つの話で、ただどちらでもよいようなことに差異があるばかりである。復讐のことは論語には出てないが、これを辯護することは孔子の氣象には反するようである。荀子はそれを遺憾に思っていたらしい(「荀子柬釋」三四三)。

(七三)　學而六。爲政二一(學而二を見よ)。顏淵一一。陽貨九。

(七四)　「詩經」小雅白華之什、南山有臺五〇一―五。大雅生民之什、泂酌八九二―三。

(七五)　顏淵五の四。

(七六)　子罕一四。子路一九。衛靈公六。ウェーレ「孔子の論語」一〇八注一。

(七七)　ハメル「康有爲、歴史批評家にして社會哲學者」三五〇。

(七八)　子路一六。

(七九) 顔淵九。

(八〇) 里仁一七。公冶長二八。顔淵四。衛靈公一五。

(八一) 子路九、二九、三〇。陽貨四の三。爲政三を見よ。

(八二) 陽貨四。

(八三) 泰伯九の「孔先生の曰うには、人民はこれを從わせるようにすることはできるが、人民をして理解せしめるようにはし難い」という章を忘れてるのではないが、この章の意味は明瞭を缺き、その時の情勢または特殊な關係もよくわからないのである。

(八四) 子路三〇。これはただ軍事教練のことをのみ言ったのではない。子路二九を見よ。

(八五) 從來「仁」と稱する德については多くの學者がこれを論じて詳細を極めておる。しかし、彼らの論議を味讀し、また「仁」の出て來る論語の諸章を攻究しても、なお「德」または「完全な德」という以上に精密な定義を下し難いようである。

「德」という漢字にも「仁《ヴァーチュ》」の意味があるが、「德」はむしろ、時には、善惡何れにもせよ、人または物の性質を表わすことがあり、毒物の惡德《ヴァーチュ》という類である。然るに、論語では「德」の漢字と「仁」の漢字は相互に置きかえて少しも差支え無い場合があり、憲問五の場合および雍也二二と顔淵二一の三とを比較する時は特に明瞭である。ウェーレは大抵いつも「德」を「內部の力」を意味するものとして譯しているが、これは孔子の時代よりずっと後に行われるようになった觀念のように思われる。この譯し方は、憲問三六にあてはめれば通用しなくなること明瞭のようである。

(八六) 憲問一七、一八。衛靈公三七。

(八七) 先進二四の三。

(八八) 里仁五、一二、一六。雍也二二。述而一一。憲問一三の二。

(八九) 憲問一三。子張一。

(九〇) 述而一五。

(九一) 里仁一四。

(九二) 憲問四一。

(九三) 「孟子」公孫丑上二の七。

（九四）　顔淵四の三。
（九五）　述而三〇。
（九六）　子罕二六。
（九七）　衛靈公七の二。
（九八）　子罕二五。なお學而八を見よ。
（九九）　「カント全集」巻九、三三九。
（一〇〇）　學而六。
（一〇一）　里仁一五。
（一〇二）　衛靈公二四。
（一〇三）　雍也三〇。
（一〇四）　「カント全集」巻八、四七。
（一〇五）　「カント全集」巻九、二三〇。
（一〇六）　子罕一四。
（一〇七）　顔淵一九。
（一〇八）　子路一一。
（一〇九）　雍也一九。
（一一〇）　陽貨三。
（一一一）　公冶長一〇。
（一一二）　陽貨二。
（一一三）　季氏九は「孔先生の曰うには、生まれながらにして知識のある人は最上級である」に始まってはいるに違いないが、その僞文たることはほぼ確かである。本書第十三章三三二―三を見よ。
（一一四）　「孟子」離婁上二の二。
（一一五）　孟子は「書經」について、「書を全部信ずる位なら、いっそ書の無い方がましだ」と言っている（「孟子」盡心下、三）。

學の方法は「古典を誦するに始まって禮を習うに終る」と言明したのは官權主義者荀子である（「荀子」勸學篇四—五）。

（一一六）陽貨二一。

（一一七）子罕四。

（一一八）憲問三四。

（一一九）「孟子」萬章下一の五。

（一二〇）里仁一〇。

（一二一）「義」という漢字をライトとかライチャスとか譯するのは、雍也二二の場合には特に當を得ない。

（一二二）學而一三。

（一二三）憲問一三。

（一二四）特に明白な一例が子罕三にある。

（一二五）衛靈公三一。

（一二六）爲政一五。

（一二七）「古」という漢字を「過去」と譯するのは、ウェーレ流であるが、もっと一般に行われてる「古代」という譯よりは、この場合には斷然よいように思われる。孔子と孟子とは相隔たること一世紀に過ぎないけれども、孟子は孔子を古聖人の中に數えている（「孟子」公孫丑上二の二二）。

（一二八）八佾九。この譯文は「禮記」第三十一、中庸九六および「孔子家語」問禮第六、二〇—一に出ているやや文章の異るものを比較參照したものに基づいている。「中庸」や「家語」を、ここに引用したのは、孔子がかような言をなしたことの信頼すべき出所としてでは無く、このことばが比較的早い頃に理解されていたことを示すものとしてである。「文獻」に當る譯語の無いのは、何と譯してよいか私にわからない爲だけである。

（一二九）爲政一八。「殆」をこのように譯する説明は、本書第八章注三にある。

（一三〇）衛靈公二六。

（一三一）述而二八。字義通りに譯すれば「これらは段階で、それを通って……」となる。注釋者も譯者も、私の知る限りでは、皆この章の「次」を「次ぎ」即ち「第二」の意味にとり、その爲、「知識の次善の種類」即ち生知に次ぐものとなるが、孔子が生知なるものがあると思っていたかどうか頗る疑問である上に、この評言はこの章にとって無意味な附加物で、明らかに修辭上の漸落である。「次」の元來の意味は旅行の一段階たる宿泊所であったらしく、「易經」中の原典の本文（旅卦二八三）ではこの意味で使われる。恐らく里仁五でもそうであろう。この章で孔子は知識、即ち智慧に至る旅程のことを語っておるのである。

（一三二）　衛靈公三。
（一三三）　「カント全集」第九、二三一。
（一三四）　子路二四。衛靈公二八。
（一三五）　將來百世に亙っても儀禮的慣例の變遷を豫言し得るという彼の天眞的な信仰の一例としては、爲政二三を見よ。
（一三六）　ジャコブセン「メソポタミア」二〇三。本書第十章改革家二四七―八と比較せよ。
（一三七）　學而八。述而三、二一。子罕二四、二五。衛靈公三〇。子張二一。
（一三八）　爲政一七。
（一三九）　「孟子」離婁下一〇。
（一四〇）　子路二一。「孟子」盡心下三七を比較せよ。
（一四一）　先進一六。
（一四二）　雍也二九。
（一四三）　マックス・ウェーバ「社會學論文集」一二一。
（一四四）　エスカラ「シナの法律」七四。
（一四五）　雍也一八。
（一四六）　雍也二六。
（一四七）　泰伯一七。
（一四八）　衛靈公一六。

第十章　改革家

孔子とあらかた同時代の思想家で政治を詳論した人ではプラトンとアリストテレスがその最たるものである。従って西洋の孔子研究者がこの二人の思想を何か目安に採り上げて、孔子が論語に述べている政治哲學と對比するのは當然である。その結果、孔子の思想は比較的單純で組織立っていないという第一印象を受けるのである。これには、事實に卽した點も若干あるけれども、公平に言って、二三重要な點で兩者が事情を異にすることを心に留める要がある。

中でも一番著しいのは、プラトンもアリストテレスも、細目に及ぶ政治論が今日殘されているに反し、孔子には各種の隨想的章句をとり集めたものがただ一つ存するに過ぎないことである。これに劣らない位輕視できないことは、プラトンやアリストテレスの考えてた國は小さな都市國家で、現にプラトンはその著「法律」で都市國家の戶數を五千四十戶と限定しているのに對し、[一] 孔子の頭にあった國は、少なくともシナ全土を包含するものであったから、このことだけで、既に整然さの點で遙かに劣りまた問題を一層困難にしたのである。さらにギリシアの政治形體は、いろいろであったから、思想家は君主政治、寡頭政治、民主政治、獨裁政治とかなり違う各種の政治上の經驗によって資する所があったに反し、孔子はシナの封建國家と、その衰微によって展開した諸現象とを知るに過ぎなかった。最後に擧げるけれども、一番重要と思われる相違點は、プラトンもアリストテレスも、共に現實の國家で實行可能なことのみで無く、理想國家に論及したのに反し、孔子から政治理論の討議をした話は曾て耳にしたこと無く、彼は大概いつでも近い將來に實施可能と考えた改革についてのみ語ったことである。

孔子が改革したいと思った諸情勢は既に述べた通りで、平民はひどい暴政下にあってほとんど何の權利も無く、君主は思いのままに平民を驅使することが出來、ただ叛亂という反撥には如何ともし難いが、それも時偶しか起きないことで、起きても、その結果は知るべきのみであったのである。また、爲政者階級の人達自身とても、この時代の一般的無法や頻發する戰爭の犧牲は免るべくもなく、世襲貴族の後裔として、數代に亙り權力と豪奢とを父子相傳し來たった君主やその重臣たる名門も、大部分頽廢の餌食となって困苦をなめ、ほとんどその例外をみなかった位である。彼らは戰場に於ける武勇と、陰謀を回らす手腕との二つに長じていることが要件であったから、この二つの錬磨に最善を盡し、その爲、人としての威嚴と人たるの幸福に關心を持つ人は心靜かに沈思することもできない世の中となってしまった。

孔子は今述べたような人としての威嚴と幸福とに關心の深い人であったから、實に深刻に思い煩ったのである。彼はよりよき世界を作ろうと思い立って、その一生を捧げたのであるが、事ここに至ったのは何の爲であったろうか。また彼の周圍の理想と懸隔する彼の理想や、由って以てこの世を變化させたいものと希望した彼の思想の源泉は何であったろうか。

昔から今日に至るまで、一般に信ぜられてることは、孔子がひたすら古えの道を復活することをのみ追求してたということと、有徳な「先王」の道に復れと人々に勸めたということとである。成程、彼は自分の思想の源泉は古えだと二度も言ってるし、[三] 過去と對比して現在を度々貶《けな》しもしてることは、正にその通りだが、孔子が當時の政治當局者に對し、輕侮の言を發したのは、半ばは、彼に改革を實行させまいとしていた人達を非難しただけのことであったことを念頭に置く必要がある。

傳説に重きを置いたのは、孔子に限ったことではない。プラトンは、その革新論中には、男子は財產も子供も婦女も共有すべきだという案さえあったにも拘らず、「何でも變革することは、害惡を除くことは別だが、危險中の危險である」と言明した上に、立法者は「古えを尙ぶこと」を教え込む方法を見出さねばならないとも言っている。[三] 古代シナでは古えを尙ぶことは一般に行われていた。董作賓は商の占骨に關する彼の研究によって、意識して過去を眞似る慣行が既に孔子生誕より五百年以上の昔に存していたことを明らかにした。[四] その後比較的未開の周族が商國に勝ち、代って統治の衝に當った時に、周朝の人々は「先哲王」の定めに従う所存であるとはっきり言明し、また商國が亡びたのは、「古えの道を用い」なくなったからだと主張した。[五] 傳統に従うことの大切なことは、「書經」「詩經」および青銅器の銘文[六]に再三强調されており、古代シナでは、古風であることが、即ち時の流行であったのである。

一見この背景とは反するが、孔子は傳説を奴隷的に信奉したようにはみえない。それ所か、彼は人間の制度に變更發展のあることを認めて、それら變更が宜しきに適う爲に人に喜ばれ、常識もこれを認めれば、進んで變更しまたこれを受け入れるにいささかも吝かでなかった。彼がこういう風であったことは漢代になって初めて儒家達に認められたのである。[七] 彼は「周は前二代の經驗を檢討し得る有利な立場にある。周の文化はいかにも豐富である。自分は周に従おう」と言った。[八] 孔子はある方策が傳統によるというだけの理由で、これを推稱したことは無く、現に彼は政治はどうやったらよいかと十一回も問われたけれども、傳説に使われてることばで答えたのはただの一度だけである。即ちこの時、彼は「夏の曆を用い、殷の儀裝車に乘り、周の禮帽を被る」と言った。[九] この場合でも、彼はただ古えに従うことを勸めたのでは無く、各時代の中から選擇して、いつの時代の慣習に従うべきかをきめたのである。これが孔子獨特の點で、彼は傳統を重んずる人ではあったが玉石混淆でなく、それを取捨選擇したのであった。

今日、われわれとても皆その通りにやっておる。結構なご時世だったと、昔に憧れる時は、昔のよい面を考えておるのである。こう考えると、康有爲の言ったように、孔子は、若しかすると意識して自分の新思想を古えのものだと欺いていたのではないかという疑いが起きて來る。この説は甚だ疑わしいが、それは論語に現われてる孔子よりも、後世の書物で、孔子のことばとされてるものの方が古えのことを遙かに多く語っておるからである。また彼は彼自身の最も革命的な思想の爲に、その根據を傳説に求めようとはしなかったようだが、ある時比較的新しい觀念に違いないものを、古えのものだと稱したことは否定できない事實である。[一〇]それにも拘らず、彼が意識して欺いた證據はどこにも無いようである。若しあったらば、彼が明言してる主義に背くことになるわけである。

孟子は、西紀前約二千二百年の昔に君臨したとされてる古えの皇帝堯、舜、禹から孔子の教義は傳承されたものだと言ってる。[一一]これが正統論となって、孔子は、これら古えの三帝の「黄金時代」を再現しようとしたものだと一般に思われているが、論語にはこの説を支持する個所は見當らないのである。成程、孔子はこれら三帝を口を極めて稱揚してるには違いないが、孟子および後の著述家のように、完全な政治が行われる爲には、是非共三帝に倣うことが必要で、そうさえすればそれでよいというようなことをば、一度もほのめかしたことは無い。事實、やや後の時代の書物に比べれば、論語には三帝のことはほとんど出てないと言ってもよい位である。

これには相當の理由がある。堯、舜、禹などは、どうみたって全然傳説上の存在であることを、シナの學者が發見したのは、現世紀になってからのことで、[一二]堯も舜も、孔子の頃以前の書物や青銅器の銘文に書かれたものは無いようである。禹は「詩經」「書經」[一三]および青銅器の銘文に[一四]文化の英雄と謳われているが、これは禹が、大河を浚渫《しゅんせつ》し、土地に排水設備を施して、人が住居し、農耕することのできるようにしたからである。禹はこういう人で、稷の君主、后稷と血縁があり、その后稷は、神話では、周朝の創始者となっている。[一五] しかし、禹を皇帝と書いたのは論語が一番早く、堯、舜の名が初めて出たのも論語である。

三帝に關する話は、概して孔子の時代以後にでき上ったもので、徐々にこれら傳説上の皇帝は儒家の德目すべての原型そのものになってしまった。孔子がこれらの人物を發明して創り上げたというのは極めて疑わしく、若しそうならば、彼らの話がもっと多く語られることを孔子に期待して然るべきである。しかし、孔子の時代は、三帝の物語ができてから、まださほど年月を經ていなかったのである。かような次第で、孔子がその思想を堯、舜、禹から得たなどということはあり得ないことで、實は彼らの方がその思想を孔子から得たと言った方が遙かに事實に近いと思われる。[一六]

孔子自らは、周朝の創始者たる武王の父、文王の知的承繼者であると稱し、[一七] また多少明瞭を缺くけれども、ある章では文王の子周公をば彼が靈感を得た源泉と思ってたことをほのめかしている。[一八] シナの傳説では隨分古くから、周公は儒家思想の源泉と考えられ、而も時には、事實彼が孔子よりも五百餘年前の人であるに拘らず、儒教の創始者とさえ見られたこともあった。[一九] 周初の君主については、今日「詩經」、青銅の銘文また特に「書經」によって隨分多くのことが判っているが、わけても、「書經」の中には周公自身の筆に成ったと思われる數篇がある。これらの文書が孔子の思想とある點は同じであることを示しているが、これは實に奇と言うべきである。

なぜ奇と言うべきかと言えば、周は比較的粗野な未開族であったのが、遙かに文化の進んだ隣國商を亡ぼし、北シナの大部分を統合して支配したのだから、その政治はやや苛酷ならざるを得なかったことはわかりきったことであったからである。周の極く初期の諸王は大膽極まる長驅遠征を企てて、これを達成するだけの極めて有能な人々であったに違いなく、特に周公は材幹に勝れ、新たに獲得した版圖が崩壊の危險に暴された際には、攝政として權力を掌握し、七年後には王である甥に確乎たる組織の整った帝國として、これを返したのである。これらの人達は進んだ考えを持っていたが、そうかと言って一面彼ら相當のことは認めても、他面彼らの人道的發言の全部が純然たる眞情から發露したものとすべきでは無いのである。

周族の首領達は高度の中央集權的政治を行うに必要な經驗も便宜(交通および通貨制度)も持っていなかった。彼らは大部分の領土を、その親族や遠征に協力した部落の長に分配し、これを受けた人達には、大抵のことは、適當と思うがままに政治を行うことを許し、ただその封域内の平和を保つことと、いざ戰爭という場合に國王を助けることとだけが條件であった。なおまた一定の進貢をすべきものとされていた。これは、事實封建制で、この結果全帝國に亙って戰略的に布置された守備兵は周の諸侯の手に委ねられることとなった。

しかし、周朝初期の諸王は賢明で、シナを征服統一したように、武力のみでは、これを掌握していけないことを十分心得ていたが、商の人民の起こしたやや大きな叛亂の爲、ますます忽《ゆるが》せにすべからざることが裏書された。それ故周朝は彼らが征服し統治するに至った正しい名分を、心を用いて精細に述べこれを公布した。大方の征服者の例に洩れず、周朝もその目的を達する爲に、一度《ひとたび》はひたすらに用いた武力を貶して、彼らが武力に訴えたこともその本意では無かったと聲明した。然るにも拘らず、彼らの言分では、天は旣に命じたのであった。天は、絕えず君主の行動を監視して、萬一彼が救い難いまでに惡虐を極めるならば、新朝を創めることを負託する人に「命」卽ち天の命令を下すのが慣例で、周王は天の召使としてこの命令に應え商を亡ぼしたというのである。(三)

王者として滅亡の憂き目に當るだけの「暴虐」とは、どのようなことを言うのか。周族は神々に對し、禮に適《かな》った方法で祭祀をすることを怠ったことと、飲酒に耽ったこととに特に重きを置いていたが、周公は、その上に人民の扱い方の失當も滅亡に値いする罪に數えた。[三一]

周の諸王は非常に「有德」であったと繰返し聞かされてはいるが、「有德」と言った所で、その意味がわからなければ、何とも言えないのである。古代有德の眞の典型と考えられていた一人のローマ人を、シセロは「勇敢で、尊敬すべきマルクス・ケートー」[三二]と褒めていたけれども、(プルタークによれば)彼ケートーは饗宴果てた後には、その度毎に革紐を持って奴隸達のいる所へ行き、自分で「給仕の仕方や、肉の調理に不調法な所があった奴隸を鞭つ」ことを常習としていた。[三三]周初に、所謂「有德」な貴族で、平民に對し、非常に壓制的であったものが多數いたことは疑うべくも無いが、新米の征服者として、彼らの地位がひどく不安定であった爲に、一つの防禦方法として意を迎えようとする誘因を内藏していたことは輕視できない事實であった。周公が特にこの點を認識してたと思われるのは、彼の筆に成ったと覺しき文書で、今日まで傳わるものの中で、刑事事件に裁定を下すには正義は勿論だが、慈悲もまた必要なことを力說し、また人民を寛大に取扱い、無援孤獨な人々を壓迫しないことの大切であることを主張してることである。[三四]

このことは、シャルルマーニュが臣下達をして、次のような宣誓をすべきものとしていたことを想い出させる。その宣誓によれば、大帝は、神聖な教會、寡婦、孤兒、外國人などすべて、こういうものの保護者および防衛者に……任命されたことを考えて、これらのものに對し、臣下達は無法を働かずまた決して謀反しないというのであった。[三五]シャルルマーニュも周公同樣に、廣大ではあるが、まだ十分に一體となっていない領土に對する統治力を強化しようとしたのであるが、どちらの場合も人道主義と政策との二つの動機が結びついていたのである。この兩人は聖人物語ともなり、後の歴史に甚大な影響を及ぼしたのである。

シナではその結果、王者たるものの理想が後世に殘されることとなったが、それによれば、王者もある型の國家の管理職で、職務を執行するに當って人民の福利を圖ったかどうかが、賢君か否かを極める目安になるというのである。周朝が王者となったのは、暴虐な君主にとって代った以上、當然その資格があるものとしていた爲に、その後君主たるものは誰でも公正且つ親切であることが本務となって、權力の地位に就いた人は誰でも自分の職務は神聖で而も困難な寄託を受けたものと考えねばならないという理論が一般に認められるようになった。この理論がほとんど一般的に尊重せられるのは、この理論が守られる時よりも、破られる時であることはわれわれの既に十二分に知る所である。それでも、こういう慣習が存在するということだけでこの上ない重大なことであった。孔子はこの慣習の中に、彼の企圖してることに大いに役立つものが多く手近かに待ち構えてることを知った。(耶蘇の教訓のように)そのことはたとい實行不可能と思われても正しいことだとほとんど誰でもに普く認められたことは、他の方法では到底得られない支持を孔子の理論に與えた。

孔子は封建制の擁護者だとよく言われる爲に、彼は周初の封建制度を復活せしめようと努めたと思ってる學者も少なくない。そう思うのは、主として孔子の死から二百六十六年後に、儒家とされていたある學者が、秦の始皇帝の、親族および功臣に領土を分與しなかったことを非難して論議した[二六]ことに關連してるようであるが、この學者が貴族の一員たる理由のみで官職を與えるべきだと主張した所をみれば、孔子の教えとは千里隔絶したものであったのである。實際、考證學が眞正なりと考える論語の部分には、すべてどこにも封建制を擁護する個所は見當らないが[二七]、他面孔子が直接封建制を斥けたこともまた曾て無かったのである。しかし、彼は實際政治の上では、頗る徹底した改革をやりたいと思っていたから、改革後に殘されるものは封建制とは何ら類似點の無いものとなったことであろう。

プラトンやアリストテレスが、どういう種類の政治を主張したかを容易に知り得るのは、彼ら自身の筆に成る「共和國」「法律」「政治學」に目を注げばよいからである。孔子には、そう言った文書が一つも無く、ただ論語に各種の斷片が盛り合わされて存するのみである。彼の門弟達の爲に、彼の理想國家の實例を記述したものがあったとしても、今日に傳わっていないから、斷片をつなぎ合わせてできる限りの描寫をする外無いのである。

彼自身の生活した社會が、理想から遙かに遠ざかっていた爲に、その社會で際立って缺けてたものを持ってる國、卽ち人民一人殘らずが必ず平和、安全、および豐富を樂しむことのできる國を最善と考えたのは當然のことであった。平和と言えば、彼は平和論者だったとは考えられていないし、また明らかに平和論者では無かったのである。しかし、言うまでもなく、戰爭は彼の主義に反するし、おまけに、その頃の戰爭は概ね殺戮戰であった上に、世間一般の無法の表われた一局面であったから、彼の唱道した政治上の改革が若し成功すれば、戰爭は自動的に消滅したであろう。

「子貢が政治について質問した。孔先生は答えて、『政治の眞諦は十分な食糧と十分な兵器と人民の信賴を得ることだ』と言った。子貢が『假りに三者の中どれか一つ止めなければならないとしたら、どれを止めるべきでしょうか』と尋ねた時に、孔先生は『兵器』と答えた。『それならば殘る二つの中で一つを止めなければならないとしたらば、どちらでしょうか』と問うた。孔先生は答えた。『それならば食をやめにしよう。昔から死は何人もが免れ得ない運命だが、人民が政治に信を置かなくなったらば國は立って行かれないからだ。[二八]』」

この最後のことばは極めて重要である。國が立っていく爲には、政府として人民を餓死せしめるべきだというような意味ではない。そんな意味なら馬鹿げてるし、孔子からざるも、また甚しいというべきである。ここで言わんとする眞意は、君主が經濟的利得を得ようとして、人民が甚しく無知でその邊の事情不案内なるに乘じて「人民その人の利益の爲」という口實の下に、無慈悲に人民を驅使して、利己的に民力を惡用してはならないということである。なおもっと重要な點は、國家は協力によって營まるべきもので、治める君主も、治められる人民も、一樣に國家目的についての理解を共通にして、受ける恩惠も分ちあわなければならないと彼が主張していることである。

今日では、こんなことは當り前でわかりきったことに思えるが、孔子の頃は決してそうでなかったことは歴史が示して餘りある所である。彼の時代には世襲貴族が彼らの信條を表明したことはほとんど無く、この儒教の「打倒的」な原理の爲に、彼らは、防禦の立場に置かれて、初めてことばに出して彼らの哲學を展開させざるを得ないこととなった。西紀前三世紀に、韓國の公子韓非子は、君主と人民とは根本的に利害一致するという觀念を非なりと論じ人々を感嘆せしめた。韓非子は、君主を父に擬《なぞら》えるなど愚の骨頂で、父はわが子の保護を念ずるものだが、君主は、戰時には人民を死地に陷れ、平時には餘す所無くその力を致さしめるものである。人民は愚昧だから、その歡心を得ようと努める要は無く、頭のよい君主は、慈愛や正義を無用の長物としたが、實際これらのものは混亂を招く基となるからであった。卽ち彼は自分を始終富まし且つ權力を持たせて置くことこそが、遙かに多く世を益するという主張であったが、それは、すべて家來なるものは、君主を殺してとって代ろうとするのが、その本性だとするからである。從って君主は何人をも信賴せず、あらゆる人に對して、嚴しい監視を一刻も怠ってはならず、また主立った大臣には餘り多くの權力を與えず、むしろ君主を憚り恐れさせるようにすべきである。かくして、初めて、人民の福利の爲に必要な秩序と善政とが得られるというのが韓非子の意見であった。[二九]

これはなかなか巧妙な理論で、これを立證する證據は枚擧に暇無い位だが、孔子の考えはこれと違っておった。彼は、誰もが互に反抗しあう狀態を避くべからざるものとして受け入れ得ないのみか、反對に人間は一大家族で相互に緣續きであると思っていたから、「四海の內皆兄弟」であったのである。[三〇] 一家の中には秩序は勿論紀律さえもあるが、これを支配的に促進させていくものは恐怖では無くて、諸〻の共同目的に向っての實行に際して協力しようとする積極的希望である。政治上もまた然あるべき筈だという考えであった。

「孔先生の曰うには、諸規則によって人民を指導し、處罰によって秩序を保とうとすれば、人民の道義的責任感は全然皆無になってただ刑罰を避けようとするだけとなる。然るに若し(敎訓と垂範との二つの方法で)德を以て彼らを指導し、秩序の維持は、これを『禮』に須《ま》つこととすれば、人民は道義的責任を感じて自らを匡正するようになる。[三一]」孔子の政治哲學の眞髓はここに存し、消極的な處罰では無く、積極的な垂範であり、人民がしてならないことの長口舌では無く、何を爲すべきかについての敎育であり、恐怖が支配する警察國家ではなく、治者、被治者間に相互の理解と好意とが存する協同國家である。この點、彼は輓近の民主主義理論と同說である。エー・ディー・リンゼーは、「民主的社會の興廢は、各人が自分の外に、他人がそれぞれの目的を持っていることを相互に理解しあうか否かに存する」と書いている。[三二]

如何なる政治哲學でも、ある程度はその創始者の政治上の環境を反映するものである。古代ギリシアは、民主政治について多大の經驗を重ねたが、必ずしも順調ばかりでは無く、その爲に、プラトンもアリストテレスもある點では民主政治的に傾いていながら、「純然たる」民主政治には重大な留保條件を附けていたのである。[三三] 然るに古代シナでは、孔子をはじめ誰一人として、今日われわれの知るような民主政治の可能を夢想だもしなかった。人民は未だ曾て權力を握ったことは無く、従って政治の惡について、人民が非難される點は皆無であった。その結果、孔子は終始一貫人民の味方となって、あらゆる惡いことは擧げて世襲貴族にその責ありとして、人民を利己的に惡用する彼らを非難した。彼は、君主がただ善良且つ有能でさえあれば、人民は爲すべきことはするから、峻嚴な刑罰の必要は無くなると繰返し言った。[三四]これと同じような氣持ちで、門弟の曾參も、司法官に任命された人に向って平民が罪を犯した證據が擧がった時に喜んではならないのみか、むしろ哀しみと憐れみとを感ずべきである。こういうことは君主が『道』を失うこと久しい」から起こることだと語ったことがある。[三五]

プラトンは哲學者を以て目され、孔子はしばしば宗教的教師と言われる。然るに、プラトンは曾て(神に事えることと比較して)人間の事は眞面目に考える値打が無い位だと言ったことがあるのに、[三六]孔子がほとんど專心、深甚な關心を寄せていたのは、人生、而も現在この世に於いての人生であった。「樊遲が有德について質問したに對し、孔先生は『人を愛することだ』と答え、彼の知識についての質問に對し、孔先生は『人を知ることだ』と答えた。[三七]」人間は平民が大多數であるのに、それらがひどい暴虐な目にあっているから、政治の革新を行ってこれらの人々の安寧の爲に役立ちたいというのが彼の主たる念願であった。彼は人民をよく遇する君主の爲に最高の賞讃は取っておいたのである。[三八]

人民が恐ろしい程の窮乏裡に殘されてる間は、他の改革をした所で、それは役に立たないという原理を知らない孔子では無く、大衆の爲にまず第一に爲すべきことは何かと尋ねられた時の彼の返答は「彼らを富ませよう」であった。[三九]彼は莫大な富も、またその所有者も蔑視し敵視さえもしていたから、[四〇]自分の爲でも、人の爲でも、門弟が資産を蓄積することはこれを非難した。彼は「君子は窮乏してる人には援助するけれども、既に富んでる人間をその上になおも富ませることはしない」と言った。[四一] 門弟冉求が季氏の爲に、なおも多大の財産を積み上げる爲に、課税の捻子《ねじ》を固くした時に、孔子が彼を勘當したことは前に述べた所である。[四二]

富者は貧者に比して、多少、多くの勢力を政治上に持っても然るべきだと論ずる政治論者も少なくないが、[四三] 孔子はそういう考えは持っていなかった。古代シナでは通商貿易は微々たるものであったから、富者になる途は主として爲政者となって徴税することであった。大富豪になろうとすれば桁外れの税金をとる外無かった。かような次第で、孔子が大富豪を暴虐者と考えたのは至極當然のことであった。彼は共産主義者では無かったから、君主が自分の本務を全うするならば、無茶な豪奢ぶりで無い限り、分相應な生活ぶりをする資格はあると思っていた。君主が人民の爲になる政治を行うならば、誰一人これを惜しんで與えないなどとは言わないけれども、そういう政治を行わなければ吸血鬼となるのである。「孔先生の曰うには、國の政治が『道』によって行われてるならば、貧乏や微賤でいることは恥ずべきことだが、そうでないならば、富を持ち地位に就いていることこそ恥ずべきである。[四四]」

孔子は、一旦人民の窮乏が救われたらば、その次には人民に教育を施さなければならないと言っている。[四五] 彼が、人には皆、少なくも若干の教育を施す要があると唱道したことは既に述べた通りで、彼は、何人でも眞理を求めて彼の所へ來る以上は、社會上の地位などいかに卑かろうと、そんなことは構わず、その人の疑問を解く上に、手助けとなるに必要な時間ならば、皆それに使ってもよい覺悟だと曾て言明したことがある。彼は學徒を顧みなかったことは一度も無いと自慢していたが、事實彼は彼らを受け入れて、頭がよく且つ勉強家である以上、門地とか貧富とかの條件は一切これを無視して政治の術を訓練せしめたようである。[四六]

このように、すべての人に若干の教育を施す必要を主張したり、また爲す有らんとする平民の中から教養ある君子を養成することに乗出したりして、孔子は結局、世襲貴族制に對しその死命を制する一撃を加えつつあったのである。今日では普通教育を一般に施すことは勿論のことであるから、これがいかに革命的なものであったかを如實に理解することは困難である。シー・デリスル・バーンズは西ヨーロッパで「教育の廣く普及したのは、やっと一八五〇年前後以來のことで、それ以前數千年間は教育は爲政者階級だけに限って必要なものと考えられていた……」と言っておる。[四七]孔子は、門下生を訓練して仕官するようにはしたが、彼がこの訓練の爲に受け入れたものは、比較的低い出身の貧乏人であったから、これこそ實に現狀打破性を帶びるものであった。[四八]この點を、一八八二年に「貧者教育政策」に關する一小册子を著わしたイギリスの僧侶、ジェー・ツウィスト師は認めて、その小册子に於いて「知力を增進させる權利に關しては、彼らより上層の人々と同一の立場に在るという途方も無い考えを持つ人の階級が社會に存することは、公安にとっては實際一部革命狂の計畫位に危險かも知れない。人民に勞働と困苦とを割り振ったのは神の意思では無く、人間の都合から來てると革命狂は人民に教えるから」と警告した。[四九]

　孔子の教育に關する理論に革命的性質のあることは孔子自身の時代には察知されなかったようであるが、或は非常に架空的で恐らく實效無きものと考えられていたのかも知れない。この知識という病原菌がかなり擴まってから初めてその危險が非難されるようになったのである。「老子」という道教の書物(が書かれたのは孔子の時代よりは隨分後だということは今日學者の定說である)[五〇]の著者は「人民を統治しにくいのは、人民がものを知り過ぎたからだ」と言明し、[五一]法家の韓非子は經濟的生產の方へ向けられるべき時間が、今日では餘りにも多く學問に全部浪費されているが、これは孔子やその他の人々の示した實例が害毒を流したによると主張し、この惡弊を匡正する爲に文學は廢止すべきであると提案した。[五二]

孔子自身の時代には、こんな風に明らかに、誰もが警戒的にならなかったことは、彼が革命家として相當手腕を具えてたことを物語るものと言ってよい。孔子は、孟子のように暴虐な君主は死刑に處すべしとか、農夫と皇帝との間に先天的差異は無いとか、ずばりと言ってのけるようなことは決してしなかった。[五三] 若し彼がずばりとものを言ったらば、彼の全運動が順調に發足する前に中止させられたことは、間違いなさそうである。孔子は、どちらかと言えば、如才ない方であったから、まず基礎を築いた次第で、百年後に孟子が出て、後難の恐れも無く、單刀直入的な言い方をすることができたのである。これは確乎たる方針から出たことらしく、孔子は曾て、腐敗した政治の行われている時には機會が來れば勇敢に行動する心構えはしておるべきだが、これをことばに出すことは(それによって自然に狀態を正しく直すことはできるものでないから)多少用心深くすべきであると言ったことがある。[五四]

とは言うものの、彼は必ずしも常に細心であったわけでは無く、人間は人間として、偉大な而も本來平等な價値を持つものだという彼の確信を如何なる場合にも骨折って隱そうとはしなかった。彼はある時門弟の子路のことを「麻をつぎ合わせたみすぼらしい長衣を着て、見事な毛皮を着ている人の傍らに座を占め、少しも度を失った感の無い」人だと稱揚したことがあった。[五五] 孟子は、孔子が「自分に正しくない點があれば、最も低い人と爭う場合でも怖れるけれども、心中省みて自分が正しいとなれば、數千萬の人に向っても進んで行く」[五六]と言ったと言っている。同様な意味で彼は君主の命令よりも、大臣の良心の方が一段上の權威であるべきだと言明した。[五七] 彼は人間の間で懸隔を生ずる一番重要なものは道義に關することだと信じていた。大人物はなかなか無いものだけれども、一面ほとんど誰でも大人物となり得るのである。人間の眞の値打は、門地、富、地位とは何の關わりも無く、一にその人の行狀、即ちその人自身によるのである。

孔子はアメリカの「獨立宣言」中の「すべての人は生まれながら平等である」という聲明には同意しないであろうが、一七八九年の「フランスの人および市民の權利の宣言」に、人は「その權利に關して平等である」とあるには、同意すると思われる。彼はその門弟の一人が、王子でもない上に、何か家系上暗影の雲がかかっていても、立派に王位に即いて差支えない人間だと言ったことは、前に述べたが、門地や暗い影などどうだってよく、その門弟が有德有能であったからである。(五八)なお孔子は、頭がよく勉强家でさえあれば、誰でも敎育を受ける權利を平等に持ってると主張したことは既に注目した所であるが、これは根本的な重大事である。それは、彼が、官職は有德有能を基準として嚴格に割り當てるべきだと信じていた爲に、敎育の機會均等はやがて社會的竝に政治的階級に於いて昇進する機會がほとんど無制限に平等になるからであった。

孔子が人民の味方であったことは一點の疑いも無い。彼はシセロが「無知な群集(五九)」と言ったような侮りきったことばを、口にしたことは無かったようである。そうは言っても、孔子が事實人民は無知だと思っていたことは間違い無く、またかりそめにも、政治を大衆の手に委ねようなどとは夢にも思ってもみなかった。彼は大衆も世襲貴族もその判斷の正確さは似たようなもので、共に信用していなかったから、すべて彼らを敎育する必要があると思っていた。(六〇)彼は曾て「平民は適當な行路に從って行かせることはできるが、それを十分理解させることはできない」と言ったことがある。このやや悲觀的なことばと別に、これと相反することばのあることも思い出さなければならない。そこでは、彼は政治を圓滑にする手段として街頭の人達にも「道」を敎えることを主張しているのである。(六一)

ある點では、成程、孔子は常人の常識を標準として採ったのであるが、前章で述べた通り彼は眞理に對して一定の據り所を持っていなかった。科學にも眞理に對する一定の據り所の無いことは同じであるけれども、そうかと言って科學について萬人平等だと言ったら、それはおかしな話で、化學實驗所か病院の管理を誰にやらせても大丈夫と言うようなものである。科學をやる資格は、それ相應の教育を受けた人だけにあるが、そういう教育は頭のよい正常な人なら誰でも受けられるのである。孔子の場合も同じで、彼は頭さえよければ、どんな背景の人でも誰彼言わずに門下生としてこれを教育し、道義上の判斷を自力でなし得べき所までにしようとしたのである。しかし、彼は彼の意見を十分信奉せしめる爲に、何か神の天啓にたよるとか、または、彼には何かしら、特に權威があると主張するとかいうことは無かった。彼は、科學者のように、人の理性に訴えれば、人は說得し得るものと信じていた。これが論語のやや明瞭を缺く一章の意味であるらしく、その章で彼の行動の正否をためす標準となるものは平民であると彼は言明している。（六二）

孔子は政治の至善は、人民の幸福であると考えていた。これは最も重要な點でただ人民の福利をのみ目ざすのとは全然違うのである。暴君と雖も恐らく大抵は人民の福利の爲に全知の慈愛を以て政治を行ったと、主張するだろうし、また眞面目にそう信じていたものもあった。西紀前三世紀の全體主義的君主、秦の始皇帝は大宮殿を造營し、巨大な土木工事を起こして無慮數千の人命を強制勞働で文字通り死に追いやったが、それでも、一身のことを述べた中で「聖德を躬につけ……夜と無く晝と無く政治を懈《おこた》らず……遠きも近きも皆聖なる慈愛によって、恩惠を受けたに違いない」（六三）ことを彼は自信たっぷりで書いている。しかし、法家韓非子の言うように、人民は極めて魯鈍であったから、こういう君主が彼らに與えた恩惠を有難いと思わなかったことは少なくなかった。（六四）

政治は人民の福利を增進せしめるものだという主張も、何らかの意義あるものであろうが、幸福はこれとは違ったものである。葉公が政治のことを問うた時に、孔子は「善政を行えば、近くのものは喜ぶし、遠くのものもやって來るようになる」と答えた。また他の機會に、彼は「他國の人民が本當の善政を聞いた時には、その治下で生活したいと熱望し、子供を背負うてやって來るものだ」とも言った。[六五] こういう記事の要點は政治のよしあしを判定するものは平民であって他の何ものでもないということである。人間は强制して秩序を重んぜしめたり、生産に從事せしめたりすることはできても、無理に幸福にさせることのできないのは、丁度馬に强いて水を飲ませようとしてもできないのと同じである。人民自身の目安で善政だというものによって初めて人民は幸福になることができるのである。

次に糺さねばならないことは、孔子が平民という時には、貴族で無い人間全部の意味かどうかである。われわれの見る所では、ギリシアの民主政治は奴隷という一大階級の存在の爲に甚しく汚點を印した。プラトンもアリストテレスも、人間の中に、他人の「道具」たるに過ぎないものが存在する情勢をば、いやいやながら認めていたようである。[六六] 孔子もそうであったかどうかを考究することは、われわれの研究にとっても大切なことである。

孔子のことばに相違ないものの中にはどこにも奴隷や、奴隷制度に觸れてる所は無いようである。これは彼が奴隷制を全面的に認めてよいものとしていたか、それとも當時はその數が非常に少なかった爲に奴隷制が比較的重視されなかったか、どちらかのようであるが、後者が正しいことは疑い無いもののようである。孔子の頃およびそれ以前に奴隷の存在した證據は存するけれども、甚だ微々たる上に、あちこちに散在していたのである。シー・マルティン・ウィルバーは「前漢時代に於けるシナの奴隷制度」に關する研究の中で、諸〻の形跡によれば、漢以前に、シナには奴隷制度はあったが、十分發達してない微弱なものに過ぎなかった」と言っている。彼は漢代の奴隷は全人口の百分の一位で、その以前はそれよりもずっと少數であったろうと見ている。[六七]

しかし、人口の百分の一以外が全然自由であったと速斷を下すことはできない。人民は、一般に農奴と酷似する狀況の下にあった形跡は少なくない。既に述べたように、有力な君主が、その臣民を拘束するのを抑止するものとては皆無と言ってよく、その上、「左傳」や「國語」を信じ得るとすれば、しばしば君主は人民の多くの生活面を極めて嚴密に取締った。大臣のような高官でも、首都で住む家は自分の所有では無く、君主の意のままに、あちこち移轉することが少なくも偶に起こらぬとは限らず、平民に至っては、どこに住むことができるか、どんな仕事をせねばならないか、言われるままに從わねば處罰されたのである。(六八)勿論これら後世の書物は物事に尾鮨をつけてお話に作り上げたり、人民取締りの爲に實際行われた以上に、より多く計畫が立てられ、より精密であったように書かれている。それでも周末に法家が人民を嚴重に組織化することを主張した時、「古えの道へ復れ」というようなことを叫び求めていたのは、儒家では無くて(革新論者と思われていた)法家であったことはかなり明瞭のようである。そして孔子が戰ったのは、かような強制的な取締りに反對してより大きな自由を得ん爲であった。

さて、これで、孔子の望んでいたものは何であったかが、判ったわけである。世襲貴族の專制政治に代って、最も有德有能なものが、全人民の爲に、政治の衝に當るべきであるというのが彼の信念であった。強い者が弱い者を食いものにして生活する掠奪的な世を變じて、各人、おのおのがすべての人の爲に、爲し得る最善を擧げて寄與する相互共助の社會としたいものだというのが彼の念願であった。實に立派な理想であるが、果してこれを實現する方途や如何である。

徹底的に最左翼的傾向あるシナの聲名赫々たる學者郭沫若は最近上梓した著書の中で、孔子を單に人民の擁護者としてのみで無く、武力革命の育成者として描いている。しかし、孔子を武力革命の育成者とする彼の根據は極めて薄弱で、孔子が當時の「既得利權」の手先であったという古來の誤った非難を雪《そそ》ごうとする熱意の餘り、郭が反對の極端に走ったことは明らかである。[六九] 既に述べたように、孔子は、長上に對して叛亂を企てた人の仲間に加わることに、二度も誘惑を感じたことは事實その通りであるが、たとい孔子が參加し且つ成功したとしても、これはただ世襲貴族の一派が他の一派と交代しただけのことであったろうと思われる。政治の形體を强制的且つ徹底的に變更する意味での眞の革命は、孔子の時代ではほとんど不可能であった。貴族が謀反を起こすことは珍らしいことでは無く、平民とても時には背を向けて壓制者に反抗し、盲目的に擊ってかかることも無いではなかったが、こういう暴動に政治の形體を變更しようとする意思などは毫も無かった。[七〇] 人民は政治のやり方も知らなかったろうし、彼らには政治をやる權利とか能力とかがあると想像だもしてなかった。平民出身の人間が王位に卽くようになったのは、儒教の教育が數世紀間行われた後のことに過ぎない。孔子が武力に訴えて、彼の理想を實行に移そうと努力することは、實行不可能のことでもあり、また彼の性質と相容れぬことでもあった。

なおまた、彼が投票權を用い得なかったことは言をまたない。人々の間に選擧に必要な教育が全然缺如していたばかりでなく、もっと重要なことは、古代ギリシアでは、投票のことがよく知られていたに拘らず、古代シナでは誰も投票のやり方など曾て考えたことも聞いたことも無かったらしいことである。孔子が、王位に卽いている世襲貴族を通して事を運ぶより外無いと考えたことは明瞭である。既に述べたように、孔子は世襲主義を好んでいなかったが、他に選擇の餘地の無かったことも同樣に明瞭である。

孔子は往々、名目的に君臨してた周王の權力を挽回しようと努めたと思われているけれども、これを證明するものは無いのである。孔子は論語でその時の王のことすら觸れていない。周王は政治上の權力も個人的威力も共に失って傀儡たること既に久しく、孔子生存中、王位を覬覦《きゆ》する數人の間で長きに亙って爭いが續けられ、時には血腥い戰爭になったこともある。[七一] 孔子がシナには「君亡し」と言った[七二]のは彼の考えを示して餘りあるものである。その任に勝《た》えない周朝の勢力を挽回しようとする企ては誰の爲にもならないことで、孔子にはその考えは無く、むしろその反對に(後の孟子のように)[七三]その地位にとって代る新規な中心勢力を育成することを考えていた。このことが、「東周」を爲さんと彼が言った時の意味であることは疑い無い。[七四] 彼は、若し一國でも實際に善政が行われれば、全國の人民が非常に力強く引き附けられて、遂にその國の君主が幾くもなくして、全シナを支配することになるだろうと信じていた。

この爲に、孔子は眞に有德で、進んだ考えを持ってる君主を見附けたかったのである。孔子は孟子のように、うちつけに革命の權利の理論は表明しなかった[七五]けれども、彼の考えでは、單に位を繼承しただけで、統治する權利は與えられるものでないことと、君主がその職務にふさわしいやり方をしなければ、その地位に在るだけの資格の無いことを繰返し明らかにした。「孔先生の曰うのに、人が己れを正しくし得るならば、政治を行っていくに何の困難があろう。しかし若し人が己れの處理だに、つかぬようならば、どうして他人を支配することなどできるものか。[七六]」彼の頃の君主は大概自省の念慮が著しく缺如していたから、こういうことばは、格別に痛烈なものであった。

君主の備えるべきものと孔子の思ってた德目を列擧する要が無いのは、理想的な儒家の德と寸分違わぬからである。プラトンの「哲學者が王者となるか、またはこの世の王侯が哲學の精神と權力とを握って、政治上の偉大が英智と一つに合體するまでは……都市國家はその弊害を免れて平安を保つことはできない。私の信ずる所では、人類もまた然りである……」と言ったことばを想起するが、プラトンは、こういうことを達成するには實に至難な情勢であることを認めていた[七七]のに、孔子は彼の哲學を學ぼうと思う君主を搜し求めて、多年に亙り遍歴の旅を續け、遂に何ら得る所無きに終った揚句、天下の運命をかような心許ない希望にたよるだけのままにしては置けないことをつくづく覺《さと》るに至った。こういう次第であるから、實際「君臨すれども統治せず」という所まで君主を格下げするような彼の意向が數ヵ所、彼のことばに現われているのである。「孔先生の曰うには、何もしなかったが、それでもよく治めたと言われるのは舜ではなかろうか。彼は何をしたか。彼はただわが身を正しくして君主としてふさわしい所に座を占めていただけのことである。(七八)」

しかし、これは誰もが、政治上何事もしなかったということでは無く、むしろこういう君主は、行政面のことは擧げて大臣に委したが、君主によい大臣を選任すべき責任のあったことは言をまたない。ある時、孔子が君主は眞直ぐな人を昇進させるべきであると言い、門弟中の一人がその意味を解し兼ねた時に子夏が一例として「舜が大勢の中から皐陶(有徳な人で大臣となり、盛名を馳せた)を擧用したので、よからぬ者共は逃げ去った(七九)」という傳説を引いて話した。論語で、孔子は繰返し官吏の選任昇進にはその有徳有能のみによることの必要を強調している。(八〇)こういう次第で、かの有名なシナの官吏登用の爲の科擧制度は孔子の死後數百年經って、初めて最初の形を成したけれども、この目標を心に懷いていた孔子の、この問題に關することばが、この制度の成立を見るに資する所あったことは問題無い所である。

從って行政上の重點は君主で無く大臣達に置かれた。民國成立以前のシナの政治理論を述べて、ポール・エム・エー・ラインバーガは「日常普通の仕事は皇帝自身指圖しなかったけれども、その仕事をする彼の大臣達の選任監督には皇帝がこれに當った……」と書いている。(八一)この考えが受け入れられるようになったことは、恐らく主として孔子の影響によるものと思われる。(八二)法家の韓非子は、賢君ならば決してその權力を大臣達に委ねることは無いと主張して、ひどくそれを論難した。なお、韓非子は進んだ考えを持ってる君主は賢明な大臣達を決して用いようとはしないが、それは大臣達が欺くからであり、それかといって純眞な大臣達も持ちたがらないのは、彼らが他人に欺かれるからであると言っている。(八三)

このシナの政治理論の基礎的な面が孔子自身の體驗によって影響を受けてることは間違い無いように思われる。若しも孔子の思想を實行に移す爲にその力を用いることに躊躇しない肝膽相照らす君主に、彼がめぐり會ったとすれば、彼は權力を分つことにかくも焦慮しなかったかも知れないけれども、君主の中には、同情して耳をかしてくれる人は見附からず、ただ現に大臣であるか、將來それになる人達の方が餘程ましであっただけであった。かような次第で、その頃の孔子は、大臣の地位權力を非常に高めて、その結果、君主が賢明であることは、君主が賢明な大臣を持つことに比すれば重要度に於いて劣るのではないかと思われる程の所まできていた。(八四)

孔子は、その上に、大臣に道義上の責任ある地位をあてがって、より高いものとした。これは、大臣は「道」の教育を受けることとなっていた(八五)のに反し、この要件を世襲の君主に望んだ所で、必ずしも得られるとはきまっていなかったからである。こういうわけで、孔子は、「大臣がその君主に忠實であるべきに際して、忠實の對象たる君主を教育する方向へ導かない忠實があり得るだろうか」と質している。(八六) 子路が君主に事えるには如何にすべきかと尋ねた時に、孔子は「君を欺くな、必要とあれば面前で君に逆らえ」と言ったのである。孔子自身が、この式で率直に話した實例は彼が魯の定公に向って「一國の君主の政策がよくないのに、その周圍の人が一人として反對しないようならば、その意氣地無しの爲に國は難なく滅亡する」と言った時に見られる。(八七)

かように、大臣は忠誠であるべきではあるが、無爲姑息であってはならず、而も彼の窮極の忠誠は、たといどんな人にもせよ、人に對するものではなく、「道」に對するものであることは既に述べた通りである。しかし、これは孔子が權威に對して敬意を拂わなかったというわけでは無く、むしろ反對に、彼は當時の政治上の無秩序を慨歎し、長上の權力や特權を横領したものを非難していたのである。(八八)この爲、孔子も、忠實に保守的現狀維持をやっているのだと思われた時もあったが、今日なお「民主主義國家の諸權力機關そのものは、民主的によく組織されていないし、またされ得るものでもない。……紀綱の張った階級制組織こそ技術的能率を確保する爲最も效果的な大した方式である」と言われている。(八九)孔子はその頃の政治を徹底的に改革したかったのであるが、彼は改革後、それに携わった人々が、彼らの正當な長上に對し適當な服從をする必要を認めていた。「君は君、臣は臣、父は父、子は子でなければならないのである。(九〇)」

この政治計畫の弱點は明白で、結局よい政治をするにはまだ君主に須《ま》たなければならなかったのは、權力を掌握するものは君主で、君主がそうしたいと思わない限り、無理に、立派な大臣を君主に選拔させる手段は無かったからである。事實、まだ孔子には君主を強制して無理にもさせる方法は無かったのである。從って、彼は將來大臣となるべき青年や、できれば君主となるべき人々に、教育によって感化を及ぼすことと、教養ある輿論の結果生ずる社會的壓力を加えることとに依らなければならないこととなった。孔子自身の時代は、この運動も搖籃期に屬し、これらのことは何ら見るべき效果も無かったが、後に述べるように、數世紀の間に抗すべからざるものとなった。と言うのは、儒家達がたまたま主として書物に興味を持つ人々であった爲に、漸次に彼らが文學および教育をほとんど獨占することとなり、また大抵の歷史は皆彼らの筆に成り(而も宣傳の目的で改訂もされた)、終には王子達の教育も大半彼らがこれに當るようになったからである。

かくて、重點は孔子という一個人と個々の儒家とに戻って來る。孔子は、政治上の權力を行使することも、實際的な改革を行うことも皆阻まれて、彼の改革を進める唯一の實行可能な手段として、教育によってそういう人間を養成することに着手した。儒家も最初は學徒であるが、後には多くの場合教師となり、周圍の事情が許せば政府の役人にもなったのである。孔子の主張するように、君子は專門家で無かった爲、[九一]種子のようなもので、地味の合った土地ならば、どこにでも根を張り、利用し得るあらゆる手段を講じて、この運動を宣傳するだけの素養は十分に備えていた。

孔子は、こういう學者は、立派な政府か、または學者の指導にはいつでも從おうと待ってる人の下かでなければ任に就かないもので、「國に『道』が行われない時には、その理論は卷いてこれを胸中におさむべきものだ」と思っていた。[九二]このことばに據って、後世の儒家の全部では無いが、中には、何か危險のありそうな狀況の下で、處置をする際自分の身體または平安の危險を冒すべきでないというのが、孔子の考えだったとする方が都合がよいとしたものが若干はあった。しかし、これは「正しいと判っていて、それをしないのは卑怯というものだ」と言う孔子のことばや、その他論語の數章とも一致し得ないことである。[九三]實に、この孔子の理論は湯用彤の言うが如く、腐敗政治との妥協拒絕の一つで、[九四]この爲儒家は時にその生命を拋ったことがある。

プラトンは、孔子の考えを完全に表現してると思われる。「共和國」の中で彼はソクラテースをして次のように言わしめている。眞の哲學者は身邊が邪惡に滿たされた時には、「仲間の惡には、いつかな荷擔しないが、さりとて、彼らは皆兇暴な性質である爲、彼一人でこれに抗することはできず、從って彼は國に對し同志に對し何の役にも立たないことを覺り、自他何れにも何の益すること無く、命を捨てなければならぬことに思いを致し、彼は彼の平和を守って、彼獨自の道を進み……彼獨自の生活を送り、惡や不正には染まず、そして平和と好意の裡に、希望に輝きつつ去ることさえできれば滿足である。

(アデイマントスは)「そうだ、そうすれば彼は去る前に一大事業を成したと言えようと言った。」「そうだ、一大事業——しかし彼に相應する國ができなければ最大事業とは言えない。と言うのは、彼に相應する國では、彼はもっと大いに成長して彼の國の救主となると同時に、彼自身の救い主となるからである。[九五]」

かような次第で、注意の焦點は個人の上に向けられたから、自然に政治に關しては、儒家に在っては行政機構で無く、役人の人格に重きを置く結果となった。荀子は「私は品性を陶冶する方法のあることは聞いたが、國を治める方法は聞いたことが無い」と言った。[九六] 前者が立派にできれば、後者に對する準備は完全である。これは勿論誇張だが、西洋で餘りにも重視されなかった傾向の誇張である。西洋では、裁判官の候補について、法律上の知識の有無は詳細に審議されるけれども、英智、慈愛、寛容の心のあるという主張は遙かに少ないのである。この儒家の態度は、シナの一般習慣の一部で、今日まで持續しているが、物事を處理するには、非人間的なやり方(特殊のことばで言えば、一部の社會學者が第一接觸と稱するもの)よりもむしろ人間的なやり方で、職務よりは人物に重きを置き、組織よりは個人を重視するのである。これに反して法家はほとんど全重點を行政組織と法律とに置き、この二つがうまく整って行けば、政治はおのずからよくなるというのが、彼らの考えであった。アリストテレスの所謂「最善の法律が統治すべきか、最善の人が統治すべきか」というやかましい問題がここではっきり浮彫のように浮かび上ってくる。[九七](恐らく法家きっての有能な人と思われる)韓非子は、君主自身は知識も無く、氣力も無くても、政治は順調に行われ得ると思う程昏迷しておらず、君主たるものは、個人的な氣力および主導力の、何か獨占權のようなものを掌握すべきであると確信してたことは公平に言って注目すべきことである。[九八] 然るに孔子は、むしろ法律を輕視して、強いて人を善良たらしめるようにできてる一連の規則だとし、また政治は善良な當局者の創造的判斷によるべきものと信じてた半面、當局者が政治を行うに專制の鞭によってはならないと信じていたことは、必ずしも認識されていない。專制所か、孔子は道義と政治の諸原則について極めて徹底した教育を施して、彼らが大方の負託に對していつも備える所があり、彼らの受けた教育を體得してることを身を以て示したものを基準として、その地位に選抜されるようにしたいものだと思っていた。また彼は、彼らの良心と輿論の力とによって彼らを「道」の範圍から決して逸脱させないようにしようとした。儒教はある意味で法律には反對であったが、決して無法では無かった。[九九] 儒教の制度を主としたシナの政治の傳統的制度に關する著述中で、ラインバーガは「傳説となってるものに從うことは、學者も、極めて卑しいシナ人も同じで、あらゆる人が傳説を知っていた」と言っている。[一〇〇]

アリストテレスは「法律によって支配することは、たといどんな人でも、ある個人が支配するよりはましだ」との考えであった。それにも拘らず、彼は、「慣習法は成文法より、より重んずべきもので、より重要なことに關連がある。だから個人は成文法よりも安全な君主であり得るかも知れないが、慣習法より安全な君主ではあり得ない」と言った。[一〇一] このアリストテレスのことばは、孔子の考え方に非常に近く、社會の指導を慣習に一任するのであるが、その慣習たるや完全に理想的なものでは無いのである。

リンゼーによれば、ギリシア人は「ストア哲學の時代より前には、實定法でも從わなければならない程に普遍する最高自然法という考えに達していなかった……。ギリシア人は法律を布告しまたこれを明らかにする裁判官の審議を指導する普遍的原理としての法の觀念を持っていなかったのである。[一〇二]」然るに、そういう原理がローマの「萬民法」という觀念に現われた。萬民法は西洋に於いての民主思想の發達上重要なものであったらしく、シセロはこれを、天賦の理性が萬國の間に成立させた法であると定義した。[一〇三] 人間の平等に根據を持つ自然法に關するストア哲學の概念も同じような作用を果たした。[一〇四] これらの思想が「道」とか「義」とかいう儒教の概念と似ていることは極めて明瞭で特に論ずるまでもないのである。

これで、孔子の唱道した改革が「民主的」と言われ得るかどうか、また言われるとして、どの程度かという問題を、考えてみるだけの準備は整ったのである。この問題は不條理なものではないけれども、若し、まず以て孔子の唱道したものと、今日のわれわれの民主政治と稱するものとは同一では無く、また同一ではあり得なかったことを認めなかったら、この問題を扱うことは不條理となろう。今日の民主政治は十九世紀乃至二十世紀の産物で、多分に近時擴大された人類の經驗に基づいている上に、自然科學や社會科學および工業化のような最近の新軌軸に基礎を置いているものである。[一〇五] それでも一方孔子と、他方民主政治の最近の首唱者達との間に、何か思想上の一致點があれば周圍の事情に莫大な相違がある故、その爲に却って格別に興味深いわけである。

孔子が民主的であったかどうかを聞く時には、民主政治とは何かと言うことも問う必要がある。「民主政治は……確かに一形體のみに限らない」[一〇六] とアリストテレスが書いたのは遠い昔のことで、その後も、この問題はより單純にならず、これを主題とする立派な著述が非常に多く出て、それら諸見解の概要だに述べ難い程である。チャールス・イー・メリアムは、「民主政治の主要な假定」を次のように述べている。

一、人間本來の威嚴、差別的で無い同胞的な主義に則って、その人格の保護および陶冶の重要性、竝に人間の差別性に不當または過大な重點を置くことに基づく格別な特權の廢止。

二、人類の完成性に向っての不斷の推進力に對する信頼。

三、國家の收益は、元來集團收益で餘りにひどい遲滯無く、また差別性を餘り擴げないで國中限なくできるだけ早く播布すべきであるという假定。

四、社會の指導および政策、それらの決定、およびそれら決定を方策上に發效せしめることを表明する爲に認められた手續き、というような根本問題は、結局一般人民の決定によることの望ましいこと。

五、暴力を用いず、話合いを進めて良心的な社會改革を成就せしめる可能性に對する信賴。[107]

これら諸點中四點(第四を除いて全部)は孔子の考えと根本に於いて合致する(時に著しく一致する場合がある)ことは明瞭である。殘る一點は事實投票と關連するものであるから、これがこの問題に答える極め手のようにみえるのも無理無いことだが、孔子は未だ曾て人民大衆が政治を左右し得る方法など考えてみたことも無かったことは明白である。しかし古代シナには投票という觀念が知られていなかったらしいことは既に注目したことではあり、若し一七九一年のフランス憲法がフランス革命の最中に提案された時、「普通選擧の否決されたことが、無產階級の文盲と投票の機能にはある程度の訓練と經驗とを要することを理由として辯護し得られるとしたらば」[108] 西紀前五〇〇年の農民達の手にシナの政治を委ねることを、孔子が提案しなかったとして何の不思議も無いのである。

何れにせよ、こういう類の提案は、どれも空想的で他愛の無いものたるを免れないが、より重要な問題は、教育狀態その他のものが理想的な場合に、人民大衆が政治を左右すべきであると孔子が考えていたかどうかである。これに對する答えはむつかしいが、恐らく考えていなかったと思う。しかし(孔子は決してやらなかったようだが)われわれは既に言われてることばを寄せ集めて、政治上の權力に關する彼の意見を整理した書き方にして示そうと思う。彼は次のことを信じていたようである。

政治本來の目的は、全人民の厚生と幸福である。

この目的は政治に最も堪能な人々が國政の衝に當って初めて達成することができる。

爲政者たる資格は、門地、富貴、若しくは地位に必然的な關係は毫も無く、專ら人格と學識とによるのである。

人格と學識とは、それにふさわしい教育によって得られる。

最上の人材がその所を得る爲に、教育を廣く普及すべきである。

從って政治は、全人民の中から選拔され、相當な教育を受け大いに得る所あったことを身を以て示した人達によって行わるべきである。


これは、人民が一體となって政治を左右するのと違うことは明らかだが、誰でも政治を左右して、これを行うことに與る資格があるかどうかを示す機會は持つべきであること、およびその人に資格のあることが、立證された時は、携わることが、ただ許されるというだけでなく、要請されるべきだということを強く言っておるようである。これも、實は一種の貴族政治の制度で、門地富貴によらないで有德有能による貴族が政治を行うのである。民主的の見解からすれば、孔子の制度には、最善の人材を無理にも任用し得る機構の無いという缺點はあったが、彼の歴史上の立場ではやむを得ないことであった。それよりも重要なことは、全人民が極めて效果的に政治に影響を及ぼし得る道がついていなかったことである。政治は人民を幸福にすべきものだという理論は確かに彼らに漠たる否認權を「理論上で」與えたに違いないが、それだけのことで、その外何も與えられなかった。

また、一方民主主義の忠實な信奉者の中には、「大衆的」政治の方向へ餘りにも行き過ぎるのではないかと恐れたものもあった。イマヌエル・カントは、「あらゆる國の市民憲法は共和的であるべきだ」[一〇九]と述べたその論文の中で、彼が民主政治と名づけたものを公然非議するに至ったのも、この種のことを恐れた爲である。アラン・エフ・ハタスレは、彼の「民主主義小史」中で「人民が政府の行政、司法両部門に關與することは、主權在民説を極度に解釋することに基づくのである。政治の諸制度はその實際の運用で判斷する必要があり、適否に拘らず國の政治に關與すべき權利が誰にもあって剝奪できないという理論は、行政が無力となり、政策に永續性を缺く結果を生じた。行政官や司法官を公選することは特別な素質の必要を無視するものである。と言うのは、一般大衆がそういう素質を評價する力の無いことは明らかだからである」と言っている。[一〇]

その他權威者で、民主政治は練達堪能の人々がその職に在って勤勞することが無かったら、やって行かれないことを力説する人がある。エー・ディー・リンゼーは「民主主義國家では能力も專門知識もある人々が國家に奉仕し、能力も專門知識も無い平凡な人々の支配を受けることとなっている。……民主政治は實を言えば人民による政治ではない」と述べている。[一一]メリアムは「民主政治が材能を押しつぶすなどとは以ての外で、材能には最高の賞を與え、人爲的の制限は一切たたきつぶす」と言っている。[一二]またアーサ・エヌ・ホルコムは、事實「近世の民主政治は一種の貴族政治で」そこでは「若干の最も重要な職務をはじめとして、多くの職務は、富や人望によらず、功績如何によって割り振ることになっている。」「この功績制がこの上擴大され、その上國家企畫が一般によりよく編制されるようになれば、一層賢明有爲な人達を公務に引き附けて、政治の全組織の力を發展せしめることになる。これこそ本當の貴族政治の眞髓である」と主張している。[一三]若し、孔子が貴族政治を擁護したことが事實だとすれば、それは、ここに述べた貴族政治と非常によく似た意味合いのものであったのであろう。

政治の形體や機構は重要なもので、これは決して輕視してはならないが、それでもこれらのものの土臺となって、これらのものがその中に在って實施される精神および哲學に比してはその重要さに於いて一籌《いっちゅう》を輸することは、人類の經驗上十二分に證明された所である。その上、眞理を一定不變の絶對的實在と看做す哲學は、何れも政治上は獨裁主義の方向へ向い勝ちなのに反して、眞理(少なくも眞理の理解)は絶えず進歩開明の過程に在って、人は皆その創造發見に與る權利があるという信念がある時は、政治上では民主主義の方向へ向くことが明らかになった。

これには立派な理由がある。若し眞理が一定且つ絶對で、國のある一部の人達がこれを握っておるならば、その人達が十分開明せられてない人々を強いて眞理に合致させることは、正《まさ》しくまた實に慈愛に滿ちたことであるけれども、何人も眞理の何たるかについては、絶對に確實ではあり得ないし、またそれを追求しても、それは試驗的且つ實驗的過程であるとすれば、國を構成する人は、誰でも政治生活の目的および方法は何であるべきかを決定する爲に協同的(卽ち民主的)な努力をすることに參加する餘地は殘されているのである。

最近の全體主義國家と哲學的專制主義と相似關係にあることは、既に注目したところで、シー・デリスル・バーンズは「獨裁制の教育制度では決して過つことない指導者達に啓示されたとして前以て何を教えるかは極まっている」と言っている。(一四)ヘルマン・ファイナーは「獨裁制度では社會完成の最後の體型は現に人間に向って啓示されたと確信してるか、しないまでも、とにかく主張してる……」が、民主主義では「完全な政策の型は今日なお見附からず常に發展してやまない世界でなおも捜すことになっているのだという感が、もともとあるようである……」と書いている。(一五)

この論議で、孔子が絶對主義の側で無く、眞理を求め續ける側に味方したことは明らかである。確かに彼は成果を擧げ得る計畫を持ってることに自信を感じていたが、最近の民主的改革を提案する人の中にも同樣に自信滿々たる人がある。しかし、彼は門弟達に向って眞理について述べたことも無ければ、絶對の標準を示したことも無く、獨力で眞理に到達することを訓練させたのである。「孔先生の曰うには、人は『道』を廣め得るが、『道』は(自然に)人を廣めることはできない。[二六]」

人としての優越と價値とをこのように重視したことが、民主主義陣營で孔子に確乎たる地位を占めさせたのである。惡人は善人の爲に死刑に處せらるべきだという提案について躊躇する全體主義者は無いが、孔子はこれを認めることを拒んだ。彼は重刑を皆頭から非難したのでは無いが、政治と教育とが適當に整っておれば、重刑の要は無くなるだろうという考えを持っていたのである。[二七] 全體主義の理論では、個人として國家に反抗するような權利は皆無で、全然國家に服從すべきものとなっている。ファイナーは、「獨裁國家は、個々の黨員の良心から責任を取り去って、心をクロロフォルムで眠らせるか、催眠術をかけようとしているのに、民主國家では個々の人の良心は完全にその責に任じ、ぶつかってくる有力な意見の波濤に元氣附けられたり、困らされたりする」と言っている。[二八] 孔子は「常にどういうことをしたらばよいかと自問しない人は、どうしてよいかわからない」と言った。[二九]

民主主義の國は、理想的に言えば、自制する人々の國であるから、民主的精神の人は「國が武力に訴えることは、國に本來存する缺點であって光榮」と思うべきで無いのは當然である。[三〇]「文明がますます完全になるにつれて、政治が武力を必要とする機會はますます減少するが、それは文明が自分自身の事柄はこれを自制し自治をするからだ」という說をなすものもあり、タマス・ペーンもその一人である。[三一] 孔子もこれと同意であったという證據は少なくなく、現にある時、「訴訟事件を捌くことは外の人と違わないが、要は訴訟事件など一件も無い狀態にしたいものだ」と言ったことがある。[三二]

明らかに、これは理想的な狀態であろうが、人々が積極的な理想に徹底的に浸み込まなければ、その狀態を生ぜしめ得ないことも同樣に明らかである。民主主義と全體主義と相對して行く最大の課題は、後者にあっては多數の人々が彼らの社會を縛る鎖を鍛え造ろうと狂信的な熱情を持って働いているのに、民主主義國家では彼らの自由に對して無關心であり無自覺でさえある人が餘りにも多數である。民主政治を永續させる爲には是非共すべての人の間に、民主主義の原理の正しいことについて何らかの理解と信念とを持たせるよう、また政治活動に際して音頭をとる多數の人々が、民主主義の理想に對して純眞な熱意を持つようにする必要があり、從來とてもその要ありとしてきたのである。

孔子が右に述べたような熱意に點火することのできたのは彼の大功績である。彼は門人達が常に良心を守るままにさせておき、何人にも屈してはならないとさえ主張したが、その他人類へ奉仕の爲なら何事でもすることを要望した。富も、世間的の名譽も、さては生命さえも、若し「道」と兩立し得ないとならば、これを享有すべきではないとした。この信條には宗教の持つ情熱がこもっていた、卽ち「人は朝『道』を聞けば、夕方死んでも遺憾は無い」のである。(二三)ただ知的に「道」に從順なだけでは決して十分でなく、孔子は「ただ知ってるだけの人は、好む人には及ばないし、また好む人はそれに悅びを感ずる人には及ばない」と言った。(二四)

しかし、「道」は宗教ではなかった。而もこのことがその强味でもあった。特殊な形而上學的理論や、鐵をきせたような獨斷や、人間および宇宙の本質に關する思索に結びついてる信仰は、人智が發達してその根底が攻擊される時は、いつでも苦難を免れ難いのであるが、孔子の思想には絕對說は無くまたその思想が單純な人間らしい要求や、人間らしい同情に接近して離れなかった爲に、その基礎的原理が絢爛たる全知的學說の革命をも切り拔けて今日まで生き殘ったのである。

ヨーロッパの中世には「教會があって特權を持ち、國に對抗し得る一つの組織を社會に維持していた爲に、社會が全體主義的にならず全能國にもならないで自由を失わずに濟んだ」と言われている。[二五]シー・デリスル・バーンズは、「公益の爲に辯じまたは働くことに、比較的熱心な人々を糾合して、何か『宗教團』の性質を持ったもの……思想や新慣習を强制せずに、弘める爲の一つの會を作る餘地は、今日でもあり得る」とさえ言い出したことがあり、[二六]儒教はこういう役目をシナで果したのである。

しかし、儒教が一度も組織化されなかったことは幸運であった。首領も無く、信條も無く、機關も無しで儒教は決して滅亡されず全然他の支配下に立つということもなかった。孔子のお祭りはあったがこれは儒教のではなく國の行事であった。

孔子の個人的磁氣に對する、門弟達の一見自發的な反動として儒教が發足した經緯は既に述べた。彼は彼らの「道」に忠實であることを期待したが、彼らが孔子その人に敬服したのは決して規律によるのでは無く、孟子の言った通り「中心から悅んで誠心誠意服從した」のであった。[二七]政治上でも彼は諸規則によるよりも進んで協力することの方がよいと信じていたから、彼は組織を創設しなかったけれども、彼が意識して運動を起したことは間違いないことである。

この運動は、權力と特典とを獨占して世襲であった上に專ら兵馬を事とする貴族政治に對して平衡する力を與えようとして、目論まれたものであった。中世ヨーロッパの任俠の騎士のように、これら大勢の貴族達は戰爭を競技と考え無謀の勇氣と殺人とをそれ自身目的だと評價した。[二八]彼らが建設的なことよりは破壞的のことを爲そうと力を入れていたことを慨歎してたものは、古代シナでも決して孔子一人ではなかった。「國語」には、ある役人が憤慨のことばを述べて、その君主に對し、何年となく行政官として忠實に勤務し且つ出色な成果を擧げたのに、すべて、これらのことは何ら認められずに過ぎて今日に至り、戰場に出て數多の首級を擧げて「一朝にして私が狂者となった時に、あなたは『私は必ず汝を賞する』と言った」とある。(二九)

　孔子は平和論者でなかったし、(三〇)また貴族政治の慣習傳說と全然手を切ったわけでも無かった。彼自身弓術を能くしまた人にもこれを練習することを勸めたが、大體漢代までは學徒は皆弓術を能くしたようである。(三一)しかし彼は貴族政治を完全に攻擊しようとする念が強く、その爲には門地よりはむしろ功績に基礎を置き、人民から掠奪しないでむしろ人民の爲に盡すことに專心すべきであるとした。

　戰爭はやむを得ないものかも知れないと思われていた時なのに、孔子はこれをはっきりと罪惡だと思っていた。戰場での武勇に對しても、それが正義の爲に用いられるのでなければ彼は何の敬意も拂わなかったし、また何れにせよ肉體的の勇氣は道義的勇氣に比し遙かに卑く評價していた。彼は强力のなす離れ業や、一般的に力を用いることは、これを輕んじて、人類に貢獻した人々にこそは賞讚を惜しまなかった。(三二)

　こういう心持ちが空威張りする貴族達の嘲笑を招くのは避け難いことであった。勇氣よりも學問に便っていた人々を輕侮して柔弱者「儒」と最初に呼んだのは彼らであったことは、さもありなんと思われる。(三三)孔子が論語で「儒」を使ったのは、ただ一章だけで、外部の人は孔子の仲間のことを「儒」と呼んだけれども、孔子の仲間自身でも徐々にではあったが、これを採り上げるようになったようである。(三四)西紀前三世紀頃には儒家は誇りを以てこれを用い、起源などは恐らく忘れてしまってたのであろう。

　そこで孔子が望みを囑したのは「儒」というこの一團であった。彼は彼らの胸に焔を點じて、彼の生存中は彼らの爲に、大いに盡したが、その焔は今日まで絶ゆることなく傳承している。彼は世襲的になっていた諸權力の地位を彼らの爲にとることはできなかったが、不思議にも「君子」という名を彼ら專有のものとしたので、その後はずっと「君子」と言えば、門地の高い人よりは教養があり且つ穩雅な態度の人を意味することが當然のこととなった。彼は彼らを士と呼んで、人間が通例戰爭という戰いに備えて保有する、かの自己を犠牲にして專ら公益の爲に盡す精神をこれらの士に要求して平和の建設的目的の爲にしようとした(そしてこれは驚くばかりに成功した)。彼は武器として筆を、楯としては書籍を彼らに與えた。彼は人道の名に於いて人道の爲に世界を支配せんものと勇敢に前進して權力の座に在るかの强力なものに取って代れという使命を彼らに授けた。

彼の死に際しては、この使命の達成を見る望みは、ほとんど空しくなったように彼には思えたに違いない。

(一) プラトン「法律」七四〇。
(二) 述而一、一九。
(三) プラトン「共和國」四六四。「法律」七三九、七九七―八。
(四) 董作賓「殷曆譜」卷一、二―四。
(五) 「書經」康誥一四五―六、一四七―八、一四八。「詩經」大雅蕩之什、蕩九一三―四。
(六) 郭沫若「兩周金文辭大系考釋」三四、一三二、一三三、一三四―五。
(七) 爲政二三。八佾一四。子罕三。「鹽鐵論」憂邊第十二(四部叢刊版)一八と比較せよ。
(八) 八佾一四。「禮記」第三十一、「中庸」九六を比較せよ。
(九) 衞靈公一一。
(一〇) 八佾一六に「孔先生の曰うには、弓術で重きを置くのは、(的の)皮を貫くことでは無い。と言うのは、人々の力が同じで無いからである。これが古えの道であった」とある。しかし、かように、力から技術だけへと重點の移ることは、古えの軍國的貴族政治にあっては到底期待などされることで無く、これはむしろ純然たる軍國主義にとって代ろうとする孔子の企圖としても、數には入れられない」とあるのに、「儀禮」の注解で後に出たものには『射禮』で重きを置くことは皮を貫くとでは無い」と言って論語のこのことばを用いている(「儀禮」鄕射禮四六)。この見解を支持するのは、「儀禮」の本文(鄕射禮二四)に「的を貫かない矢は、たとい的に中ったの一部のように思われる。

(一一)「孟子」盡心下三八。
(一二)顧頡剛「春秋時代の孔子と漢時代の孔子」(「古史辨」第二冊一三五)。
(一三)「書經」の中で禹の出て來るのは、禹貢唯一篇で、孔子以前のもののようである。
(一四)郭沫若「兩周金文辭大系考釋」二〇三、二四七。
(一五)「詩經」魯頌之什、閟宮一〇三四—七。憲問六。
(一六)「模範皇帝」說は、孔子の頃には、まだ萌芽に過ぎなかったことは、周朝の神話的遠祖后稷が、憲問六に「帝國をその有とした」と記されてる一例に徴しても明らかである。發達した皇帝物語の見地からすれば、これは時代錯誤的な馬鹿げたことである。
(一七)子罕五。子張二二と比較せよ。
(一八)述而五。泰伯一一と比較せよ。
(一九)「孟子」滕文公上四の二。シュリョック「孔子に對する國家禮拜の起源および發展」一〇三、一一〇注三六、一三四。
(二〇)「書經」大誥一三八。康誥一四五。君奭一八七—八。
(二一)「書經」多方一九五。
(二二)シセロ「演說集」二五。
(二三)プルターク「英雄傳」第二卷三四四。
(二四)「書經」大誥一三七—八。康誥一四四—五、一四七—八、一四九—五〇。酒誥一五六—七。梓材一五八—九。召誥一六五—六。多方一九五—七。
(二五)ジェームス・ブライス「神聖ローマ帝國」六六。
(二六)「史記」秦始皇本紀第六(一)二一八。
(二七)季氏二は封建制の話ではあるが、同時に通常封建制度の特徵と言われるものより大きい中央集權制を唱道している。この章が後世の附加にかかるものであることはほぼ誤りない。本書第十三章を見よ。

(二八) 顏淵七。

(二九) 「韓非子」孤憤第九、八一。難三第三十六、三九六—七。難四第三十七、四〇四—六。六反第四十四、四四六。八說第四十五、四五七—九、四六〇。顯學第四十八、五〇一—二。

(三〇) 顏淵五の四。

(三一) 爲政三。

(三二) リンゼー「近代民主國家」第一卷二四〇。

(三三) プラトン「共和國」五五七—八。「法律」七一〇。アリストテレス「政治學」一二七九。

(三四) 顏淵一七、一八、一九。

(三五) 子張一九。

(三六) プラトン「法律」八〇三。

(三七) 顏淵二二の一。

(三八) 公治長一六。雍也三〇。憲問四五。「孟子」離婁下三〇の一。

(三九) 子路九。

(四〇) 里仁五、九。述而一一、一五。泰伯一三。先進一七。憲問一一。

(四一) 雍也四の二。

(四二) 先進一七。

(四三) プラトン「法律」七四四、七五六。アリストテレス「政治學」一三一八。

(四四) 泰伯一三。

(四五) 子路九。

(四六) 述而七。子罕八。衞靈公三九。

(四七) バーンズ「民主政治、その利弊」一七六。

(四八) 孔子の門弟は、多少とも皆貴族——それは振わないものが相當數であったにせよ——の系統を引いてる者ばかりであったということもなかったとは限らないが、それにしても孔子は決して門地を條件としたわけでは無かったから、その結果として、彼の生存中ではむつかしかったが、幾くもなくして全く平民出身の儒家も出るようになったのである。

(四九) この一節はリンゼーの著「近代民主國家」一三五に引用されている。
(五〇) 本書第十二章注七八を見よ。
(五一) 「老子」六五。
(五二) 「韓非子」八説第四十五、四五四―五。五蠹第四十七、四八七―九。
(五三) 「孟子」梁惠王下八。離婁下三三。告子下二。
(五四) 憲問四。
(五五) 子罕二七。
(五六) 「孟子」公孫丑上二の七。
(五七) 先進二四の三。憲問二三を比較せよ。
(五八) 雍也一、六。先進三。
(五九) シセロ「演説集」一三七。
(六〇) 子路二四。衞靈公二八。
(六一) 泰伯九。陽貨四の三。
(六二) 衞靈公二五。
(六三) 「史記」秦始皇本紀第六(一)二〇七。
(六四) 「韓非子」顯學第四十八、五〇二―三。
(六五) 子路四、一六。憲問四五を比較せよ。
(六六) プラトン「法律」七七六―八。アリストテレス「政治學」一二五三―五、一二六八―九、一二七九。
(六七) ウィルバー「前漢時代のシナ奴隷制」一一、二三七、二四一。
(六八) 「左傳」昭公三年下一七四―六。「孟子」離婁下三の四を比較せよ。「國語」周語上七―一〇。魯語上一三六―八。魯語下一六六―九。齊語一八二―六。

（六九） 郭沫若「十批判書」、邦譯「中國古代の思想家たち」上一〇六—一二六。郭沫若は他の事を論ずる中で、論語は孔子が擾亂の誘發者でなかったことを示すに反し、「墨子」と「莊子」とではそうであったと言い、また證據とすべきものが三つあって二つが一致してる時はその方に從うべきだと述べている。しかし、そんな風に證據を數理的に用いることは、それ相當な調査をした上にその重要さをも考えない限り容認し難く、郭沫若が頗る眞劍に取り上げてる證據も今述べたように調査すれば忽ちその信を失うものも少なくない。

郭沫若の孔子に關する論文(「十批判書」、邦譯「中國古代の思想家たち」上一〇六—五七)は重要な著作である。この論文も彼の他の述作同樣に、すばらしい洞察と、廣汎な學識とによるものである一方、材料の蒐集、使用上に批判的な注意を缺く爲に、時々失望せしめられることあるを免れない。彼は各種の重大問題についてその意見を述べ來たっているが、それは本書に發表されてるものと本質的に同一のものである。剽竊の非難を受けない爲に、私は郭沫若の論文を讀まない以前に本書の大部分の草案の脫稿してたことと、郭沫若の著作が公刊される以前、既に私が敎授の際それらを多く言明してたことを指摘して置きたいのである。郭沫若とそれら意見の合致を見たことは私の喜びとする所で、その正しいことについての私の信念を固くするものである。

（七〇） 「左傳」襄公二十三年下三七—八。哀公二十五年下五四二—四。

（七一） 「史記」周本紀第四(一)二一五—六。

（七二） 八佾五。

（七三） 「孟子」公孫丑上五。

（七四） 陽貨五の三。

（七五） 「孟子」梁惠王下八。

（七六） 子路一三。なお爲政二〇。里仁一三。顏淵一七、一八。子路六を見よ。

（七七） プラトン「共和國」四七三、四九九—五〇二。

（七八） 衛靈公五。爲政一と比較せよ。

（七九） 顏淵二二。

（八〇） 爲政一九、二〇。顏淵二二。子路二。

(八一)　ラインバーガ「中華民國の政治」一三〇。

(八二)　善良で有能な大臣の大切なことを強調したのは、孔子が最初では無く、周初からあった「詩經」「書經」の各所に散見せられるが、とりわけ善良な大臣は是非とも必要だと主張したのは周公であった。しかし、この思想が後に權威あるものとなったのは、恐らく孔子の力によるものと思われる。西紀前三〇〇年頃に盛名を馳せ、シナの政治理論に大きな影響を與えた荀子は、歴史上の事例を擧げて、入念にこの點を評論したが、孔子の言とされてる文句を引いてその結論としている(梁啓雄「荀子柬釋」一五四―五)。

(八三)　「韓非子」難四第三十七、四〇四―六。八説第四十五、四五三―四、四五九―六〇。五蠹第四十七、四八六―七。

(八四)　憲問二〇。

(八五)　先進二五。

(八六)　八佾一九。憲問八。

(八七)　子路一五の五。憲問二三。

(八八)　八佾一、二、二二。述而三六。憲問一五。泰伯一四(憲問二七と同文)および憲問二八から、官職に就いてないものが政策の批判をすることは、孔子の非とした所だと論ぜられ來たっておるが、孔子程に、あれだけ自由に批判した人が、そんなつもりでいたとは考えられない。この言明は今日傳えられない何か特殊の關係があってなされたものに違いない。

(八九)　リンゼー「近代民主國家」第一卷二八四。

(九〇)　顏淵一一の二。この章と子路三とを根據として「名を正す」という精巧な説が、孔子からはじまったとされている。子路三については難點が多く、恐らく法家の影響を受けて、後年書き入れられたものたることはほぼ明白のようである。本書第十三章注四七を見よ。

　顏淵一一(ここに引用した)は正名説とは必然の關係は無く、論語で關係のあるのは子路三だけで、而もそれが僞文であるから、孔子が正名説なるものを示すものとては無いようである。

(九一)　爲政一二。

(九二)　衞靈公七の二。述而一〇および泰伯一三を比較せよ。

(九三)　爲政二四の二。憲問一三の二。衞靈公九。子張一。

(九四) 湯用彤「王弼の易經および論語の新解釋」(ハーヴァード「アジア研究誌」第十卷一五九—六一)。

(九五) プラトン「共和國」四九六—七。憲問四、衞靈公七の二、子張二五の四を比較せよ。

(九六) 梁啓雄「荀子柬釋」一六五。

(九七) アリストテレス「政治學」一二八七。

(九八) 「韓非子」八說第四十五、四五三—四、四五九—六〇。五蠹第四十七、四八六—七。

(九九) 孔子の法律に關する見解が歪められて論ぜられるのは、「左傳」の次の一節の爲である。孔子は、そこで法律を公布することは社會の階層を覆すことになるということを主たる理由として反對し「貴賤の別の無い所で、どうして一國の政治が行われようか」と反問したと記されている(「左傳」昭公二十九年下三八九—九〇)。これ程孔子の言らしくもないこと甚しいものも無い位である。他方その內容は孔子の生まれた後十五年に書かれたことになってる晉の叔向の書簡(「左傳」昭公六年下二〇六—八)と驚く程似ているのである。「左傳」の右の一節を孔子の言とすることには大いに疑義が存するのである。

(一〇〇) ラインバーガ「中華民國の政治」五。

(一〇一) アリストテレス「政治學」一二八七。

(一〇二) リンゼー「近代民主國家」第一卷五四—五。

(一〇三) ラダン「萬民法」(「社會科學百科事典」第八卷五〇二)。

(一〇四) ウィンデルバント「哲學史」一七一—三。

(一〇五) メリアム「新民主主義と新專制主義」五〇—七〇。

(一〇六) アリストテレス「政治學」一二八九。

(一〇七) メリアム「新民主主義と新專制主義」一一—二。メリアムはこれら五項目の第一はデュルクハイムから得て一部改めたものだといっている。

(一〇八) ハタスレ「民主主義小史」一五四。

(一〇九) カント「永久平和論」二四、二七。

(一一〇) ハタスレ「民主主義小史」二四〇。

(一一一) リンゼー「近代民主國家」第一卷二八一。

(一一二)　メリアム「新民主主義と新專制主義」一九。
(一一三)　ホルコム「計畫的民主主義の政治」一七一―二。
(一一四)　バーンズ「民主政治に對する挑戰」一八七。
(一一五)　ファイナー「政治の將來」二二―三。
(一一六)　衞靈公二九。
(一一七)　顏淵一九。子路一一。
(一一八)　ファイナー「政治の將來」三五。
(一一九)　衞靈公一六。
(一二〇)　リンゼー「近代民主國家」第一卷一二一。
(一二一)　リンゼー「近代民主國家」第一卷一二四に引用されている。
(一二二)　顏淵一三。爲政三および子路一一を比較せよ。
(一二三)　里仁八。
(一二四)　雍也二〇。
(一二五)　リンゼー「近代民主國家」第一卷六〇。
(一二六)　バーンズ「民主政治に對する挑戰」二三四。
(一二七)　「孟子」公孫丑上三の二。
(一二八)　墨子が駱滑氂に「君は勇を好むと聞いている」と言ったに對し、駱滑氂は「どこかに勇士がいると聞けば、いつでも飛んで行って必ず殺す」と答えたのはその一例である(「墨子」耕柱第四十六、二一九―二〇)。
(一二九)　「國語」晉語八、三九八。
(一三〇)　顏淵七。子路二九、三〇。憲問二二。「左傳」哀公十四年下五一六―七。
(一三一)　八佾七。述而二七。シュリョック「孔子に對する國家禮拜の起源および發達」七一。
(一三二)　八佾一六。公冶長七。述而一〇、二〇。憲問五、六、三五。陽貨二三、二四。「孟子」公孫丑上二の七。
(一三三)　「儒」ということばの起源については異る兩說が胡適の「論學近著」(三―八一)と、馮友蘭の「中國哲學史補」(一―六一)

とに詳細に展開されている。私自身の結論は、部分的には何れにも一致する點があるが、ただ部分的に過ぎない。胡、馮兩氏共「儒」に「弱い」意味の存する點は一致しているが、馮友蘭は私同様に學者は好戰的で無かったから、「儒」ということばが用いられたのだと考えている。曾ては儒が輕侮のことばであったらしい痕跡は、ほんの僅か殘存してるけれども、幾くも無くして儒が社會上最も尊敬される階級の名稱となったから、そのことは大したことではない。ローマ帝國の時代に十字架が嫌惡と恥辱との象徵であったことのよく判っている基督者が幾人あるだろうか。「左傳」では「儒」は非難のことばとして使われてるし(哀公二十一年下五三八)、ウェーレは魯の人が「平和的」性質であった爲に、「儒」は彼らに附けられた輕蔑的な渾名であったとの說を出している(「孔子の論語」二三九)。「禮記」(儒行第四十一、五七五—八一)には、孔子が「儒」という名稱は非難のことばの一として妄りに用いられたと言っており、また哀公は孔子に對して「自分の生きてる限り決して『儒』を輕視のことばとしては使わない」と言ったとある。この會話は全然信を置き難いが、こういう二人のことばが「禮記」のような儒敎に關する立派な書物に載ってることの說明としては、「儒」はある時には輕視のことばであったに違いないということ以外に適當なものが無いように思われる。

(一三四)「儒」は論語ではただ一回雍也一三に出て來るだけである。「孟子」には二回に過ぎず(滕文公上五の三および盡心下二六の一)、而も孟子その人の口からはただの一度である。墨子は孟子以前の人だが、このことばを餘計に用いたようで、孔子を儒の一人と考えてたように見える(「墨子」非儒篇一六七—六八)。これは墨子が孔子の一黨について批判的であった爲かどうか明らかでないが、「墨子」の中の非儒篇は後世の作である。本書第十二章注九を見よ。

儒教

第十一章　「儒」

「儒」——「弱い者」——ということばは、普通「孔子の徒」と英譯されるから、その仕來たりに従うこととする。シナでは、孔子の名は、その學派に關連しては極く稀にしか使われず、而も「儒」は孔先生在世中はまだ「孔子の徒」として通用しなかったことは明白であるのに、その後幾くも無くして「孔子の徒」を意味することとなった。

儒教は西紀前二世紀に凱歌を擧げたと一般に考えられているけれども、それまでに幾變遷があり、且つ千軍萬馬の勇士は、誰でも多くの傷痕を殘しているように、三世紀に亙る奮闘の末には、儒教は變貌して、當初の俤を失い、孔子という概念も同様に大きな變更を受けた。

シナの歴史でも、孔子死後の三世紀程、截然と學問上、社會上、政治上に決定的な影響を與えた時代は、他にその比を見ないのである。實に烈しい變革時代で、ほとんどあらゆるものが古來の定着個所から離れ去るやに見えた。人々の浮沈興亡は、目も眩むばかりの早さで社會階級上その所を變えた。交通の發達は目覺ましく、旅行は決して前日の比でなく、通貨は流通を見るに至り、貿易はかなりの規模に發達し、加うるに土地の私有は、漸を追うて封建的土地保有の方式にとって代った。戰爭によって更に活動の天地擴大し恐怖の念を新たにした。政治の面では、孔子の時代に滿潮に近づいた地方分權の潮流は、今や逆轉して、强國が隣接する弱國を征服併呑する速度は漸次その歩を早めた。既にその國の君主の實權を簒奪した比較的下級の貴族で、王位までもわが物とすることに成功したものもあった。

彼らは、一旦その位に卽けば、彼らにとって代らんとするものの出現を防止すべく、强硬行政を萬遺漏無く推し進めた。そうしてる間に、彼らは、比較的門地の低い人で行政の術に練達の士を用いる方が、親族や有力な貴族に權能を與えるよりは、むしろ安全であることを覺った。

既に述べたように、全シナを統治するには、今や悲慘にも傀儡化した周王に代る新權威の創設されることを孔子さえも希望した位である。(一) 新朝の出現が必至であることは、一般に認められたが、問題はただ誰がそれを創建するかにかかっていた。諸國の首長で比較的有力なものは、ほとんど皆、王位に貪婪の眼を向けて各國おのおの體制を整えて、中原に鹿を逐おうと兵を練ったのである。

かかる情勢下で、哲學など誰も顧みるものはあるまいと考えられるかも知れないが、事實は正反對であった。哲學者は滅多にどこにでもいるものでは無かった爲に、君主達はこれを探し求め、辭を低うして迎えようとした。かの焚書を命じ、また自分の役人以外には一切哲學の研究を禁じようとした全體主義の君主、秦の始皇帝さえも韓非子の二篇の論文を讀んで「この人に會って、知合いになり得れば、死んでも恨みは無い」と言ったと傳えられている。(二)

君主達の間に斯程に關心を持たれたのは、純然たる知的理由からでは無かった。シナの哲學は、いつも人的關係および倫理上竝に政治上の事柄に相當緊密な狀態に在るのがおきまりであったから、若しも君主が時宜に適した哲學を把握することさえできれば、シナ全體を支配し得ると信ぜられておった。(而も、哲學者達はこの說に水をさすことも無かった。) 最も有名な二人の初期儒家孟子と荀子とは、君主が儒敎の主張を實行に移し、儒家を登用して政治の衝に當らしめたらば、必ず全シナを支配すること間違い無し(三)とずばり言明し、反對側はこれを斥けて、彼ら自身の哲學の爲に同じような主張をしたのである。

儒教、墨教、道教および法家の學というような哲學の「流派」を論ずることは慣わしであり、諸〻の思潮の相違點を知る一助となる意味では有益であるが、多くの學者の認めるように、これら思潮おのおのが、皆それぞれ他と相容れない一つの體系と考えることは、誤解に導く結果となろう。漢以前では、墨家だけが他と相容れないように考えられていたようである。人間は鳩目で仕分け得る書類ではなく、また大概の人は自分自身が知的傳統の何れかに主として屬してると思っていささかの疑いをも挾まないでいるものの、その實、誰でもがあらゆる傳説から皆影響を受けていたのである。かような次第で、純然たる儒教の書と思われてるものの中にも、多分に道家的または法家的な思惟のあることがあり、逆にまた儒教も他の哲學に甚大な影響を與えているのである。

思潮の混亂を來たしたのは、個々の人に及ぼした影響が然らしめたのみではなく、この外に内部から穴を穿つという今一つの方式即ちある書物の中へ無關係な文章を插入する方法で行われた。後《あと》から論語に插入された非儒教的なもののあることは既に述べたが、なお後にもこれに觸れる時があろう。胡適は「墨子」と題する書物の最初の三章には墨家的精神は毫も無いと言ってるが、[四]實にこの三章は「墨子」の原典に儒教的のものが附加されたと言ってよいと思う。かように無關係のことが載ってることは珍らしく無く、各學派の主たる書物でさえもなお且つそうである。この爲混亂狀態が生じたけれども、事態はまだ困難とは言え、絶望では無かった。結局ある主要な原理があり、哲學は、おのおのそれをめぐって組立てられているから、その原典を淨化することは、完全にはできないにしても、後《あと》から插入された章句が出て來る書物の主要教義と、頭から矛盾する插入とを識別看破することは決して不可能では無い。この三百年間に於ける思想發展の大綱たりとも理解しなければならないとすれば、この識別は必要であり、また儒教の進歩と、孔子の觀念の變遷の跡とを辿らねばならないとすれば、それを理解する要がある。

既に述べたように、孔子の生存中にも、門弟間に反目と言ってもよい程、かなりの相違點が見られたけれども、その死によって先師の權威が除かれるや否や、この相違點は甚だ顯著になったに違いない。「孟子」には孔子の跡目に有若を立てようとの企てがあったが、それは不成功に終ったとあり、(五)「韓非子」には儒家は八派に分れ、そのおのおのが自分の派だけが、孔子の眞の傳統を保持するものだと主張したとある。(六)「史記」には、「孔子の死後七十人の門弟は四散し、封建諸侯の間を巡遊し、中でも偉いのは(君主の)教師か大臣かになり、次は役人の顧問、先生になるか、または引退して再び現われなくなった」とある。なお、「史記」には、子夏の四人の門弟が「皆王の家庭教師になった」とあるが、子夏その人も魏の君主の家庭教師となったとある。(七)「孟子」には、大臣となった二人の初期儒家の名を擧げているが、その一人は孔子の孫の子思で、察するに引續いて二國で大臣となったのであろう。(八)

この孔子の孫は、君主は學者の爲に盡すのが義務で、學者を友達ときめてかかるものではないと自分の主君に話したと言われている。學者は世襲貴族に逆《さか》ねじを食わせ自分達相應の所へ、自分達を置こうとする形勢一變の過程を始めかけていた。孟子は、「大臣に説くには之を藐《かろ》んぜよ」と言い、(九)荀子は眞の君子は「天地と等しい」と言い、また偉大な儒者は恐ろしい窮乏のどん底に陷ることがあっても「王侯は彼と名譽を競うことはできない」と言明した。(一〇)

孟子は自分が當然の報いを得るとすれば、自分こそ王たるべきだと信じていたようだが、(一一)その機會に惠まれず、負け惜しみ哲學を展開して、君子の樂しみの中に「天下に王たることは、はいらない」と斷言した。(一二)その代り、孟子も他の儒家達も、自分達は、すばらしく優秀な種族に屬しているから、時には君主を助ける爲に敢て役人となることをも辭さない旨を提唱したが、單に自由な立場で相談相手となり、その進言の代償として、贈物は受けるが、苦惱の種となる責任はとらないとする方が、正により楽しいことだと思うようになった。

　これらのことは、すべて儒家にとっては、疑いも無く喜ぶべきことであったが、君主達がこれを我慢したのは何故か、その理由をも質さざるを得ないのである。暴虐な専制君主は、氣紛れで學者達を小間切れにもし得たであろうに、彼らに革命を説くことを許し、[二三]またとてもひどい彼らの侮辱をも甘受し、而も彼らが立ち去らないよう懇願したのは何故であったか。一つの理由は、既に述べたように、君主達がシナ掌握の逐鹿場裡で、學者から援助を受けられることを望んだことである。加うるに、時勢は移り、少なくもシナ北東部(儒家活動の多くはここに起こった)では、漸を追うて教育は普及し、解放の機運に向いつつあった。理窟上では君主に専制的の權力はあったというものの、ある點を超えては、人民を虐げて何の咎めも無いというわけにはいかなくなり、而も儒家は、民主的では無いにしても、少なくも博愛的で、實行性ある政治哲學を抱いていたことである。今一つの理由は前にも論じたが、儒家には行政事務に役立つよう人々を訓練する一定の紀律があったことである。これは儒家に限られ、他には無かったことらしく、近世の文官の標準から見れば幼稚《ようち》なものであったろうが無きに勝ること萬々であった。

　理由は何れにもせよ、君主達は互に競って儒家の盡力と進言とを得ようとした。實際、種々雑多な肌合の學者や哲學者が熱望され且つ甘やかされた。孟子は數十乘の車をつらね、數百人の人を従えて旅行し、諸侯から諸侯へと轉々して食祿を得たと言われている。彼は宮殿に客となり君主から大金を贈られ後顧の憂いは無かった。[二四]齊の宣王(この頃ともなれば數ヵ國の君主は自ら王と稱した)は西紀前三三二年から三一四年まで位に在ったが、哲學の保護者として特に有名である。漢代の一著述家は宣王の集めた學者の數は千を超え、孟子のような人は「高官の俸祿を受け、而も何らの責任無く國事に思いを廻らしていた」と書いている。[二五]また「史記」にはその外、宣王がこれら哲學者の爲に高閣を建て、その他の人々をも引き附けようと最高の敬意を以て待遇したと記してある。(一六) 次の世紀になって法家の韓非子は、君主が役にも立たない學者達に富と地位とを餘りにも氣前よく與えた爲に誰も役に立つ仕事をしなくなったと言っている。(一七)

孔子は、人物をよく見極めて、高い標準の徳性を門弟に要求したようだが、彼の門弟にも、中には怠け者、不眞面目なもの、慾得《よくとく》ずくのものもいた。孔子の死後數世紀間に儒家達一羣の學問や品性の平均は全體としては明らかに甚しく退歩したようである。孔子以前は、高位に登るほとんど唯一ともいうべき道は、そういう門地に生まれることであったが、今は最も低い出身の人でも修得した學識と如才ない辯舌の才とで、宏壯な邸宅を家とし、最上の毛皮をまとい、美貌の第二夫人を得て社會上最高の地位を樂しむことも望み得ることとなった。宰相の地位にも就けようし、君主にはなれないとしても(それだけまでに出來上った人ならば)、少なくとも、後難なく君主を輕んじ侮って自ら足れりとすることはできた。

學問を修め言談に巧みな爲に、苦勞もせず、危險も冒さず、富と榮譽とが得られるとすれば、「さすれば、誰《たれ》かこれを採り上げないものがあろうか」(一八)と韓非子は言ってるが、本當に誰かあろうである。高名の先生に就いて修業する爲に、人々は數百里を遠しとせず、車や徒歩でやって來たとある書物にあるが、何ら驚くに足らないことである。(一九)

その結果、次のようなことは避けられなかった。自分も、ひとつ儒家といわれたいと思ってやって來た人々の中には、學問に打込んで、先生もこれを誇りとした程の學者になった人も少なくなかったが、それよりも、最初から、樂しくて得《とく》のいく生涯を送ることに關心を持った人々の方が遙かに多數であった。このことは、儒家に反對する側の書物を一見するまでも無く、儒家の書物が正《まさ》しくそれを傳えている。孟子は、その時代の人々が、精神の修養はしたが、それはただ高位高官になる爲の手段に過ぎず、一旦目的を達すれば、彼らの主義はもはや不用として捨て去ったと言っている。[二〇] 荀子自身儒家であるが、彼が「俗儒」と呼んだ者共には大痛罵を浴びせた。彼らは必ず特殊な衣冠を着けるのを例としてるとか、彼らの學問は淺くて雜然としているとか、彼らは衣服でも行動でも「俗惡人の風と一致してる」とか、彼らが「先王のことを語るのも愚者を欺いて衣食を得る爲」であるとか、彼らは君主の寵臣や家の子の食客として生活しているとか言った。[二一] 儒教の古典の一である「禮記」には「今日大衆が『儒家』と呼ぶものには一人も眞正な儒家は無い」という一節がある。[二二]

　儒家に敵對する側では、さらにひどく全體を非難してるが、かように明らかに惡意に滿ちた攻擊は餘り人を感服せしめない。しかし、比較的立派な兄弟弟子達が誇りとし難い儒家が非常に大勢いたことは明瞭である。なお、これら「俗儒」の數は少々で無かったようだというのは、どんな職業でも、苦勞が無くて、而も有利だとなれば、腐肉が兀鷹を誘きよせるように、その職業が屑のような人間を引き寄せるからである。然らばそれらの連中は、どうして暮しを立てていたであろうか。彼らの中で、教師とか政客とかになってやっていけるだけの特色ありとすることのできた人は、ほんの一部少數者に過ぎなかった。「墨子」という書物の中に次の一節がある。これは、確かに墨子その人の時代よりは後に言われたことであるが、[二三] だからと言ってやはり興味ある一節である。卽ち儒家について次の如く言っている。

「飲食にはがつがつするけれども、仕事は怠け放題な彼は、空腹と寒さに苦しんで凍餓の危險に曝される。春夏の候には物乞いして穀物を貰って歩くが、收穫が過ぎると葬式へと赴く。子も孫も一緒に行って、皆が腹一杯飲み食いする。どうにかして何度か葬式にありつきさえすれば足りるので……富家の不幸を耳にすれば狂喜してわれを忘れ『これで衣食にありつけた』と言うのである[二四]。」

これは、勿論悪意から出た戯畫ではあるが、さりとてこれに若干の眞理の存することも疑いを容れない。孔子の直門達が儀式の正しく行われることに非常な注意を拂って、その次第の細かい點で爭ったことは既に述べた。「禮記」殊に檀弓という篇には、葬式や服喪の儀が如何に行わるべきかを精細に詳述した個所が非常に多く、それが孔子や門弟達の言とされてるのである。これを孔子や門弟達の筆に成るとすることには疑義があるけれども、これら諸篇は確かに儒家の關心を反映している。古代シナでは、職業的司祭が無く、儒家が儀式に精通していた爲に、彼らの中で能力は餘り無くて、人一倍生活に困ってる人達が、報酬を拂うことのできる家の爲に、葬式の指圖をして生活の補いをつけたと考えて、强ち筋の通らぬことでは無い。

これらのことは皆孔子の趣旨に副わざること甚しいもので、いかに想像を逞しくしても思い及ばない程である。孔子は、「禮」については文辭に意を用いて精神を等閑にすることの無いよう特に警告したり[二五]、その心は「道」に注がれてるように裝いながら、その實自己の安樂や繁榮に心を配る人達を非難したりした。それにも拘らず、彼に從い彼を信奉するものが、道を踏み迷ったことに對するあらゆる批難から、孔先生は到底その責を免れられないと思う。孔子が、人はすべて教育を受けさすべきだと主張したやり方で彼を責めるのは恐らく當を得ないであろう。彼はただ教育の門戸解放を主張したに過ぎなかったのである。しかし、この問題に關する彼の言明の爲に、後の儒家が適當な門下生を選擇するのにふさわしい「入門條件」を實施することを、より困難ならしめたことは疑い無い所である。

もっと重大な彼の過ちは、第二の孔子を決してつくらないとしていたことがほぼ確實なような教育を創めたことである。孔子その人は、青年時代奮鬪せざるを得なかった爲に彼の人物ができ上ったことは疑う餘地がない[二六]。彼は卑賤の間に人となったから、曾て人民大衆に對する同情を失ったことは無かった。プラトンはペルシアのダリウスの偉大は彼が「王子で無い爲に贅澤な教育を受けなかった」ことに歸してよいと言った。[二七] こういう有益な言説が古代シナでも一度ならず、なされた。卽ち孟子は「德智の人は大抵艱難な生活を通って來た人だ」と言った。[二八] しかし、不幸にも孔子はこの點その有難味を十分に覺らなかった。彼は彼自身の若い頃の奮鬪を左程大《たい》したことで無いとして心に留めず、ほとんど專ら政治の術と政治哲學および宮廷の生活に關わっていた爲に、周圍の人々の生活から門下生を引離すことに傾く一種の教育を主張した。[二九] こういう教育課程で育てられ、而も自分が大事をなす運命を荷っているように感じながら、貴族ぶる俗物とならないで濟む青年ならば、それこそ尋常一樣のものでは無いのである。孔子は偉大なる人道主義者で、而も偉大な教師であったから、自分の直門がそんな俗物になるのは防ぎ得たけれども、彼の後に來た人で孔先生のやったように、彼の紀律を施し得た人はほとんど無かった。

儒家は、皆が皆で無くても槪して、偏狹で虛榮的で利己的だと言うのは誤りだし、且つ全く名譽を毀損するものといえよう。儒家の多數は驚くべき寛容、博識、無私の人達であったが、こういう人達は、いかなる人類の大集團でも、決して多數を制することは無い。孟子や荀子のような少數の偉い儒家と、尋常一樣の多數の儒家とのあることを認めなければ、儒教の內部でいかなることが進みつつあるのかを十分理解し難くなるのである。この尋常一樣な儒家の大多數は書物を著わすだけの才も力も無く、また書いたとしても「禮記」の比較的平凡の部分や「易」の十翼以上のものは書けない手合であった。これらの書物は、「孟子」「荀子」を十回百回讀むに對して一度しか讀まないが、[三〇] それは孔子の思惟と正反對な配景を與えるからである。と言うのは尋常一樣な人、一人だけでは、天才一人と同じく有力では無いけれども、尋常一樣の人が一團となれば、その勢力は壓倒的なものとなり、ある知的の環境を創り出し、その環境は力ずくでその中にある精神的巨人をも動かし、かくて漸を追うて孔子の理論を歪曲し、限られた智力の人にはより判り易く、而も實際上はより役に立つものに變えてしまったのである。孔子に關する眞實のことは實際には何ら判らないので、彼らは傳説を創作したり修飾を加えたりして、存分にその穴を埋めた。こうやって、彼らが孔子をば彼らその人のような人に、或は彼らが崇拜する人物卽ち勢力を利かせ、人からはちやほやされ、流行を追い、どうかするとずるい人間に描き上げたのは全く當然のことである。さてわれわれは簡單に傳説進展の跡を辿る要があるが、その爲には、儒教に反對した諸派の思想をも、併せて考察しなければならないのである。

(一) 陽貨五。
(二) 「史記」老莊申韓列傳第三㈢二六―七。
(三) 「孟子」梁惠王上六、七。公孫丑下一二。離婁上九。「荀子」儒效篇第八、六七。
(四) 胡適「中國哲學史大綱」一五一。
(五) 「孟子」滕文公上四の一三。
(六) 「韓非子」顯學第四十八、四九四。
(七) 「史記」仲尼弟子列傳第七㈢七六。儒林列傳第六十一㈣三六二。
(八) 「孟子」離婁下三二の三。告子下六の三。
(九) 「孟子」萬章下七の四。盡心下三四の一。
(一〇) 「荀子」儒效篇第八、六五。王制篇第九、七九。
(一一) 「孟子」公孫丑下一三および萬章上六の三を見よ。
(一二) 「孟子」盡心上二〇。
(一三) 「孟子」梁惠王下八。
(一四) 「孟子」公孫丑下三。滕文公下四の一。盡心下三〇の一。

(一五)「鹽鐵論」(四部叢刊版)論儒第十一、二の一三。
(一六)「史記」孟子荀卿列傳第十四㈢二一二。
(一七)「韓非子」六反第四十四、四四二―三。五蠹第四十七、四八七―九。顯學第四十八、四九七。
(一八)「韓非子」五蠹第四十七、四八八。
(一九)「莊子」外篇胠篋第十、一〇五。
(二〇)「孟子」告子上一六。
(二一)梁啓雄「荀子柬釋」八九―九〇。
(二二)「禮記」儒行第四十一、五八一。これは孔子の言のようになっているが、この篇全體が後世の作にかかり、明らかに信じ難いのである。本書第十四章注九を見よ。
(二三)本書第十二章注九を見よ。
(二四)「墨子」非儒下第三十九、一六一―二。
(二五)八佾四。子張一四と比較せよ。
(二六)子罕六。
(二七)プラトン「法律」六九五。
(二八)「孟子」盡心上一八。なお「國語」魯語下一六六―八および「書經」(無逸)一八〇―四を見よ。「書經」からの引用文はプラトンからのと似ているが、この無逸篇は謂うが如くに周公時代程古代ものでは無いが多分漢以前ではあろう。
(二九)爲政一二。子罕六。子路四。
(三〇)「禮記」には「荀子」から轉載されたものの多いことを、勿論忘れてはいないが、ここで言ってるのは比較的平凡な個所の話である。

第十二章　人から傳說へ

墨子は、孔子の死の直後に生まれ、墨學と稱する哲學と、墨家という固い組織の集團とに礎石を置いた人である。兩者共に一時は重きをなしたが、漢代には、既に甚しく衰え、爾來事實上その跡を絕った。墨子は、孔子と同じく貧困、混亂および戰爭の結果、至る所苦難に滿ちている狀態を見て、心から容易ならぬことと感じ、これに處する彼の救濟策を說いて各地を巡遊した。シナ人が墨子の說を棄てて、孔子の說を採ったのは大きな過誤を犯したものだという意見が、近年になってむしろ頻繁に聞かれるようになった。墨子の思想を詳述しまたこれに判斷を下すことは、本書の役目ではないが、墨子の言として今日に傳わるものが甚しく知的に缺けることに注目することが適切であると言うべきである。儒家その他に對する彼の批評には正鵠を得たものも少なくないが、「運命なるものが存在しない證據には、これを見たり聞いたりした人は一人も無いではないか」というような運命論に對する彼の反論の如きは、哲學者たるに値いしないもののようである。また、「封建諸侯が互に相愛するようになれば、戰爭は無くなる」と言う彼の戰爭防止策もまた感銘を與えるものではない。それから、青年を自分の門下に入れようとして、將來地位を得てやると約束しながら、後日その約束は、本人自身の利益になるから、入門させる爲の「手」に過ぎなかったと告げるようなやり方は、倫理的にも如何わしいものである。(一)

「墨子」という書物には、後人の手に成る個所があり、中には墨家的で無いものさえもあるが、この「墨子」と關わりないものを選び分けることは、かなりの自信を以てやれそうであり、(二)かくして殘ったものは、孔子直後の頃のシナ思想をその當時の人として描寫した唯一のものである。墨子は一儒家として學問を始めたが、(三)後に分離して彼を中心とする一團をつくったと言われている。彼は獨立したことを強調して、儒家を痛烈に批判したけれども、その實、彼の説の廣汎な基盤は、大體その頃の儒敎であったことは明瞭である。かような次第で、彼が攻擊した點と、彼も同説であったと思われる點との兩方から當時の儒敎のことを知り得るのである。

墨子が運命論を非難したのは、それが儒敎の説だと斷定したからである。(四)既に述べたように、孔子を運命論者と呼ぶのは間違いだろうと思うが、孔子の死後には、この論が儒家仲間に在って進展したことは事實のようである。墨子はまた、厚葬の習慣を攻擊し、その爲に、「平民の死は家産を蕩盡せしめるし、封建諸侯の死は國帑を空しくせしめる」と言った。(五)この點は、孔子も墨子と同意見であったことは明瞭で、ある時の墨子の言によれば、墨子の頃に儒家の間では、これについての意見が割れていたことが窺われる。(六)しかし、「俗儒」が葬式の世話をして糊口していたことが事實だとすれば、彼らがその費用お構いなしのやり方に贊成であったこともよくわかる。荀子の頃ともなれば、豪奢な葬式についての彼の辯護論が見られるのである。(七)

「墨子」を見れば、その頃の儒家はその衣服に何か古式を模倣することに特に意を用い、また衣服以外の點でも、よしあし構わず、昔を眞似たという印象を受ける。君主の宮廷では儒家は「意見を徵された時だけ口をきく」ことになっていた。(八)墨子が對抗學派の指導者として、儒家を描寫するのに、最良のものを選んだとは思えないけれども、儒家仲間には、自分の政界に於ける將來の爲に、一番よいとなったら、それに熱中して他を顧みず、儒敎の眞の原理は知らないか或は好まない手合が實に大勢居たことは疑う餘地の無いことであった。

「非儒」と題する「墨子」の一篇は、儒家全體を非難し、その上孔子に對し猛烈な攻撃を加え、例えば、孔子はある時期には、門弟達のやる竊盜の上《あが》り金で暮してたと濡れ衣を着せている。しかし、こういう嘘は明々白々たる歴史上の誤りに坐するものである上、この篇全體が「墨子」の他の篇と異って、梅詒寶の言う如く「ずっと後に書かれ」、あとから原典に附加されたものであることは疑うべくも無い。[九]「墨子」の正眞正銘な篇では孔子個人のことはほとんど出て來ず、孔子を記述した唯一の篇では、孔子を愚物扱いしている。[一〇]

墨子は世の邪惡を匡正するの途は、他の誰よりも、自分の方がよく知っていると信じ、孔子とは違って、何事も他人の自由な選擇や判斷に敢て委《い》しようとしなかった。彼の言を引用すれば「私の教えだけで十分だ。私の教えを棄てて、自分で考えてみようなどというのは、收穫を捨てて、僅かばかりの穀粒を拾い集めるようなものだ」と言い、また彼は自分の說を論破し得ると思われるものは一人も無いと言った。[一一] かような次第で、墨子は自分の學派內では、門下生を嚴律の下に置いて一生の服從を要求した。卽ち墨家團體の指導者(この役は繼承することになっていた)は團員の上に生殺與奪の權を揮うものと思われていた。[一二] 墨子は貧困、混亂および戰爭を初めとして世の邪惡は、嚴正な權力主義的體制によって救われ得るものだと信じていた。各團體では、團員は「ひとり殘らず、指導者と一體となって利害を共にすべきであり」、また一團の各指導者は順次に上位者と一體となって、遂に天子にまで達するというのである。「上の人の正しいと思うことは、すべての人が正しいと思わねばならず、上の人が正しくないと思うことは、すべての人が正しくないと思わねばならず」、これに應じない人は處罰を免れなかったのである。[一三] これをアドルフ・ヒトラーが「マイン・カンプ」で述べてる「全一國家憲法制定の原理は、あらゆる指導者の、その下位者に對する權威と、その上位者に對する責任とであるべきだ」というのと比較するは興味あることである。[一四]

しかし、最高指導者たる天子が、果して妥當な原則を持して純眞な動機から出てるかどうかは、どうして確められるか。最高指導者は順序を追うて天と一體とならなければならないが、果して一體となったかどうか、どうしてわかるだろうか。墨子は、それはいと易いことで、天子がそうしなければ「天は寒暑を過度に送り、これと共に時候外れの雪、霜、雨および露を以てするし、五穀は實らず、六畜は成長せず、疫病疾癘がはやり、暴風洪水がしばしばやって來る。これが下界の人間の、天と一體にならない爲の天罰である」と言うのである。「墨子」によれば、時としては天がその不滿を表わすのに、實際肝に應《こた》えるような場合があり、その爲「血の雨が三日間も降ったり、龍が神殿に現われたり(一五)」する等々のことがあるとした。彼はこう言った變事の實例を澤山持ち出し、而も史實であると主張して自分の立場を支えた。彼がこういう話を自分で捏っち上げないで、一般に信ぜられてた一團の傳承に頼ったことは、少なくも話を尤もらしくさせた。

今日、われわれにはこの種の話は滑稽に聞こえるから、孔子の耳にもほぼ同様に響いたろうと思われる。墨子自らは熱心に信じていた靈魂鬼神の存在を、儒家が否認したことを墨子は痛責した(一六)。それにも拘らず、天災は天罰で惡政を示すものだという墨子の考えが、漢朝の正統儒教と呼ばれるものに(もっと精密ではあるが)ほとんど同じ形で出現したのである。これは一體どういうわけかと考えても、墨子が直接儒教に影響を及ぼしたとは信じ難く、むしろ墨學も、また結局は儒教も、共に山程ある世俗の迷信の影響を受けたというのが事實に近いようである。迷信の方が孔子の合理哲學より遙かに多く人氣に投ずるものがあったからである。

孔子は、古えの書物の權威を重んじ、「古代聖王」の實例を語ったとよく思われておるが、この考えを支持するものが一向に論語に見えないことは既に述べた。然るに墨子は自分の斷定を立證する爲に、書物や聖王の言を絶えず引用しておる。彼は「三朝の聖王、堯、舜、禹、湯、文、武の言行と合致する言行はすべて實行さるべきであり、三朝の暴王のそれと合致する言行は……一切避くべきである」と言明した。[一七] 論語に出て來る孔子には、何かこういった權威のある、行爲に對する標準を立て得られようとは想像もされないが、また、一方この點で、墨子が最初に教えを受けた同時代の儒家と大いに違うと思われる理由が無いのである。

孔子は思惟に對する原則は與えたけれども、眞理に對する一定の標準は與えなかった。卽ち彼は各人おのがじし、眞理を發見する責任があるとし、而もそれは自由にやるべきだとして各人に任せた。しかし、知的自由には必然的に知的研究が伴う爲に、人間は概して知的自由は欲しないものである。今日なお、われわれの間では、「どんな暮し向きをしてる人でも(大抵の哲學者も入れて)、自分達の哲學は人間および宇宙の究極の本質と運命とを最終的に定める體系で、これを措いて他に無い」ことをその哲學に要求してるといわれておる。[一八] 然るに孔子は人々の心に「平和でなく*劍」を持ち出した。孔子の門弟中には、孔子を十分理解してるものが無かったこと、換言すれば、孔子の遺體が冷たくなるかならないかに、儒家達は心持ちのよい知的安息所を建てはじめ、そこへ行けば、神聖な書物と決して誤ること無い聖人という慰めてくれる權威がいつでも見られるというようにしたことに、何の不思議も無いのである。

古えの聖王に關する物語は、今や急激に增加した。堯、舜、禹が古代の有德な王として現われたことは先に述べた。しかし、論語には(最後の篇は一般に後代の作と認められており、それについては後に論ずるとして、その篇を除けば)禹の場合を除いて、彼らが一人も正常な方法で王になったのでは無いことは少しも示されていない。[一九] 禹は曾て一農民であったと言われていたが、ある王家の名も無き御曹子であっても同じことであった。論語には大臣は全人民の中から、その有德を基準として選抜すべきで、昔はこれが行われていたとある。[二〇] 今一歩論理を進めれば、國王もまた王位を世襲すべきでは無く、有德有能の故を以て選抜せらるべきだということになる。孔子がそう思ってたことは疑いないが、はっきり言明した記録は無いようである。墨子の頃になると、それが言明された上に、古えの聖王時代には、君主がその相續者をこの標準で全國民の間から選抜するのが正常なやり方であったと言われてる。この學説によって、局面は完全に一變し、學者達は、世襲貴族に對し、彼らこそは君位簒奪者以外の何者でも無く、要するに、本來君位は有德有能な學者の占めるべきものであると斷言するに至った。

この説を一番早く言明したものが、「墨子」に見えている爲やら、何やらで、この説は墨子に始まると言われているが、そうでは無さそうである。[三一]墨子本人もそうだと思ってはいたが、同時に彼はある儒家が「昔聖王が身分の高下の割當てをした時に、最上の聖人を天子に立て、功績のこれに次ぐ者を大臣その他の高官とした。所で、孔子は廣く「詩經」「書經」に精通し、「禮」樂に關しても識見あり、加えるに萬般について深遠な知識を持っていたから、若し孔子が聖王の治下に生まれたらば彼が天子になったことは間違いない」と言ったのを引用してるが、[三二]その後孟子もほとんど同じことを言っておる。[三三]古えの聖王は王位を親から繼承しないで、その有德によって、これを得たのだという考えは、孔子の死後、幾くならずして起こり、[三四]儒墨兩者によって支持されたことはかなり明瞭のようである。

それでも儒家の中には警戒の眼でこれを迎えたものも無くはなかった。學者が一つの集團としてその威信を高める爲の宣傳としては申分無かったが、若し貴族が餘りにも眞劍にこれを取り上げれば、面倒が起きないものでもなかった。今日なお、立憲世襲君主制には安定性があるとして、極めて民主的な人の中にも、これに好意を寄せる人が存するのである。君主がその位を讓る人もがなと、その周圍を眺めはじめれば、その結果は、口舌の雄が榮冠を戴くことになり、續いて混亂が起こらぬものでもないことは、人々によく判っていたのである。西紀前三四一年に燕國に事實

起きたのは正にこれであった。[二五]

物語が發達するに連れて、古えの聖王は老齢になれば有徳な大臣の爲に、退位することになっていたと、何の證據も無く唱道されるようになった。燕國では王がその國を宰相に讓る申出をすべきだとの建議を受けた（宰相の親族の一人が賄賂を貰って提案したのであった）。王は宰相が必ず辭退するだろうと安心していた所、實際に、宰相はこれを受けてしまった。三年後に叛亂が起き、その爲「數萬の人命が失われた。[二六]」

孟子は燕王がその國を渡した行爲を批判して、王位繼承者以外の何人に國を讓るにしても、その權利は「天」のみに在ると言った。[二七]「天」が王位を、ある人に與えるというのは、どういうことかと問えば、それは人民がその人を自分達の王として受け入れることによって、天の意思がわかるということのようである。[二八]荀子は、昔は身分の高下はその徳如何によって割り當てられ、その理由は有徳か否かであった爲に、その死後には王位が皇帝の家から離れ去ることも時にはあったと思っていたが、聖王がその生存中に退位したことは無いと否定していた。[二九]ずっと後、ダッブスが、その治世こそは漢朝での「儒教の勢力」の最初を劃したと言った[三〇]漢の文帝は、これらの物語を非常に氣にして、西紀前一七九年に、當然のこととして、帝位を讓るべき有能、有識、有徳の人を全帝國に亙って大がかりに搜す布告を發した。とにかく、文帝は自分の子は繼承者とすべきでは無いと言ったけれども、樞密顧問官達はこれに異議を唱え、帝位の世襲的繼承を維持することこそ帝國の安定に最善の貢獻であると主張した。（そしてその主張のようになった。[三一]）

この點についての儒家の立場は十分理解し得られる。大臣を有能有徳によって選擇すべきであるという原則は、善政を行うには不可缺のものであった。君主も過去に於いてはその基準で選ばれたことがあり、現在でもそうあるべきだという考えは、學者の威信を高めると共に、帝王がなろうと思えば、いつでも我儘な專制者になり得るという衝動を心理的に抑制するには大いに役立ったのである。しかし、若しこの考えが實際に行われたとしたらば、帝位はこの上ない猛烈な陰謀の玩具となるであろう。その上、君主が己れの有識と有徳とで王位を獲得したと思う場合には、儒教教育で相當に品位を高められてる世襲君主よりは、ずっと我儘で、ずっと道理に服さないこととなろう。そうだとすれば、最も賢明な儒家が帝位を有徳者に讓るという原則は採用しても昔の歴史の一場面としてしまって置こうとしたのは、何の不思議も無いことである。

固よりこれは實際は史實では無く、古代シナの、孔子の時代と非常に近接する頃まで溯っても、平民出身では、君主は愚か高官にさえなれたかどうか疑わしいが、[三二]これに反して重要な地位が通常貴族の家傳であった證據は枚擧に遑無いのである。[三三]しかし、學者達が古え、有徳の人が君主にされたと論ずる際、これを證する爲に歴史的文書を示し得ることが必要となり、需要が供給を刺戟する例に洩れず、幾くも無くして、この點を證明する歴史的文書がふんだんに存することとなった。そういう文書の一つで堯典と呼ばれるものは、孔子の死後百五十年位の間に（少なくともその第一草案は）いつの時か書かれたことは明らかである。[三四]堯、舜、禹の帝位繼承に關する小論は論語に入れられて、その最後の篇の第一章となっているが、これは孔子とは全然沒交渉であり、古くから、論語には無關係な附加と認められている。

シナで僞書が書かれたのは、少なくも周朝初期に溯ることは明らかだが、[三五]こう言った僞書製造の方式が大いに行われ出したのは孔子の頃か、ちょっとその後位のようである。孟子の頃には、前に述べたように、疑わしい書物が非常に數多く出て、孟子が「盡く歴史文書を信ずるならば、歴史文書など無い方がよい」と言った程であった。[三六]それでも僞作者達は仕事を進めるに忙わしく、傳説では過去に起きたことになってる種々の事柄やら、僞作者が將來行われるのを見たいものと思った様々の理想郷的計畫などを既往に溯って史實と思われてる中へ書き入れていった。例えば、「書經」でも、それが編纂されたと言われる時に、實際書かれてたものは四分の一だけで、あとは僞作である。外の書物の場合、もっとひどいのがある。かようなわけでシナの古代史は史實と小説との混合物で、絢爛ではあるが、ちょっとどうしようも無かったのを、科學的學問の力でこれを選別し、とにもかくにも大きな成果を収めはじめたのは、つい最近のことに屬する。

その爲、孔子を理解する上に慘澹たる結果を來たした。孔子の生涯と思想に關するいろいろの事實が、完全に歪曲されただけでなく、もっと惡いことには、孔子の全歴史的背景が非常に枉げられて彼を正しく見ることはもはや不可能になった位である。昔、人々が王位を得たのは相續で無く、有德の爲であると一概に主張されていたが、それでも、孔子はそれでなければならないとは決して明言しなかった。これらのことを綜合すれば、孔子は世襲制の原則を信じてたらしく見えるけれども、それでも、事實孔子が世襲制を信じていなかったことや、孔子としては大膽にも一歩を進めて、最高の大臣には門地を無視して有德有能の人を任命すべきだと主張したことは先に述べた通りである。

孟子は西紀前四〇〇年より少しあと、孔子の死後約百年の頃に生まれた。彼は孔子の孫、子思の門弟に就いて修業したと言われている[三七]。すべての儒家の中で、その思想が今日まで、まずそっくりそのまま傳來してるのは孟子が一番古いのである。「孟子」と稱する大作は恐らく彼の門弟達が編纂したもの[三八]だろうが、最も古い文獻よりもより多く信頼してよいように思われる。孟子も孔子同様、地位を求めて巡遊し、時にはそれを得たこともあったようである[三九]。

孔子と同じように、孟子も「國に在っては人民が一番大切な要素である」こと、人民の福利が政治の第一目的たるべきこと(ほとんどそのことば通りであるが)、「政府はその正當な權力を被治者の同意から與えられてること」を信じていた。(四〇) 孟子は死刑執行前に、君主は人民の同意を得べきであるとさえ唱えた。(四一) 孟子は政治は有德有能な儒家の手に委ねられ、政治の要諦を何も知らない君主に干渉されないようにすべきであると言明した。(四二) 孟子は、特殊の經濟方策を唱えて、孔子の說に改良を加え、また天然資源の保存に關する彼の言說は頗る近代的の響きがある。(四三) しかし、孟子は、賢明にも、利得の動機のみでは國策の基礎とはなり得ないことを(カントや孔子同樣)主張した。(四四)

　無能な君主は君位に在る正當な資格が無いという點では、孟子は孔子と同說であり、(四五) なお進んで君主が人民に福利を持ち來たさなくなった時は、人民はこれに叛いてその君主をとりかえることが嚴肅な義務となると言明した。(四六) しかし、大臣達は君主の過誤を匡正して、そんなことの起きないようにすべきである。(四七) 先に述べたように、孟子は、學者には、最高の價値と名譽のある地位を與えるべきであると主張し、君主から學者へ贈られる贈物についても不滿を述べたが、それは贈物が不十分というのではなく、それに對して學者がお禮を言わなければならないような方法で贈られるようにというのであった。(四八) 孟子はまた、皇帝でも高名な學者は豫め自分の方へよぶと極めてかかってはならず、出掛けて行って會うべきであり、これが古えの有能有德な君主の行った所であると言った。(四九) 教師は、昔の生徒との關係では、たとい、生徒が君主であっても、臣下の關係よりはむしろ父兄の關係に立つものだとした。(五〇) 大多數の學者は儒家であり、從って王侯の家庭教師も大多數は儒家であったから、この主張は儒教が勢力を得る上に重要な役割を演ずるよう運命附けられていた。

　孟子は儒教の學者の爲に、こういう權利を主張したのみで無く、彼が諸國の宮廷で好遇された所をみれば、主張したことは若干の成功を収め得たようである。彼の說破せねばやまない論議を讀めば、眞正な儒教が、世に行われるのは、直ぐその橫町まで來てるように思えるかも知れないが、當時の比較的優秀な儒家中でも最も優秀な一人である孟子にも、この仲間に多くある彼ら特有の缺點のあったことは疑うべくもなかった。

それは孟子が上流社會好きであったことである。孟子はその生活ぶりも旅行ぶりも實に豪奢を極めたものであったが、彼はなおそれ以上に豪華であった王侯を大いに羨んでいた。前に述べたように、孟子は、若し正義が世に行われるならば、自分こそ皇帝たるべきだと思っていたが、[五一] それが不可能な爲に、彼は地位や奢侈を輕視して德以外に何ものをも重んじないよう裝っていたけれども、さる貴婦人**のように彼の抗議は少しくその度を失した。[五二] 世襲貴族に對して同情を持っていたことは、數々のことばにおのずと露われている。彼は「政治を行うことはむつかしくない、ただ大家豪族を怒らせないようにすればよい」と言い、また有力な貴族諸家と仲よくすることさえできれば、「全天下にかの有德な敎えを弘め」得るとも言った。[五三] 孟子は「德こそは役人となる最も眞正な資格と考えるべきだ」としばしば口にしたに拘らず、「一國の君主は萬已むを得ない時に限って立派な人物を登用すべきである」と言っているが、これは立派な人物を登用すれば身分の卑い者を高い者の上へ行かせ、王家と何ら親族關係無いものを王家の親族より上位に行かせることになるからである。君主たるものが、こういうことを愼重に取運ばないなどいうことが、どうしてできようか」と言っておる。[五四]

右に述べた所は、他の孟子の言とは全然矛盾するし、[五五] 孔子の考えともまるで違っていること言を待たない。しかし、この種の矛盾は比較的古い儒家の多くの文獻によく見る所で、儒家とても人間だったからである。一面儒家は集團として、世襲貴族に反抗して鬪爭する點では孔子と同列であったが、個人としては、中には貴族の御曹子もあり、また役に就く爲にも、立身する爲にも、また恐らく日々の衣食の爲にも、儒家は、誰でも、誰かある貴族の庇蔭に待たねばならなかったのである。彼らの忠誠と彼らの主義とが、時に混亂を來たすのは敢て驚くに足らないことである。

孟子はかような混亂にも拘らず、人間の平等は彼の確信する所であった。(五六) これは孟子も國王も何ら違いは無いことを證する爲の議論だったかも知れないが、少なくとも孟子が自分を生まれながら外の誰よりも幾らかましだと主張しなかったことは認められなければならない。實際孟子は、すべての人が天性は皆善だと信じ、古えの大聖はこの生まれながらの傾向を十分に伸展せしめた人に過ぎないと思っていた。孟子はこの點についても、また心理學についても、多くのことを言っているが、これは今日でも心理學者や精神病學者には興味あるものである。(五七) この問題についての孟子の考え方は獨創的で且つ鋭いものがあったにも拘らず、その結果はすべてが好都合というわけにはいかなかった。

人の性は善であるという説によって、人間は誰でも頂上まで達し得られるという可能性が開けた爲に、ますます出精するよう拍車をかけたことにもなろうが、半面この説の爲に、人間は德さえあれば別に働くべき義務も無いと言って進取の氣象を抑制することにもなったのである。孟子は、人々はその品性を修養すべきであると言ったには違いないが、個人おのおのが己れ自身の運命に對して持つ責任を、論語にみられると同じ位、嚴格に主張した様子は「孟子」にはみられない。恐らくこれは自然であろう。一羣の最細民層の人々が、世襲的特權との戰いを始める時は、最初は、卑賤の生まれのものにも、貴族と同じく立派のもののあることを强調するけれども、このイデオロギー戰の旗色がわるくなりかけると、重點を平等に移して、個人の問題は姿を消すのである。こんなわけで、フランス革命前のフランスの哲學者達は個人主義者であったけれども、革命の標語は平等をうたっていた。

孔子の思想の特色は道義の世界のみで無く、理知の世界でも同様に奮闘することであったが、孟子にはその奮闘から息抜きする所があった。孟子は人の性は善であるばかりで無く、一種の小宇宙であるから、それ自身の中ですべてのものが揃っていると信じていた。(五八) 彼はこれから演繹して自分自身の心の中を見るという比較的簡單な方法で宇宙のことを知り得ると言った。(五九) ロレン・クリールは、孟子がこういう意見を抱くことのできたのは、道義上の諸原則は、何らかの關係ある宇宙の一局面に過ぎないと感じていたからであり、これらの信念の爲に、孟子は孔子よりも學問の必要に遙かに重きを置かなかったと言っている。(六〇)

シナでは哲學はまだ搖籃期であるのに、早くも既に人々は、誰でもが、自分で眞理を見附け、絶えず新經驗に照らして理解を正していくことは、ただに權利のみでは無く、義務でもあると言う孔子の主張には倦怠の色を見せはじめた。人々はもっとやさしい方法を要望し、勿論これを見附けたのである。孔子と孟子との人物鑑定の方法を比較してみよう。孔子は次のように言う。

「その人の目指す所を仔細に觀察し、その目的を達する爲にとる手段に注目し、どういうことでその人が滿足するかを見附けるようにすれば、人間はその人柄を隱すことなど、どうしてできようか。(六一)」

所が孟子の方法はもっと簡單である。卽ち

「孟子が言うのに、人間のすべての部分の中で眸子に越すものは無い。眸子は惡をかくすことはできない。胸中、一點の疚しい所が無ければ、眸子は輝き、さもなければ曇るものである。言うことに耳を傾けその眸子を見れば、どうしてその人は己れの何者たるかを隱すことなどできようか。(六二)」

孟子のこの祕傳には魔法の方式が圓滑にその效果を示すような趣がある。この特性がシナ思想界に再び出現するをみることとなる。

研究というものが、自分自らで眞理を理解しようと探究することを意味する限りでは、より安易な方法もがなと搜し求めることは、それだけ研究に遠ざかる意味である。然るに、逆説的と聞こえるかも知れないが、その易きにつく爲に古代のことや、經典と考えられてた書籍を重視することは減少しないで、却って增大する。それは、人が自分自らで眞理を見附けようとしない時は、眞理を供給すべく、いつも使われることを待ち構えてる、便利な書籍や傳説が必要になるからである。かような次第で、孟子が墨子そっくりの、全然孔子らしく無いことを言っておるのを見る。即ち、「先(聖)王の道に從ってなお且つ過ちに陷った人は未だ曾て無かった」[六三]とか、完全な君主または大臣たることを願う人達は「ただ、堯、舜を眞似さえすればよいので外には何もいらない」とか言うのである。[六四]また孟子は堯、舜の政は、ただ完全と言うだけで無く、いつでも、どこでも適合するものであるから、稅金は堯、舜より多くとっても、少なくとっても、よくない點は同じだとも言った。[六五]文獻については、孟子は孔子程にその研究に重きを置かなかったようであるのに、彼は甚だ多くそれから引用してるのである。[六六]

多くの面で孟子の思想は、孔子のそれと相當違っていたから、論語に描かれてる孔子とは非常に違う孔子を「孟子」に於いて見出すだろうと期待するのは當然であるが、概言すれば、事實は然らずである。事實「孟子」にみられる孔子は、一般に後世の編纂と認められてる論語の最後の五篇の諸所に出て來るよりは、論語の最初の十五篇に現われる孔子に遙かに近いのである。[六七]これによっても、論語も「孟子」も共に眞正なものであることがよくわかる。さりとて、孔子に關する傳説が少しも變化しなかったと思えば、それは期待が大き過ぎたことになる。孟子は孔子を生民ありて以來の未曾有の最大偉人だと信じていたから、孔子が皇帝たるべき筈なのに、ならないことになってしまったのはどういうわけかということを説明する必要があると感じたのである。[六八]孔子があれだけ長い間に一度も政府の役人にならなかったとか、實權ある地位を獲なかったとか言うことは、孟子には本當だと思えなかったであろう。かようなわけで、孟子は孔子に關する話を作り話として受け入れなかったものもあったに拘らず、[六九]孔子は大概いつも役に就いていて、あの旅行中でもそうであったという程に、孟子には思えてたらしく、魯で行刑大臣になったとも言っている。[七〇]孔子がかような高官になったという記事で一番古いのは「孟子」のこの一章のようである。[七一]

孟子自身で孔子の思想を、餘りひどく誤り傳えたことは無いとしても、「孟子」という書物は右に述べたような誤傳に少からず力を藉《か》したことになる。と言うのは、この本が今日に傳わる最古の儒教哲學を論じたもので、而も明快で脈絡ある長篇であることと、論語よりはずっとわかり易いこととの爲である。そうなると、論語で分明しないか、全然言及しない個所があれば研究者が(時には無意識に)その脱漏を補修するのに「孟子」を用いるのはむしろ自然と言う外はない。孟子がおりにふれて世襲貴族政治を辯護したり、封建諸制度について若干興味を示したりしたことは、孔子が封建制の擁護者であるという觀念を支持した形になった。[七二]孟子が人間は古えの聖王に倣いさえすればそれでよろしいと言ったことから、孔子も同じ進言をしたととられたのである。

孟子が「すべてのものは、皆それ自身の中で完備している」と言ってるのは、[七三]神祕主義に傾いた言い方で、少なくとも、孔子のいつもの常識から隔たること非常に遠いのである。孟子が「大衆は一生『道』に從いながら『道』は理解しないでいる」[七四]とか、聖王治下の人生を「その人民は深く満足の様子で、たとい王が彼らを殺しても怨まないし、また彼らの利益になることをしても恩恵を受けたと感じないで、日に日に善に向って遷るが、而もどうしてそうなるか何も知らない。君子の通る所は物皆化し、その住む所はどこでもその影響は神の如く上下に流れ天地に合する」[七五]とか言うのは、さらに一歩を進めておるのである。他方これは道教の書物の中に出て來る文章と酷似している。[七六]孟子の前述する所が眞正なものならば、孟子は道教的思想の影響を蒙ってることを示すように思われる。[七七]何れにせよ、幾くならずして、道教的な考え方が儒教の全思想に甚大な影響を及ぼすに至ったことは、人のよく知る所である。

道教の當否を論ずるには數巻を要する程だが、ここでは至極簡單にこれを論ずることとする。道教の最も主要な書物は人も知る通り「老子」と「莊子」とである。傳説的見解によれば「老子」(一名道德經)は老子という名の、孔子と同時代でやや年長な人の作だということになっている。極く最近になって、老子は多分物語上の人物で「老子」という本の書かれたのは、早くともほぼ孟子の頃だという證據が提出された。「老子」という書物についてのこの意見の正しいことは明白のようで、今日なお論議中ではあるが、大多數の學者はこれを認めてるようである(七八)。また莊子は孟子とは大體同じ頃の人と思われている。しかし、「老子」も「莊子」も共に一人の手に成ったものではなさそうで、學者の中には、遲きは漢代までにも及んで變更追加されたと思ってる人もある。これら兩書は同一の哲學を唱道したわけでない上に、事實、書物そのものの中に矛盾があるとは言っても、兩書共に道教というある特別な思想體型を確かに現わしている。

道教は、本來その頃行われてた考え方に對する反動であった。君主やその家來はできるだけ多くの人間を奴隷としたり搾取したりするのに餘念が無かった。儒家も墨家もその方法は違ってたが、共に平和、正義および人道の爲の戰いに參加するのは、人としての義務だと宣言した。道家は「儒家も墨家も糞でも食らえ」と言い、また個人としては、自分自身の獨自の生活をする權利があると言明した。人は口を開けば義務と言うが義務の何たるかを誰が知ってると言うのか。人間は燔肉を食し梟は鼠を食べるが、どちらが正しいのか(七九)。若しすべて物事は皆相對的だとすれば儒家が口にする人道や正義の妥當性はどういうことになるのか。「曾て莊周(卽ち莊子)は蝶となって飛び廻って喜んだ夢を見た。彼は自分が周であるかどうかわからず、俄然として目覺めればもとの周であった。しかし、彼は今、蝶である夢を見た前の周か、それとも今彼が周であることを夢見てる蝶かわからなかった(八〇)。」

これの基づく所は神祕哲學である。孔子にとって「行爲の道」であった「道」は道家にとっては基本的原理であり、宇宙の素質である。「道」は本來形も無く、欲望も無く、努力も無く、こよなく滿ち足り、從って幸福であり、天地に先だって存在したものである。事物、制度の發生する間に、人間がこの最初の狀態から離れるにつれて、それだけ人間がわるくなりまた幸福で無くなるから、あらゆる人爲はよくないのである。本當の德が存在しなくなって、初めて所謂諸德が行われることになるから(八一)、學問は無用で、緊張しすぎる爲に危險なものともなる(八二)。何れにせよ「賢者は學者で無く、學者は賢者では無い(八三)。」「學問と絶ってしまえば、心配事はもう無いことになるのである(八四)。」政治も人工による制度で、よいものでは無く、「小盜は牢獄に投ぜられるが、大盜は封ぜられて諸侯となるのである(八五)。」「老子」には、儒教の書物とある意味では全然同じ具合に暴虐な刑罰、過度の徵稅、および戰爭に對する罵倒が載っている(八六)。道家の聖人は足ることを高く評價してるから、提供されても高官は愚か王位でも斷るのである(八七)。

道教のこの面は、ほとんど純然たる個人主義に終始する。『道』の眞の目的は、「人が己が身を治めること(八八)」で、ある道家が世界をどうして支配するのかと尋ねられて「あなたの心の樂しみが、純然たる簡素の中に存するように心を仕向け、無爲虛心で清明な氣に己れを融合させ、萬物自然の秩序と一致させ、そして自分にかまけた考慮は一切しないことにすれば、世の中はうまく治まる」と答えたことが「莊子」に出ている(八九)。

ここまでは、道教は挑戰的で華々しく、而も一貫している。この道教哲學の基本的中核は、思想または宗教の流派を問わず、あらゆるシナ人の心に觸れた。シナ人の氣さくな懷疑主義、彼らの寬容、および事情如何に拘らず、人生を享樂する能力の多くは、この道教の中核が作ったものである。道教が無かったら、シナの繪畫や詩はかなり違ったものになったかと思われる位で、道教はシナ文化の最も主要な成分の一つである。

しかし、道教には、別の一面があり、この爲餘り面白くない結果を招いた。と言うのは、その爲に全體主義を裏書することになったからである。恐らく「純粋な」道教の放棄と考えるべきことであろうが、最も古い原典でもその一部にそれが見られるのである。道教の哲人は宇宙全體と彼は一體だと認めている故、侮辱も、危害も、死さえも、彼を害うことにはならない。かような次第で、彼は攻め落し難く、従って(この變遷に注意せよ)また抵抗し難いものである。彼は上げられも、落されもしないからあらゆるものの中で最高である(九〇)。彼は「道」と一體である爲、「道」の屬性を持ちまた自然そのものの巨大な力を揮う。彼は天地の如く不仁で自分が親切に見えようと殘酷に見えようと無頓着に百姓大衆をば自分の玩具として扱う(九一)。實に道教の聖人は神を演じているのである。

人間は原始的簡素狀態に歸るべき筈のものである爲に、無理にも人間をそうさせるべきであるという感じに抵抗することは、少なくも一部の道家にとってはむつかしいことであった。かようなわけで、道家がどんな風にして「天下を支配し」、また人民を抑制して、欲望も無いようにしつつ、どんな風に政治をやるかについて、むしろ驚くべき言明があるのである(九二)。「老子」には、「聖人は人民の心をば空《から》にし、お腹《なか》をば一杯にし、その意思を弱くしてその骨を強くし、常に彼らには知識も欲望もないようにして政治を行う」とあり(九三)、また「莊子」には、「苛酷なものではあるが、それでもどうしても公布しなければならないものは法律だ」とある(九四)。かような考えが道教の哲學的核心と矛盾することは明瞭で、その曲解を示すものとも言えるが、こういう考えは極めて有力なものであった。

「老子」は明らかに儒家の思想を攻撃してるにも拘らず、孔子または儒家達の名は決して擧げなかった。「莊子」は儒教をその主たる敵と認め、孔子を論ずるものが三十三章の中二十一章の多きに及んでいる。「莊子」には、孔子の不行狀を非難して彼を侮蔑罵詈して直接に攻撃してる篇も少しはあるけれども(九五)、大抵の場合はずっと手の込んだやり方で、孔子が自分のやり方の非を覺って道教に改宗したと稱するのである。かようなわけで「莊子」では、孔子が徹頭徹尾道教風の話をし、而も儒教を實行してる人達をからかってるようにしてしばしば引用されている。

最近はこういう噓を信ずる學者は比較的少數であるが、昔は孔子がその晩年に老子によって、(實に)改宗までさせられたということを信じてたものが相當あったのである。しかし、これは疵だらけのお話である。孔子が道教へ改宗したと想像されてる時より前のことばかりが、論語に載ってるのでは無いという證據があるにも拘らず、論語には改宗というような變化を思わせる個所はなく、[九六]その上、「莊子」には、孔子の頃には無かったことばを孔子の口を通して語らしめてる所がある。[九七]最後の疵をあげれば、「莊子」の孔子改宗の年月に關する自家撞着である。孔子は早くも五十一歲の時に老子から道教を教わって、六十歲の時[九八]改宗したと言われてるのに、他の章では、六十九歲の時、孔子は曾て道教の說を聞いたことは無いと言ったと書かれている。これならばまたも改宗し直したことになる。[九九]それにも拘らず、その同じ本のまた別な所では、孔子七十一歲の時、改悛しない一儒家だとひどく罵られているが、曾て道家になったことのあるような所は少しも窺われない。[一〇〇]

近代人がこれら道教の書物を讀めば、その目眩むばかりの逆說や、痛烈な批判の爲に深い感動を受けないものは無く、古代シナの思想界が霹靂の衝擊に打たれたことは不思議も無いことで、自ら儒家と名乘ってた人達のかなり大部分が甚しく影響を受けた。要するに、孔先生その人が、莊子の言うが如くに老子の弟子で無かったろうかという疑念である。かようなわけで、論語の終りの方の、比較的後になって附加された部分には、孔子自身の言とされてるものの中にも多分に道教の影響が見られるのである。[一〇一]

これは全然道家的で無いとしても、道教と關連ある傾向の考え方の方式で、儒教が大規模に滲透された場面のただの一例である。前に述べたように、平凡な儒家は眞理に達する孔子の方式――研究して怠らず一直線に考えるというやり方――を非常に辛いことに思っていた。そこへ「老子」という本はずっとよりたやすい方法を持ち出したのである。道教の聖人の啓發を得れば「戸口から出ないで天下を知り、窓から眺めないで天道を見る」ことができ……「從って聖人は旅行をしないでも知り、物は見ないでもその名前を間違えることは無く、仕事しないでも成果を收める」(一〇二)ので、これが最も人の心を引いたのであった。

知識への近道が別に發達をみつつあった。すべてのものは、陰陽卽ち消極積極兩原則から成立ち、複雑な天然現象もこれに基づいてかなり容易に說明し得るという理論がほぼこの頃に發達をみた。(一〇三)人々はまた數というものに魅せられはじめて、數を目して宇宙の神祕を解く一つの簡易な鍵と看做した。(一〇四)陰陽とか數とかの原理は、「易經」と稱する古代の卜者便覽の研究に應用せられた。「易經」の最初の原典ができたのは孔子よりも前であるが、今はこれに十翼と稱する附錄が追加されている。十翼のできたのはいろいろの時代に亙っているけれども、何れも皆孔子よりは後で、漢時代以前とは言えない部分もある。(一〇五)

これら十翼に權威を持たせようとして、十翼は孔子の筆に成ったものだと言われたこともあった。十翼は、實は十でなく七つに過ぎず、最初の三つがそれぞれ上下に分れているから十となる。十翼は一人の筆に成ったもので無いことは明瞭だから、別々に論ずべきだが、それでは不當に議論を長引かすこととなる。概言すれば、十翼は本文を注釋しまた敷衍したもので、本文それ自身よりは分り易く、且つ一層哲學的である。十翼の中第三、第四に「子曰く」ということばがかなり頻繁に出て來るが、これは孔子を指してること一點の疑いも無く、(一〇六)このこと自體に、孔子が著者で無いことは示されている。

孔子が十翼の著者であり得ないことは、これら十翼によく出て來る用語が、孔子の時代位古い頃のシナの文獻にはどれにも見えず、論語にも、また降って「孟子」の頃の書物にも見えないことでもよく示されている。十翼中最後の二傳を除いて、至る所に出て來る陰陽二元論についても同樣のことが言える。[一〇七] 同樣に、形而上學的天地二元論の「天」に配するものとしての「地」の觀念も、孔子以前の文獻には見當らないし、論語にも出て來ないのに、十翼中最後の二傳を除いてはすべてに、はっきり形而上學的用語として見られるのである。[一〇八] これら新しい用語が最後の二傳に見えないことには、意義の存すること疑い無いが、今ここでの研究としては重要なことではない。これら二傳は極めて短く且つ全然淺薄なもので、孔子がこういうつまらぬものを迷惑でも讀むだけはしたろうと思うだけの理由も無く、況んや孔子が書いたことなどは論外である。

浩瀚な十翼の他の部分とても、つまらないもので、多くは荒誕無稽であり、然らざるものはほとんど全く陳腐平凡を極めている。「易經」は手相の術、骨相學および今日では公表されてる祕學の便覽を思わせるもので、こういう本の著者は思想が貧弱なだけに用語は豐富で、感動せしめることばを使ってるが、それは口にするだけの興味をも感ぜしめるものが何も無いのを隱そうとしたものである。

孔子が十翼の著者で無い一番の極め手となる證據は、十翼に彌漫してる哲學は、論語に見られないのみで無く、[一〇九] それと相反することである。孔子は「怪しい希有なこと」や神靈のことは語らなかったと論語にあるのに、十翼の第四傳に「孔先生曰く……雲は龍に從い、風は虎に從う」とあり、[一一〇] また十翼にはおしなべて神祕的で形而上學的のことばが一杯ある。孔子は、知識は經驗と思惟とによって、やっと得られるものと思っていたが、「易經」はずっともっと容易な方法を提供した。卽ち「易經」と神祕的な數(萬物に相當する數は一萬一千五百二十である)に關する學問およ

びそれの六線形を研究さえすれば足りるので、それだけのことを十分にやった人は「あらゆることを知る」のである。[一一]

若し、孔子がすべての疑問を解決する爲にかくも簡單で、而もこの上無きよい方法があると思っていたならば、そのことが何か論語に書かれてあるべき筈である。然るに述而一六の外には一つも無く、唯一つのその章も疑い無く後代の附加にかかるものである。[一二]その上、占いは極めて一般に行われていたのに、孔子がこれを用いたと書いてある古い資料の一つも無いことは驚くべきである。孔子の時代より遙か以前、商の時代には占いの導きは絶えず求められ、また周代の初期にも行われたことは人の知る所である。[一三]「左傳」および「春秋」によれば、孔子自身の國で、個人も政府も占いをいつでもきまって用いたことは、明らかである。[一四]「易經」にも君子は行動の前に必ず占いをすると記されている。[一五]然るに、孔子はわれわれの知る限りでは一度もこれを用いたことは無く、孟子もまたそうであったようである。

占いについての哲學全體および世界觀は、「易經」の十翼の大部分に見られるけれども、それは、孔子の思惟は勿論、最も初期の儒敎の思惟にも全然沒交涉であったことを示している。この結論に賛成するシナ、日本、および西洋の學者は少なくない。[一六]孔子が占いに言及してる一章が論語に見られるが、これは孔子がそれを批判しておるのである。[一七]その上傅斯年の注目したように「孟子は『易經』について一言も言って無いのに對し、荀子はついでにこれに觸れて、……占いの實施を非難している。[一八]」荀子が儒家として學ぶべき書物を列記した際、「易經」には言及していない。[一九]

しかし、儒敎の敎義が孔子および大儒家だけの手に成るものと思うのは不合理であろう。ギボンはいみじくも、「懷疑と未決の狀態は穿鑿好きの人を喜ばせるかも知れないが、迷信の慣習は、大衆にとっては、この上なく性《しょう》にあったものであるから、無理にその迷夢を覺まされれば、彼らの樂しみとした夢の世界を失うことになり、やはり殘念に思う」と言っている。[三〇] そこで彼らはそれを再び得ようとして手段を講ずることは、古代シナも古代ローマも變りは無いのである。儒家の大多數は道教が欲しく、占いが欲しく、またこういう事柄を孔子に祝福して貰いたかったのである。「易經」の十翼で、彼らはこれら三者全部を得た次第である。

十翼は、道家の思想と儒家のとを混ぜ合わして離れられないものとし、[三一] 孔子を「子」と呼んで最上の敬意を拂い、繰返しその言を引いている。かような次第で、その「子」が「易經」を完全な書物ということにして、あらゆる人に推薦することになってしまった。[三二] その「子」が、また「易經」の眞理に達する安易の道たることを裏書したことになって引用され、「考えるなど何の必要があるか、思い煩うなど何の必要があるか」と問うたことになっている。[三三] これらと一字一句違わぬことばが、道教の本「莊子」に出ているが、[三四] これらは明らかに「莊子」から拔いて孔子の口を藉《か》りて言わせたものであること一毫の疑う餘地も無い。論語で、孔子は「遠いことに心を配らない人は、手近かな所で悲しみにあう」と言ってるが、ここの話とは隨分懸け離れたことである。[三五]「莊子」はこのいんちきをなおも進めて、孔子が數の學や、陰陽の學を學んだと言ったことにしておる。[三六] 漢時代までに孔子が十翼全部の著者だと斷言されるようになってしまい、時に駁論を加えられつつも、今日なお十翼の全部または一部が孔子の筆に成ると相變らず信じている學者も無いわけではない。

こんなにしても、一つ手拔かりがあった。それは論語に「易經」のことが何も書いて無いことであったが、これもその對策が講ぜられた。學者によっては述而一六の一漢字は「易經」を指すように見せようとする爲だけに變更したとする人もあり、或はまたこの全章が後から原典に追加されたとする人もある。[三七]「論語」述而三五も占いを指すように變更されたが、その變更された文章は道教の書物に出てるだけで、論語には傳承に際して見えなくなってしまった。[三八]

さらになお一章、これと同じ影響の下に後から論語に附加されたと思うのがある。子罕九で孔子は「鳳凰は來ないし、河は圖面を出さない。私はもうおしまいだ」と言ったと書かれている。鳳凰は瑞兆の鳥であり、河の圖面は占いの方法であるが、この章以外で、孔子はこの二つのものに觸れていないし、顧頡剛が言うように、論語で孔子の言とされてる中で、その内容が超自然のことに關する唯一のもので、顧が大いに疑いを挾む餘地ありと考えるのは、尤もなことである。(二九)

シナ思想界のこの新潮流が孔子という概念に大變化を生ぜしめたが、その跡は數多の書物の上で辿り得るのである。「左傳」は既に數回言及したが、恐らく周代のシナについては唯一の最も重要な資料で、情報と誤報との金鑛とされている。數名の學者の研究の結果多數の各種標準に基づいて、「左傳」の編纂は西紀前三百年前後に行われたことになっている。(三〇)「左傳」は、今日では「春秋」の注釋ということにされてるけれども、多數學者の指摘するように、多くの點で「左傳」と「春秋」とは何ら關係無く、むしろそれ以前の數篇の文書からの材料を入れて集成したもののようである。さりとて編次も立てず、種々雜多のものを一緒にほおり込んで集めたものとは見えない所か、張歆海の「『左傳』はある強力な動機によって感激の結果できたもので、その歴史家個人の信念を解明する爲に諸〻の事實が選擇されたものだ」との言は正鵠を得ているようである。(三一)全體としては儒教的な見解が表示されてるものの、一面これに反する文章の散見するのを擧げることもできるが、これだけ厖大な書物ともなれば別に大したことではない。

「左傳」の著者――或は著者達かも知れないが――は、一面骨折って正確な歴史的文書を作り上げねばならなかったが、他面その論旨を立證しようとして、その文書を修飾することを躊躇しなかったことは明瞭のようである。そうとでも言わなければ、「左傳」中の人物が、しきりに將來を豫言し、而も往々寸分違わず正確にその通りになる前後の一致ぶりは到底外に説明がつかないのである。(一三二) ある事が三百年後に起きると、西紀前六二九年に豫言されたことになってるその事柄が、事實西紀前三二〇年に起きたなどもその一つに數えられるとマスペロは言っているが、(一三三) 西紀前三百年頃「左傳」を作り上げた人々が、明らかにその豫言を資料中に差し加えたに違いない。その上この豫言の文章がいつでもその時代のことばを使っている。豫言には運命を左右する前兆、龍、惡靈、六日後に復活する屍體、もの言う石等々のような不可思議な關係が多いのである。(一三四) 豫言は「易經」による占い(その結果は不可思議である)と關連する場合が多く、(一三五) 陰陽や五行(「五要素」と譯されるのが常である)のような觀念に關するものもしばしばあったが、「左傳」が語る時代西紀前七二二年—四六四年の頃には、それらの觀念は、事實まだ知られていなかったのである。(一三六) このことの爲に、迷わされて、近代の批判的な學者の中にもこれらの觀念が古くから存在してたと思わされたものもあったが、それは、昔行われたと「左傳」に載ってる對談の中にそれらの觀念が出て來るからである。

それにも拘らず、前にも述べたように、「左傳」に載ってる對談は多くが大半作り話であることは明らか過ぎる位である。「左傳」以外で、論語の切りつめた簡潔な特長を持つ記錄ができた位古い時代に「左傳」もできたと稱して、陰謀を回らす祕密會議のことばでもこれを詳しく記錄して人々の胸中の動機を暴露させている。そういうものは立派な創作であるが、歷史としては、シーザーのガリア戰爭よりは、シェークスピアのジュリアス・シーザーに比すべきものである。それでもシェークスピアのように必ずしも終始一貫というわけにいかないのは、そもそもの動機が藝術でも無ければ歷史でも無く、宣傳であったらしいからである。かような次第で、長い演説一つ一つが孔子の警句のどれかをこっそりはいり込ませる機會となり、その結果時によると、不調和なこともあった。魯のある高官が君主を弑するという許すべからざる大罪を犯してから、長々と仰々しい演説をしたと記されておる。このことはその高官が、別の所でこの大罪を犯したものは、正しく自分であると公然認めたこととは必ずしも矛盾はしないが、西紀前六〇九年に行ったとなってるこの大衆を前にしての長口舌が、堯、舜その他近く物語となった多數の人物に終始觸れてることに注目すれば、容易ならぬ疑いの眼を以てこれを見なければならないのである。(一三七)

未開國、楚の莊王は西紀前六一三年から五九一年まで在位したが、快樂を貪る我儘者でおまけに戰爭好きであった。ある國の大臣が放蕩三昧な主君を殺した際に、莊王はその國を攻めて領土をわがものとしその大臣を車裂きにした(一三八)上にその大臣の母が有名な美人であったので自分の後宮につれて來たいと思った。しかし、それは策の得たるものでないと説得されて臣下の一人にその婦人を與えた。彼は晩年に至るまで侵略戰爭を續けた。(一三九)彼の一生の丁度眞中頃にやったと思われるこの武人の演説が「左傳」に載っておるが、終始儒教のことばを使って謙讓と信義の必要を詳論し、戰爭を否定し、また自分自身を殘酷な侵略者として呪っておる。(一四〇)

「左傳」の著者――著者達かも知れない――は、儒教の小説教をはめ込み得るに適當な個所には、本文中にそれを附加することは何ら非難すべきことでは無く、全然その反對に考えていたことは明白のようである。一面彼らは良心的な歷史家で、事實はありのままで、少しも變改しない位であったらしく、少なくも彼らの描寫した人物の爲に書いた演説を全くまことしやかなものにするだけに事實の變改は加えなかった。このようにして想像に成る演説を入れ込むことは決して珍らしいことでは無かった。マコーレーは、「リヴィーとツキディデスを眞似て、マキアヴェリとグィツィアルディーニとは、彼らの歷史上の人物の爲に演説を書いたし、ヨーロッパの著述家の中には、なお(一八八二年に)この慣習に從ってるものがありはせぬかと恐れてる」と書いている。(一四一)

「左傳」の儒教が孔子のそれと同一であろうとか、「左傳」の描く孔子が全く歴史的のものであろうとかは、勿論期待してるわけでは無い。孔子が將來を豫言したり、超自然の知識を示したり、また龍その他の神祕的事柄の故事に通じてる人に就いて學んだりしたのを「左傳」の本文で見るのは全く自然である。[一四二] また孔子の系圖を辿れば商王の後裔で宋國の王位繼承權のあることになるのも、これまた驚くには當らない。[一四三] なお、「左傳」に、勇敢にも權勢あるものの非行を批判した人達を叱責する孔子のことばを記してるが、これとても格別非常に目立つことでも無い。[一四四] この頃ともなれば、自ら儒家と名乘る人の中には、用心は勇氣の大半であることをよく心得ていた所謂「物わかりのよい」人が大勢いたのである。

驚くべきことは、この歷史書が、孔子の生存期間全體に亙っており、且つ非常なる儒教後援の下に書かれたのにも拘らず、孔子の一生については、實に、ほとんど何も記されていないことである。傳記は固より、その材料となるものさえ記されて無く、記されてることは皆、極く些細な脈絡の無い出來事で、中には事實に基づかないこと毫も疑い無いものもある。「左傳」に載ってる一事例の如きは、孔子が政治上重大な役目を演じたことになっているが、それは長い、而も込み入った話で、實に不合理極まるものであった爲に、十八世紀になって、「欽定左傳」編纂の際シナの學者から成る編纂委員會は從來からの批判の諸説を擧げ、これを俗儒の手に成る僞作だとして取り除くことにした。[一四五]

「春秋」の古い注釋は、他に公羊傳および穀梁傳の二つがあり、両方とも儒教の書物であるに拘らず、孔子の一生についてほとんど何ら傳える所が無い。それにも增して意外なのは「國語」である。「國語」はカールグレンの研究によれば「左傳」とほぼ同時代に書かれたもので、[一四六] その中の二編は魯語である故、必ず孔子の一生のことが載ってるとの期待を持つは當然であるが、そう言ったものは何も無く、孔子が賢人である爲いろいろ質問された話が數件載っているだけである。而も大抵は超自然的なことをきかれて、孔子の返答もしばしば靈魂や前兆に觸れるものである。[一四七]孔子の官職に就いたと思われるような節《ふし》はどこにも見えない。孔子の死後約二百年というものは、彼の一生についてはほとんど何も知られず、この頃が後にこの間隙を埋めることになった物語類のやっと盛んになりかけたばかりの時であった。

この狀態は永續せず、歴史が白紙のままで殘して置いた所は、何も彼も、直きに想像で埋められてしまった。想像が生んだ豐富な收穫は、集められて「孔子家語」と稱する書物となった。これがいつできたかは學者間に議論があり、ウェーレは西紀前三世紀の間に伸展した孔子の物語を表わすものと信じているのに反し、他の人々は西紀三世紀頃の僞作であるとこれまた確信している。[一四八]今日の「孔子家語」は昔あった同名の書物と同じで無いことは疑いの餘地が無いようだが、昔の本とは多少の變更と追加があるに過ぎないとの說も出ている。何れにせよ、この本では、確かに眞實であるという孔子に關する消息に接することは望み得ない。「孔子家語」に出て來る事件の中には事實に相違無いものがあったとしても(あったろうと思われるが)完全な不條理が混亂して交り合っておる爲に、全體が信じられなくなってしまう。孔子は繰返し前兆を判斷して未來を豫言したことになっており、實際この本には、門弟の一人が「先生は知らないことが無い」と言ったと出ている。[一四九]

「孔子家語」や、その他同じく孔子についての後からの奇拔な話を傳える本の方が、一般に受け入れられ、孔子の姿の上に、論語以上の影響を與えたことは不幸なことであった。前にも述べたが、荀子はその頃の儒家が餘りにも多く貴族のただの家來や食客になっているのを歎いていた。「孔子家語」には孔子の口を藉《か》りて強い階級差を認めることを言わしてるのは、儒家が貴族崇拜の俗物であったことを、正しく反映している。[一五〇]なお、この本は、魯のみが攻撃されるのを避ける爲に、東部シナ一帯を無慘な戰爭に陷れる大規模な陰謀を企てた人間として孔子を描いているが、これが虚僞であることを立證するものが他に一つも無いとしても、歴史の時代錯誤が證し得て餘りあるのである。[151]この本では、孔子が未開人を欺いたことを認め、また奇妙な衣服の發明をはじめ數々の犯罪に重刑を課することを勸めたことになっておるが、この二點は論語と正に相容れないものである。[152]こういうたぐいのことは、まだ外にも澤山あるが枚擧の煩に堪えない。

「家語」の孔子に關する虚僞が、どの程度の惡意に出てるかは不明だが、「家語」が道教の強い影響を受けて書かれたことは毫も疑い無く、「家語」には、孔子が占いに關する書物を蒐集し、「易經」を使って占いをしたとあり、[153]少なくも一ヵ所は「老子」のことばを換言解釋して孔子のことばとしている。[154]「家語」には別の二三の後世の書物にもあるように、孔子が老子に就いて學ぶ爲に彼を探し求めたとし、また孔子が老子に會わない前から老子を「わが師」と呼んでいたとし、なお孔子の人氣はこの道教の聖人に啓發されてから初めて盛大に赴いたとしておる。[155]この孔子と老子との會見の話を仔細に點檢すれば、誰でもシャヴァンヌが「あれは道家の發明した話である。道家というものは……極めて自由に想像を逞しくして、正確を装うことなどしないものだから……」という意見に贊成する外無いのである。[156]

孔子の逸話を載せた書物は他にも數種あるが(その中には非常に古いと稱しているのもあるけれども)、今日の批判的學問によれば、何れも西紀前三世紀か若しくはその後に編纂されたものとされている。今日これらの話を全部調べることは不可能であるが、概言すれば、「家語」について言われることが、これらの書物に載っている孔子の逸話の大部分にも當嵌るようである。何れにせよ、孔子のありのままを知りたいと願う人はこれらの書物を安心して用いることはできない。

初期の偉大な儒家の最後は荀子である。彼の生死の年月は確かにはわかっていないが、西紀前三世紀の前半(一五七)、ずっと生存してたことは疑い無いようである。荀子は趙という北方の國に生まれ、齊に旅してそこで官途に就き、後南方の大國楚へ行き、ここでも職に就いた。その上彼は秦を訪問したから、荀子の經驗は孔子、孟子の何れよりも廣範圍に亙り且つ種々様々であった。このことは彼の思惟にも反映した。

荀子は世界的偉人の一人である。彼の思惟の多くは、實に驚くべきもので、現世の郷黨心を以てすれば、近代的とも稱したいたぐいのものである。荀子の「正名論」(一五八)は、ただ一篇の論文に過ぎないが、ある哲學者の全集よりも鋭い分析と深い智慧とが遙かに豐富である。彼の思惟は多く儒教の高い知的傳説を新しく明快な面へと論理的に進めていくことであった。荀子はその後儒家の間では大いにもてはやされなかったけれども(その理由は間もなく考察しよう)、その後の儒教中最善のものの多くは荀子に決定的な極印を押されたものであった。荀子は、孔子がただ示しただけであった教育上の「禮」の役目についての理論を大いに展開せしめて、現に非常な影響を及ぼした「禮記」と稱する古典の大部分は「荀子」という名の書物から一字一句そのまま寫されている。彼は當時大いに行われていた迷信を眞先に批難した。彼は「天」を自然の秩序と解し前兆や幽靈を恐れるよりも、惡政や混亂こそ恐るべきものだと言明した。雨乞いをすれば雨が降るのは、どういう理由《わけ》かと尋ねた人に對し、荀子は、雨乞いの祈禱があっても無くても、雨は降っただろうと答えた。(一五九)

ある點では、荀子の思惟は初期儒教の頂上に達したのであるが、シナには、最大の成功を收めたその瞬間こそは、同時にまた衰亡の始まる瞬間だという諺がある。荀子が儒教をば孔子が慨かわしく思うような方向へ持って行った點もあることは毫も疑い無く、その根本理由は荀子が人間性に信を置かなかったことにあるようである。孔子の思想の眞髄は、羊のようにただ羣をなすのでなく、人おのおのがその目的を選擇して何らかの役目を持ち、人々が互に理解し合い、信頼しあって一緒に働かなければならない相互協力の世界の可能性を信ずることであったが、荀子は、人々の行くべき道は、しっかりと指導せられねばならないと思っていた。

孟子は人の性は善であるということをほとんど感情的に主張して、孔子の言ったどのことばよりも前進した。荀子が、人の性を善ならしめようとしても、人の性はあてにすることはできないと主張したのは、いろいろと違った文化の環境をより廣く經驗したからであったと言えよう。彼は、同じような人間でも、環境が違えば非常に違った人間になっていくのを見てきたから、その爲彼は修錬に絶大な任務のあることを強調した。[一六〇] 彼は一歩を進めて「人の性は惡であり、人が善となるのは、ただ修錬によってのみ得られる」と聲明した。[一六一] 既に述べたように、墨子は獨裁主義を説いたが、適當に教えられない限り、人間は間違いなく「利己的な、不道徳な、而も不正な」[一六二]ものになるという荀子の思想は彼を墨子と同じ方向へ持っていった。

人間が自然に惡であるならば、彼らを善ならしめる爲に、外部から何かを附加する要がある。荀子は「だから(聖)先王は人間の爲に『禮』と義とを發明した」と言っている。[一六三] 荀子にとっては、智慧と道義とは眞理の固まった實體で、人はこれを學ぶことはできても、これに對して何ら貢獻し得ないものである。實際適當な教師に就かなければ、學ぶことすらもできなかったが、そういう教師さえあれば決して間違ったことなどにはならないにきまっていた。「自分の教師のきめた規則を正しいものと考えないで自分自身の我流《がりゅう》を採用することは、盲者が色を見分け、聾者が音を聞き分けようとするようなもので、混亂と過誤を避けようとしてもその途は無いのである。[一六四]」

人間が人間本來の道義の墮落性から逃れる唯一の道は學問することで、荀子は學問の大切なことを強く力說した。しかし荀子にあっては、學問は孔子のように「多く見多く聞い」て自分自身の經驗と理解とに照らして、自分自身で解釋するという方法によって成るのでは無く(一六五)、むしろ、判然と界をつけた題目の本體を集約的に研究することに限局する要があると信じていた。この點荀子は道教の影響を受けたと言ってよいかも知れないが、多數の儒家と違って、道教の爲にぼんやりさせられなかった。彼は迷信や神祕說を率直に排除して道教のやや粗野な見方に反對し、また名を擧げて老子、莊子を非難した(一六六)。それにも拘らず、道教の思想は當時一般に行われていた爲に荀子もその影響を避け得なかったのである。

孔子は既に述べた通り、門下生に對しては極めて嚴格な先生で、倦まず弛《たゆ》まず眞理を探求すべきことを強く求めた。道家はこれを嘲笑して、そんなに一生懸命やるのは無用で危險だと言った。こういう立場に立つと、怠惰とは言わないまでも、程々に緩和を望む人間自然の欲求に大いに訴えようとなるものである。「莊子」には「人間は有限であるが知識は無限である、有限なものを用いて無限なものを求めるのは、實に危險だ」とある(一六七)。ことばは違うが、荀子も全く同じ議論をしておるのである(一六八)。こういう次第で、荀子は彼が眞の傳說と考えたものに關する以外は、どんな研究も調査も皆非難して(一六九)、特に一定の表にある古典の研究を勸めた。荀子は「學問は古典を暗誦するに始まって、『禮』を學ぶに終る」と言った(一七〇)。ダッブスは「荀子は儒教を發展せしめて、眞理はすべて古聖人の言から發するものとしてる獨裁主義的な體系にしてしまった」と言ってるが、蓋《けだ》し至言である(一七一)。

この獨裁主義は知的範圍に止まらなかった。古えの聖王が人民を支配する爲に「禮」と義とを發明したと荀子は信じていたから異端的思想を歎いて、現代の賢王が權威を以て人民を取扱い、彼らを「道」に導き……そして刑罰を以てこれを拘束するのだと言ったのは、荀子としては全く論理の當然であった。(一七二) 荀子のこういう考え方はやや後れて法家の全體主義の下で思想統制にまで發展した爲、その一半は攻撃されてもよいわけだとの馮友蘭の言には一理存するのである。(一七三)

孟子が、すべて人は皆一様に性は善であると言ったに對し、荀子はすべて性は惡であると言い、すべての人が皆同一水準に置かれることは兩者共に同じである。荀子が地位は門地よりも能力を根據にして與えらるべきものだと主張した點は、孟子より一歩前進のようである。(一七四) 然るに荀子は、その根據は何にもせよ、階級差には強い信念を持ち、これこそ善良な秩序を保つ爲に必要不可欠のものだと言明した。なお孔子は「人民を富まし」めたいとしたのに對し、荀子は人民自身の幸福の爲に人民は聖王によって「貧富貴賤」に分たれたのだと主張した。(一七五) 貴族の身分があれば「禮樂によって規制される」ことになっていたのに、平民は法の峻嚴によって支配されねばならなかった。(一七六) ここで再び荀子は孔子と離れんとしており、また後に來るべき新しい儒教的有能貴族政治の格別な特權を豫め示そうとしてるのである。

「荀子」と稱する書物に、孔子のことが書いてあるのは、大體論語に出て來るたぐいと大差無いが、いろいろ話が大きくなってるのは勿論である。孔子が魯國の行刑大臣となったことだけでなく、この爲人民の行狀の上に大變化を生じたことが書かれてある。(一七七) それでも不可思議なことや信じ難い點は無いが、最後の六篇はそうでなく、奇妙な話が數々あり、また孔子を魯の事實上の宰相の地位に持ち上げてる話もある。しかしこれら六篇は後世の附加であること萬間違い無いようである。(一七八)

（一）「墨子」兼愛中第十五、六二。非命中第三十六、一五一。公孟第四十八、二二五。

（二）この原典に關する胡適の批判（胡適「中國哲學史大綱」一五一—二）は私には卓見と思われる。なお、馮友蘭「シナ古代哲學史」（柿村峻邦譯）一六二—三を見よ。

（三）「淮南子」第二十一篇要略五七三。

（四）「墨子」公孟第四十八、二三四。

（五）「墨子」節葬下第二十五、九九。

（六）八佾四、子罕一二、先進八、一一を見よ。墨子は彼の時代に、多數の「士、君子」が厚葬久喪の當否について疑惑を懷いていたと言っている（「墨子」節葬下第二十五、九九）。なお、墨子は三年の喪の習慣をも攻擊したが、孔子は既に述べたようにこれを辯護したものの如くである。

（七）「荀子」正論篇第十八、一九六—七。

（八）「墨子」耕柱第四十六、二二七—八。公孟第四十八、二二八—九。

（九）梅詒寶譯「墨子」非儒篇二〇一注一。なお、胡適「中國哲學史大綱」一五一を見よ。この非儒篇が僞作である正體が自ら露れてる點は少なくない。「墨子」中でこの編に限って、孔子のことを「孔某」卽ち「ある孔氏」と呼んでいる。こういう呼び方は、儒家の間で流行したもので、極端に尊敬するの餘り、孔先生の名を口にすることができなかったからであるが、こういう用法の始まったのは後世のことで、論語は勿論「孟子」にも出て來ないのである。而も、孟子は墨子よりも後の人で錚々たる儒家であったのである。孔子を攻擊しているこの非儒篇中でも、馬鹿馬鹿しいものの最たるものである。

（一〇）「墨子」公孟第四十八、二三四。

（一一）「墨子」貴義第四十七、二二七。

（一二）馮友蘭「シナ古代哲學史」（柿村峻邦譯）一六六—七。

（一三）「墨子」尙同上第十一、四二。

（一四）ファイナー「政治の將來」一九に引用されている。

（一五）「墨子」尙同中第十二、四七。非攻下第一九、八六。天志上第二十六、一〇八—九。

（一六）「墨子」明鬼下第三十一、一二八—三九。公孟第四十八、二三一—二。

（一七）「墨子」貴義第四十七、二二二—三。

(一八) カレン「プラグマティズム」(「社會科學百科事典」第十二巻三一〇)。

(一九) 泰伯二一。憲問六。

(二〇) この原則が繰返し論語に見られることは既に注目したことであるが、特に爲政一九および顔淵二二を見よ。顧頡剛は、顔淵二二は後人の書き入れたもので、墨子の影響があると論じている(「禪讓傳說墨家に起こるの考」古史辨第七冊五五)。しかし、孔子は墨子以前の人であるから、孔子が人はその能力に應じて昇進させるべきだと主張しなかったことが事實である時に限って、この立論は成立つだけであるが、事實この思想は論語に横溢している。顏淵二二は「その篇の終りの方にある」から疑わしいという論は動かし難い程正確なものでは無く、現にこれに續いて二章あり何れも疑點無いものである。從って二二は後世のもので無く當初からあったもののようである。若しこの章が孟子の頃か、堯日一—六位の時代のものならば、恐らくは舜が昇進させようとしたのは皐陶よりも禹に向けられたであろう。

(二一) 顧頡剛「禪讓傳說墨家に起こるの考」を見よ。私の考えでは、この研究は、親族を遇するに特別の愛情を以てし、また高位高官を尊敬するという所謂「親親貴貴」の原則に徵して、四圍の情況上期待され得る以上に同類を重んずる性質が儒教にはあると豫めきめてかかった過ちを犯しているように思われる(親親貴貴、顧の論文三二)。然るに、これらのこと特に貴を貴ぶことが果して儒教の基礎的理論と稱して當を得たるや否や疑わしく、特に孔子その人の場合には、當を得ないことと言うべきである。その上、墨子は手嚴しく儒家を非難し、また孟子はこれに應酬したのであるから、古えは君主を選擇するのに有德に基礎を置いたという思想が墨家の發明だとしたらば、そのことだけで儒家が好感を以てこの思想を迎えなかったろうと思われるのである。それにも拘らず儒家は好感を以て迎えたのである。その例としては、「孟子」萬章上五および六を見よ。なおまた、馮友蘭の言うが如く、「墨子」の經に關する部分は、後の墨家の思想を表わしたものとされるのが常であるが、それが堯、舜を模範として利用することを非難してるのは、これら聖人を尊敬する儒家を攻擊するものたることは明らかのようである(馮友蘭「シナ古代哲學史」五三二—三)。そうだとすれば、堯、舜に關する物語が墨家の發明だという見解を支持しないこととなる。

(二二) 「墨子」公孟第四十八、一二三〇—一。

(二三) 「孟子」萬章上六の三。

(二四) 孔子がこの觀念を信じていたとすれば、それが論語に出て來るべきであり、況んや彼からこの觀念が始まったとすれば猶更のことであるが、一向に出ていないのである(堯曰一―六は例外で後世の附加物である)。なお、顏淵二二の六は子夏がこの說を知らなかった證據になるようである。子夏が王の選定について遙かにもっと素晴らしい實例を引證し得たらば、大臣のことなど論じなかったと思われる。「孟子」萬章上六の七に堯、舜、禹の退位に關する孔子のことばを引いているが、顧頡剛はここで用いられてることばが、時代錯誤でこの章も後世の插入にかかるものと言っている。顧頡剛「禪讓傳說墨家に起こるの考」五六を見よ。何れにせよ、孔子がこういうことを言ったかどうかは疑問である。

(二五)「史記」燕召公世家第四(二)九六―九。

(二六)「戰國策」燕上五三七―四〇。韓非子には、この話をいろいろに記してるが、その最後のものは進んで位を退いたと述べている。外儲說右下第三十三、三五四―七。

(二七)事實、孟子の非難は燕が混亂に陷った後、齊がこれを伐つことをせめて默認する程度のものであった。「孟子」公孫丑下八を見よ。「戰國策」(燕上五三九)には孟子が熟慮の上で燕を伐つ擧に出さしめたと記されている。

(二八)「孟子」萬章上五、六。

(二九)「荀子」正論篇第十八、一九二―五。

(三〇)ダッブス譯「漢書」帝紀第四文帝、緖言卷一、二一八。

(三一)「漢書」(商務印書館縮印本)帝紀第四文帝五―六。「史記」孝文帝本紀第十(一)四二六―八。

(三二)「孟子」(萬章上七および九)には、成程、こういうことがあった旨の傳說が載ってはいるが、儒教の教義の影響でどれ位粉飾されてるかは、わからない。

(三三)これは文獻と銘文とを調べ、それに基づいて下した私の結論である。顧頡剛も同じ趣旨で、その爲の證據をいろいろ引いている(顧頡剛「禪讓傳說墨家に起こるの考」古史辨第七冊三三―四二)。

「孟子」(告子下七の三)には桓公が諸侯を會同した際の盟約に「士はその官を世襲しない」という旨をうたった一項があったと書いてあるが、この章全體が甚だ妙で、このあと、特に大夫を明記するあたり、下級官職のつもりであったように見える。孟子が他の個所で高官は世襲的に保有すべきだと主張してる所を見ると右のようなこともあり得たと思われる(「孟子」梁惠王下五の三、七の一―四。滕文公上三の八)。顧頡剛は公羊傳および穀梁傳に載ってるこの盟約の條件は、全然これと異っているし、孟子の言には何の根據も無いと言っておる(「禪讓傳說墨家に起こるの考」古史辨第七冊四の一)。確かに歴史としては奇妙である。

(三四) 堯典の内容を孔子の知らなかったことは、至極明瞭であるが、孟子は堯典と名づけて、これから引用している(「孟子」萬章上四の一)。顧頡剛は今日の堯典は漢時代になって初めて完成したものと思っている(「禪讓傳説墨家に起こるの考」古史辨第七册九八―九)。

(三五) クリール「シナ古代文化の研究」五五―八九。

(三六) 「孟子」盡心下三一。

(三七) 「史記」孟子荀卿列傳第十四(三)の二〇六。

(三八) 「洙泗考信錄」巻四、二九―三〇。

(三九) 「孟子」公孫丑下一〇の一。告子下六〇一。

(四〇) 「孟子」萬章上五、六。盡心下一四の一―二。

(四一) 「孟子」梁惠王下七の五。

(四二) 「孟子」梁惠王下九。公孫丑上四―五。

(四三) 「孟子」梁惠王上七の二〇―二二。梁惠王下五の三。公孫丑上五の二―五。滕文公下八。

(四四) 「孟子」梁惠王上一の一。告子下四。里仁一二、一六。子路一七。憲問一三。カント「永久平和論」六六。

(四五) 子路一三。

(四六) 「孟子」梁惠王下六、八。公孫丑下四。萬章下九の一。

(四七) 「孟子」公孫丑下の五。萬章下の九。盡心上三一。

(四八) 「孟子」萬章下六の四―六。

(四九) 「孟子」萬章下七。盡心上八。

(五〇) 「孟子」離婁下三一の三。

(五一) 「孟子」公孫丑下一三。萬章上六の三。盡心上三六と比較せよ。

(五二) 「孟子」盡心上二〇。

(五三) 「孟子」離婁上六。

(五四)「孟子」梁惠王下七の三。
(五五)「孟子」梁惠王下九。公孫丑上四—五。
(五六)「孟子」滕文公上一。離婁下三二。告子下二の一—五。
(五七)「孟子」梁惠王下一。公孫丑上二、六。離婁下一二、一九。告子上一—八。盡心下三三の一。
(五八)「孟子」盡心上四の一。
(五九)「孟子」盡心上一の一。
(六〇)ロレン・クリール「初期儒教に於ける社會秩序の觀念」七二—四。「孟子」は論語の二倍以上の大部であるが、學という文字は論語の方が「孟子」の二倍以上頻繁に出て來ることは、故無しとしないようである。
(六一)爲政一〇。
(六二)「孟子」離婁上一五。
(六三)「孟子」離婁上一の四。
(六四)「孟子」離婁上二の二。
(六五)「孟子」告子下一〇の七。
(六六)馮友蘭「シナ古代哲學史」(柿村峻邦譯)二〇九。
(六七)例えば、論語の後半で、孔子の言として「三」云々、「九」云々と數を擧げて語っているようなのは「孟子」には見かけない。これら後半に屬する章については附錄を見よ。
(六八)「孟子」公孫丑上二の二三および二四。萬章上六の三。萬章下一の六。
(六九)「孟子」萬章上四の一、八の一。
(七〇)「孟子」滕文公下三の一。告子下三の一。
(七一)「墨子」には孔子が魯の司寇となったことが載っているけれども(非儒下第三十九、一六六)、その篇の少なくもその部分は恐らく孟子より後のものである。本書本章注九を見よ。
(七二)「孟子」萬章下二。
(七三)「孟子」盡心上四の一。

（七四）「孟子」盡心上五。
（七五）「孟子」盡心上一三。
（七六）例えば「老子」第八十章およびその他の個所と比較せよ。この章は實は「孟子」の中へ插し込まれた道家的の書き入れで無いとは言い切れないものである。この最後に引用した三つの章句は何れも皆盡心篇の初めの方にあることと、こういう風に「天地」と一つにして使ってあることとは、他にはどこにも無いことに注目するは大いに興味あることである。
（七七）アーサ・ウェーレ「道とその力」四九―五〇を見よ。
（七八）この論爭の文獻は、非常な量に上っておる。崔述は餘程以前から「老子」という書物の眞否については、疑念を持って攻擊していた。「洙泗考信錄」卷一、二二―三を見よ。胡適はこの書物が傳說的の時代にできたものとする批判學者中の急先鋒であった。胡適「論學近著」一〇三―三四を見よ。ウェーレは非常にはっきりした年代を勇敢に主張し西紀前二四〇年頃無名な一靜寂主義者によって作られたというのである。ウェーレ「道とその力」八六を見よ。
　ロレン・クリールは、「老子」には孔子以前にあったらしくない說を攻擊してる個所のあることと、墨子または孟子以前の文獻には出て來ない表現が繰返し行われていることを明らかにした（「初期儒教に於ける社會秩序の觀念」二七―三五）。
（七九）「莊子」齊物論第二、二四―六。
（八〇）「莊子」齊物論第二、三〇。
（八一）「老子」一八、三八。
（八二）「老子」一九、四八、八〇。「莊子」養生主第三、三四。大宗師第六、七九―八〇。胠篋第十、一〇四―六。
（八三）「老子」八一。
（八四）「老子」二〇。
（八五）「莊子」盜跖第二十九、三三八。
（八六）「老子」三〇、三一、五七、六九、七四、七五。
（八七）「老子」四四。「莊子」逍遙遊第一、五―六。秋水第十七、一八六。讓王第二十八、三一九―三〇。
（八八）「莊子」讓王第二十八、三二二―三。
（八九）「莊子」應帝王第七、八三―四。

(九〇)「老子」五六。
(九一)「老子」五。「莊子」天道第十三、一三九—四〇。
(九二)「老子」三七、四八。
(九三)「老子」三。
(九四)「莊子」在宥第十一、一一八。
(九五)「莊子」德充府第五、五八—九。大宗師第六、八〇—一。外物第二十六、三〇五—六。盜跖第二十九、三三一—七、三四〇。
(九六)これらの數話に顏囘もはいってるが、論語には彼の死のことが數囘書かれている。
(九七)「莊子」人間生第四、四三で孔子が陰陽を口にしたことになっているが、これが後世のことばであることは本書本章注一〇三を見よ。
(九八)「莊子」天運第十四、一五七—六三。寓言第二十七、三一四。
(九九)「莊子」漁父第三十一、三四九—五四。
(一〇〇)「莊子」盜跖第二十九、三三一—七。この節は子路の死に觸れてるが、子路の死は孔子が七十一歲になるまでに起きたことではなかった。

(一〇一)論語の隱者に關する數章に道家の影響の見られることは、古くから認められているが、その理由では季氏一一および一二、微子五、六、七および八の數章が數えられるのでないかと思う。「莊子」天地第十二、一三〇—二、則陽篇第二十五、二九一—二、外物第二十六、三〇五—六、讓王第二十八、三二二—三および漁父第三十一、三四九—五四と比較參照せよ。陽貨一九も恐らく道家の插入にかかるものであろう。子貢が孔子の說を傳えることについて自覺して言及したとしては時おくれに見え、孔子の言となってる所も感想、措辭共に道家的に見える。「百物」という言い方は孔子の思想と合致しないし、事實、物という文字はここ以外では論語には見えない。「老子」一、四三竝に「莊子」天道第十三、一四一—二、一四三—四、至樂第十八、一八九—九一、徐無鬼第二十四、二七六—八、則陽第二十五、二九一—二および二九八—九と比較せよ。

(一〇二)「老子」四七。

(一〇三)陰と陽との二つの文字の一つを別の意味で時々用いることと、哲學的觀念の出てることとは、區別して考える要がある。

この哲學的觀念は「易經」、今文「書經」「詩經」および論語の原典に無いのみか、降って「孟子」の如き儒教の原典にも無い。殷の占骨にもこれらの文字は出て來ないようである。孫海波が、その著「甲骨文編」(十四の五)で陽という字があると言ってるのは、非常に判讀し難い銘文を讀む際、至極自然な誤りに陷ったようである。葉玉森「殷虚書契前編集釋」五の四七を見よ。董作賓は二十年に亙る占骨研究の結果、曾て陰陽何れの文字にも出合ったことは無いと私に確言した(一九四七年十月二十一日、口頭で)。孔子以前の年代の青銅器の銘文にもこの觀念は無いようである。「易經」十翼にはどれにでも陰陽が出て來るが例外は最後の二翼だけで次の諸傳に出ている。泰象傳、否象傳、乾象傳、繫辭上傳、繫辭下傳、文言傳、說卦傳。

(一〇四)　これが、恐らくは、論語の最後五篇に、あんなに疑わしい章が多數ある理由ではないかと思う。「孟子」には、こういう言い方で孔子の言とされてるものは無いけれども、「莊子」列禦寇第三十二、三六二―三には下位の人に對する九つの試驗法を列べたのが孔子の言となっている。

(一〇五)　顧頡剛「周易卦爻辭中の故事」(「古史辨」第三册一―四四)。アーサ・ウェーレ「道とその力」一四一。

(一〇六)　「易經」繫辭下傳(三六五)では顏回のことに觸れてるらしいに徵しても、ここで「子曰く」の「子」が孔子を指してることはほとんど間違い無い。

(一〇七)　本書本章注一〇三を見よ。

(一〇八)　「地」という文字は古い文獻には稀にしか見當らず、「土」というのが普通であった。孫海波の「甲骨文編」にも出ておらず、董作賓は殷の占骨で「地」という文字は曾て目にしなかったと私に確言した(一九四七年十月二十一日、口頭で)。容庚はその著「金文編」で解讀したどの青銅銘にも「地」という文字は見當らなかったと言っており、また郭沫若の一九三二年に書いたものにも古代銅銘には「天」に配するものとして、「地」の文字は見られなかったとある(「金文叢考」三一)。「易經」の原典には唯一度(明夷上六)出て來るが、形而上學的の意味は毫もない。今文「書經」には三度(盤庚下、金縢、呂刑)出て來るだけだが、すべて「地」という文字のある文書は比較的後世の著述編纂にかかるもので、この場合でも形而上學的の意味は無いのである。「詩經」には二度(小雅祈父之什、斯干および正月)出て來るだけで何れも物質的な土地の意味である。論語には三回(子罕一九、憲問三九、子張二二)出て來るが、形而上學的の意味は無い。この文字は「孟子」にはしばしば出て來るが形而上學的の概念かどうか明瞭ではない。盡心上一三の三に出て來る意味は議論の存するものがある。「地」という文字は「易經」十翼には最後の二傳を除いて數回出て來て、次のようにはっきり形而上學的の概念を持っている。豫象

傳(一〇一—三)。謙象傳(九七—九)。復象傳(一三五—七)。頤象傳(一四九)。咸象傳(一六九)。恆象傳(一七三)。家人象傳(一九五)。睽象傳(一九九)。歸妹象傳(二七一)。坤象傳(三五—七)。泰象傳(八一—三)。繫辭上傳(三二九、三三二、三三五、三四七)。繫辭下傳(三五三、三六五)。文言傳、乾(三一)。同上坤(四一)。說卦傳(三七九、三八五)。

(一〇九)　述而二〇。

(一一〇)　「易經」文言傳、乾(二七)。

(一一一)　「易經」繫辭上傳第四章三二九。第九章三四一。

(一一二)　本書本章二九六を見よ。

(一一三)　「書經」大誥一三七。召誥一六一。洛誥一六八等々。

(一一四)　參照すべきものは餘りにも多數で全部は列擧できないが、例えば「左傳」昭公二十五年下三五九、定公十五年(經)下四五九、哀公二年下四六七、六年下四七九を見よ。

(一一五)　「易經」繫辭上傳第二章三二五。第十章三四三。

(一一六)　この趣旨のことは、馮友蘭「シナ古代哲學史」(柿村峻邦譯)七二九—三〇および注四、馮友蘭「孔子の中國歷史中に在っての地位」(「古史辨」第二冊一九八—二〇一)、傅斯年「性命古訓辨證」中六一—二、本田成之「作易年代考」五〇—三、およびダップス「孔子は易經を學んだか」(「通報」卷二十六、九八—一〇九)に述べられている。

(一一七)　子路二二。「禮記」緇衣第三十三、五四四—五と比較せよ。私はこの章を次のように譯そうと思う。「孔先生の曰うには、南の人の諺に『何か不變なものを持たない人は、一人前の魔術師や醫者にもなれない』というのがあるが、よく言ったものだ。その德の定まらない人は面目を失い勝ちである。占って見る程もない。」ここに引いた諺は「易經」恆卦の原典の一部でただ諺として孔子も知ってたものであろう。この譯文の一部はウェーレのと同じである。

(一一八)　傅斯年「性命古訓辨證」中六一。

(一一九)　「荀子」儒效篇第八、六三。

(一二〇)　ギボン「ローマ帝國衰亡史」三八九。

(一二一)　道家の書物の文章と酷似する「易經」十翼の中の特殊の文章としては、次の比較をせよ。「易經」乾象傳(二一)と「莊子」逍遙遊第一、六—七と、「易經」謙象傳(九七—九)と「老子」二四、三四および三六と、「易經」繫辭上傳第四章(三二九)と

「老子」四二および「莊子」田子方第二十一、二二七—三〇と、「易經」繫辭上傳第八章(三三五)と「老子」七および三八と、「易經」繫辭上傳第十章(三四三)と「老子」四二と、「易經」繫辭下傳第一章(三五三)と「莊子」齊物論第二、二六—九、人間世第四、四八—五および大宗師第六、七〇—一と、「易經」繫辭下傳第二章(三五五)と「老子」八〇および「莊子」胠篋第十、一〇四—五と、「易經」文言傳(乾二七)と「莊子」漁父第三十一、三五〇—一とを比較せよ。

(一二二)「易經」繫辭上傳第七章三三三。

(一二三)「易經」繫辭下傳第五章三六一。

(一二四)「莊子」知北遊第二十二、二三六。

(一二五)衞靈公一二。

(一二六)「莊子」天運第十四、一五八、一六二。

(一二七)「經典釋文」(卷二十四、八)は「魯、易を讀んで亦と爲す」と言い、學者は多くこれを解して、魯の原典ではここに異った文字があったとしてるが、張心澂はこれをただ發音に關することだと論じている。「僞書通考」七一—二を見よ。
ホーマ・エッチ・ダッブスは、述而一六はそっくり後世の插入にかかるものでないかと言っている。ダッブス「孔子は易經を學んだか」(「通報」卷二十五、八二—九〇)を見よ。

(一二八)これは「莊子」の斷片に存しておるだけで今の「莊子」には佚亡しているが「太平御覽」八百四十九卷二に引用されている。この異文では子路が孔子の爲に占いをしようとした所、孔子は私の占いはずっと以前に濟んでると答えたことになっている。ここに言及した所はウェーレ譯「孔子の論語」一三一注三に負う所がある。

(一二九)顧頡剛「戰國秦漢頃の人の造僞と辯僞」(「古史辨」第七册九)。論語に今一回だけ鳳凰が出て來るが、それは、微子五で道家風の隱者がその名を擧げるのである。この章が道家の影響で後から附加されたに違いないことは前述の通りで、實は同じことが、肝腎の所は一言一句違わず「莊子」人間世第四、五二に出ている。「河圖」は「易經」十翼の一つに出ている。「易經」繫辭上傳第十一章三四七を見よ。今文「書經」の一篇に「河圖」のことが出ているが(「書經」顧命二一六)、ここの關係では格別大した意味は無い。それについては何も言われていず、ただ一つの圖面のようである。

(一三〇)學者によって、一世紀かまたはそれ以上も、違うことはあり得るのである。マスペロの材料からは、西紀前三百年よりも前と豫言することはむつかしいかも知れないが、後から章句を書き入れることはいつでも可能であったことは言をまたない。マスペロの「左傳の編纂とその時代」およびカールグレンの「左傳の眞僞および本質について」を見よ。

(一三一)　張歆海「シナの歴史的思想の若干の型」(王立アジア協會北シナ支部誌第九巻五)。

(一三二)　これらの豫言が度々行われたことは驚くべきである。西紀前五四一年から五三七年までの僅か五ヵ年間(「左傳」昭公元年から五年まで)を數えても二十五回に達するが、その他の期間をとればもっと多いのもあり得るだろう。私はこれらの豫言がすべて正確に的中したかどうか一々當ってみたことは無い。

「左傳」に載ってる豫言で實を結ばなかったものもあるが、結實した有名な例としては、莊公二十二年上八一—三、僖公二十三年上一五八—六〇(實現されたのは僖公二十八年上一七九—八六)、成公十六年上三八四、襄公二十年下二〇—一(實現されたのは襄公二十三年下三七—八)、襄公二十三年下三八—四一、襄公二十四年下五四—五(實現されたのは襄公二十五年下六六)、襄公二十六年下七三、襄公二十七年下八六(實現されたのは襄公二十八年下一〇五および昭公四年下一八八)竝に哀公十五年下五二二を見よ。

(一三三)　マスペロ「左傳の編纂とその時代」一九一。

(一三四)　「左傳」僖公三十二年上一九六—七。宣公八年上二七九—八〇。昭公四年下一九一—二、七年下二二五、八年下二二七、十九年下三〇七、二十九年下三八六—七。

(一三五)　例えば「左傳」莊公二十二年上八一—二、成公十六年上三八四を見よ。

(一三六)　五行の起源がいつ頃かは全く明瞭で無い。ウェーレは「シナ、日本の大多數の學者と同じく、五行説を四世紀以前のものとする理由が無い」と書いている(ウェーレ「道とその力」一〇九注一)。「墨子」(經下第四十一、一七四)には五行が少なくも一度は出て來るが、比較的後世のものと一般に認められている「經」の中にあるのである。五行説は孟子の頃にはあったとされている(陳夢家「五行の起源」燕京學報巻二十四、三五—五三を見よ)。けれどもその四六頁に引用する證據では、五行説が連想されるような一種の考え方が孟子の頃に萌芽を出しはじめたことはわかるが、その頃に五行の觀念が成立していたという證據には必ずしもならない。また陳が荀子から引いてるものも決定的なもので無いのは、特にこの非十二子篇が後世の書き入れにかかるものである證據があるからである。王先謙「荀子集解」巻三、一二を見よ。五行が「孟子」に一度も出て來ないことが、これらのことを一層首肯せしめるのである。

(一三七)　「左傳」文公十八年上二五七—六一。宣公十八年上三一七—八。

（一三八）「左傳」宣公十一年上二八五―六。莊王はあとで多數の人質をとって陳を舊に復したが恐らく他の諸國からの復讐を恐れたからであったろう。

（一三九）「左傳」宣公十四年上三〇六―七、十五年上三〇八―一〇。成公二年上三三五。

（一四〇）「左傳」宣公十二年上三〇〇―二、十二年上三〇三―四。

（一四一）マコーレー「ヘンリー・ニール著英國歴史物語を評す」（「エディンバラ評論」第四十七巻三五二―三）。

（一四二）「左傳」昭公十七年下二九三―四。哀公三年下四七二、十五年下五二二。

（一四三）「左傳」昭公七年下二二二―三。孔子が兄の娘を結婚させたことから見れば彼は家長であったようである（公冶長二）。

（一四四）「左傳」宣公九年上二八一―二。成公十七年上三九五―六。これらの中、前者を孔子の言とすることは「欽定春秋傳説彙纂」第二十、一六―七ではこれを非としている。また後者を孔子の言とすることには「批評家は異口同音に反對している」とレッグは言っている（レッグ譯「左傳」四〇四）。

（一四五）「欽定春秋傳説彙纂」第三十五、一一―二。

（一四六）カールグレン「左傳の眞僞および本質について」五八―六四。

（一四七）「國語」魯語下八―九、一一―五、一六―七。

（一四八）「孔子家語」の年代を古いと辯護する點は、ウェーレ「道とその力」一三七およびグスタフ・ハロウン「孔子以前の斷片」四五五―六〇を見よ。ポール・ペリオは他の多くの學者のように今日の「孔子家語」は西紀二五六年に死んだ王肅の手に成る僞作だと考えている。ペリオ「疑問を提起された墨子」通報巻十九、四二一注四三〇を見よ。

（一四九）「孔子家語」巻二、致思第八、一九。巻三、辨政第十四、二〇。巻十、曲禮子夏問第四十三、一七、一九―二〇。

（一五〇）「孔子家語」巻七、五刑解第三十、八―一〇。

（一五一）「孔子家語」巻八、屈節解第三十七、一四―七。

（一五二）「孔子家語」巻四、辨物第十六、一六。巻七、刑政第三十一、一一―二。顏淵一九。子路一九と比較せよ。

（一五三）「孔子家語」巻一、五儀解第七、二一。巻二、好生第十、一七―八。

（一五四）「老子」四七の第一節と「孔子家語」巻二、好生第十、一八とを比較せよ。崔述は、「家語」は「莊子」や「列子」からも相當借用してると言っている。「洙泗考信錄」巻三、一八を見よ。「家語」はあまり詮索しないで廣く多數の書物から掻き集めたもので、前に記した「老子」からの剽竊につづく四葉は「孟子」梁惠王下一五の一の大部分を剽み、しかもそれを孔子の言としておる(「孔子家語」卷二、好生第十、二二一三)。

(一五五) 「孔子家語」卷三、觀周第十一、一一二。

(一五六) シャヴァンヌ譯「史記」第五卷二九九注四。

(一五七) ドゥイヴェンダク「荀子年表」(「通報」卷二十六、九五)。錢穆「先秦諸子繫年」通表一〇一。

(一五八) ドゥイヴェンダク「正名論に關する荀子」(「通報」卷二十三、二二一)。

(一五九) 「荀子」天論篇第十七、一七八—八三。解蔽篇第二十一、二三六—七。

(一六〇) この點、ロレン・クリール「初期儒敎に於ける社會秩序の觀念」一三六—七に負う所がある。

(一六一) 「荀子」性惡篇第二十三、二五四。

(一六二) 「荀子」性惡篇第二十三、二五四。

(一六三) 「荀子」榮辱篇第四、三二。

(一六四) 「荀子」修身篇第二、一四。

(一六五) 述而二八。孔子およびその直門は學ぶということを廣く解し、彼らとして、ただ書物を學ぶことに何よりも重きをおいていなかったことを證明するものとしては學而七、一四、雍也七、子路五を見よ。

(一六六) 「荀子」天論篇第十七、一八五。解蔽篇第二十一、二三〇。荀子が道家の形而上學を斥けたことについては儒效篇第八、六六を見よ。

(一六七) 「莊子」養生主第三、三一。

(一六八) 「荀子」修身篇第二、一三。

(一六九) 「荀子」修身篇第二、一三。儒效篇第八、六六—七。解蔽篇第二十一、二三〇。

(一七〇) 「荀子」勸學篇第一、四—五。

(一七一) ダップス「シナ人の哲學體を建設することの失敗」(「通報」卷二十六、一〇八)。

(一七二) 「荀子」正名篇第二十二、二四六。

(一七三) 馮友蘭「シナ古代哲學史」(柿村峻邦譯)五九七。

（一七四）「荀子」王制篇第九、七一。
（一七五）子路九の三。「荀子」王制篇第九、七三—四。
（一七六）梁啓雄「荀子柬釋」一二一。
（一七七）梁啓雄「荀子柬釋」八〇。
（一七八）梁啓起「荀卿および荀子」（「古史辨」第四冊一一五）。
＊　新譯聖書マタイ傳第十章。
＊＊　シェークスピア「ハムレット」第三幕第二場。

第十三章　災　　厄

既に述べたように、地方分權政治は孔子の頃にその進行は絶頂に達した。混亂は激甚を極め、爲に救濟策の必要は廣く認められ、各種の人々が多數各種の對策を講じた。孔子は、進んだ考えを持った人達が進んで協力することを期待したが、これは實現不可能となった。それは孔子の理想が近世の民主主義と著しく似ていたが、それを實行に移す機構が工夫されてなかったことと教育が普及していなかった爲であった。墨子の解決策はさらに一層實現不可能なものであった。

然るに、儒、墨の外で、遙かにより實際的と思われる方策を持った人々がいたのである。それは、政治を行う際に法律の職能に重きをおいた爲に法家と呼ばれる人達であったが、さらにより説明的に言えば實は全體主義者と言って差支え無く、それは彼らが最も强力な中央集權政治を主張し、個人を國家に屈從させようとしたからである。

法家と言われた思想家達は、その實一學派をなさないのみか、互に批判しあい、さてはある著名な事件に際しては、互にぶちこわしさえしたものである。なお、法家の書と言われるものの中には、年代や著者の身元の不明なものもあり、且つ内容も雜多で、いろいろの型の意見が(中には儒教の説もあった)同一書物のあちこちに載っていた。こういう書物からは、いろいろに材料の選擇ができる爲に、それ次第で、同じ法家主義でも種々違った説の出て來るのはあり得ることであった。ここでは、まず、主として西紀前三世紀に秦帝國で具現することになった型の法家主義から手を着けることとしよう。そのイデオロギー的背景としては、法家哲學者韓非子の名で呼ばれる「韓非子」という書物の眞正な部分を、その確證ある限り、主たる資料として採り上げようと思うが(一)、これはかの秦帝國の創始者も、その主たる顧問の法家達も共に韓非子の思想から強い影響を受けていたらしいから至當なことである。

　法家主義が外面に現われるには、若干の主旨と動機とが潛在した。法家主義を公言する人達は、人民の利益の爲に、秩序あり節制ある世の中とすることを、ひたすら切望するだけの資格ありと稱し、時にはその眞劍さに疑いを挾めないことがあった。法家の説によれば君主達は、絶對專制的な統制力を有することになるので、これに心を惹かれた。法家主義には多分の道家的要素があり、法家中の最大思想家と思われてる韓非子は「老子」を引用してるし、「史記」にも、彼の思想は道家に根ざしていると書いてある。(二)道教も法家主義も、共に儒教の大敵であった。既に述べたように、道教は論理的に言えば、無政府主義に許婚しこれと一體となるべきであったのに、事實は、君主が道教的の聖人でありさえすれば、何ら制限されない專制者として、神の役を演ずることを許してしまったのである。粗野でしかも神祕的な修辭法を使って主張を表白するのは、全體主義の傾向らしく、古代シナ以外の所にも見られることである。法家はそういうことばが道教の中で彼らを待ち受けてるのを見附け出した。後世シナで皇帝と言えば「龍紋の玉座」を占め、人に畏れを感ぜしめるような權力を持つ神祕的聖人を想像するようになったのは、元來儒教から來たものでは無く、法家主義を經て道教から來たものである。

　なお、道教と法家主義とが相許して一つとなったのは、物事をするのに、もっと容易な方法もがなと捜し求めてた時代の趨勢と合致したからであった。法家主義は種々の點で極端に頑固で而も現實的であったけれども、法家達は形而上學的權威と一種の魔術的とも言うべき效驗を持つものとして、道家の方式を持ち込むことをいやがったわけでは決してなかった。シナの最も法家的な君主秦の始皇帝は道教的迷信と魔術的實踐とに夢中であった。[三] こういう人は、法家の方法を用いさえすれば「臥榻に横たわって管絃樂に耳を傾け、なお且つ帝國の治績大いにあがる」という法家の主張に誘惑されないわけにはいかなかった。[四]

西紀前三世紀の儒家は、古えの道の復活を望む學派であると一般に考えられ、自分達ですらそう思っていた。これに反して、法家は新時代に對する新方策を持つ自分達こそ勇敢な革新家だと聲明した。[五] この主張には一部尤もな點もあり、またその方策には斬新なものも少なくなかった。彼らの經濟政策、例えば土地の賣買を許した如きは庶民に對して行動の自由を大いに增進する傾きのものであった。[六] それにも拘らず、大體法家の立場は自由に關し、紛れもなく反動的であった。封建制全盛の時には知られなかった個人の自由が新しく唱道されるに至ったが、その擁護者は儒家であったのである。然るに法家は、そういう自由は世を亂るものと考え、韓非子の如きは學者(韓非子は特に儒家を指して學者といった)に反對して、その立場を非常に明白に次のように述べている。「彼らは仁慈と正義の德を養って、信用を博し、政治上の地位を得る。また彼らは學問的知識を修めて名ある教師となり、令名を馳せ稱揚される。これらは、平民共の才覺でできることである。こんな風に、彼らは實際上の功績は何も無くて地位を得、また貴族階級に屬さなくて高位に登るということが生ずる。政治がそんな慣行に従うようになれば、國家は混亂に陷り君主も危険を感ずるに至るに違いない」と。[七]

法家が封建制を廢止したいと思ったのは、これが强力な中央政權のできることを不可能にするからではあったものの、法家が君主の爲に求めていた全體主義的權力は、その實封建諸侯が、無能無學の農民に對して行使したものとよく似たものであった。かような次第で、法家は道家同様に、「人民の力を弱めて」彼らをただ無知の狀態のままにしておきたかったのである。(八)「人民が治めにくいのは、彼らがものを知り過ぎたからだ」と「老子」にあるが、今述べた所からすれば、患者に對し見事な診斷を下したものである。(九)

しかし、このものを知った害毒は、既にシナで比較的文明の高い地方を實に徹底的に腐敗せしめていたから、道家竝に法家の兩者が儒家を攻擊したのは、頗る當を得ていたが、如何に法家が一生懸命にやった所で、曆は永久に元へ戻すことはできなかった。歷史を一瞥すれば、全體主義が本當に榮えるのは、節度に服し壓制政治に從う慣習が長い間人民の間で行われて來た時に限るように思われる。從って法家主義が、シナの一番文化の進んだ地方に起こらなかったのは、偶然ではなく、そこでは新しい自由が既に發達していたからである。最も有名な三法家の一人、韓非子が生まれた國や、商鞅が多くその思想を得た國は、(一〇)シナには違いないが、孔子が主として活躍した地域の西方に當り、今一人の李斯は、未だに未開の點のあった楚に生まれ、そして彼の說が十分に認められ且つ實現したのは遙か西方の秦國であった。

ジェー・ジェー・エル・ドゥイヴェンダクの言ったように、秦は文化的には「後進國で、そもそも最初の半『未開國』よりややましという程度であった」證據はいろいろあり、(一一)境を接する未開部族と絕えず戰爭していた爲に、秦の人民は終始好戰的で、文化に費す餘暇など無かったのである。この爲、いつまでも人民は、個人としてよく規律を重んじ權威に服し續けたようである。儒敎哲學者の荀子が秦を訪ねた時に、彼は、誰でもが、國の定めた通りの仕事に嚴格に從い、「一切私用には關わり無いのを見て少なからず驚嘆した。荀子のことばには、蟻垤のことでも書いてるような響きがあり、彼は「人民が役人を深く恐れ、從って從順である」のが大いに氣に入ったらしい。(その狀況は孔子ならば必ずこれとは違った論評をしたと思われる。)荀子がこの狀況で見附け得た唯一つの缺點はなんと秦に儒家が多く居ないことであった。(一二)荀子はある近代人の如く、民主政治の自由と全體主義の所謂能率と兩方共好きで、なぜ兩立しないかその理由のわからない人であった。

秦は、衞の公子商鞅の力によって繁榮の途を辿ることになったと言われる。彼は東方では認められなかったが、西紀前四世紀の半頃秦へ來てから名譽を得權力を握った。彼は上位の大臣として、貴族を抑え、强力な中央集權制を設けて政治上の改革をしたと言われている。彼は經濟上の改革にも手を下し、家長制による家の統一を破り、また密告者に報酬を提供して人々相互の間を離間した。傳説によれば、彼は全シナを己がものにする爲、來たるべき戰爭に備えて秦を强大にする種々の方法を講じ、また將軍としては、戰術と謀略とを以てその領土を擴大した。(一三)

秦は漸次にその領土を增大し、他の國々は、滅亡を免れようとして苦鬪し、爲にこの爭いは一世紀以上も續いた。他の國々は時には、連合したこともあったが、決して長續きせず、またその結果も見るべきものが無かった。秦軍は恐らく紀律秩序も他に勝れていたろうが、戰場の武勇は實に目覺ましいものであった。然るにこの國は、戰鬪のみに便《たよ》らず間諜を諸國に派して、賄賂によるか、或は若し必要とあれば暗殺をも敢てして味方に抱き込んだり、紛爭の種を蒔いたりした。(一四)

重要な役目を演じたのは荀子の二人の門下生であった。かの儒教學者荀子は秦の今までの征服の發展經路を非議し、(一五)法家主義の多くの點に反對したが、孔子の唱道した協同社會の理想は(勿論無意識ではあるが)疾くにこれを斷念して全體主義的政治を贊していたし、その上、人の性は惡だという彼の思想は、當然、歸結の一つとして法家主義を念頭に浮かべることとなった。かような次第で、彼の異彩ある弟子韓非子が最も偉大な法家哲學者となったことは全く驚くに足らない。

韓非子は韓の王子であったが、韓は秦の隣國であり、またその主な敵國でもあった。彼は言語障害があった爲に著述に向ったのだと言われている。今日まで傳わる「韓非子」と題する書物には、確かに後世、附加變更された部分もあるが、明らかに韓非子の筆に成る部分とは判別し得るようである。その韓非子の筆になる部分は冷徹な明快さと嚴密な論理を以て、純然たる全體主義的專制政治の學説を展開している。韓非子が至高至上と認めるものは力を措いては何も無く、君主を富强ならしめることを目標としていた。人民は完全に君主の計畫の道具に使われるべきもので、死ぬるも生きるも君主の目的のままに、これに副うのである。君主としては、仁慈であることも、暴虐であることも、均しく惡であり、また均しく見當違いである。貧乏人は救助すべきでないというのは、救助することはその人を貧乏にするだけの話で、人の好意などは、とるに足らぬものだからである。君主はすべての權力をしかと一身に掌握しなければならないから、大臣を選擇するにも、その人の能力によるべきで、これに對しては富貴を以て酬いるべきであり、決して權力や勢力を持たせてはならない。大臣は有德である要はないし、そんな人はなかなかあるものでも無い。大臣は賢明であってはならない、そういう人は君主をだます。また純潔であってもならない、そういう人は人民にだまされる。君主は常に大臣をはじめすべての臣下をして、惡事を敢てすることを空おそろしいと思う狀態にして置きさえすればよいのである。君主は、何をおいても、誰でもが、一人殘らず國の爲のみに生きてると思うようにしなければならず、あらゆる個人的な思想や感情はこれを抑えなければならない。「法律命令と合致しない言行はすべてこれを禁ずべきである」[16]と。

韓非子から見れば、マキアヴェリの書「君主論」の諸政策は大膽でもなく確乎たる所も無いようである。韓非子の二篇の論文を讀んで秦王は大いに喜び、會いたいものだと言ったと傳えられている。やや後れて韓非子は大使として秦に赴き、秦王に會いはしたが、既にある法家が彼より先に秦へ行っていたのである。

それが李斯で、曾て荀子の許で韓非子とは同門であった。李は韓非子に比して、才華の點は大いに劣り、彼もそれを知っていたらしいが、（一七）秦へ來たのが、若干韓非子より早く既に王の信頼を得ていたという有利な點が彼にはあった。彼は一計をめぐらして韓非子を死に致し、（一八）その後は秦國の政柄をとって勝利への道を進んだが、これは主として自分が殺した同輩の思想によって導かれたと言ってよかろう。

秦の興隆は血腥いものであった。ある時、秦に降った四十萬の兵士は虐殺されたと記されている。（一九）その數は言うまでもなく誇張であるが、決して少數では無かったと思わせるものがある。秦は西紀前二二一年までに全シナを併呑して、（二〇）この法家的全體主義國家は天下の權を掌握したのである。

能率は當時の流行であった。「法律規則は一定し、度量衡も標準化し、車輪間は同一間隔となり、（二一）書く文字の形式も一様になった。」同じ單純化の精神から秦王は始皇帝と稱し（王朝の變更など二度と再び決して無いとしていた故に）彼の帝位繼承者は、千までも萬までも無窮に二世三世と簡單に數で順序をつけるべしと命令した。（二二）これなど誇大妄想狂を連想させるとしても、そういう印象を受けるのは當然というべきである。既に述べたように始皇帝は大變な迷信家で、西紀前二一九年にある山に對して激怒し三千人の囚徒を送ってその山の樹木を全部伐ってしまったことがある。（二三）われわれはこれをきいて笑って濟ませるけれども、人間が彼の憤怒や氣まぐれの對象になったとしたら、その結果は諧謔など言ってるどころではない。法家の主義上、殘酷な刑罰が、輕微な法律違反にも課せられ、非常に多數の人間が、將棋の駒のように、遠隔な地方へ移動させられた。彼は囚徒および强制勞働の手によって、多くの宮殿を造營し、厖大な土木事業を興し、首都の近郊だけでも宮殿は二百七十を數え、すべてそれには優雅な調度と美麗な婦人が一杯であったと傳えられている。(三四) 彼の墓には七十萬人が働かされたと言われ、萬里の長城の築造には多數の人命が犧牲に供された。これらの計畫を賄うに、極度の重稅は必然のことであった。

これより一世紀ばかり前に、ギリシアで、アリストテレスが「暴政溫存の爲の古來の諸掟」を列記したが、(三五) その諸掟はアリストテレスが法家や始皇帝の諸政策を述べてるのではないかと思う位である。「人民の手を空けさせないで、いつも貧乏にしておく爲に」、重稅を課することも、大土木工事を起こすことも、その政策の中にあるのである。またアリストテレスは、「暴君は、その上、教育を禁じ、學問上の會合その他討論の集會を禁ずる要がある」といっている。これと符節を合するが如くに、韓非子も學問を非難して、學問の研究に使われる時間は有益の仕事から盜まれたもので、而もこうやって國を強くし、君を富ますべき人民の義務を妨げるものだと言明した。從って「明主の國には、文學は無い」のである。(三六)

學者達の中にも儒家をその最たるものとして、始皇帝の全體主義國家に同化することは到底むつかしいことが、判明した。儒家は始皇帝を批判するだけの向う見ずの勇氣さえ持っていて、始皇帝が「全く言語道斷」と思ったことをやってのけたのであった。(三七) 學者達の主たる非難は始皇帝が親族に領地を與えず、古えのやり方に從わないことに向けられたと言われている。(三八) これが事實だとすれば、當時の儒家は憐れな輩《やから》であったことを示すのである。なお、他にも彼らはかなり紛議を起こした爲に、彼らが民衆を煽動しないようにすることが必要だと考えられた位であった。「民衆の間に疑惑と混亂」との擴大を防ぐ爲に、醫術、占術、および農業に關するものを除いて、人民の手中にある書物は全部殘らずこれを焚くべきであるという李斯の提案は裁可され、自分の藏書を思い切れなかった人達は烙印されて强制勞働へ送られた。その後も敢て「詩經」や「書經」を論じたり、「過去を用いて現在に信をおかないものは、す

べて死刑に處せられることとなった。(二九)

本當に幾人がその生命を失ったかは不明である。翌、西紀前二一二年には、始皇帝は四百六十人の「學者」を生きながら坑に埋めたが、これは彼を非難したものがあったことを耳にしてただその腹立ちまぎれにやったことらしく思われる。(三〇)なおまたこれら「學者」の中には、實は魔術師も澤山いたが、そうかと言って、この災難を蒙った儒家もあったことは明瞭である。(三一)「焚書」の結果、今日まで傳わらない文獻の量は恐らく誇張されていようし、(三二)また秦の治下で儒教を迫害したことは、運動としては恐らく儒教を弱めないでむしろ強化したと思われる。法家主義が儒教に加えた眞の損傷は儒教を壓迫したことでは無く、これを曲解したことである。漢時代の官權獨裁主義的儒教の正統論には、實はその本性に於いて法家主義が少々と言うよりはかなりに存すると往々言われるのである。既に述べたように、荀子は彼の官權獨裁主義や、社會統制の手段として刑罰を認めた點では法家主義に偏《かたよ》っていたのである。實に、法家主義は長い間に着々と儒教に滲透していったようである。

この滲透の成行きは一方的では無かった。「韓非子」の中に法家哲學を辯駁する數篇があるが、恐らくは儒家の手で本文に附け加えられたものであろう。(三三)しかし法家もまたこの手を用い、而も見事な手際であった。孔子は「韓非子」の中でしばしば非難されているが、この書物中でも後の法家の筆に成るらしい部分では、孔子とその門弟の一人とが法家として對談してるようになっている。(三四)これらの話の中で少なくも一つは僞作たること毫も疑い無い(三五)に拘らず、儒家でもいささかの疑念無くこれを信じてたものが少なくない。法家を光らす爲の話で、孔子が衛の宰相であったこととして描かれているが、これは儒家をしてこの話を排斥し惡《にく》くさせる爲の意圖であったに違い無いのである。(三六)

しかし、法家の眞の勝利は、法家の思想を儒教の文獻の眞正中《まっただなか》へ注射したことである。これが法家の手によって注入されたか、それとも儒家の間に法家的傾向の生じた結果なのかを確めることは必ずしも容易でない。この疑問は、例えば、「書經」のある篇にかかって來るが、それはそれらの篇が後世の作で、而も全く法家的な資料を若干含んでいるからである。[三七]しかし、荀子の終りの方の篇の一つに孔子の言行(一人の競争者を簡略に處刑したことをもふくめて)とされてるものは、[三八]原文を濫りに變更した一法家の仕業であること疑い無いのに、單なる僞作と言うのはただ辯解に過ぎないようである。法家の手法はおはこのもので、この場合、孔子には魯の「宰相代理」という肩書がついている。

この僞瞞は古くから學者に認められたものであるが、[三八]法家の滲透の點がこれ程明瞭で無いものは随分ある。「禮記」(のことは後に詳論するが)に中庸という一篇がある。これも一部は後世の編纂であること、多數學者の認める所であるにも拘らず、非常な勢力を持つに至り、宋以後は特にそうである。中庸は宋の頃四書の一とされたが、この四書こそは近世儒教正統派の格別な聖典となったものである。中庸で「子」という時は孔子の意味であるが、次のような一節がある。

「孔先生が曰うのに、若し人が無學でありながら、自分自身の判斷を用いることを好めば、また無位でありながら、自分で支配することを望めば、また今日に生まれながら、古えの道に復るならば、不幸は必ずやこういう人皆にやって來る。天子のみが禮に關して判定を下し得、度量を制定し得、文字の形を創り得るのであり、今日帝國内で車は軌を同じくし、書物の文字は一定し、行爲にも一定の規則がある。[三九]」

これは、明らかに秦時代の法家主義を儒教の最も神聖な經典の一つの中で、孔子の口をかりて、言わしめたものである。この最後の言には秦の始皇帝の標準化を記載した時に用いたことばそっくりが用いられており、西紀前二二一年のシナ統一以前には書かれ得ないものである。(四〇) また、「天子のみが禮について判決を下し得る」という言の如きは決して孔子の言う筈が無いことである。實際、孔子の言は、その頃生存してた皇帝については少しも觸れていなかったが、世襲貴族は誰でも皆、悲しいことには、知的な事柄については指導を必要とする有様であったことはわかり過ぎる程判っていた。政治上の權力があるからと言って、君主をば何事でもの裁定者にするのはただ全體主義國のみのことである。同樣に、位は無くても自分自身は自分で支配したいという人を怪しからんとするのも生粋の法家主義である。孔子は自分で若い頃「地位が無かった」(このことばは中庸も同じである)と言ってるが、それでも孔子はどこの君主に對しても、自分の意思または門弟の意思を枉げて服從することはこれを拒んだ。(四一) それから、中庸で孔子が古えの道に復るのを不可としたことになってる點であるが、そのことは卽ち儒家がそういうことをするのを韓非子や李斯が度々非難したその點である。(四二)

「孔子家語」にも、同じことばが孔子の言となって出ており、一點を除いては皆無視してよいような相違があるだけであるが、「家語」では「今日の世に生まれながら、古えの道に心を向ける」人達を孔子が賞讃してることになってる一點は相違している。(四三) この頃ともなると、諸事頗る錯綜して、孔子が何を言ったのか、言わなかったのか、誰にもわからなくなってしまった。法家の影響は實に論語そのものの中の孔子の言とされてるものにまで及んだのである。

論語の季氏二には「孔子が曰うに、『道』が帝國内で行われてる時には、禮樂および問罪の遠征は天子から事が始まるし、『道』が行われない時には封建諸侯から發する。若しそうなれば十世の間にその國を失わないのは稀であり、若し禮樂などが封建諸侯の大官(大夫)から發するようになれば、五世の間にその權力を失わないのは稀である。若し大臣の家來が一國の權力を握れば三世の間に倒れるのがその常である。また『道』が行われておれば、政治は大官の掌中には無くまた庶民は國務を論じない」とある。

この章で封建的階級制に重きが置かれてあるのは法家主義の特徴とは言えないまでも、法家的思想の影響を受けてることは明瞭である。ここでまた、全體主義的君主がその政治力を以て音樂その他あらゆるものの裁定者となるのを見たわけである。すべての權力は君主に集中し、知的なものはすべて君主に端を發し階級制度の序列によって家來に降って來るのである。有識有德な大臣の職能は、孔子にとっては重要であったが、ここでは識別し得ないこととなる。論語の他の所で、孔子は人民に「道」を教えることを唱道しておるのに、ここでは人民は國事を論ずることすらしてはならないのである。(四四)

この一章はそのことばが、多くの點で、おのずと正體を露わしており、後に論語に附け加えたものであること、毫も疑い無い。(四五)それにも拘らずこの章は批判的學者間でさえ盛んに行われてた孔子の思想の概念を定める上に一つの決定的役割を演じたので、孔子が周王の權力を挽回しようとしたとか、王の官權獨裁主義に左袒したとか、封建制度擁護者であるとかいう考えが世に行われたことについてはこの季氏二が主としてその責に任じなければならない。(四六)

明らかに後年の附加であると思われるのが論語に今一章あるが、それは子路三である。この章では孔子は「名を正しくする」説を述べ、政治を行うには刑罰を用いることに大いに重きを置くべきだとしたことになっている。この章は法家の筆に成るか、さもなくばはっきりした法家の影響を受けて書かれたものである。(四七)このことは季氏九についても恐らくは言われることと思う。この章で、孔子は「生まれながらに知識のある人は最上級であり、學んで得るのはその次ぎである」と言ったことになってる。こう言えば、聖人(孔子をはじめ)というものは不思議にも萬般に亙る知識を持って生まれて來たものだという思想があるわけだが、これは孔子が知識を得るには經驗、反省および不斷の勉強によるべきだと力説したのとは甚しい相違である。しかし、法家は勉強を輕んじて、尊重される資格は學問のあることだけだという人は信用しようとしなかった。かようなわけで、韓非子は「人の賢明か否かは、その天賦によるもので……智慧は他人と一緒に研究したって得られるようなものでは無い」と書いている。(四八) これは法家の影響を受けて書かれたと思われる季氏九の主意と酷似している。それにも拘らず、この章によって生まれながら知らざること無いという聖人の觀念卽ち知識に關する孔子自身の說の下から肝腎の基礎になってるものを切りとるような概念を儒教の內部にしっかり確立させることになったのである。(四九)

法家の學說が儒教に滲透したのはいつ頃か正確には言えないけれども、引續き行われて、結構、漢代までにも及んだらしい。しかし、法家が妨害行爲を完了した頃までには、孔子の思惟の本當の性質は既に徹底的に薄れてしまった一事は明瞭である。

(一)「韓非子」の批評については、主として陳啓天「韓非子校釋」および容肇祖「韓非子考證」に從った。書目を見よ。

(二)「韓非子」難三第三十六、三九八―九。六反第四十四、四五〇。「史記」老莊申韓列傳第三㈢二〇。

(三) ボッデ「最初のシナ統一者」一一二―一九。

(四)「商君書」畫策第十八、六九。「商君書」は、どの編も商鞅の筆に成ったものではなさそうでこの一節も多分最も古い部分からではないらしいが、全く法家的ではある。「韓非子」有度第四、三四と比較せよ。この「韓非子」の一節も韓非子の筆に成ったもので無いかも知れないが、明らかに法家的のようである。

(五)「韓非子」五蠹第四十七、四七六―七、四七八―八〇。顯學第四十八、五〇一―二。

(六) 齊思和「商鞅變法考」(「燕京學報」巻三十三、一八二―七)。

(七)「韓非子」五蠹第四十七、四八五。

(八)「商君書」懇令第二、四―五。農戰第三、一五。弱民第二十、七六。「韓非子」八說第四十五、四五四―五。五蠹第四十七、

四八七—八。「老子」三、一九、六五と比較せよ。

(九) 「老子」六五。

(一〇) 齊思和「商鞅變法考」(「燕京學報」巻三十三、一六六)。

(一一) ドゥイヴェンダク譯「商君書」緒言一二五。二四と比較せよ。なお「史記」秦本紀第五㈠一六一—二、㈠一六九—七〇。魏世家第十四㈡三九七—八。「荀子」性悪篇第二十三、二六〇。ボッデ「最初のシナ統一者」二—三、七、一九—二〇。

(一二) 梁啓雄「荀子柬釋」二二二—三。

(一三) ドゥイヴェンダク譯「商君書」緒言第一章「歴史上の商鞅」一—四〇。齊思和は商鞅の改革には、彼が以前に職を奉じた魏の國では既に知られてた慣習を秦に移し植えたものが相當にあったとの意見である。「商鞅變法考」を見よ。

(一四) 「史記」李斯列傳第二十七㈢四三二、四六〇—一。ボッデ「最初のシナ統一者」一四—五、五〇。

(一五) 「荀子」議兵篇第十五、一六〇。

(一六) 「韓非子」問辯第三十九、四一七。定法第四十一、四二三—四。詭使第四十三、四四一。六反第四十四、四四六。八説第四十五、四五二—三、四五七—九、四六〇。五蠧第四十七、四七九—八〇、四八五—七。顯學第四十八、四九五—七、五〇一—二。

(一七) 「史記」老莊申韓列傳第三㈢二〇—一。

(一八) 「史記」老莊申韓列傳第三㈢二七。これを銭穆「先秦諸子繫年」(四四二—三)は疑問視している。私はボッデ「最初のシナ統一者」(七七)にいう李斯が謀ったことはありそうだという意見に賛するが、秦が韓非子を秦に送って貰いたくて執った手段の無茶であったことは銭穆と同意見である。

(一九) 「史記」秦本紀第五㈠一八三。

(二〇) 「史記」秦始皇本紀第六㈠一九九—二〇四。

(二一) その爲すべて道路には同じ間隔の車の轍が見られ、車輛殊に皇帝の戦車は至る所容易に動くことができた。

(二二) 「史記」秦始皇本紀第六㈠二〇二。

(二三) 「史記」秦始皇本紀第六㈠二一二。

(二四) 「史記」秦始皇本紀第六㈠二二二—三。

(二五) アリストテレス「政治學」一三一二―三。

(二六) 「韓非子」八說第四十五、四五四―五。五蠹第四十七、四八七―九。

(二七) 「史記」秦始皇本紀第六(一)二〇三。

(二八) 「史記」秦始皇本紀第六(一)二一八。

(二九) 「史記」秦始皇本紀第六(一)二二〇。

(三〇) 「史記」秦始皇本紀第六(一)二二四―五。「生きながら坑にした」ことについてはボッデ「最初のシナ統一者」一一七注三を見よ。

(三一) 「史記」秦始皇本紀第六(一)二二五。

(三二) ボッデ「最初のシナ統一者」一六三―五。

(三三) 「韓非子」十過第八、六三―四。外儲說左上第三十、二九六―七。外儲說右下第三十三、三六二―三。

(三四) 「韓非子」內儲說上七術第二十八、二二九―三〇、二三一―二。外儲說右上第三十二、三二四―五。

(三五) 「韓非子」內儲說上七術第二十八、二二九―三〇には殷朝治下の各國では街路へ灰を棄てるものは誰でも重く罰せられたという話が傳わっているが、一說によれば手を切り落されたとも傳わっている。孔子はこれを賞讚して、「人がいやがるもの(刑罰)にかかりあわないようにする爲に、人が(灰を街路に棄てないというような)何でもない一寸したことをやるようにさせることは政治として當を得たやり方だ」と言った。こういう言い方は法家主義を要約したもので、實際一枚ほど捲《め》くれば(二三字句は違うが、言うに足らぬ程で)、法家商鞅の言とされてるものが出て來るのである。街路に灰を棄てることを罰するのは、商鞅が秦で制定した法律だと李斯は言っておる(「史記」李斯列傳(三)四五二)。この全體の考えは、子路二の一で孔子の言っていることとは正に相容れないものである。

これらの話はダブルュ・ケー・廖が飜譯しているが、その兩方の場合斷定的に下されてる結論は當を得ていない(廖譯「韓非子」二九三―四)。

(三六) 「韓非子」外儲說左下第三十一、三〇二。

(三七) 度量衡の統一については「書經」舜典九を見よ。「書經」の呂刑篇(二二八―三六)は全體が頗る法家的である。

(三八) 梁啓雄「荀子柬釋」三八九―九〇。「洙泗考信錄」卷二、二三。錢穆「先秦諸子繫年」二二一―三。

(三九) 「洙泗考信餘錄」巻三、九―一三。馮友蘭「シナ古代哲學史」(柿村峻邦譯)七〇七―一二。ヒューズ「大學と中庸」八六―七。

(四〇) 「禮記」中庸第二十八(中庸、九四―五)。この中庸の一文に續いて「天子の位を占めることがあっても、それに必要な徳が無ければ、禮樂を定める(字義的には「作る」)ことを敢てすることはできないし、その徳はあっても、その位にいなければ、やっぱり禮樂を定めることは到底できないだろう」とある。ここでは最初の文章で、まず法家的思想が儒敎的に修飾されているが、次の文章でまたも法家主義へと方向轉換している。

(四一) 「史記」秦本紀第六(一)二〇四。

(四二) 子罕六の三。先進二三の三。

(四三) 「韓非子」五蠹第四十七、四七九。顯學第四十八、五〇一。「史記」秦始皇本紀第六(一)二一八―二〇。

(四四) 「孔子家語」五儀解第七。

(四五) 子路九の四、二九、三〇。陽貨四の三。

(四六) この章に見られる連鎖の様式は、論語では眞正なことばの特徴では無く、「天子」ということばも、論語によく見かける孔子の語彙には無く、孔子は單に「王」といっていた。この章以外で論語に「天子」が出て來るのは、一度だけで(八佾二)、「詩經」からの引用句中にあるだけである。「陪臣」ということばも、この章以外には論語のどこにも無い。その上にこういう表現は論語位に古い書物にはどこにも出て來ないようで、「孟子」にさえ見當らないから、後世のことばであるらしい。

(四七) 例えばシナの錚々たる批判學者の一人顧頡剛は一九四一年に公けにした「孔子の統治政策とその背景」と題する小論文で、主として、季氏二を根據としてのその論を進め、論語の他の部分がこの章とは一致しそうにもないことは認めながら、季氏二の思想を基本的なものとして扱っている。「古史辨」第六册「禪讓傳說墨家に起こるの考」四五―七を見よ。

(四八) 子路三に關して、ウェーレは「非常に精緻で文學的なこの章は全體として比較的後世の作である特徴を明示しているし、……こういう修辭的な連鎖の例は後世儒家の文獻には多く見られる」と言っておる(ウェーレ「孔子の論語」一七二注一)。ウェーレは「正名」の觀念は孟子も口にしなかったことに注目し西紀前四世紀後半の特徴であると考えて、この一章も荀子またはその學派の人が後から插入したものかも知れないとしている(ウェーレ「孔子の論語」二一―二)。これは結構ありそうなことで、荀子その人も「正名」と題する素晴らしい論文を書いている(「正名」よりはドゥイヴェンダクの言ってるように「ことばの正しい使い方」と言った方がよいかも知れない)が、子路三で論議されているのは實にこのことばである。しかし、「荀子」の第二十二篇となってるこの「正名篇」には孔子のことや、子路三のことが何ら言及されていないことは、荀子その人が子路三を知らなかったことを示すものと思われる。「詩經」が繰返し證據としてよく引用される所をみれば、こんな立派な證據となる論語の原典があれば引用されないでいる筈はないと思われる。なおまた、荀子自身としては子路三を插入したのではないかという嫌疑から晴れることになると思われるのは、若し荀子がそんなに骨折って插入したならば、その插入したものを引用文に用いないとは何人も豫想しないだろうからである。

しかし、「荀子」第二十二篇には子路三と類似の點がある。刑罰のことが目立って擧げられてるし(「荀子」正名篇)、ドゥイヴェンダクは「荀」という漢字が同じように使われてると言っておる。「荀子」正名篇およびドゥイヴェンダク「荀子の正名論」(「通報」巻二十三、二四五注一)を見よ。しかし、子路三では「荀子」よりも一層刑罰を力説することに專らであり、且つ目立っているから、荀子の書物に照らして見れば、もっと法家的な人がこの論語の一章を書いたように思われる。

法家の書物で正名に觸れてるものが二つある。卽ち商君書の最後の所に子路三とほとんど同じ趣旨の一節があり(「商君書」定分第二十六、九〇)、「韓非子」には「名正しければ物定まる」とある(揚權第六、四二)。これら二つの書物は共に「正名」が逆に「名正」となっている。「韓非子」には今一つ類似點がある。子路三は「子路が曰うに、衞國の君主が先生を待って政治の衝に當らせたらば、先生はまず第一に何をなさいますか」ではじまっているが、歴史にもまた古來の傳說にも孔子を衞の宰相にしたことは無いのに「韓非子」に載ってる逸話には、「孔子が衞の宰相であった時」と書きはじめている。外儲說左下第三十一、三〇二。

子路三がウェーレの言うように、荀子の影響の下に插入されたものとすることは、全然あり得ないこととも思われないが、この哲學者荀子の門人中最も有名な二人が法家であったし、この文章は法家的影響をはっきり示してるように見える。

(四九)　「韓非子」顯學第四十八、五〇一。

(五〇)　この章は述而二八の解釋にも影響を與えた。本書第九章注一三一を見よ。

第十四章「凱　歌」

西紀前二世紀に、漢の皇帝が儒教を公認した。それは儒教が皇帝の權威を支持する學説であったからだと一般に思われているけれども、歴史上の出來事の理由は單純でなく、それにも若干の眞理はあろうが、實は一見反對に見えるかも知れないけれども、次のように立論する方が遙かに事の眞相に近いのである。卽ち儒教が終局の成功を收め得たのは、儒教が庶民の間に好評を博し、その庶民が長い間、公認方を半强制的に君主に迫ったことに負う所大であるということである。

西紀前三世紀後半のシナに於けるが如く、二つの政治上の主義が、かほどに明瞭に相反し、また、かほどにはっきり判定を下されたことは、他にその類例を見ない。一方には孔子の主義があって、彼は政治は人民に(福利のみでなく)滿足を與える能力如何によって判定すべく、また國は冒險的な協同事業であると思っていたから、教育は一般に普及する要があり、政治は全國民の中から選ばれ、而も有能有德な人と一般に認められた人々に委すべきだとしていた。これと相反するのが法家の說で、彼らは何事も君主が指圖し獨裁すべきであると考えていた。人民は何事もわからなくて、ただ服從さえしていればよく、また教育などは受けるべきではなく、ただ法律を恐れていさえすればそれでよいと思っていたのである。韓非子は、「政治のことなど何も知らぬ輩が『君主は民心を收攬しなければならない……』というが、そんなことをすれば、事實人民に命を仰ぐようなこととなる、人民の智慧など役に立つものでなく、彼ら

は赤ん坊みたようなものである」と簡單に述べている。(一)

提出された問題は明瞭で、治績の擧がる爲には、人心收攬の必要ありや否やである。秦の始皇帝はその必要なしとして全體主義的な立場をとったが、さりとて彼が徹底した法家的な哲學を持していたとも思われず、またそもそも法家主義を十分に理解してたかも疑問であり、彼はもっと個人的な動機に動かされていたのである。

始皇帝は十三歳という幼少な時に、發展途上の秦の王位を繼いだが、一少年にとって生《なま》やさしい地位であろう筈はなかった。彼の父は既に亡く、母は、眞否は姑くおいて、曾て高級な賣笑婦であったといわれ、始皇帝の父との結婚以前に他の男と同棲したこともあり、淑德よりは美貌を以て有名な人であった。始皇帝は(勿論母の主張によることであるが)母のその頃の愛人を封ずるに十分な領地を以てし、またかなりの權力をも與えた。(二) 始皇帝二十歳の時、軍を指揮する任務にあった弟が謀反を起こし、その鎭壓にはかなりの流血を見た。(三) その翌年には、母の愛人が反逆を企て軍隊を率いて、輦轂の下、皇帝の親衛隊を攻撃したが、結局失敗に歸した。事の當否は別として、始皇帝は母もこの陰謀の一味であると思ったらしく、(四) 彼が何人も信頼できないと思い込むに至ったのも、不思議は無いのである。これらの經驗と、勿論專制的統御が天性好きなのと相俟って、彼が法家達の思想に好感を抱くようになったのは不可避のことであった。蓋し法家は、君主たるものは何人をも疑い、あらゆる權力を己れの掌中に握って離さないものだと聲明していたからである。

その結果、秦帝國は唯一人に統御せられ、唯一人の功績を十分に利用することができた。敢て皇帝と不同意であったり或は皇帝の不愉快と思うだろうことを言ったりする人は、殺されたらしかったから、彼はそういうことばを耳にすることは無かった。しかし、彼は己れ一人だけを、この大帝國統治にふさわしいものにしようと非常な努力をした。

シナの各所に彼が建てた彼の頌德石碑には、彼が如何にして亂暴で殘忍なものを(「生きながら煮て」)除いたか、如何にして彼の仁慈がすべてのもの(「牛馬にまで」)に及んだか、また、彼が如何に帝國の爲に粉骨碎身したかを書いて今日に傳えている。(五)實際、彼は重要な決定はすべて親らこれに當って、役人達が彼らの創意によって行うことはほとんど許さなかった。政治上のことはすべて細目まで親ら指圖して、その主張を實行し、毎日百ポンド以上の重さの國務關係の書類に目を通し、これを終らなければ就床しなかった程であったといわれている。(六)彼は五十歲で死ぬまで、一向に有難く思わない人民の爲に、文字通り努力勉强の結果その身を死に致したのである。然るにも拘らず、これらのあらゆる盡力が、結局何の役にも立たないことになったのは、人間一人では、如何に才に秀で且つ精勵しても、國家を指導し得るだけの力は無いからである。

しかし、始皇帝は表面的には如何にも成功したかの如く見えるかも知れない。西紀前二二一年に、彼が全シナの征服を全うした時から、二一〇年彼の死ぬまでに、叛亂という程のものは、一つも無かった。次で帝國は一宦官に頭を抑えられた虐弱な少年の治世に瓦解した。とはいえ、始皇帝が若し生きていたとしても、何れは叛亂の勃發を免れ得ない情勢であった。多年戰爭のうち續いたあとに平和が來たので、最初は廣く喜ばれたが、ああいう情勢の下では、どんな平和でも平和でありさえすれば、戰爭よりはましだと思えるものである。その時始皇帝はあらゆる武器を沒收し、叛亂を起こすだけの力ありと思われる人間はすべて首都の近郊へつれて來たのである。(七)然るに、いかにこれらの手段を盡しても、また非常に殘忍な抑壓を加えても完全な平和が確保されるわけにはいかず、隨分大勢が山嶽地帶へ逃げ込んで、法外の人となり、(八)またどこへも行かないで、死刑執行人を恐れ沈默を守っていた人も、日に日に辛苦が增し、孔子の物語の「眞の王者」と對照して彼らの皇帝はえらい違いだと思うに至った。

しかし、始皇帝は、實は徹底した法家でなかったように、全然儒家に反對というのでもなかった。彼は儒家を若干殺したけれども、彼を批判した嫌疑のかかったものは皆これを殺したというだけのことである。しかし彼が自讚石碑の一つを作る前に、その銘文に關して「魯の儒教の學者と相談した」ことがあり、彼の諸銘文を見ると法家的と儒家的との思想や文句が分ち難い程に混合してるのがわかる。銘文には「詩經」や「書經」の辭句を用い、而もその中の一つは論語にまで及んでいる。(九) 始皇帝はすべての種類の學者を呼んで用をさせ、儒教の書物の禁止後でも、彼は死ぬまで儒教の學者を宮廷においていた。(一〇) 彼の憤りが向けられたのは學問としての學問に對してではなく、學問が人民の間に擴まってそこに面倒が起きるかも知れないので、人民の間に擴がる學問に對したのであった。

しかし、儒家は始皇帝にとってはますますうるさい存在となって來た。彼らの中には、とにかくその親族に領地をやらないことで、彼を批判するものが出て來た。この點では、孔子は始皇帝に味方したといっても差支え無い。というのは、封建制を繼續していけば、混亂に陷りがちだということは、全くそれに違いなかったからである。然るにその頃の儒家達は孔先生よりも、ずっと傳説的の心持ちが多かったのである。始皇帝が、恐らくこれにも增して心を用いたことは、彼の全政策を批判するだけの勇氣のある儒家がおって、庶民の間に疑惑と混亂とを誘發することであった。延いてはこれが儒家の書物追放と儒家の教授禁止となったのである。(一一) 儒家の勢力の侮り難いものであったことは、始皇帝の長子が、彼の父に對し孔子の信奉者を迫害することは帝國を不安定にする恐れ無しとしない旨を警告したと傳えられてることからも推論し得るのである。(一二)

この長子は罰として、事實上北方へ追放され、やや暫くして、始皇帝が死んだ時に一宦官と法家李斯とは共謀の上、書面を僞造してこの長子を自殺するに至らしめた。それから虛弱な彼の弟を立てて二世皇帝とした。

叛旗は先ず一農夫陳渉によって擧げられた。以前から多くの人々がやらされたと同様に、陳も勞役の爲徴用されたが、强雨に妨げられて時間通りの出頭が不能となり、陳も、陳の一行の者も、秦の法律によれば死刑に處せられることになっていた。陳は、人間は一度しか死なないから、できるだけ高くこの命を賣ろうではないかと仲間を說得した。一觸卽發の狀態であったから叛亂が起きるのは、何の造作もなく、東方一帶は非常な人氣で、人々は陳渉に味方しようと馳せ參じ、幾くもなくして彼は楚王と稱し得るようになった。

陳渉は一介の農夫に過ぎなかったが、志小ならず且つ拔け目がなかった。彼は自分が指導者として認められることは容易でないことを知っていたから、迷信の利用その他家來の同情を引き得ることは何でもやった。一方、彼には諸靈の加護があることを信ぜしめようと努め、他方殺された始皇帝の長子の大義に贊するものであると聲明した。[一三]この長子は父を批判したからというので、一般には好かれていた上に、忘れてならぬのは彼が儒家達の守護者とされていたことである。陳渉が己れの陣營に孔子八代の直系を顧問として迎えたのも、多分人氣が儒家にあったからであろう。[一四]陳の反旗が一たび飜るや北東部に居た儒家墨家は何れも群をなして馳せ參じたと言われている。[一五]

後世儒教が重んぜられたことを思えば、儒教初期の歴史についてわれわれの知識が甚しく缺如してることは驚くばかりである。「史記」には儒教は孔子の頃から秦の時代までは、北東部卽ち齊魯兩國以外はどこでもほとんど重んぜられていなかったとある。[一六]それにも拘らず儒教の思想は漸次に擴まって富貴の人の間のみに限られなくなった。一例を言えば、今日の江蘇省の北部で非常に卑賤な人(多分農夫かと思われるが)の一人の息子が秦の時代に荀子の一門弟に就いて「詩經」を學んだという話がある。[一七]始皇帝が儒教の書物を追放し、儒教の學者を抑壓したことは、恐らくは儒家の人氣を一層增さしめた結果となり、皇帝の敵は卽ち人民の味方という結論は避け難かったのである。陳渉が、叛亂に參加した多くの儒敎の學者を歡迎したのも、孔子の後裔を彼の政府に於ける「博識の學者」官吏としたのも、恐らくこの理由に出たものであろう。その後久しからずして、秦軍は、農夫出身の王にとっては餘りにも重荷過ぎることが事實に顯れて、彼は殺され、孔子の後裔も彼と死を共にした。(一八)

しかし、革命は前進した。この頃までに、秦の全體主義的政治は混亂に陷りつつあったが、一面比較的民主的な政治の首唱者も既に故人となった。それでも、この二つの主義の爭いは終熄せず、二人の新しい選士がおのおのその主義を支持しようと立上ったのであるが、今度は兩者共に革命家の列に入るべき人であった。

陳渉の死後、實際上の革命指導權は實力のままに項羽へ移っていったが、彼は有名無實な支配權を握ろうとはしなかった。項羽の祖先は代々楚國の將軍でそこに知行所があった。彼は、親ら指揮した戰鬪では一度も敗をとったことは無いと言われた位非常に卓越した將軍であった。彼は極端に横柄であったから、彼の陣營へ入ると、誰ひとり膝行して進まないものはなく、また頭をあげて敢て彼を仰ぎ見るものも無かった。(一九)戰鬪の際に彼が一《ひと》睨みしただけで、最も強い敵の腕を麻痺させ、馬も恐れて逃げ去らざるを得なかったと言われている。(二〇)彼は人殺しが面白くてたまらなかったらしく、實に歴史上最大殺人者の一人である。時には公然と、また時にはこっそりと暗殺し、また降服した兵士(ある時は二十萬と言われてる)を虐殺したこともあり、(二一)またこれという理由も無いのにある地域全部の住民を鏖殺したこともある。稀に見る勇敢忠實を示した人達をも、それが自分に向けられない時は釜ゆでや火あぶりの極刑に處した。(二二)彼は曾て十三歳の少年に論破されて、降服した町の人々を鏖殺することを思い止まったことがある。(二三)その少年は、鏖殺などやれば外の町々を硬化させて、それらの抵抗がひどくなるだけのことだと言ったのであったが、項羽自身でこの結論に達したのかも知れないと思われる。項羽のやったことで高尚なこと、無私なことの記録は皆無である。

項羽は死の直前に「われを亡ぼすものは天である、軍事上の誤りは一つもやったことが無い」と言った。[三四] 彼は戦闘では無敵であったにも拘らず、初めに彼を支持した人々が、なぜ漸次に見捨て去ったかは、彼には到底判らなかったが、彼以外の者にはよくわかってたことで、次の世紀になって、一史家は「最高君主の如く行動するという口實の下、彼は力ずくだけで、天下を征服し、これを統御しようと思った」と書いている。[三五]

比較的民主的な政治の選士として登場したのは、誰一人そういう役柄に仕込まなかった人で、歴史では漢の高祖という名で知られているからその名で呼ぶのが一番便利のようである。彼は農場の小僧で怠け者の上に、傲慢で、斷頭臺上の露と消えるかそれとも九五の位に登るかというたぐいの人間であった。人の上に立つ才能があって數カ村を預かる小役人となった。秦法では死刑を以て處罰すべき「罪」をその意思も無く犯したので、彼は荒野に逃亡して匪賊の首領となったが、革命が起きた時、これに加わって將軍となった。秦が亡ぼされた後は項羽、高祖の兩人は四年以上も戦って、帝國が誰のものになるかをきめようとしたのである。

最初の間は、項羽が優勢で高祖に比して威望遙かに高く、擁する軍隊もずっと多勢で且つ將軍としては到底高祖の及ぶ所ではなかった。然るに、高祖は聰明人に超え、喜んで他人の助言を受けた上に、これを受けたいとさえ切望し、また仲間や庶民の間に、好意を開拓するにはどうしたらばよいかも心得ており、いろいろの方法を講じて、彼こそは人民の味方であると彼らに感じさせようとしたのである。項羽は、彼の行くところ必ず掠奪虐殺を行うに反して、高祖は部下將兵の規律を嚴にし、彼らをして人民を好遇せしめた。高祖は地方を巡回する時必ず人民の長老と會うを常とし、彼らに自分の意圖を説明して自分を支持する地盤を廣く確立した。彼は部下將兵の爲に棺を用意して彼らの遺骸を遺族へ送り返さした。彼は皇帝となった後に「凶荒や飢餓の爲に身賣りした奴隷達」を解放し[二六]、また時々種々の特赦や税金の免除を布告し、また秦の帝王が私用に供していた多くの遊園地區や禁獵地の使用を人民に許した。これらのことは、すべて秦や項羽のやり方とは極端な對照であった。

高祖は曾ては庶民であったに違いなく、またそのことを決して忘れなかったから、それだけに「庶民の友」たる態度にも人を信服せしめ得るものがあった。彼の行儀が故意に粗野なことは教養ある人士の意には戻《もと》ったけれども、彼の臣下の大々多數を喜ばしたことは疑い無かった。彼の役人の一人が、彼の爲に宏大な贅を盡した宮殿を造營した時これを斥けて、「この所、長年に亙って疲勞困憊の叫び聲が世上に喧しいのに……なぜこんな法外な宮殿廣屋を建てたのか」[二七]と言ったことばは眞摯な響きを傳えるように思われる。

高祖は決して何から何まで敬服すべき人ではなかったし、仁慈の心深い人でもなかった。辛辣な政治家で、己れの權力を危くすると思ったものは、情け用捨無く除き兼ねない人ではあったが、聰明であったから、長く權力を保とうとする以上、獨裁專制と見えることなどしてはいられないことをよく辨えていた。彼より前にこういう地位に就いた人達は必ず畏怖心を起こさせるのがその常であったのに、彼は味方をつくろうと努力し、また前の人達は叛逆は、即決刑罰でこれを處理したが、彼は寛大にもそれを避けるか、酌量しようとしたことは一再で無かった[二八]。

この主旨が打ち出されたのは、高祖が秦の都のあたり一帶を征服した時であった。住民達は彼の刀の錆とされるかも知れないと思っていた所(後に項羽にやられた)、高祖はそういう擧には出ず、主立った人々を招集して、何も恐れることは無い旨を告げ、秦の法律を廢止しようとしてると言明した。彼は「父老よ、皆は秦法のためにかなり長い間苦しめられて來た……父老よ、私はただ三章より成る新法典を皆と共に約定しようとしてるだけだ」と言った[二九]。ここで大事なのは、「約定」するということばである。高祖が新たに征服した秦人に對して、法律を定めるとすれば、彼は獨裁でやるとしか期待されなかったのに、そうはしないで彼らと「約定」したのである。征服されたものが、そういう事柄に眞の發言權の無いことは問題では無く、そこに展開された態度が極めて重大な先例を示したことこそ重大である。その後、高祖は項羽との戰いに際して、明らかに宣傳の一手段として、各地區に一人宛、年配、人柄、共に人民の尊敬に値いする人を、役人に選擇せしめて、人民を代表すると共に行政を掌る役人に助言させることとした。こんな次第で政治に關する若干の發言權が人民に與えられたのである。(三〇)

高祖は公然彼の偉業を彼の顧問、大臣および將軍の功に歸し、自分としては人の材能を判斷して、これを用いる能力があるだけだと言い、(三一)皇帝としての權力が確立した後でも相變らず自分自身の思附きでなく、少なくも他人の助言によって行動するというふりをし續けていた。彼が欲しいと思った種類の助言を得ることは恐らく難事ではなかったが、こういうやり方が政治理論に及ぼす影響には根本的なものがあった。その結果として、「日常のきまりきったことは皇帝親ら處理すべきでなく、皇帝は處理する彼の大臣を選任監督する……」という原則が爾來シナの政治の根底となったのである。(三二)高祖直系の繼承者達の治下でもこの原則は、理論的には絶對である君主の權力を實際運用の面で制限した。これが完全に儒教的であること言をまたない。

ダッブスは、「高祖の卽位は、皇帝の權力は制限されて、人民の利益の爲に運用さるべきであり、專制的、絶對的主權という法律上の觀念を超越して、正義に基づかなければならないという儒教の概念の勝利を劃した」と言っている。(三三)ダッブスは、また儒教を輕蔑してた一介の粗野な農夫から身を起こした高祖が、如何にして長い間その影響を受け、漸を追うてその影響を感ぜしめられた儒教の力に從わされたかを示している。(三四)高祖は教育を受けない人の常として、儒家は「本の蟲」じゃないかという嫌疑を若干はどうしても克服できなかったらしい。(三五) しかし、彼の弟で荀子の門弟に就いて學んだ一儒家は彼の最も親近な助言者の一人であったし、彼の一流顧問の中には、より以上に徹底した儒家もいた。彼らは主君を儒教化する爲に、かなり苦勞し、その一人の如きは、その目的で一書を著わし、大いに高祖に嘉《よ》みされた。(三六) 高祖はただ物識りという人には用は無かったから、自分の周圍にはそういう人は一人も止めておかなかったが、彼は儒教的の進言を得ると、その大多數は適當に常識で鹽梅してから、それを施行することとした。彼の興味を引いたものはその施行にあったのである。

項羽との長い戰爭の間に、高祖は、論語や「孟子」を強く想い起こさせるようなことばを使って、彼の敵に對する十字軍だと聲明すべしという進言を受け、これに從って、その宣言には、項羽を「無道」だと斷じた。この方策の結果、彼は彼の擧に從おうとするものを多數集め得たのである。(三七) 高祖の治下に出された他の宣言にも、紛れもない儒教的な香氣が漂っておった。特にその感の深いのは、彼の部下の者共が皇帝となるよう請願した時のことばである。高祖は自分などその任で無いと適當なことばで、その名譽を斷ったが、後に「人民の幸福の爲に」これを受けた。(三八)

儒教にかほどの讓歩をすることが、人氣を博する所以であり、從ってまた政治上賢明な策であると豫てから高祖が思っていなかったならば、萬が一にも彼は儒教に對しかくまで多大の讓歩をしなかったろうと思われる。彼がこういう考えであったこととの明瞭になったのは彼の世嗣の問題が起きた時である。高祖がその后に對して何の愛情をも持たなくなってしまった(この人は後に極めて殘酷な、而も執念深い人間であることを示した)ことは別に驚くに足らず、その上その后の生んだ子が、虚弱ではないかと恐れていたが、果してその通りとなった。彼は相續順位を變更しようとしたけれども、これを思い止まらされたのは、高祖自身が引き附け得なかった儒家達が相續人の味方についたことに起因すること大であったらしい。ダッブスは「こういう次第で、高祖は終に儒教の勢力に屈した」と言っている[三九]。

しかし、これは他の諸哲學が捨てられたという意味では無く、道教はこの頃になると、哲學の面は少なくなって、甚しい迷信の合成物になってしまったのだが、それでも相變らず重んぜられて、漢の初期には一時宮廷で優勢を誇ったこともあった。種々の宗教竝に哲學は寛大に扱われ、法家主義は決して非常に廣い支持を受ける「學派」ではなかったようだが、政治を實際に行う時には相變らずその基盤となることが多かった。かの苛酷で而も多數あった秦法は先に高祖が廢止を聲明したにも拘らず、引續き實施されていたようで、例えば禁制の書物所持に對する法律は彼の死後まで廢止されなかった。

何としても、法家の實際のやりぶりが、行政上では引續き行われるべきことが不可避であったのは、儒家達は、中央集權の大帝國の政治を行った經驗も無くまたその方策も持たなかったからである。職員も實施方法も秦の政治を引繼ぐの外なかったから、その結果行政官吏を動かす哲學は相變らず法家的であった。これは各人が儒家、法家と必ずはっきり分れてたという意味ではなく、儒教の哲學が既にその相手方から少なからず影響を受け始めていたことは先に述べた通りである。

それにも拘らず、儒教の勢力はいろいろの理由から着々として増大した。その一つは儒家の間に宮廷の禮式が保存されていたことで、その爲、かの無骨な農夫高祖も儒家に便《たよ》る必要を感じたのである。それよりも重要な理由は儒家が文獻および古代文化のほとんど一手管理人という立場にあったことで、この爲に儒家は常に若い皇帝の家庭教師となったが、これは彼らの勢力が世代を重ねる毎に、ますます伸張して行きそうなことを保證したことになった。しかし何よりも一番重要な理由は、儒家が、苛酷で獨裁的な統治とは正反對な、比較的穩和で比較的民主的でさえもある政治に味方したことであった。平民は論語とか「韓非子」とかいう書物は知らなかったけれども、彼らとても穏かな政治と斬首との違いや、軽い課税と糊口の道の事實上の沒收との違いはよくわかるし、その上儒教の學者が大勢いて、穏かな政治や輕い税金は、古えの聖人や孔子の方法であり、斬首や糊口の道の沒收は法家や秦のやり方であると平民達に話した。儒家には貧賤な人が多かった爲に、(三〇)却って彼らの言は平民に耳を傾けさせた。

漢家が今までに築いて來た一般庶民の好意が有力であることは、高祖の外戚が帝位を簒奪しようとした時にその眞價を表わした。高祖の死後、太后は漸次その生家の勢力を統合して、遂に不正手段を弄し、その家の一人であるほんの嬰兒を皇帝としたが、大臣達はこの行動を認めようとはしなかった。この場合、問題はかかって皇帝の權力は無制限か、それとも大臣達の同意を得て始めて行うことができるかにあったのである。西紀前一八〇年、太后の死後直ちに、爭いが漢家と太后の家との間に勃發した。爭點は諸軍中の一軍の兵士が誰に忠誠を誓うかにかかったが、二家の中で何れを選ぶかと質されて、彼らは漢家に左袒すると言明した。(三一)大臣達は、そこで、謀反した一族を掃蕩し、高祖の子で生存中の最年長者が都へ來て帝位に卽くことを勸めた。この王子は陰謀ではないかと疑懼したが、彼の家來の一人が何ら恐るるに足らずと言い、その理由を擧げ、「漢朝が興った時には實に秦の苛酷と濫刑を除き、法律命令の數を減じその德と仁とを示した。すべての人は今滿足しておるから、彼らの忠誠心を動搖させ得ない」ことをもその一つに數えた。またその家來は兵士達が漢家に左袒すると聲明したことに注意を喚起し、「たとい大臣達が(漢家に背いて)變革したいと思っても、また平民達をその大臣達が利用しようとしても、彼らはそれを肯んじないだろう……あなたの才德、賢明、仁慈、孝行(これは皆儒教の諸德である)は、至る所知らないものは無い。かようなわけで、大臣達が喜んであなたを皇帝にお迎えしたいとしてる點では天下を擧げての希望と一致している」と言った。かくて彼は

帝位に即いた。文帝である。(四二)

今日までのあらゆるシナの皇帝中で、文帝をば孔子は一番意氣投合すると思うことであろう。こういっても文帝を空論的儒家と言うのではなく、また事實そうではなかった。（孔子もそうではなかった。）しかし、彼の統治の精神は眞實孔子の通りであったようである。ダッブスも書いてるように「文帝は、君主たるものは、その臣民の福利の爲に存在するものだという儒教の説を、全幅の誠意を以て受け入れ、その説を實行に移し、減税して人民の負擔を輕くする半面、彼一身の經費を節約し、また大々的に誇示することを避け……彼はその政治の批判を人民に求め(彼の場合にこの要望は何の表裏ない意味合いだった)、また行政の面で補助してくれる有能な人民を捜し求めた。彼は……甚しく飢饉および物資不足に惱まされ遂には耕地の地租を廢する所までも行った。（まもなく彼の相續者が復活した。）(四三)」彼は官費で飢饉救濟の實際的方策を講じ、また老人の爲に年金制を定めた。彼がこれらの目的の爲に用いた手段の一半は「孟子」に出てる忠言に則ったもので、彼の布告文にその名は擧げて無いけれども「孟子」から引用したものがあった。(四四)彼は政府の奴隷を解放する布告を出し(四五)、また政府或は皇帝を批判するものを處罰する法律を廢止し、こういう法律は君主が「己れの過誤について聞く」ことをできなくさせるからだと言った。彼は手足を切斷する刑罰を廢し、司法行政を大いに取締り、爲に死刑は非常に減少した。(四六)彼は自分の子よりも、自分で探し得る一番才德ある人に王位を讓ろうと眞劍に考慮したようである。(四七)彼はまた遺言書に、彼の爲にする服喪は絶對最小限度に縮減すべしと定めたが、これは人民に迷惑をかけたくなかったのと、重大な失錯に陷ることもなく壽命を終ることのできるのは悲しむべきよりむしろ喜ぶべきだと感じたからであった。(四八)

こんな皇帝は餘りにも申分が無さ過ぎて、事實で無いように見えるが、この描寫が正眞のものである證據はあり餘る程ある。彼が人民の生活を、ある期間、以前に比して(或は以後よりも)我慢し易いものとしたことは疑い無いことで、シナは繁榮となり人口の增加を見た。しかし文帝は儒敎の多くの長所を持ってたとしても、またその短所をも持っていた。孔子は平和論者では無かったが、文帝は適正とは稱し難い位德の力に信をおいてたようで、儒家に對する信頼も絶大であった。文帝は平和論者である上に節約を重んじたから、自然、シナの防衛を衰微するに任せた結果となり、北西の匈奴がこれに乘じてシナ奥地までも激しい侵略を加えるようになった。

文帝は迷信家であったが、これは當時の大多數の儒家と異る所無かったのである。宮廷に在った學者は儒家もあれば、他の哲學の人もあり、彼が世子の家庭敎師に任命したのは、法家であった。(四九) この世子の治世は法家の家庭敎師の煽動もあり、漢になってから一時あったような封建制の變形が、帝國政府に實力の大增進を見たと共に、ほとんど廢止されて重要な要素でなくなった外には、特に注目に値いすることはなかった。しかし、その次の皇帝は、その治世の初めに當って、甚しく儒敎の影響下にあった。これが武帝である。

漢の武帝はシナの全君主中で最も卓越した一人である。彼の治世は、儒敎の歷史上目立って重要であり、彼が儒敎を國家で公認したことは、コンスタンチンが基督敎を支持したのに比肩される。彼は文學に造詣深く、(五〇) 彼の勅令には儒敎の香りがはっきり感ぜられ、庶民に對する關心を繰返し語って、禮樂および學問の研究の大切なことを力說し、「易經」および論語から章句を引用した。(五一) 彼の治世は、古代文獻、別けても儒敎古典の再發見の爲にその名を馳せたのである。

武帝は卽位の年に、諸〻の地位に推薦された學者の中から法家の說を學んだものは除外さるべき旨を提案した建議(五二) 書を承認し、儒敎の五經それぞれに「博士」という官吏としての地位をつくり、宮廷に於ける學問を解明する役人であるこれら學者の門弟五十人銘々に生活費を支給した。このことは帝國大學の礎石を置いたことになり、時の經つにつれて政府の下級官吏多數がここから生まれ、この爲當然に儒教が漸を追うて政治に滲透することとなった。武帝は繰返し試驗を行って學識あるものを政府に引き入れ、孔子の後裔二人にも官職を與えた。彼はまた、曾ては豚飼いであったが、春秋の學に造詣が深かった爲にその名を揚げた人を政治上最高の地位に任命した。從って多數の學者が武帝の世を、儒教に凱歌の揚がった時代としたのも何ら不思議はない。

彼の治世はその上中央集權的、專制的、權力主義的な點では、秦の時代以來シナを風靡してたものに比して遙かにその度を超えていた。武帝は、皇帝たるものが、大臣達の助言に大いに便るような弛緩した政治が前から行われていたのを嫌って、彼は自分でしっかり政權を掌握することとした。この政治的伸展が、恰も儒教が公然保護されるようになったのと時を同じくした爲に、最も批判的な若干の人々をはじめ大多數の研究者が、皇帝は獨裁的な政治をなすべきであるという理論が儒教の説であると考え、今なおそう思ってるものもいる。現に、武帝の宮廷の一高官(この人は儒家ではなかった)は、儒家の説によれば「皇帝が調子を整えて、大臣はこれに合わせる、皇帝が先ず行って、大臣がこれに從う」と言った。(三三)

漢の武帝の時以來、多數の儒家がしばしば今述べた通りであったから、溯って初期儒教も同樣であったと曲解され、延いては孔子その人の思想もそうだと誤解されたのである。武帝の政治はかように儒教は勿論孔子自身を解する上にも實に顯著な一役を演じたのであるから、武帝の時代に、現實に起きたことは餘程注意して調査する必要がある。

武帝は、即位の時、十五歳であった。その時の主たる大臣達は儒家で、既に任官するよう推薦を受けていた二三の法家その他の學者を彼が斥けたのも儒家の勢力が然らしめたのであった。これらの大臣達は、ある老儒を宮廷に招いて、武帝が政治のやり方について進言を求めた所、この老學者はひねくれ者であり、前に皇帝の親族に嚴罰に處せられた(多分去勢されたのであろう)こともあったので、彼は素っ氣なく、政治は實行の問題でことばの問題ではないと答えた。この少年君主はその頃、文學の研究に熱心であったから、腹を立てたが、この老齢の客人は鄭重に遇した。(五四)それから少し經って、儒家の一羣は、道家であった太皇太后の爲に權力の座から追われた。その後、殊に、太皇太后の死後には、儒家で高い地位に復歸したものもあったけれども、武帝その人の儒教に對する熱意は既に冷めてしまっていた。

この變化には宮廷の陰謀などを遙かに超えた根本的な理由があった。儒教は豫てから君主のなすべきことは、人民の繁榮と幸福とを持ち來たすことで、若し君主がこれをしなければ、その位に在る資格は無いという說の爲に終始戰って來たのである。この說は革命家にとっては大いに役立つもので、現に漢王朝の創始者もそう思っていたが、その同じ理由が、既に基礎が確固となった王者にとっては却って危險なものとなり、殊に君主が專制政治を行いたいと思う時には一層その感が深いこととなる。武帝の父の世に宮廷で曾て一人の道家が古えの聖王とか王朝の創始者とかで儒家に褒められた人達は、實は不逞な大逆犯人に外ならないと論じた所、一人の儒家が「それならば漢朝の創始者はどういうことになるか」と尋ねたに對し景帝は討論を中止させ、この問題を避けない學者は長生きはできなかろう」と強くその意のある所をほのめかした。同時代の歷史家は「この時以後、敢てこの問題を論ずる學者は無くなった」と書いている。この率直な學者は武帝にも推擧されたに拘らず、武帝の朝では何ら引立てられなかったが、これは無意味なことではないようである。(五五)

儒教の偉大な教師――孔子、孟子および荀子はすべて君主が政治を行うには有德有能な大臣に任せるべきであり、その大臣は第一の忠誠を君主に對してでは無く、原理卽ち「道」に誓うということをはっきり述べており、若し君主の行爲が間違っておれば、大臣は君主に反抗すべきが當然であると皆言明しているのである。[五六] 武帝はますます我儘や暴戾を發揮して來、儒家の説が氣に入らなくなったのは、こういう氣象の人には當然な話であった。

それでも、儒家に實際行政上の手腕があったならば、これらのことも若干寬恕されたかも知れないけれども、彼らには概ねそれが缺如していたのである。儒家は、孔子がそれはよくないと、はっきり警めた純文學的研究に沒頭する危地に陷りかけていたし、[五七] また多くの儒家が道教の形而上學に深くかぶれた爲に、政治の術をば魔術を實地に應用する廣大な一學説と考えるようになったようである。彼らの敵は、固より、時には味方さえもが儒家は偏狹な衒學者で、大帝國を切り廻して行くだけの實地訓練もしてなければ、實務の把握もしていないのがその特徵だとした。[五八] 儒家は、蠻人が邊境に迫っているその現實の危險を輕視し、武帝の强力な軍事的方策を目して、シナを不必要に疲弊せしめる全くの帝國主義として非難した。彼らはシナの皇帝が蠻人らにまでも及ぶ德を弘め恩惠を施しさえすれば、蠻人らは自發的に降伏して來ると主張した。[五九]

武帝にとって儒家が邪魔になって來たのは、丁度秦の始皇帝の場合と同じであった。しかし、武帝はかの全體主義的な先輩の經驗に徵すれば、儒家を壓迫し、處刑した結果は、ただ己れの王朝を亡ぼすのに儒家を參加させることに終ったことも十分よく心得ていた。武帝の策略は限り無くより巧妙で、より效果的であった。

この策略は、春秋研究家としてその名を馳せていた儒敎の學者董仲舒を武帝がどう扱ったかに關連して明瞭に現われている。武帝以前の皇帝の治世に、學者は全帝國から推擧され、時には試驗の行われる制度が發達し、武帝の治世の初期に董仲舒は、皇帝に推擧されその試驗を受けた數百人の學者の一人で、その試問とこれに對する董の答申は今日まで殘存しておるのである。

武帝は、どうしたらば善政を行い得るかという問題に心を集中して頗る刻苦したが、歴史の經過を調べてみれば、崇高な古代を手本に眞似しようと、眞面目に且つ細心に努力した所で、結局何にもならないのではないかとの疑念を抱くようになったと口を切って、こういう問題について、集まった學者が、何事も腹藏無くよい智慧を貸して貰いたいものだと言った。(六〇)

董仲舒はこれに答えて、「春秋」を參考として統治の方法を發見したと告げ、自然現象を觀察しそれからその類例を「春秋」の中で探しさえすればそれでよいので、政治が惡ければ天が君主に警告を發する意味で洪水、飢饉または日蝕というような天災を降すのであると說いた。彼はその上「春秋」には政治哲學に關する深遠な教訓があると主張しその一例として「春王の正月」の一句を引いたのである。董は、こんな地口によって、これらのことばに深い意味を讀みとっていたのである。(六一)

董はまた、漢になってもなお秦の法家主義の害毒が根強く殘存してると言って、政治をひどく批判して、次の如く言った。「先王の立派な教訓を用いる役人を去らしめて、刑法を用いる役人の手に人民を治めることを擧げて委ねようとする現在のやり方——これは全く刑罰にたよるものではないか。孔子は『豫め教育も施さないで、人を死に致すのは殘酷というものだ』と言ってる」(六二)と。董はこの批判を緩和する爲に皇帝の德を讃えたけれども、その德も適當な教育が無ければ、その效果は薄くなるものだと言って、彼はこの目的の爲に、國立大學の設置と政治の根本的改革を要望した。

武帝はこの試問によって得た答申については餘り喜ばず、その批判を草した。事實、學者達の尊敬する古えの君主は政治の方法をいろいろ用いたもので、或は活潑なのもあり、或は緩慢なのもあり、或は嚴刑を以て臨み、或は牢獄を全然空っぽにし、これらは人を混亂せしめると武帝は言うのである。彼はまた學者の答申書は大して裨益する所が無いのは、彼らは學識はあるけれども、その提案は、「これを現下の實狀に照らしてみると實行困難なものばかりである」と言って、今一度やり直すことを要望した。(六三)

これに對しても董は同じ調子で答え、聖王の間に相違のあるのは、むしろ表面そう見えるだけのことで、眞實違うのではないと言明した。彼は人民の爲に、大學を設置して學者を衣食せしめることを再び主張した。なお、彼は優秀な官吏を昇進させる爲に功績制度を立てることをも提案した。皇帝は今度の答えにもまた不滿で、學者達は古代についての造詣の深いことを示したが、現狀については何故にかくも混迷するのだろうかと反問して今一度彼の爲にさらに筆を執ることを望んだ。(六四)

そこで董仲舒は古今の間に本質的の相違は無いという彼の主張を繰返した上に、政治のやり方について第二の攻擊を加え、法律による壓制的行政を批難し、皇帝の寵臣が貿易に從事して富を成しつつある一面、人民の膏血を絞りつつある旨言明し、最後に儒教の教え以外のものはすべて差止められるよう要望した。(六五)

こんな批判に對しては、秦の始皇帝ならば董仲舒を生きながら坑に埋めたであろうが、武帝は、これ程卓越した儒家に對しては、殉教者とすること以上の妙案を心得ており、殉教者にしないで、高官に任命したのである。但し、それがどんな官職であったかは聞いてみなければならない。

武帝の一人の兄は南東にある屬國を治めていた。この人は好戰的で、傲慢で、亂暴者で、自分の周圍に刺客を擁し、皇帝にとっては何か苦勞の種といったような人物であった。武帝は董を派してこの人の大臣とした。(六六)武帝は威張りたがる兄の所へ、この學問をひけらかすお說教好きの人を送ることは、またと無い惡戲《いたずら》だと考えたに違いない。おまけに、このたぐいの王が、氣に入らない大臣を殺すことは珍らしいことでは無かったから、武帝は恐らく二度と再び董の顏を見ないようになることを望んでいたでもあろう。そうだとしたらば、武帝は誤算をしたのである。なぜなら、董はこの獅子を手なずけて見事にその地位を保ったからである。(六七)その後に、武帝は董の敵の一人に焚附けられて、武帝の今一人の兄弟でもっと猛烈な王の宮廷へ董を任命した。この度は、暫くしてこの學者はその職を辭して身を全うし、その後は家居し、隱退した學者として餘生を送った。時おり武帝は使者を送って國事に關する彼の意見を徵しはしたが、(六八)この皇帝が彼の進言に從ってしばしば行動したかどうかは疑いの存する所である。

こんな風にして、武帝は董仲舒の强情に一度もひどく惱まされること無しに、彼を殉教者にすることを避け得たばかりで無く、この高名な學者の後援者であるとの好評をさえ博し得たのである。現に皇帝は曾て董仲舒が所謂「下愚の」書を書いた爲に死刑の宣告を受けたあとで彼を赦して寛大にも「その命を救った」ことがあった。(六九)

武帝のやった試驗で今一つ傳わっているのがある。これから推して彼がどんな儒家を好んだかがよくわかると思うが、それは公孫弘の試驗である。彼は若い時は獄吏であったが、何かの過失の爲にその地位を失って豚飼いとなった。四十代になって「春秋」を學び六十を超えてから推擧されて官途に就いた。彼は武帝の意のままにならないだけの勇氣があって免職になったが、西紀前一三〇年に再び推擧されて試驗を受けることとなった。

この試驗で武帝は問題を出すのに儒教の辭句は用いたけれども、學者達に非儒教的な思想を表明する端緒を與えようとしていたらしく、古聖王の治下でも災害は起きたが、これはどういうわけかとか、どうしたらば仁義禮智というような儒教の諸德が現實に行われるようになるだろうかとか、聞いた。(七〇)

公孫弘の答申は、まず誠の必要を強調して正當儒教風に筆を起こし、それから政治の八原則を列擧した。その最後の二つ、賞と罰とは法家の主眼とする點で、これから先の彼の論文は讀むものに法家の論文とほとんど異る所無きを感ぜしめたのである。公孫弘は儒教的よりも遙かに法家的な言葉使いで儒教の四德全部を敍述したが、彼の用いた用語の多くは「韓非子」からそのままとったものであった。本當に政治を行おうと思えば、主權者は法律を公布して「術」(法家の語)を用いる要がある。主權者は「人の生死を左右する把手はすべてこれを獨占しなければならない」(「韓非子」八經第四十六の一節を換言したもの(七一))し、また政治上の權力は自ら掌握して放してはならないというのであった。

答案に等級を附ける役人が、ほんの僅か面《おもて》を蔽うているだけのこの法家主義の一篇を見て怪しからぬと憤慨したことは疑うべくも無く、百餘篇の答案を皇帝の手許へ廻す前に等級を附け、公孫弘のを最下のものとした。然るに武帝はこれを嘉みして最上の所へ持っていったのである(七二)。これは驚くに足らないことで、武帝は實際には法家の諸術をますます用いつつあったし、また早くも彼が董仲舒を試問した時既に韓非子についての知識を示したようである(七三)。數年後に勅令を發した時には、武帝は李斯の建議書と「韓非子」とから引用したが、何れもその出典には觸れなかった(七四)。武帝自ら法家だと公言することは策のよろしきを得たもので無かったろうしまた非常に拔け目の無い人であったから、出所などは言わなかったのである。しかし、彼が內々その方へますます傾いていったことは疑うべくも無いようである。武帝が自分の意見を胸中に祕めて他に洩らさなかったとしても、それはただ「韓非子」の「君主たるものは自分の考えを明かしてはならない。……聞かねばならないが、聞かれてはならない。知らねばならないが、知られてはならない」という訓戒に從ったに過ぎないのである(七五)。

武帝が曾ての獄吏であった公孫弘を好んだのは、彼が實は相當の法家であったからであるが、(七六)名義上は儒家で通っている所に彼の値打があると思っていた。史家司馬遷その人も武帝の朝で官吏であったから、明白《あからさま》な言い方で、皇帝に公孫が非常に氣に入ってたのは、彼が「法律や官廳事務を行う際に、これを粉飾するのに儒敎の說を利用し得た」からだと言っている。(七七)またエスン・エム・ゲールは、漢初の皇帝特に武帝のことを書いてる中で「國家の實際の行政方策としては、彼らは秦の法家的政治家のやって呪われた政策に逆戾りして」るのに、威信を保つ爲に「彼らは儒敎を遵奉してるという表正面を建てた」のだと言っている。(七八)

こういう僞りの正面を建てる材料としては、公孫弘のような單に名ばかりの儒家は、打って附けであった。武帝の帝國主義的發展の厖大な計畫に反對する一點では、彼も主張を曲げず、ある時には武帝を讓步させたこともあったが、(七九)兩者の意見が合致しない時には、大抵の場合武帝は公孫の意見を無視するだけのことであった。また公孫としては、こういう不一致を示さないように注意し、決して公然皇帝と爭わないように心を配った。――かような次第で、憲問二三の孔子の訓戒とは正反對であった。

司馬遷は多分公孫弘と知合いであったと思われるが、彼を「邪推深く、外面は鷹揚であるが內心たくらみを持ち」自分と氣の合わない人とも仲よく裝って結局仇《かたき》を取る人だと言っている。(八〇)董仲舒のような眞直な儒者達は彼を「おべっか」と呼んだし、ある學者が公孫弘を佞人だと公然非議したことからその學者が大人氣を博しはじめたという記錄もあるのである。(八一)しかし彼の行狀は小心翼々として間違った所が無かった。彼は親孝行の爲には人目を惹くようなことをし、暮しぶりは極めてつつましく、學者や友人を援助する爲に俸給の大半を費した爲に、賞讚を博していたのである。(八二)

武帝は公孫弘を頻りに昇進させ、僅か数年の間に、彼は政府最高の地位に就き、その上封ぜられて侯爵となった。かように多數の中から一人だけが前代未聞と思われるような拔擢を受けたことは、學者全體に深い影響を及ぼした。それから董仲舒が成し得なかった皇帝をして大學を建設せしめることにも公孫弘は成功し、この爲、なお五十人の儒家に衣食の途を開いたことになった。[八三] 明らかに、漢帝國政府に協力的であることは、「賢明な」儒家には有利なことであった。

公孫弘は引續き宰相として（彼の周圍の首領株は皆仆れてしまった）終に天壽を全うしたに拘らず、政治上これはということに貢獻したことを示すものとては無い。それどころか、明らかに、彼は便利な所謂「儒家」で、武帝の獨裁的親政の表看板であったのである。[八四] それでも、武帝を助けて、計畫の作成や實施に當った人達がいなかったわけではないが、それらの人々は必ずしも最高の地位に就いたとは限らなかったようである。武帝が本當に耳を傾けた助言者は財政とか、刑法とか、軍事とか——卽ち實際皇帝の利害に關する事情に通曉した人々であった。少なくもその一人である桑弘羊は公然法家と名乘って、秦の始皇帝を崇拜し、儒家のみで無く、孔子その人さえも侮蔑していたようである。[八五]

こういった役人達に助けられて、武帝は帝國主義的侵略、全體主義的經濟編制、および法家主義的人民抑壓というような制度を進めていった。彼の軍事上の方策も、最初は未開人の脅威で名分も立ったが、擴大後は虛榮を誇る功名漁《あさ》りに墮した。これらの爲に國帑は涸渇し、收入の增加を圖って鹽、鐵のような生活必需品に政府の專賣制を布き、通貨はその品位を落したのである。所謂「規律」を保持する爲に、法律および刑罰は增大したが、その爲に多額の罰金と、新たにできた多數の奴隷とが政府のものとなって、これがまた國庫の助けともなった。役人達はかなりきまって命を落すことがひどかった爲に、その地位を望むものが無くなってしまった。爲に、一つの制度が生まれて、誰かがある地位に任命されたとしても、それを免除して貰おうとすれば金を政府に拂いさえすればその怪しげな名譽を負わないで濟むことになった。（六六）國家には權力と榮譽とを持ち來たしたが、これらの方策は人民にとっては、悲慘と壓制とを意味したのに、これを批判すれば、如何なるものも政策の「妨害」として極めて苛酷な刑罰を課せられたのである。（六七）武帝の治世は長かったが、その終り頃には、不平が勃發して混亂となり、而もそれが孔子の鄕里に近いシナ中で一番儒教的な地方に起きたことは、人の興味を引くに足ることで、鎭壓はされたが處刑されたものは數千を數えた。（六八）

それでも、武帝が若しも秦の始皇帝のように力にのみ頼って輿論に注意しなかったならば、その權力を保持し得たかは疑わしいけれども、武帝はそんな人では無かった。大いに仁慈らしく見せかけ、また己れ自身の權力を増大するつもりでやってる行爲を、いかにも他人の爲にする動機から出たものの如く主張した。（六九）一般的な憤慨を帳消しさせようとして打った手で、恐らく一番如才無かったと思われるのは、多數の儒家を官吏とし、または學者として助成し、これに米鹽の資を給する擧に出たことである。秦の始皇帝は儒家を生きながら坑《あな》にしたが、武帝は糖蜜で儒家に口止めをしたのである。

これが儒教に及ぼした影響は相當甚大なものがあり、この時以來、儒教の古典研究者は急激にその數を増し、漢の一史家は「これが、今では富貴を得る道になったのだから、その方へ行く人の多くなったのは疑い無いことだ」と割切った批評をしている。（七〇）どんなことでも、こういう理由で人々が新しく參加して來ることは、非常に望ましいこととは言えないけれども、そんな次第でそれだけ當局としては穩かに儒家の多數を「安全な」研究と意見の方へ向け替えて、その頃までに儒教の特色となっていた、社會的および政治的狀態に關する「危險」な批判から手を引かせることをば、ずっと容易にやることができたのである。武帝が公孫弘の答案を第一位に持っていった行爲は、妥當な意見を持っていれば、どれ位立派に、またどんな風に報いられるかを當局として鮮明に例示したものである。古代の書物の研究は、儒教の内部では既にかなり緒についていたが、これに集中することは比較的無害な仕事であるから、政府は試驗に際して文獻に重きをおくことによって、これを奬勵した。シャヴァンヌは、「シナ人がすべての智慧に關する原理を古典的な書物に求めようとする傾向が現われはじめた」のは、武帝の時からであると書いている。[九二]

儒教の古典以外の書物を研究した學者は官吏登用に優先し得ないことにしたけれども、これは儒教の純粋を維持する効果は無かったどころではなく、全く正反對の結果を招いた。即ちその結果大多數の研究者はその人達の眞の目的は他に存したのに、職業的には儒家とさせ、而も儒教を解するのに、彼らの根底をなしてる道教的、法家的或はその他の哲學を以てすることになった。しかし結果はこれだけに止まらず、胡適の言うが如く、武帝の時に發達した儒教なるものは、實は、既に「一大綜合宗教とされてしまって、その中に一般的な迷信や國家崇拜やの要素がすべて溶け込んでおったが、……それをば尊敬すべくまた權威あるものの如く見せる爲に儒教または儒教以前の古典の衣をかりて薄いながらにそれで包んだのである。」しかし「この儒教なるものは孔子が教えたり孟子が哲學したりした……所のものとは全然別のものであった。[九三]」

この胡適の言は正に眞實で疑いを挾む餘地は無いが、同時にまた漢時代に於ける孔子の概念が、今日なおわれわれの間に存する孔子その人の概念に大影響を與えてることも眞實である。實に武帝の時代は、ほとんど不透明と言って差支えない遮蔽物をば、われわれと、孔子を有りのまま理解することとの間へ差し込んでわからせなくしてしまったのである。孔子の生まれた時に龍とか聖靈とかが天上で舞ったとするような類いの超自然的なことのはいってる物語が、非常に發達したことなどは、ここで頓着する必要はない。それらの事柄自體が不信を招くのである。然るに漢時代にできた書物に見られる孔子に關する物語で、その實同様に信用し難いものが他にもあり、しかもそれは今日なお受け入れられているのである。ここでは例としてただ二つの書物「史記」と「禮記」とを考察することとしよう。

「禮記」は古典中でも最も大部なものの一つで、儀式の慣例卽ち「禮」を主として論じた論文集である。漢の一儒家の編纂になるものだが、それよりやや以前の文書も二三その中にあることは疑い無いことである。中には孔子とほとんど同時代位にできたものもあることにしようといろいろの企てもあった爲に、一般に「禮記」の數篇が孔子を理解する爲の基本的資料と考えられるようになった。しかし、調べてみれば、これら資料の最上のものでもとにかく重大な疑點を持つ位に後世の編纂または插入にかかるものである。中庸と稱する「禮記」の一篇には後世の法家の思想が見られることは既に述べたし、外にもこの書物は少なくも大部分は後世できたものだとする學者の意見と一致せざるを得ない理由が存するのである。[九三] 宋以來、この中庸は論語、「孟子」および大學と呼ばれる「禮記」の他の一篇と共に尊重せられ四書の一とされたが、その大學もまた甚だ古く編纂されたと信ずる理由は無いようである。[九四]

「禮記」の他の諸篇で、孔子のことを傳えてるものもあるが、これとても、大いに信頼するに足ると思わせるものは無い。中には、恐らく眞正な傳説に基づくものもあろうけれども、かなり大勢の人の手を經たものだから、今日の形となっては如何わしいものとなっているのである。その外、紛れもない僞作たること歴然たるものがある。[九五] 檀弓という長篇の如きは、しばしば孔子に關する資料として用いられ、中には多少とも確實な材料があるには違い無かろうが、信用し難いことがかなり多く含まれてるこの一篇は信頼し難いのである。終焉前數日の孔子の行動は檀弓篇に書かれてあるのによれば、不平たらたらな、主我的な、迷信的な老人の仕種《しぐさ》で、論語の中のそれと比すべき數章とはこの上なくひどい對照である。(九六) 檀弓を見れば、孔子は漢時代の儒家の君主が貴族の禮に従って行動してるようになってるが、ここではまた彼の行動が、論語に見られることと撞着してることは、シナの批評家が注意を喚起した通りである。(九七)

「禮記」の諸篇に見られる孔子は、魯に生活してた人間ではないようなところも少なくなく、むしろ數世紀間の傳説に磨きあげられた聖人で、今や孔子物語の主人公とされてしまっている。從ってこの孔子は月竝の漢の儒家がやるべきようにやることは勿論で、先には道教に改宗させられ、それからまた法家主義に改宗させられたが、今ここでは漢代儒教に改宗させられているのである。

この漢時代の孔子についての概念をこの人の眞實として、實際そうであったようにした書物の中では、「史記」第四十七となってる孔子の傳記以上に與って力あるものはない。この傳記には缺點はあるけれども、孔子の一生について、今日一般に理解する基礎となったものであることは、(九八) シナ竝に西洋の研究者の大多數の一致する所である。それだけの力のあることは當然であって、この傳記は、孔子一生の出來事を年代順に整えようと企畫された嚆矢であり、今日なお唯一つの一流のものたるを失わないのである。「史記」は司馬談およびその子司馬遷の書いたもので、二人とも武帝の朝に仕えた人である。「史記」はシナ最初の大歴史書で、「シナの教育課程では古典に次ぐ地位を常に失わなかった」のも故なしとしないのである。(九九)「史記」の列傳中には文學としても秀で、由って來た動機を立證し、人物を描寫し、また出來事を興味深く語って、男も女も紙上に躍如たらしめてる數篇がある。

これらとは打って代って、孔子の傳記は仕事が杜撰で、何が動機となってるかもわからず、また孔子としての一貫した性格の發展もほとんど見られない。これは、實は儒教、道教および法家主義の材料から掻き集め、年代順と稱するものに一緒に投げ込んだ一連の出來事から成立っており、これに對する批評や調和は無いに等しく、その結果、孔子は傀儡のように話の中を通り過ぎて時代錯誤は例外どころかほとんど通則になってしまっている。孔子はずっと以前に(ある場合には百年も前に)實際は死んだ人と話をしたように書かれている[一〇〇]かと思えば、また孔子の最初の門弟だと稱する二人が、ある時孔子に就いて勉强したらばどうかといわれたことがあると書かれているが、その「ある時」には事實彼らは二人とも生まれていないのである。[一〇一]「史記」の著者は話の中で孔子がどこにいるのか記憶できなかったようで、孔子がある國を去ったと言いながら、相變らずその國での彼の行動を語り、その後突如として外の國での彼の行動を語っても、その國へ移ったことは一向に書かれて無いこともあったりしてる。[一〇二]年代も「史記」の他の章に出てるのとしばしば違うことも、多くの學者の氣附いた所である。[一〇三]

この傳記は不合理だらけである。ある軍部大臣は孔子を殺したくて、聖人が樹の下で教授していたその樹を伐り仆すという奇妙な方法を用いたが、そんなことをしてる間に、孔子は造作もなくぶらぶら歩いて逃げるだけのことで、その計畫は失敗に歸したのである。[一〇四]すべてがこんな風だとしても、この傳記が孔子という人物を一貫して、信頼できるように描き表わし、また、論語や「孟子」のような古代の書物と合理的に一致するようであったらば多少受け入れられる傳記となったであろうが、そうでは無く、「史記」に書かれてる孔子は千里眼を備えた聖人で、超自然的のことを長々と論ずる人で、論語と正反對であることは、論をまたない。[一〇五]

この傳記に載ってる話の大部分は、他の書物から撰びとったものには違いないが、尊敬すべき人物としての孔子の人格を、微妙に而もほとんど氣のつかぬように、傷ける意味合になるよう繼ぎ合わせたという感を禁じ難いのである。齒に衣着せないで言えば孔子はうそつきであったと書かれてある。二度までも彼は軍事について何の知る所も無いと言ったことを引用したその二つの文章の間に、彼の門弟冉求は孔子から戦術を教わったと言ったのを引いてある。(一〇六)またある場合に、孔子は盟約を結ぶや否や非道にもこれを破棄したように書き表わされまた子貢がこれを憤慨して抗議した時、孔子は「あの盟約は強迫の下に締結されたものだから、諸神霊も氣にかけないだろう」と答えたと言われている。(一〇七)この出來事が史實に合わないことは既に證明濟みである。(一〇八)

孔子に對して表面には出て無いが斷乎たる敵意を示してることがこの傳記に少なくないことは、論語から引用する文章の選擇の上にも甚だ明瞭に表われている。引用文は多數に達し鄕黨二の「その席が正しくなければそこへは坐らない」という金玉の文字(一〇九)もはいっているが、二千五百年の長きに亙って孔子に對し愛慕の念を抱かせた暖い、眞面目な、人間味のある章句を探してもそれは徒勞で、ほとんど見當らないのである。

何故にこの傳記はかようにひどいのであろうか。錢穆は後人の手による原文の變更または原文への插入に由るものとしてこの缺點を説明せんとしてる。(一一〇)原文が濫りに變更されたことは疑い無いけれども、(一一一)さりとて立派な傳記の片鱗だに止めていないことを説明するには足りないようである。崔述はこのことについては隨分強く、この傳記は十中七八は中傷であるとしてるが、(一一二)確かに大部分は孔子を誹謗しているのである。これは一體なぜであろうか。

「史記」の著者は二人とも武帝の朝に官仕した人で、父の司馬談は道家で、その儒教に關する鋭い批判は「史記」の中の一論文として今日に傳わっている。(一一三)子の司馬遷が道家であったか否かは學者間に意見の一致をみないけれども、資料によれば少なくもその方向への傾きを持ってたらしく思われる。(一一四)「史記」のどの部分が父の筆、子の筆とはっきり分ける途は無さそうである爲、批評家は自分の立論に都合のよいように資料を選び得るのである。

この孔子の傳記を書くのに主として當ったのが父か子かをきめることも不可能らしいが、(一一五)大いに道教の書物に便《たよ》り、また道教の思想を多分に盛り込んでいることは明瞭である。この傳記には孔子が道教の聖人たる老子を捜し求めて教えを受けたと記されてあるが、これは史實では無く、道教の書「莊子」の一部を書いた人が、儒家に對抗させようと、道家の權威を増大させる爲に、最初に發明したもののようである。(一六)

しかし、ひょっとしたらば、道教に傾いてる以上に、何かが、この傳記を書くことの背後に横たわっていたかも知れないと思われる。「史記」の著者は二人共武帝の朝に仕えた官吏であり、二人共に毅然として己れの主張を守る型の儒教の學者を尊敬すると同時に暴戻な主人の機嫌をとるに汲々たる人を「史記」では「阿諛する儒家」と呼んで輕蔑したこと甚だ明らかである。(一七)既に述べたように、「史記」はこの上ない權力者まで出世した追従「儒家」の公孫弘を最も明瞭な言辭を使って非難し、彼が宰相となってからは、人民を壓迫することは、ますますひどくなる一方で、法律の適用はいよいよ嚴重の度を増したと言っている。「恰もこの頃皇帝は有能、有德、有識の人々を宮廷に召して光榮を與えたことがあり、公爵や大臣や高官になったものもあった。公孫弘は國務顧問の職にあったにも拘らず、帝國に範を示すというわけで木綿の掛布團一枚、毎食一品という生活をしていた。」この歴史家は冷笑的に批評して「こういう生活ぶりをしても、これは何も道義改善にはならなかった上に、人々の權益を得ようと爭うことはますます激甚となった」と言っている。(一八)

一概に「史記」は主として武帝の政治を非難する爲に書かれたと言われているが、(一九)それは危い勝負で、現に司馬遷は皇帝の行爲の一つを勇敢にも批評した爲に去勢の宣告を受けて、思い知ったのである。公孫弘のような執念深い所謂「儒家」が權力を握っている時には、シナの一般歴史で孔子のことを書かないことは不可能でもあったろうし、また孔子を公然批判することはこの上も無い不賢明なことであったろう。著者としては、その實陰險に、而も有效に孔子を嫌悪しながら表面に聖人を賞讃する途をとる外無かったようである。著者は孔子を事實、武帝の宮廷に羣がっていた類いの口先だけの僞善的「儒家」として描いたが、かように描寫した所で、當時のこういう手合達が何ら非難すべきことは無いと著者はさとくも見てとっていたことは一點の疑いも無いのである。

司馬遷が、孔子の傳記を、本來は「あの名譽ある高い場所」に掲げるべきで無いのに、世襲貴族の世家篇の間に伍せしめた所をみれば、孔子を尊敬してたに違いないとシャヴァンヌは主張しているが[二〇]、シャヴァンヌその人が「史記」を諷刺の書と言っているから、これは恐らく冗談の妙を極めたものであろう[二一]。

この傳記が注意深く面《おもて》を覆った一篇の諷刺文として書かれたという假定は、司馬遷の孔子觀の書きはじめの文章を飜譯するのにシャヴァンヌ自身が困惑したことで立證された。一八九五年にシャヴァンヌは一つの譯を公けにし、それでは熱烈な讃辭と解したが、十年後にその同一文章の飜譯を改め、かすかに賞讃しながら惡罵するものとした[二二]。以上がこの傳記の有りのままの姿で、少數の反對意見はあるにも拘らず、これが二千年間孔子の決定的な記述として通ってきたのである。

漢の武帝の治下で儒教が遭遇した事柄は後世までその影響を及ぼした。それ以後、多少の浮沈はあったが、儒教は引續いて政府から助成金を受け、而も時に豐富に過ぎる位であった。自ら儒家と稱する人達の大多數は政治上勢力ある人々の望む所に、多少共副うようになることは避け難く、儒教は時には人民統御の道具に使われまた甚しきは人民抑壓の爲にも使われるようになった。政府が學問の爲に助成金を出すことは、どの時代でも思想を標準化する傾向を生じて不幸な結果をみることが多かった。

公けにも認められた上に一般世上にも受け入れられた孔子の概念は、眞實からはかなり遠いものであったが、さりとて、これを規制することも困難であった。と言うのは、あらゆる學者が論語は研究してるし、あらゆる時代に、重箱の隅をほじくる式の注釋や官製の解釋のような蔽いものを透して、かの淋しい魯の國の學者の言おうとしてた事を見てとる學者が、中には居たからである。十七世紀に滿洲族がシナを征服して、相當苛酷な制度を押し附けた時に、統御の一手段として官學儒教を承け繼いだ上に、これが發展に努めた。然るに、當時の最も有能な學者の中には、滿洲人の下で官途などには就かず超然としてたばかりでなく、ほとんど二千年を超ゆる間に伸展し續けた儒教の教義の念入りに出來上ってる全構成をひどく攻撃した人もあった。彼らはただ書物の研究のみに沒頭することを非として、孔子のように學者は世の中の實務に從事する要があると主張した。彼らは稀に見る精力と、學者らしい明敏さとを以て、論語や「孟子」のような基礎的な原典に溯って、孔子に關する眞相が、早くから道教の爲に不純にされてる多くの點を排斥するに至った。孔子が皇帝の獨裁政治を支持する教理を系統立てるような理論家では無く、むしろ實狀に卽し、經驗に徵して眞理を熱心に探求する人であったことが、彼らに判った。固よりこれら十七世紀の學者の開拓者的努力には、至らざる點もあったけれども、シナの學問に偉大な批判的運動の礎石をおいたもので、今日まで運動は繼續しているのである。

漢の武帝のような王者の努力を以てしても、儒教に助成金を與えてこれを統制することは到底全面的に成功するものでは無かった。政治が儒教を呑もうとしたのであるが、果してどちらがどちらを呑んだか、問題である。儒教の古典の試驗をして政府の各地位を充たすことにした爲、宮廷が古典の解釋上に力を及ぼすことにはなったが、同時にまた官吏の大部分、また帝王の大部分も、それらの書物の影響を少なからず受けたことも間違いないことであった。而も、それら書物の中には獨裁的傾向を持つ政府の見地からすれば、危険千萬のものもあったのである。

武帝にしても、その後の皇帝にしても、獨裁政治に對抗して人民の權利を擁護するものという當初からの儒教の役目、卽ち革命では無いにしても社會上、政治上の改良に贊する一つの力を儒教から絶縁させるなどは到底できないことであった。誠實な儒家達は自分ら一派に向けられた好意と引換えに良心を武帝には賣らなかったのである。既に述べた通り武帝は一生を通じて對抗していたから、歷史は儒教の勝利を武帝の世ときめているにも拘らず、彼の死後大多數の儒家が武帝を重く見なかったことは信ずるだけの理由がある。[二三] 武帝の死後十五年に、彼の曾孫宣帝が、武帝の儒教を保護奬勵したことをはじめとして、稱贊すべき彼の功績をたたえ、彼を記念頌德する案を發表した所、論語に關する著述もある夏侯勝は、當時宮廷の高官であったが、これを大いに非なりとし、處罰は免るべからざるにも拘らず、武帝が國帑を浪費し、「人民に何ら恩惠を施さず」これを壓制した故を以て頌德すべきでは無いと言明した。[二四] これとほぼ同じ頃に、一人の儒家が、武帝の採った方策と孔子の諸原理とを對比して「孔子が『誰でも自分を用いてくれれば、東方に新しい周を作りたいものだ』と言った時に、孔子は成湯、文、武(すべて革命家で王朝を亡ぼす爲に働いた)のように、人民の爲に殘虐を根絶し、惡人を追放することを熱望してたことをそれとなく公表したのである」と言ったと傳えられている。[二五]

若し皇帝が儒教を制御する手段を用い得るとすれば、儒教の學者達もまた皇帝を制御する手段を持っていたことは事實で、その手段は同樣效果的であった場合も多く、巧妙の點では立ち優っていた。最古の手段の一つは董仲舒の苦心になるもので、日々の時事との類例を「春秋」に探し求める方法であった。「春秋」は、皇帝の寵臣、或は皇帝自身の缺點を指摘しまた若し必要な改善が等閑に附せられれば必ず萬事休するに至ることを指摘する根據となる格言として採り上げられたのである。自然界の災害もまた、「春秋」に類例をとって、「天」が不正な政治についての不満を示す爲に送る警告と解釋せられた。

滿系の第二世康熙帝は、こういう「迷信的な無知な」思想には我慢し切れないことを表明した。彼の合理的の氣象には感心しないわけにはいかないが、同樣に彼の施政に關する儒家の批判に刺戟されて半ばは右の言明を促された嫌いもあるのではないかと思わざるを得ない。一六九九年に、彼は「春秋」の新しい注釋を編纂すべく有名な學者を集めて一局を編成したが、その學者達は、古典(卽ち年代記)と合致しないことは何でも皆削除しなければならなかった。その書物の完成に際して皇帝は滿足の意を表したが、その要旨は、孔子の門弟達が生存中の時ですら、孔子の言についての言い傳えは、いろいろ違って來ており、況んや數千年後に生を享けた儒家達がどうして正確を期し得ようかというのである。康熙帝はこの書物の中で、編纂者は「正義と合致するものを選り出した」だけだと言っている。(三六)この書物そのものに眼を轉ずると、不德または暴虐な君主は忠誠を要求する資格が無く、その地位を去るのが當然だろうと斷言してるような文章は「正義でない」として編纂者は不採用ときめた。(三七)

儒教の政治に及ぼした影響は時代によって程度の差はあったがいつでも滲透性が強く、而も概ね今日民主主義と稱するものの方向へと向って行った。政府は人民の福利を增進し、その上に、滿足を贏ち得る爲に存在するものだということ、およびそれができない時には、批判されまた覆《くつがえ》されても當然だということが過去二千年の間、かくも引續き一般に受け入れられた學說であったというような大國は恐らく他に見られないと思う。これが輿論に大きな力を與えた。

政治は、その德行と教養とだけを根據にして選んだ國內第一流の有爲な人物の掌中に委ねられるべきだという孔子の主張の結果、試驗制度が生まれて、漢代以降、漸次整備せられた。この制度の特殊な構成は時代によって同一では無く、淸朝では地方、省、および國家の三種の試驗が二三年每に行われた。候補者はそれぞれの段階で競爭し、引續いて順次に高い階級を得ようとした。競爭は激甚で、どの試驗でも及第の希望を持ち得るのは、候補者中の極めて一小部分に過ぎなかった。勿論腐敗もあったが、これを防ぐ爲に精細な豫防策がとられて、シナ帝王の治下でも比較的よい時代にはこの策が目立って功を奏したようであった。

一番低い等級でも、試驗に及第したものは、たとい極めて貧しい農家の子であっても、社會上大いに優遇され、時には政府の生活費給與または、地方行政で卑い地位を與えられることもあったが、實は彼らがその教育を繼續するのに國家の補助を受けることを意味していた。最高級の試驗に及第しても役人に任命されるとは必ずしも保證されていなかったが、シナ歷朝で最も責任ある地位は大多數試驗の際拔羣の成績を示した人々によって占められるのが常態であった。官職に就くことは他の方法でもできたか知れないが、少なくも多くの時代に、試驗に及第した人の方が官吏階級制の最高の地位に達する見込みが一番多かったようである。(三〇)

しかし、王朝が國外からの侵入者によって建てられた時には重大な例外のあったことは注目すべきである。彼らが、最高の地位の多くを同族の人々に、競爭試驗を受けさせないで、與えたことは自然であった。それにも拘らず、あらゆる必要な斟酌が行われたあとは、教育によって儒敎の理想が染みこんでおり、一般民間から試驗によって採用された官僚が、大體シナを支配したことは事實である。勿論、こうは言っても最高の地位がすべて農家の子弟に占められたというわけではない。贔屓ということも確かに行われてはおったが、それとは全然別に官僚の一員たるものの子は自然に有利であった、卽ちその家庭では十分の教育をその子に與えることができたし、またその子は教養あるそして職業的空氣の中で成人したからである。大臣中でも錚々たるものの頗る多數が官吏の子か孫であることは驚くに足らないが、かような有利な點を持たないで平民階級から出世することのできた大臣もいたことこそは驚嘆すべきである。われわれの知る所は十分で無いけれども、少なくも、ある時期には、特に官僚の下層が試驗によってかなり大量に大衆から新鮮な血液の注入を受けたようである(二九)。

試驗の內容は主として候補者の儒教古典に關する知識を試驗するように目論まれていたが、決してそれだけに限られたわけではなかった。孔子は曾てこれらの多くの書物に目を觸れたこともなかったし、それらの內容の大部分に烈しく異議を挾むに違いないと思われるものもあった。孔子は試驗が書物によるだけの知識を知識として重きをおいたことを憤慨したことであったろう(一例として、子路五參照)。儒教の學者の中で比較的元氣な人々の大多數もまたこれを慨歎したけれどもその效果は決して大きくも無ければ長續きもしなかった。

試驗制度はそれら諸缺點にも拘らず、他に類例を見ないたぐいの政治をシナに與えたが、その政治には多くの長所があったのである。試驗制度の爲に田舍にいた最も有爲な人物が多數、政府の行政事務に携わるようになり、また試驗制度の行われる限り官吏は文化人で、その地位を世襲で承け繼いでいた世の中の屑に過ぎないものではないことを保證してくれたのである。試驗制度の眞の基盤は儒教の哲學と倫理學とであったから、これによって理想を同じうする一團は懇切に敎え込まれ頗る異常な團體精神を作り出した。それは、今日われわれが政治的民主主義と思ってるものには及ばないけれども、どの時代にも平民多數の中で誰かが公的地位を獲るのが常態となったから、試驗制度によって平民は政治上に一種の代表者を出し得ることになった。教育は、これを受けたものの身分を自動的に向上せしめるから、試驗制度は階層の無い社會をつくらなかったけれども、これだけの大國で、これだけ長い間、恐らくは曾て比肩するもの無かった程の、社會的民主主義をある程度までつくり上げたのである。理論上では、あらゆる農夫の子が政府の最も有力な大臣になることを望んで、何の差支えも無く、また大勢の中で一人位、たまにはそういう地位まで達することのある所では、ある制限が社會層を成す上におかれるものである。

孔子が大臣たるものは、君主に忠實よりも、主義に忠實ということを考えるべきであり、そして恐れず批評すべきだと主張したことを思い出してみよう。この説が監察官という地位として制度の上に出現し、皇帝はじめ政府のあらゆる人の行爲を檢査し、恐れる所無く、また公平に、どんな怠慢でもこれを批判することが監察官の職務であった。勿論これらの職務を果たす方法は監察官の誠實と勇氣とによって一樣では無く、時には何たることかと思う程、獨裁的皇帝の道具として使われたと見えることとさえあるのである。とはいうものの、監察官の中には最も高い理想主義を以てその職務を盡す人のあることも言をまたない。成程、皇帝は確かにいつでもうるさい監察官を流罪にしたり死刑にさえも處し得るに違いないが、但しそれはうるさい殉教者をつくる覺悟でなければできないわけである。

全體から見て、これらのことは民主政治の方向へ歩を進めたものだが、これが理論上は絕對的君主政治の中にあって行われたのは驚くべきことである。それでも、完全に民主主義的政治には遙かに及ばない事實は儼として存在している。孔子は民主政治の方向へ向って驚くべき發足をしたのであるが、彼が述べた諸〻の原理には何の追加もされなかったのである。而もそれらの原理では用をなすに足らず、民主政治をして效果あらしめる爲には、一般人民が君主を選擇する上に有效な發言權を持つの要があり、この爲には特殊な方式が創造される必要があったが、シナではこれらのことは何の進展もみなかったのに、世界の他の側では立派に達成せられた。それにも拘らず、儒教はこれに關連して興味ある、而も重要な役割を演じたが、これを考察するにはわれらの注意をヨーロッパに移さなければならない。

(一)「韓非子」顯學第四十八、五〇一―二。

(二)「史記」秦始皇本紀第六(一)一九〇―一。ボッデ「古代シナに於ける經世家、愛國者而して將軍」二一を參照せよ。

(三)「史記」秦始皇本紀第六(一)一八九―九〇。

(四)「史記」秦始皇本紀第六(一)一九一―三、二一〇。

(五)「史記」秦始皇本紀第六(一)二〇七―八、二一三。

(六)「史記」秦始皇本紀第六(一)二三三―五、二五一―二、二五九―六〇。

(七)「史記」秦始皇本紀第六(一)二〇五、二〇八。

(八)「史記」秦始皇本紀第六(一)二二七、二三四。高祖本紀第八(一)三三二。

(九)シャヴァンヌは「詩經」の一表現と「書經」の一表現とに注目している。同氏譯「史記」第二卷一四二注二および一四五注五。加えるに、「朝夕懈らず」(「史記」秦始皇本紀第六(一)二〇九)は偶然としては餘りにも「詩經」の言葉使いと似ている。「詩經」には小雅都人士之什、何草不黃七九五に「朝夕暇あらず」とあるが音韻の爲、「懈」が「暇」に代ることはあり得ることで「詩經」大雅蕩之什に二度まで出て來る同じ意味の「夙夜懈らず」から推してもそうであろうと思われる(烝民九五四、韓奕九五八)。シャヴァンヌが「錯れるを取り去り、なすべき事柄を定めた」と譯してる「擧措必ず當る」(「史記」秦始皇本紀第六(一)二〇九)という句の最初の二漢字は明らかに爲政一九および顏淵二二の三と關連があるから、あの章句「官吏の黜陟については常に當を得ていた」と譯すべきであり、その方が遙かによく前後と合致する。シャヴァンヌがこの關連に氣附かなかったことは「史記」のような大部の書物で、その意味を殘らず讀みとることは、全然不可能なことである以上、勿論言うに足らぬことである。

(一〇)「史記」秦始皇本紀第六(一)二一七―九、二二四―五。劉敬叔孫通列傳第三十九(三)六二五―六。

(一一)「史記」秦始皇本紀第六(一)二一七―二〇。

(一二)「史記」秦始皇本紀第六(一)二二五。勿論この話全體が僞作であり得るけれども、これに次で起きたことに鑑みれば、少なくも扶蘇と儒教とを結ぶ傳說が存在してたことは明らかである。

(一三)「史記」陳涉世家第十八(二)四九三。

(一四)「史記」孔子世家第十七(二)四九〇。儒林列傳第六十一(四)三六二。

(一五)「鹽鐵論」巻四褒賢第十九、一一。「史記」儒林列傳第六十一㈣三六二一—三。
(一六)「史記」儒林列傳第六十一㈣三六二一。
(一七)「漢書」楚元王傳六、一。
(一八)「史記」孔子世家第十七㈡四九〇。儒林列傳第六十一㈣三六二一。
(一九)「史記」項羽本紀第七㈠二八六。
(二〇)「史記」項羽本紀第七㈠三一六、三二二。
(二一)「史記」項羽本紀第七㈠三〇九。
(二二)「史記」項羽本紀第七㈠三一三。
(二三)「史記」項羽本紀第七㈠三一七。
(二四)「史記」項羽本紀第七㈠三二二。
(二五)「史記」項羽本紀第七㈠三二六。
(二六)「漢書」帝紀第一高祖下四。ウィルバーは、この解放は實施できなかったし、恐らくは實施する積りも無かったと考えている(「前漢時代のシナ奴隷制」一三七)。このことは宣傳として効果的であったことを傷けるものでは無く、ここでわれわれの關心を持つのもその點である。
(二七)「漢書」帝紀第一高祖下一〇—一。この譯文はダッブスの譯をある點僅かばかり變更した。
(二八)「漢書」帝紀第一高祖下七—八、九。
(二九)「漢書」帝紀第一高祖上一四—五。
(三〇)ダッブス譯「漢書」緒言一六。「漢書」帝紀第一高祖上二一—二。
(三一)「漢書」帝紀第一高祖下五—六。
(三二)ラインバーガ「中華民國の政治」一三〇。
(三三)「漢書」帝紀第一高祖下九—一〇。
(三四)ダッブス譯「漢書」緒言一五—二二。
(三五)例えば、彼が忠實な顧問、酈食其に對して、我慢ができなくなり「愚儒」と呼んだ際に現われた。「漢書」帝紀第一高祖上二五を見よ。

(三六) 「漢書」酈陸朱劉叔孫傳第十三、六―七。

(三七) 「漢書」帝紀第一高祖上二二。

(三八) 「漢書」帝紀第一高祖下二―三。

(三九) ダッブス譯「漢書」緒言二二。「漢書」酈陸朱劉叔孫傳第十三、一七と比較せよ。

(四〇) 漢の武帝の世に、多數儒家の經濟狀況は大いに改善された。にも拘らず、この治世の直後に行われた討論で、法家の一高官は、繰返し、儒家達は「農地や窮乏の巷」から來たもので非常に貧窮の爲に、ちゃんとした着物も着られないのが特徴だと言った。「鹽鐵論」卷二憂邊第十二、一七―八。卷四地廣第十六、二―三。褒賢第十九、一一―二を見よ。

(四一) 「漢書」帝紀第三、高后紀第三、五―六。

(四二) 「漢書」帝紀第四、文紀第四、一―二。

(四三) ダッブス譯「漢書」文紀緒言二一六。

(四四) 「漢書」帝紀文紀第四、五―六を「孟子」梁惠王下五の三および盡心上二二の三に、また文紀第四、一六および一七を「孟子」梁惠王上三の五、梁惠王下二および五の三とを比較せよ。

(四五) 「漢書」帝紀文紀第四、一六。人民は罪を犯せば政府の奴隷となり、而もこの地位は代々傳えられたようである。ウィルバーはこの時、政府の奴隷が全部自由になったかどうか、疑ってるが、その根據は行われそうにも無いことだというのである(ウィルバー「前漢時代のシナ奴隷制」一三四)。

(四六) ダッブス譯「漢書」文紀緒言二一八。「漢書」帝紀文紀第四、九―一〇、一三。

(四七) 「漢書」帝紀文紀第四、五―六。

(四八) 「漢書」帝紀文紀第四、一七。

(四九) 「漢書」爰盎鼂錯傳第十九、七―八。

(五〇) ある友人が私に警告して、漢の武帝をただ「武」と稱すればシナ學者のひどい不興を招くぞと言った。私は子張二二で周の武王が「武」と稱せられてる前例のあることを言いたいのである。その外にも擧げ得る例はあるのである。

(五一) 「漢書」帝紀武紀第六、七、八、九、一〇、一一、一七。

(五二) 「漢書」帝紀武紀第六、一。

(五三) 「史記」太史公自序第七十㈣五四四。

(五四) 「史記」儒林列傳第六十一㈣三六七―八。

(五五) 「史記」儒林列傳第六十一㈣三六九―七〇。

(五六) 爲政一九、先進二四、顔淵二二、憲問二〇、二三。「孟子」梁惠王下八、九、離婁上二〇。「荀子」仲尼篇第七、五一、王制篇第九、七三―四。「荀子柬釋」一五五、一八一を見よ。なお「荀子」にはこれと同じ筋合の文章が二つ、漢代の儒家が原典に附加したと言われる部分に出て來るが、それが眞實ならばこの關係でますます面白くなるのである。「荀子柬釋」三九七および四一三―四を見よ。

(五七) 「子路」五。

(五八) 「鹽鐵論」巻二刺復第十、九―一一。論儒第十一、一四―五。憂邊第十二、一七―八。巻三輕重第十四、三―四。ダッブス譯「漢書」巻二、一九六―八、三〇一。

(五九) 「鹽鐵論」巻一復古第六、一八―九。巻二憂邊第十二、一七―八。「史記」平津侯主父列傳第五十二㈣二〇一。

(六〇) 「漢書」董仲舒傳第二十六、一―三。

(六一) 即ち「第一月」の「第一」の意味に使われつけている「正」には「正確」という意味もあるということばの地口である。「漢書」董仲舒傳第二十六、五。

(六二) 堯曰七の三のことばを換えたものである。この堯曰篇はあとから論語に附加されたものであることはまず間違いないが、孔子がこう言ったとしても少しも差支え無いのである。

(六三) 「漢書」董仲舒傳第二十六、八―一〇。

(六四) 「漢書」董仲舒傳第二十六、一三―一五。

(六五) 「漢書」董仲舒傳第二十六、一五―二〇。

(六六) 「漢書」景十三王傳第二十三、四。

(六七) 「漢書」董仲舒傳第二十六、二一。

(六八) 「漢書」董仲舒傳第二十六、二二―三。

(六九)「漢書」董仲舒傳第二十六、二二。
(七〇)「漢書」公孫弘卜式兒寛傳第二十八、一―二。
(七一)「韓非子」八經第四十六、四六一―二。
(七二)「漢書」公孫弘卜式兒寛傳第二十八、四。
(七三)武帝は(「漢書」董仲舒傳第二十六、九によれば)殷朝では刑罰が大いに用いられたと言ってるが、特にこの時代を永年專攻してる董作賓はそんな傳説は無いとしている(一九四八年三月十三日、口頭で)。しかし、殷朝の苛酷な刑罰の話が「韓非子」には一つの話が二様に出ている。「韓非子」內儲説上七術第二十八、二二九および二三〇を見よ。
(七四)「漢書」帝紀武紀第六、一〇およびダッブス譯「漢書」注(二)一二の三、四および六。「史記」秦始皇本紀第六(一)二一八―九。「韓非子」難三第三十六、三九三。
(七五)「韓非子」主道第三、二四―六。「韓非子」のこの篇は漢初に附加されたものと思われているが、この際われわれの目的にとっては、その價値を減ずるものでは無い。
(七六)これの證據がもっと欲しければ「史記」平準書第八(二)二四九―五〇。
(七七)「史記」平津公主父列傳第五十二(四)一九九―二〇〇。この章の譯は外の人の譯と違って牧野謙次郎の日本語譯と根本的に一致している。牧野謙次郎「史記國字解」三一五を見よ。
(七八)ゲール譯「鹽鐵論」緒言二四。
(七九)「史記」平津侯主父列傳第五十二(四)二〇一。
(八〇)「史記」平津侯主父列傳第五十二(四)二〇二。
(八一)「史記」儒林列傳第六十一(四)三七〇。「漢書」董仲舒傳第二十六、二二。
(八二)「史記」平津侯主父列傳第五十二(四)二〇一―三。
(八三)「史記」儒林列傳第六十一(四)三六四―七。
(八四)「鹽鐵論」卷二刺復第十、一二―三。ここでは學者さえも、公孫弘が何事かを仕上げたことは爭わない。
(八五)「鹽鐵論」卷一復古第六、一八―九。卷二非鞅第七、一―二。論儒第十一、一三、一四―六。卷四毀學第十八、七。褒賢第十九、一一―二。卷五相刺第二十、二一五。殊路第二十一、五―六を見よ。この書物は討論をそのまま寫したものでは無く、それに基づいて桓寛が著わした文學的作品であることは周く人の知る所であり（王先謙「前漢書補注」公孫、劉、田、王、楊、蔡、陳、鄭傳第三十六、一六）、從ってこれを用いる時には多少の注意を要する。それでも、事柄があってから數十年の間に書かれたものである爲、全體としては、その時期について他の資料に比べれば、眞實を傳えてると思われる。この書物の眞僞については、曾てやかましい問題が起きたことは無いようである（ゲール譯「鹽鐵論」緒言三九―四一を見よ）。所謂「儒家」公孫弘の試驗答案中の法家的な言葉使いを心に留めて考え、桑弘羊のような役人が「鹽鐵論」に描かれてるが如くであれば公然認められた法家として差支え無いと思うのは全く無理の無いことのようである。

(八六) 「史記」平準書第八㈢二七一。

(八七) 「史記」平準書第八㈢二六一―二。

(八八) ダッブス譯「漢書」卷二、一六、一〇六。

(八九) ダッブス譯「漢書」卷二、五一、五八―六〇。

(九〇) 「漢書」儒林列傳五十八、二六。

(九一) シャヴァンヌ譯「史記」第一卷序論一〇六。

(九二) 胡適「漢代國教としての儒教の成立」（王立アジア協會北シナ支部誌第六十卷二八、三四―五）。

(九三) ウェーレ「孔子の論語」二四一。馮友蘭「シナ古代哲學史」（柿村峻邦譯）七〇六―二一。

(九四) 張心澂「僞書通考」四四二―五。馮友蘭「シナ古代哲學史」（柿村峻邦譯）六八九―七〇六。郭沫若「中國古代の思想家たち」上二〇四―八。

(九五) 「禮記」の儒行篇（五七五―八一）は、孔子と魯の哀公との問答の如く裝っているが、紛れもない僞作たることは歴然としている。論語に「儒」ということばが出るのは、雍也一一ただ一ヵ所だけであることは、孔子の時代には今日絶えず使われる意味ではなかったことを明らかに示している。儒家は過失を面前で數えたてないようにするとか、時には官途に就くことを拒んで隱遁生活の方をとるとかいう意味のことばを、孔子の口を通して言わせてるのは（儒行第四十一、五七七―七八および五七九―八〇）、後世の儒教を反映しているのである。

(九六) 「禮記」檀弓上第三（五九―六一）を述而三五および子罕一二と比較せよ。

(九七) 「禮記」檀弓上第三（五八―九）を先進八と比較せよ。「洙泗考信錄」卷三、二八を見よ。

(九八)　馮友蘭「シナ古代哲學史」(柿村峻邦譯)九八―九。梅思平「春秋時代の政治と孔子の政治思想」(「古史辨」第二冊一八二)。シャヴァンヌ譯「史記」第五卷四三六。
(九九)　張歆海「シナの歴史的思想の若干の型」(王立アジア協會北シナ支部誌第九卷八)。
(一〇〇)　シャヴァンヌ譯「史記」第五卷三三三注三。

(一〇一)　「洙泗考信錄」卷一、一八―九。

(一〇二)　シャヴァンヌ譯「史記」第五卷三四七注一、三五一注五、三七一注二。

(一〇三)　「洙泗考信錄」卷二、二七―八。錢穆「先秦諸子繫年」四二―五。ウィルヘルム「孔子と儒教」ダントン英譯七六―八四。

(一〇四)　「史記」孔子世家第十七(二)四六〇。

(一〇五)　述而二〇と「史記」孔子世家第十七(二)四四九―五〇、四五七、四六四―五、四六六と比較せよ。

(一〇六)　「史記」孔子世家第十七(二)四六六、四七六、四七七。

(一〇七)　「史記」孔子世家第十七(二)四六二。この話は、多少違って「孔子家語」卷五困誓第二十二に出ている。「史記」の話には二つの缺陷がある。第一は自らも實行し人にも說いたと思われる誠實に約束を守ることの主義に背反してることである。第二にはわれわれの知ってる孔子とは合わない超自然的な制裁に重きを置いてることである。

(一〇八)　「洙泗考信錄」卷二、三五―六。

(一〇九)　「史記」孔子世家第十七(二)四八二。

(一一〇)　錢穆「先秦諸子繫年」二七―八、四二。
(一一一)　ドゥイヴェンダク「シュリョック著『孔子に對する國家禮拜の起源および發達』について」(アメリカ東洋協會誌第五十五卷三三三。「史記」全體としての挿入の問題については、エーガー「『史記』研究の現狀」(「アジア・メージャー」第九卷二一一―三七)を見よ。
(一一二)　「洙泗考信錄」卷一、四。卷四、二三を比較せよ。
(一一三)　「史記」大史公自序第七十(四)五四三―五。
(一一四)　ダッブスは「漢書」の飜譯に出精した爲、その時代のことに頗る通曉したが、司馬遷は道家であったと斷言している(ダッブス譯「漢書」卷二、三四六)。シャヴァンヌはこの立場に反對しており、先にこの見解を支持した諸說を引用してるが、それらの說はこの見解を有利に且つ重からしめている。シャヴァンヌがこの見解に反對する唯一の理由は司馬遷が孔子に公然敬意を拂ってる一事のみである(シャヴァンヌ譯「史記」第一卷緒言四九—五〇)。しかし、シャヴァンヌがそれから二頁あとで司馬遷が「諷刺的な書物」を書いたと述べてることに注目するのは當を得たものであろう。

(一一五) シャヴァンヌの主張するが如く、孔子傳の最後の文章が、たとい司馬遷の筆に成るとしても、傳記そのものが大部分彼の父の執筆で無かろうという證明にはならないのである(シャヴァンヌ譯「史記」第一卷一およびその注一)。

(一一六)「史記」孔子世家第十七㈡四四六—七。シャヴァンヌ譯「史記」第五卷二九九—三〇一、および二九九注四、「莊子」天道第十三、一四四—七、天運第十四、一五九—六二、田子方第二十一、二二七—三〇、北遊第二十二、二四〇—四二を見よ。この意義ある會見の批評としては、「洙泗考信錄」卷一、一九—二二、錢穆「先秦諸子繫年」四—八、ダッブス「哲學者老子の年代と情勢」(アメリカ東洋協會誌第六十一卷二一六)を見よ。

(一一七)「史記」儒林列傳第六十一㈣三六九—七〇。

(一一八)「史記」平準書第八㈡二五一。

(一一九) シャヴァンヌ譯「史記」第一卷緒言五二。

(一二〇) シャヴァンヌ譯「史記」第一卷緒言四九—五〇。

(一二一) シャヴァンヌ譯「史記」第一卷緒言五二。

(一二二) シャヴァンヌ譯「史記」第一卷緒言五〇と比較せよ。「史記」孔子世家第十七㈡四九一。シャヴァンヌ譯「史記」第五卷四三四—五および四三五注一。

(一二三)「鹽鐵論」の諸所に散見するを見よ。「漢書」公孫、劉、田、王、楊、蔡、陳、鄭傳第三十六、一六。なお、班固が武帝の功業を要約して冷淡な賞揚を以て却って非難してるやり方に注目せよ(ダッブス譯「漢書」卷二、一二〇)。

(一二四)「漢書」眭兩夏侯、京、翼、李傳第四十五、三—四。ダッブス譯「漢書」卷二、二一〇。

(一二五)「鹽鐵論」卷四褒賢第十九、一二。陽貨五の三。

(一二六)「欽定春秋傳說彙纂」康熙帝序文一—四。

(一二七)「欽定春秋傳說彙纂」卷二十六、二一—二。卷二十七、三〇。

（一二八） ウィットフォーゲル「遼の公職とシナ試験制度」（ハーヴァード「アジア研究誌」第十巻二七―八、三九）。クラック「帝政下のシナ文官試験に於ける門地と功績」（ハーヴァード「アジア研究誌」第十巻一〇二）。

（一二九） クラック「帝政下のシナ文官試験に於ける門地と功績」を見よ。

第十五章　儒教と西洋の民主主義

西洋では、アメリカ革命およびフランス革命と關連して民主的諸制度は、最も急激に且つ劇的にその成果を收めた。これらの革命が啓蒙と稱する哲學運動に「起因する」もので無いことは眞實であるが、ひとたび革命による行動の自由が人々に與えられると、その行動の方向を決定するのに、この新しい思想の型が、與って大いに力あったこともまた眞實である。

啓蒙哲學には、儒教と酷似した點が若干ある。啓蒙哲學の發達は十七八世紀であり、儒教がヨーロッパに知られて影響を與えた時期が丁度またその頃であった爲に、これらヨーロッパの思想が若干シナの哲學から示唆を受けたのではないかとの疑いを生ずるは避け難いことであるが、これに對し名答を與えることは容易で無く、特にシナに興味を有する人は、シナの方面からの影響は何でも皆注目し勝ちになり、そうでない人は注意を拂わなくなり勝ちとなる。シナのある學者は、一九四〇年に公けにした「シナ思想のヨーロッパ文化に及ぼした影響」と題する一書に於いて證據文書を擧げて印象的に論じ、「シナ哲學こそは疑いもなくフランス革命の基本的原因である」とまで極言している。[一]またシナも革命も、共に輕蔑する學者で、シナを結びつけて革命の聲價を傷けようとしたものもある。革命後四十年近くも經ってから、マコーレーは十八世紀の「フランス學士會員」たちに痛棒を加え、「有名な哲學者達が」よくもその仲間内で、「老保母をかつぐことにもならないような」シナに關する話を「政治理論の礎石として重々しくも置いたものだ」と断言した。[二] 革命を嫌う今一人の才氣煥發なフェルディナン・ブリュンティエール（一八四九年—一九〇六年）は、フランスの批評家で且つ社會哲學者でもあったが、フランスの民主政治で、彼の氣に食わぬことの多くはシナ人に罪を着せ、フランスの教育制度についても「これ以上にシナ臭いものは無い。この制度はフランス革命がつくったのだが、その理論は所謂『哲學』と、それからシナを尊敬讃美するそれら哲學者達とで立案せられたものである。萬事が競爭試驗で、特典は皆無、いや何よりも世襲は絶無。これは、哲學者達の羨望的精神がシナ大官の概念に迷わされたのである」と書いている。[三]

　他方、フランス革命の研究者中には、シナの思想が革命の背景に於いて何らかの役目を演じたことなど、ほとんど完全に無視する人もあるようである。ジョルジュ・ルフェーヴルは「革命時代に關する最も卓越した現存の權威」と言われる人だが、[四] 一九三九年に全卷を革命の背景に費したものを公けにするに至った所、それには何一つシナに觸れるものは無かった。彼がまず、フランス國自體の社會上、經濟上、および政治上の狀態に注意を拂ったことは、固より當然であるが、同時に彼は「理想主義無しに眞の革命的精神は無い。なぜかと言えば、理想主義のみが犧牲の靈感を感ぜしめるものだからということを忘れ」ないようにと警告し、[五] またその理想主義を鍛え上げるには、十八世紀の哲學が大いに與って力あったとして次のように書いている。

　「十六世紀から十八世紀に亙って、哲學者は人間が……地上で發展するのを抑えてる束縛を捨て去るよう提案し、人間が自然の主人公となって、人類を萬物のまことの王とさせるよう人々に迫った。この説は教會の教義とは全然違ったものであるけれども、兩者が人間の高貴な威嚴を認めて、これを人々に尊敬させる點、人間には侵すべからざる天賦の權利があるとする點、また國の當局には、これらの權利を保護して、個人に力を藉し、彼をそれらの權利に値いするようにすること以外の目的を割り當てない點では一致していた。[六]」

右に述べたことが、如何に正しくても、第一、甚だ重要な諸點に於いては、啓蒙運動の思惟は、同時代の教會のそれよりも、遙かに儒教のそれによく似た所へと移って行ったこと、第二、この事實が啓蒙運動の指導者達に認められ且つ廣く聲明されたことはこれまた事實である。

當時、このことは、ただ一般に知れ亙ってたのみで無く、惡評さえも買っていたのである。クリスチアン・ヴォルフがシナ人について一場の演説を試み、「統治の術にかけては、この國は例外無く他のあらゆる國に勝《まさ》っていた」と言った時に、彼は二十四時間以内にハレ大學を去れ、若し去らなければ「直ちに死刑に處する」と命ぜられたとのことである。その結果、彼の演説は、イギリス位に離れた所でも熱心に讀まれるようになった。[七] 既に同じようなことがよく言われたが、またこれからも多くの人々に、言われることであろう。ライプニッツはシナ人について、「物を作る術ではわれわれは彼らと同等だとし、また理論的科學ではわれわれの方が彼らより勝っているとしても、實際哲學ではシナ人の方がわれわれより勝っていることは(これを認めるのは、恥かしい位だが)正に事實である。實際哲學と言うのは人間生活の行爲と利益の爲に案出された倫理學と政治學との諸規則の意味だ」と書いている。[八] ヴォルテールは「帝政シナの憲法は實に世界に存する限りで最上のもの……唯一のもので、それによれば一省の知事がその地位を去る時に人民に喝采されなければ罰せられるというような……四千年の昔ヨーロッパではまだ讀むことを知らなかった時、既に彼らは今日われわれが誇ってるような、本質的に役に立つものは、何でも知っていた」と言明している。[九] イギリスではユースタス・バジェルが一七三一年に次のように書いている。

「シナ人が他のあらゆる國より勝《すぐ》れているのは、統治の術であるということは、シナ人のことを論じた著述家はすべて一様に偉大な點として一致する所である。フランス人でも……シナ人が統治の術では、あらゆる他國に卓越してることは、あっさり認めざるを得ないとしてるし、また大孔子が集め、組立て、且つ注釋したかの政治に關する格言は、いくら感嘆しても、し切れるものでない。(一〇)」

フランソア・ケネーが、學界に巨歩を印した彼の重農主義學説の政治理論を初めて公けにした時に、シナの政治を彼の了解するままに解説し、自然の諸原理に關連する最終篇の緒論の中で、彼はこれら諸原理と一致して初めて繁榮な政治が組成されるとし、その政治理論は、すべての國の模範として採られるだけの價値あるシナの學説を系統立てて記錄したに過ぎないと言った。(一一)

これらのことが、時に忘れられるとすれば、その理由の一半は儒教がヨーロッパへ輸入されるに至った周圍の事情と儒教に對する人氣の消長とに存する。シナへ旅行したものが、シナのことを話すことは既に數世紀に及んでいたけれども、その國の文化については、大多數の旅行者は知る所無く從って報道し得なかったのである。所が、甚大な困難に打ち克ち卓越した工夫を重ねて、西紀一六〇〇年よりやや前にシナに近づき得た耶蘇會の宣教師達は、旅行者とは違って教養ある宗教團體、耶蘇會の會士であった爲、彼らの學問を利用してシナの知識階級および宮廷にまでも入り込んで地位を得、これを失わなかった。また彼らは皇帝には天文學者(多くの中で、一人は天文局副長という要職に就いた)、醫師、外交官、さては大砲鑄造家として仕えた。彼らの中で、少數ながら皇帝の友人となった人もあり、彼らはシナ語を話すだけで無く、シナ文を讀み且つ書き、後の多くの學者が羨むだけのことはある程、シナについて深い造詣を持つようになっておった。(一二)彼らは、彼らの屬する宗教團體の會員、および當時ヨーロッパで最も有名だった人達の誰彼と通信を續けその量は夥しきに達した。これらの書翰は或は書物となって公けにせられ或は書物を書く際の資料とされた。

これらの書翰や、シナに關する新しい報道はヨーロッパ人の耳目を聳動した。ヴィルジル・ピノーは細心な研究の末その結論として、十八世紀のフランスは「イギリス狂」の世紀であったにも拘らず「そのイギリスよりもシナの方が餘計に人氣があったらしく、[13] 一七六九年頃には、ヨーロッパ自體のある地方よりも、シナの方がよりよく知られていた」[14]と書き得た位で、實に西洋では十八世紀の文筆家の方が二十世紀のそれよりもシナのことを餘計に知っていたと言っても過言ではないと思われる。けれども、シナについての情報の大部分は耶蘇會士を通じて來たもので、自然彼らに興味のある事柄という特殊性を帶びる結果となり、その當時から今日まで、耶蘇會士が口に出さない動機から故意にその記事を曲筆したのだと主張するものも少なくないのである。こういう非難は大部分がかの有名な祭祀の論戰から生じたもので、耶蘇會士の中にはシナ人が祖先や孔子の爲に祭祀をするのは禮拜では無いから容認してもよいという意見の人もあったが、他のカソリック宗教團はこの立場に反對し、結局は耶蘇會士は一面法王との間に、他面シナ皇帝との間に、共に不評を招くに至った。

確かに耶蘇會士は情熱を以てシナを描寫して、ヨーロッパへ送ったには違いないが、この問題で耶蘇會士を辯護したヴォルテールでさえ、彼らがシナの皇帝を描くに餘りにも阿諛に過ぎるのを認めざるを得なかった。[15] なおまたシナの哲學それも特に儒教は、耶蘇會士達が、當時シナで一般に理解されてたままを記述しなかったことにもまたその責ありとされた。

耶蘇會士があれだけの熱意を以てヨーロッパへ手紙で報告した儒教は、十七八世紀にシナで一般に行われてた正統儒教で無かったことは、全く事實である。普通新儒教と呼ばれるその正統儒教は複雜な學說で、孔子の思想を多く具體的に表現してはいたが、佛教からその諸要素を多く受け入れて織り込んだもので、粉飾された形而上學的哲學體系となっていた。孔子が新儒教を見れば、これが儒教かと首肯し兼ねたであろうし、ヨーロッパでも例えばヴォルテールのような人には共感されなかったであろう。また俊敏で批判的な氣象の耶蘇會士達の心にも何ら訴える所の無いものであった。それに耶蘇會士達は自分自身の形而上學體系を持っていたから、なおその上に欲しいとは感じなかったであろう。

しかし、耶蘇會士達は儒教原典の研究を進めたが、進めるに從ってますます、その頃の哲學が全然原始儒教と同一物で無いことを、いよいよ確め得た次第で、偉大な傳道の草分けマテオ・リッチの如きは、儒教の形而上學は「三百年前に偶像教(佛教)から借りて來たと自分には思われる」と所見を述べ、[一六]なおも古い原典の研究を深め、遂に「これは孔子では無い」と言った。[一七]

彼の意見は眞面目な知的確信から出發したものであるが、同時にまたシナの知的階級をキリスト教へ引き入れる手段として宣教師などが必要としたものと合致していたのである。耶蘇會士達は他の國々でもしばしばやったように、シナでも指導階級の人達を改宗させることに最善の努力をした。指導階級の人は壓倒的に儒家であったから、「朱子學(新儒教)を孔子の道義哲學に結び附けていた固い結び附きを破ることから始めなければならなかったのだ」と現代の一耶蘇會士は確言している。[一八]彼らはこの仕事を非常な勢でやり出して相當の成果を收めた。胡適は、當時最も優秀で而も眞面目な心掛けの數人の學者を引き入れたと證言している。[一九]これら改宗者の一人が儒教を去ったことを非難された時に、自分は儒教を去った覺えは全然無い、ただ「後世儒家」の「歪曲儒教」よりはカソリック教の中に孔子の教えにずっと近い教義のあることを發見したというべきだと言明した。[二〇]神父イントルセッタは、若し孔子が十七世紀

に生まれたとしたら、第一番にキリスト教徒になったであろうとまで極言した。[二一]

耶蘇會士の新儒教に加えた攻撃は、シナでは豫期以上の成果を生んだと言えよう。新儒教は古えの人の純正な思想を表わしていないと最初に言った人は、リッチだったと言われているが、それはとにかく、リッチやその他の耶蘇會士達がこの意見を宣傳しはじめた頃には、シナの學者間でこの意見は(全然では無いにしても)餘り廣く行われていなかった。この耶蘇會士の論點が一般に知られるようになって、シナの學界でも廣く論ぜられるようになり、その結果、新儒教は原始儒教では無く、その内容の多くが、佛教から來た歪曲されたものに過ぎないという主張はやがてかの重要な「漢學派」[二二]の基礎的教義となったが、この學派はリッチの死後數十年の間に興ったものである。なお、一般的のことでも、或はまた天文とか語學とかいう特殊分野のことでも、皆科學的方法によったことは、間接ながら耶蘇會士に負うところ甚大なるものがあったようである。[二三]この「漢學」は胡適も言うように、過去三百年間に「人文的並に歴史的研究上、科學的調査の時代をつくった。[二四]」また漢學は孫逸仙その他のシナ革命の指導者達の知的背景中最も重要な要素となった。[二五]かような次第で、十七八世紀の耶蘇會宣教師達は、豫ての望み通りに全シナをキリスト教に改宗させることはできなかったけれども、彼らがシナ文明の上に與えた影響は、その小人數なことと實行に際しての艱難とを考慮に入れれば、全く驚嘆の外ないのである。

ヨーロッパに在っても、兩文明間の仲介者としての彼らの活動の効果は同じく注目に値いするものがあった。耶蘇會士はシナ、およびシナの思想特に孔子について詳細な、またしばしば熱情をこめた記事をヨーロッパに送ったが、これらの記述は描寫が餘りにも白熱的な爲、故意にそう描いたとして非難されたことも一再に止まらなかった。[二六]恐らくそういう時もあったかと思われるが、それよりも、こういう印象は、彼らが一番多く興味を覺えたことを一番多く語ることから來たという方が遙かに實際に近いと思われる。反對説もあるが、やはり事實、彼らは當時の宗教的および魔術的慣習をも確かに報告しており、時に詳細を極めたこともあった。(二七)こうした後で、彼らの熱意を喚起した事柄、特に古代儒教に關することを、論語や「孟子」のような書物に現われてるままに、語る方へと進んで行った。リッチは、これらの古典について、「これらを仔細に調べても一つも理性の光に反するものは見かけず、合するものの多いことが判った。これらの書物は西洋のどの哲學者の書物と比べても遜色無いものだ」と書いている。(二八)

耶蘇會士が儒家を傷ける積りで言ったことばもヨーロッパの知識階級に受けとられると、そうとは見えないこともあった。リッチが孔子の哲學に超自然的要素の無いのを憾みとした時(二九)なども、ヨーロッパに於ける反響は、思ってもみないことだったが、この聖人に對する關心を一層燃えさせたのである。

かような次第で、耶蘇會士がヨーロッパへ報告したのは、大部分が彼らの得た比較的古い、從って比較的純正な儒教の概念であった。勿論彼らが孔子の再建を立派に成し遂げたなどと言うべきでは無く、それはその後に出現を見た批判學に待たねばならなかった。それ故、確かに十八世紀のヨーロッパでは孔子についての不條理な話が盛んに行われていたにも拘らず、その狀況の下で耶蘇會士のやりぶりは驚くばかりに立派であった。

このことこそアドルフ・ライヒワインが「啓蒙は孔子のシナだけしか知っていなかった」と書いた理由である。(三〇)啓蒙の哲學者達は形而上學的倫理學と封建社會との結び附きを絶とうと努力して、驚いたことには、二千餘年の昔、シナで孔子が同じ考えを考えて、同じ戰いを戰ったことを發見したのである。彼らは孔子の書物の中で「人は自分のことばによって自分を知って貰うことができれば、目的は達せられたのだ」ということばを讀んだ。(三一)また、その時既に孔子は、ことばで表明する時には明瞭であること、從って一般に、考え方も論理的に明瞭であることを主張していたのである。かような次第で孔子は十八世紀の啓蒙守護の聖者となったが、その僞りで無いことは、ヴォルテールの哲學辭書に目を向けるだけで事足るのである。(三二)その辭書でこのフランスの哲學者は孔子を禮讃して「私は彼の書物を注意して讀み、その拔萃も作った。そしてそこには、最も純正な道義以外何ものも見出し得ず、またいんちきな所は微塵だに無かった」と書いている。(三三)ヴォルテールは他の所で「地球上曾て存在した中で、最も幸福な時代、從って最も尊敬に値いする時代は彼(孔子)の掟に從った時であった」とも言っている。(三四)

しかし、聖人という地位を保つことは容易なことでは無い。その上耶蘇會士およびその他の熱心家の中には、當時のシナ人およびシナの政治がどの程度に「純正な」儒教に指導されていたか、その度合を誇張して、行き過ぎをやったものもいたことは疑い無い。種々の理由から、ヨーロッパでは最初から懐疑説があったが、傳統によるヨーロッパの制度を攻撃するのにシナ文化が利用されることとなっては反撃は不可避となった。卽ちライプニッツが「自然神學」を教える爲にシナ人宣教師はヨーロッパに送られるべきだと提案したり、(三五)ヴォルテールが「道義の點ではヨーロッパ人はシナ人の弟子となるべきだ」と言明したりした時に、(三六)果してシナ人が事實そんなに道義的であるかどうか、調査すべきであるとの聲が揚がったのは當然なことであった。

シナ人が道義的で無い證據を見附けるのは何の造作も無いことで、耶蘇會士に快からざるもの、および商人その他の旅行者でシナ人との面白くない經驗を持つものなど、喜んで不利な證言をした。こういう證言に基づいて、フェヌロンは一七〇〇年頃に書いたものの中で、シナ人を「世界中で一番虛榮的、迷信的、利己的な噓つき」だと稱した。(三七)また、モンテスキューは、一七四八年に出版されたその著「法の精神」の中で「宣教師達からさんざん聞かされている(シナ人の)長所を説明してくれといっても、フランスの商人達はそれどころではありませぬと言った」と確言している(三八)。

シナ人のことについて、宣教師達信頼し難しとなれば、孔子のことについても、彼らが信用される理由がどうしてあろうか。シナの大衆は勿論一部學者の間にも行われていた易斷や魔法の信仰に關する情報がヨーロッパにますます多く傳わるにつれて、孔子の高尚な哲學もやはり「あの策略好きな耶蘇會士達」の發明に過ぎなかったのではないかという嫌疑が起きはじめた。結局、後世の儒教に、外物が附着したのも、腐敗したのも、皆孔子の所爲《せい》にされてしまった。かような次第で、ディドゥローは、「百科事典」の爲に書いた「シナ哲學」の項には、初めにこれらの事柄を亂雜に列べ、それから終り頃に論語の中の資料を要約し、論語を見れば「孔子の倫理學はその形而上學や物理學よりは遙かに勝ってることがわかるだろう」と書いてある(三九)。勿論、論語から少々引いたのは、實は孔子とは眞の關係は何も無い彼の論文の一部に過ぎないし、「形而上學も物理學」も後の時代にできたものというのが事の眞相である。この差別をつけるだけにわかっていたのは、耶蘇會士だけであったのに、ディドゥローは、その論文の冒頭で耶蘇會士はもう信頼しようとは思わない旨を明らかにした。

然るに、ヴォルテールは相變らず健筆を揮い、シナは依然として人氣を博していた。そのシナの威信が大打撃を受けて地に墜ちたのは、シナの政治組織に不信の念を生じたからである。こうなるには、シナ贔屓の人達の褒め方に行き過ぎのあったことは疑うべくも無かった。耶蘇會士が、彼らに對し頗る好意を示してくれた政府について樂觀的見解を持ったことは當然で、實に當時のヨーロッパ諸國の政府と對比して、シナの政治組織を「完全且つ嚴正」だと記述したのにも多少尤もな所のあったこと(四〇)は疑い無いが、十七八世紀はシナの政治組織の諸長所を觀察するに最善の時では無かったのである。明末の壓制政治のはじまった時代で、これに次で滿洲族の征服を見、遂に滿洲人は獨特の苛酷な壓迫を以てその治世を發足したのである。乾隆帝は、その一世の治世をヴォルテールが寛容の典型として賞讃したシナ人であったが、この皇帝こそは全歴史上で(「危險思想」の抑壓に名をかりて)文學破壊者の最たるものの一人であった。[四一]

漸次これらの事實が判明して來て、モンテスキューのような批評家の斷言に對して、ヴォルテールが、シナは、その實專制政治の國では無く、ただそう見えるだけだと抗議してもそれは徒勞に終った。[四二] 他のシナ擁護者で大膽にも、昔は專制政治の國であったが、その中でも最も仁慈に富み立憲的で、從ってすべての政治中最善のものだと言明したものもあり、ライプニッツの如きは、ずっと以前に、シナの皇帝を啓蒙された專制者として、これに心を引かれたこともあった。[四三] ケネーといえば、彼の重農主義の政治原理に關する論文を公けにした際に、それを「シナに於ける專制政治」と名づけた。ケネーは、ポンパドゥール夫人の侍醫で、後にはルイ十五世の侍醫でもあったことが思い出されるが、こういう經歴の爲に、彼が「仁慈に富む專制政治」に對しても我慢し得ると感じたに違いないけれども、他の人達にはそういう經歴が無かった上に革命氣分が横溢しはじめた爲に、シナは急激に一般の人氣を失った。

ここで要點をおさらいしてみよう。シナの哲學は、耶蘇會士によってヨーロッパへ紹介された。彼らが主として報告したのは、彼らが最善と考えるもの、卽ち孔子その人が抱いていた思想と初期儒教とであった。この哲學の性質が合理的で、且つ民主的傾向があった爲に、革命の福音が、よその世界から來たとして大いに歡迎されたが、まもなく後世儒教の體制がだんだんヨーロッパ人にもよくわかって來、この新體制こそ、前述したように、君主制權力の目的に副うように、かの哲學を一部邪道に導いたものであることを知ると同時に、從來あんなにひどく賞讃されていたシナの政治には、實は專制主義の特徴が少なく見ても相當澤山あることが强調されることになり、驚いたことには、シナ擁護の立場をとる選士中にもこれに賛するものが出て來たのである。孔子の美點も、シナの政治の長所も、均しく耶蘇會士が宣傳の目的の爲に敢てした發明物だとの結論に達し、これと同時に、耶蘇會士宗教團も徹底的に不信となり、相次で諸國から追放され終に一七七三年に法王から解散を命ぜられた。幻想は大團圓に達し「シナの夢」は終焉を告げた。十八世紀末以來西洋では二度と再びシナに對して興味を感じなくなり、非常に高まったシナに對する尊敬の念も失せ果ててしまった。

この一連の奇異な出來事の結果、フランス革命およびアメリカ革命の背景の跡を辿る多くの人々は、シナの諸思想が、民主的哲學の發達に貢獻したことを全然無視するようになった。アラン・エフ・ハタスレは、その著「民主主義小史」の中で「古い文明を有するアジア諸國」から來た新しい思想が「平等、慈善、友愛」の理想の發達に一役《ひと》演じたことは確かに認めるけれども、(四四)一般的に言えば、十八世紀中にシナが西洋に影響を及ぼしたことを熟知している人でもこの點は强調しない。シナと專制主義とが、また孔子とシナとが同一視される爲に、往々にして孔子の思想が民主主義の發達に貢獻しなかったと思われるのである。

ギュスターヴ・ランソンは「文學史という學問のフランスでの創始者」(四五)と言われる人であるが、フランス革命の知的背景を精密に分析して、外部からの力が若干貢獻したことは否定しないながらも、革命の哲學は根本的にはその國土で伸展したもので、フランスで進行が始まってもう久しくなる思想の經過が、この國の當時の狀況に刺戟された結果であると結論した。ランソンは一七七〇年頃に公けにされたフランスの三つの書物の名を擧げ、これらによって「一つの運動が起き、そこから十八世紀の政治哲學と革命家の學說とが發足したのだ」と言っている。その一つにフ

ェヌロンの「テレマック」がある。[四六]

革命の先驅者の中にフェヌロンを入れることはわれわれの研究には頗る好都合である。と言うのは、たまたま彼の著書「死者の對話」(ランソンはフェヌロンが同意見を代表するものとして引用した)[四七]の中で、フェヌロンが孔子の哲學を激しく攻擊してるからである。そうとすれば、この書物から、十八世紀の初めに孔子の哲學に敵對する傾向のフランスの知識人が何と思っていたか、なおまた、フェヌロンの意見と、彼の了解していた所による孔子の意見とを比較して、どちらが革命の哲學により近く見えるかを比較することができようと言うのである。一七〇〇年に公けにされたこの書物に載ってる對談には、フェヌロンがソクラテースと孔子との討論を想像して書いたものがある。[四八]フェヌロンが何れに同感するかについては讀者にいささかの疑いをも殘さない。彼はこのシナ人を極力罵倒し、ソクラテースの口をかりての言は歷然たるものがある。

ソクラテースと孔子とには似た點があるとよく言われるのを、ソクラテースが否定する所から始まる。ソクラテースは「私は決して人々を哲學者にしようと思ったことは無い……私としては精神修養を積んだ少數門弟を教育することに限局して、俗物や墮落した人間は捨ておいて間違いを起こす結果になっても仕方は無いとして來た」と言明する。

孔子は鄭重に答えて「私としては、人と人との間で德行を實踐する爲の常識的な處世訓だけに限局して、推論には微細な區別は避けてきた」と言う。ソクラテースは「その處世訓を證明し得る第一原理に歸らないで、本當の處世訓ができる筈は無いと思う」と答える。

孔子は「しかし、その第一原理によってあなたの門弟の分裂や論爭を防ぐことができたろうか」と尋ねる。ソクラテースは、防ぎ得なかったが、その爲、彼は人類に對する希望を失ったと孔子に語る。大概何事も希望を失ってはやっていかれない。「最大な術が浸みこんでる實例も議論も、生來ややましな少數の人に多少の效果のある位のものである。こんなわけで私には一國が全體に改革されるということは不可能のように思われる。私はこの程度に人類について幻滅を感じてる」という。

孔子は答えて、「私としてはわが帝國のどの省でも、道義的な諸原理が行われるようにしようと企圖して書きもし、また門弟の派遣もやって來た」と言う。このことばに對し、ソクラテースは「あなたは、王家の後裔で、國民の間に大きな威信があるから、一職人の子である私には許されない多くのことができる」と言う。それから、ソクラテースは、次のように長口舌を弄して、大抵大事を成就した國民は立派な指導者に大いに負う所あったのだと論點を進めた。「しかし、哲學的であること、美なるもの善なるものに說得だけで從うこと、而も美なるもの、善なるものを眞實且つ自由に愛する所から從うこと——これは國民全部には決して普及させ得ないことで、天が他のものとは別にするだけの値打があると思って、一定の選ばれた人間の爲に備えたものである。一般人民は、彼らの信賴を獲得した人の權威の下で、慣習や輿論に關する事柄では、多少の長所を發揮することができるばかりである」と。その後の對談で、ソクラテースは、シナ人は決して今まで言われている程の古い國民でも無ければ、敬服すべき國民でも無い旨を詳論している。

ランソンの主張するように、フェヌロン(卽ちソクラテース)が革命の先驅者であるとしても、自由、平等、博愛からはまだ隨分距離のあったことは明白である。同じく明白なことは、彼が孔子の哲學をこれら三つの情緒にずっとより近いと思ったことである、——事實、概觀して、彼の趣味にとっては餘りにも近かったのである。

ランソンは二篇の論文で、革命の土臺となった十八世紀のフランスの哲學と、政治上の諸原理が根本的には本國内で發展したものであるという論旨を展開せしめた。第一の論文では、外部からの力(シナからのも入れて)も何かの役目を演じたことは承認しつつも、彼は、十八世紀のフランスの合理主義に落ち附いた運動は、文藝復興に始まって、フランス社會の精神を變化せしめつつあった内部の生みの苦しみが、十七世紀の末葉になって突如としてより顯著により急激になった結果であると論じている。

かような次第で、ランソンはこの變化が、大凡一六八〇年から一七一五年までにやって來たが、その變化には、特徵として次の諸思想があったと言っている。㈠偏見にも權威にも讓歩しないで、事實と經驗とに注意を拂うと共に、明瞭で而も筋の通った思惟を求めること、卽ち人は自分で眞理を探求しなければならない。㈡獨斷には從わないで良心に服從すること。かようにして、人種や宗教に拘らず、善人はどこでも至る所本來同一の道義的原理を有し、個々の人が獨りで善惡を判斷することができる。一般に善は中庸である。㈢善と快とが同一物になったこと。人間はその欲望を除こうとしてはならない、ただ善導すればよろしい。現世を享樂することに重きが置かれ、來世的な制裁は姿を消した。㈣後にルソーの言った如く、善は原始には無く、ただ文化と文明の所産として存在すること。㈤快の哲學が互惠の哲學に擴大されて、自分が幸福である爲には、他人を幸福にしなければならないこと。㈥慈善の德が人道の德におきかえられたこと。[四九]

ランソンは、これらの思想の中、第二の發達に、シナに就いての新知識が多少の役目を演じたことを認めたけれども、これらの諸思想全部について、彼は國内的且つ論理的な説明を見出そうとしたのである。尤も時には、これらの説明でも十分納得とまでいき兼ねる場合も無くはなかった。例えば利己主義から利他主義への變遷の如きも、實はこ

こに記述されているように、こんなに簡單な、そしてほとんどこうなるより外無いことのようにも思われないのである。(五〇)

はっきり注意に値いすることが二つある。第一に、讀者も既に氣附いているだろうが、前述の六つの點どれを見ても、十八世紀のフランスの思想が、論語の孔子や、極く初期の儒教の思想に非常によく似てる狀態になってることである。第二にランソンが西紀一六八〇年から一七一五年までの間を、この變化の生じた時としたのだが、それが丁度この初期儒教がフランスの社會に紹介されて感動を與えた時であることである。初期儒教の書物のどれかが初めて飜譯公刊されたのは西紀一六六二年らしく、その後數十年間相次で世に出たのである。(五一)西紀一六八五年に學識あるフランスの耶蘇會士の特別な一行がルイ十四世からの親翰を持ってシナへ派遣され、その一行およびこれに續いた他の人達もシナからの文通を、數人のヨーロッパ一流の人物との間に繼續して、その量は夥しきに上った。これらの書翰は次の數十年間に公刊された數冊の書物の基となったが、これらの書物がシナと孔子とを周知させたことは曾てその例を見ない程であった。(五二)

ランソンは第二の論文で「フランスの上流社會に社會的良心と革新の精神が目覺めたのは西紀一六九二年から一七二二年の間で、それ以前にはこの種のことは曾て無かった」と述べている。それから、彼は「外國(即ちイギリス、アメリカ)の勢力を輕視するような樣子」は見せないで、これらのことが、大部分フランスの當時の狀況の爲に起きたものだということを明らかにしようとしたのである。彼の議論には長所もあるが、時には彼の擧げる原因が結果を說明するに必ずしも適しない場合もあった。「革新の精神や一般の福利に對する積極的熱意」が擴がったのは、ルイ十四世の晩年、その治世の本質が壓制的となってこれに刺戟されたのは事實であること毫も疑い無い(五三)が、それはやや問題外で、問題はなぜこの特殊な精神がこの特殊な時期に起きたかと言うことである。フランスでも、その他どこでも、壓制の事實があるだけで必ずしも革命の精神が喚起されるものでないことは言をまたない。

　況んや「平等の原理は進化したがそれはどこからか。不公平で壓制的な人頭税の賦課のことを考えたからである」という言明とも一致しそうには無い。[五四] これは一要素には違い無いが、不公平な取扱いに對して抗議すること、そのことが、人間は同じ取扱いを受ける權利のあることを自分で感じたことを意味するので、即ちある意味で人々が平等であることを彼ら自身で感じたのである。彼らがそう感じた理由はランソンの思ったよりは、ずっと複雑だろうと思われる。この方向へと向けた、いろいろの力の中には、宗教改革の力も、イギリスからの力も、シナからの力もあった。西洋人が一番驚いたのは、人の平等という基本的觀念が彼らの思った通りに行われているのはシナだということを知ったことであった。ランソンが、フランスで社會的良心が初めて目覺めた時と思っている一六九二年より前一世紀の間に、ヨーロッパへこの驚くべき事實は報道されつつあったのである。[五五]

　十七八世紀の間にシナの諸思想によって影響を受けたドイツ、イギリス、フランスの學者、哲學者および政治家を多數列擧することはこの書物の範圍外で、他にその人は存する。[五六] なおまた十八世紀哲學の主要な諸原理が、一方ではフランス革命の哲學と、他方では初期儒教と類似する點をおのおの詳細に考察することも、この書物の能くする所ではなく、それらの諸點を比較論評すれば優に一卷をなすであろう。自然法の思想はヨーロッパでは非常に重要なものだが、これが儒教の「道」の觀念と酷似していることは、ライプニッツもヴォルフも均しく認めた所であった。[五七] ルイ十六世の大臣であったチュルゴーはシナに深い關心のあった人と言われ、フランスの君主政治の運用にある變更を加えたいと王に提案したことがあるが、それはこの自然法を基礎としたものだと言われている。[五八] また、十八世紀のフランスとシナとに共通な思想は、政治本來の目的が人民の幸福に存することと、[五九] 政治は競爭的では無く協力的な事業であるべきだということであった。モンテスキューでさえも、今述べた後の點ではシナの政治を賞讃して「この帝國の構成は家を治める方式に基づいてでき上っている」と評した。[六〇]

これらの點すべてについての論據は、これを要約するだに不可能だから、フランス革命について基本的であった次の二つの原理だけを考察することにしよう。第一は革命を起こす權利そのもの、第二は人間の平等である。

革命の國民議會は「政府が人民の權利を侵せば、暴動は人民、而もあらゆる階層の人民にとって、權利として最も神聖であり、義務として最も不可缺のものである」と聲明した。[六一] これはヨーロッパ中世の政治理論とは全く異ったものであったけれども、さりとて、決してこれがより古い思想に對するヨーロッパでの最初の挑戰で無いことは言をまたず、シナの政治理論の發見の爲に著しく强められたに違い無い。なぜなら世界各國中で最善の政治が行われ、最も秩序ある國として廣く揚言していたシナでは、壓制などは物ともせず、革命こそは正に權利の中で一番神聖なもの、義務の中で一番不可缺なものだという原理が長年に亙って自明の理として認められ來たっていたからである。このことは論語では暗示され、「孟子」には明言されている。[六二] シナでは革命の危險が常に存して、その爲に暴政をしないようになっていたことは、夙に宣敎師達から報道され、またフランス革命の隨分前から、各方面の數名の文筆家によって注意を喚起されたこともある。ルイ十五世の朝のケネーやイギリスのオリヴァー・ゴールドスミスの如きがそれで、[六三] モンテスキューは「シナの皇帝は……若しその國の政治が正しくない時には、その帝國と共にわが身を失うことをよく心得ていた」と書いている。[六四]

平等の原理についても興味あることがある。一七八九年に國民議會は人權宣言を採擇し、その第一條には「人はその權利については生まれながらにして自由且つ平等であり、また必ず引續き享有する。從って市民として區別を生ずるのは公共の利益に根據ある場合だけに限られる」とある。このことばと、アメリカ獨立宣言の前文との類似はしばしばいわれることである。同樣な聲明が早くも一六九六年にパリで耶蘇會士ル・コントによって公けにされたこともまた注目に値いする。彼はシナでは「貴族は決して世襲では無く、また人間の身分に上下の差別も無いが、ただ人々の行う役目の爲のものは別だ」と書いている。(六五)

ハロルド・ジェー・ラスキは「出世の道は、才能あるものに開かるべきであるとの主張は、よしその制限にどんなものがあっても、門地も人種も信條も平等への道を妨げることはできないということで、フランス革命は民主的理論に寄與したといってよい」と書いている。(六六) しかし、フランス革命が寄與したのはその獨創によるかどうか若干の疑問がある。というのは、フランス革命のずっと前に、シナでは官職は嚴重にその人の値打によって與えられるという思想が相當廣く周知されていたからである。ヴィルジール・ピノーは「シナの讃美者達は、功績さえあれば誰でも、國家最高の顯職に登り得る國は、シナであり、而もシナだけであって、王族の贔屓があろうが、高貴の生まれという强味があろうが、有德有識によらなければ、呼び出されない地位へ、胡麻化しではいり込み得ない反面、功績さえあれば、それ次第で誰でも社會的階級に列しられる國を發見したと思った。こういうことはヨーロッパでは稀有か絶無かであったに違いない。なぜなら、功績以外何物にも據らない、噓のようなシナの官吏階級組織のことを宣教師達は國籍の如何を問わず皆激越なことばで稱えていたからである」といっている。(六七)

宣教師達からかような報告が早くも一六〇二年に到達し、(六八) 爾來そのあとを絶たなかった。デュ・アルドは一七三五年に公刊され、廣く讀まれた彼の著述の中で、シナでは「學生が農夫の子であっても、一番偉い上流の人の子供と同じだけの希望を以て、總督、さては國務大臣でもの榮位に登ることを志していた」と明言している。(六九)

これらの言論は廣く興味を喚起し、一六二一年に公刊されたロバート・バートンの「憂鬱の解剖」をはじめ多くの書物で論ぜられた。(七〇)これもイギリス人だが、ユースタス・バジェル(タトラ誌やスペクテータ誌の寄書家であったこともある)は一七三一年にシナのやり方をイギリスでも採用するよう提案した。彼は「全イギリス領内の名譽または利益のあるあらゆる地位は眞に功績あるものへの報酬とせらるべきであるということを格言と考え、近代政治家で誰かが、この格言自體はいくら勝れたものでも、イギリスのように大きく、また人口も多い國では、恐らくは守り得ないであろうと思うとしたらば、そういう政治家に對し、私は今日この際、この素敵な格言が、世界最大で人口最多な、而も最善の政治が行われてる帝國で最も嚴格に奉ぜられ且つ守られていることを失禮ながらお知らせしたい。それは外ならぬシナである。が……シナでは眞に有能有識の人でなければ、何人《なんぴと》でも大官即ち君子になれないし、また政府の如何なる地位にも就く資格は無いのである。」(七一)一七六二年にオリヴァー・ゴールドスミスはイギリスの世襲的貴族政治にひどい攻撃を加える論據としてこの議論を用いた。(七二)

フランスではヴォルテール、それから一七五九年にフランスの會計檢査官長となったアッシュ・アンヌ・ドゥ・シルエット、また一七七四年から一七七六年まで會計檢査官長の職に在ったチュルゴー、フランス王の大使ピエール・ポアヴル、および重農學說の創始者ケネーをはじめ數人の文筆家がこれに關して論評を加えている。(七三)約言すれば、官職の選任には個人の人格と才能とのみを根據とすべきであるという原理即ち「民主的理論に」フランス革命が「貢獻した」頃には、これがその餘程以前から、少なくもシナでの政治理論であったことは一般に知られていたことである。

然らば、シナに關する新知識はフランス革命の「原因」をなしたものと結論すべきであろうか。否、然らずである。フランス革命は政治的、經濟的、社會的および知的など多くの要素があって起きたもので、その多くの要素を剩す所無く詮索することは、ここではその所を得ないであろう。フランス革命を革命として見る場合に、われわれの關心は、十七八世紀に於いて、全西洋世界の思惟を民主政治の方向へ漸次に向けていった精神的革命程には大きく無く、儒教の新知識もこの精神的革命の背後に在った多くの要素の一たるに過ぎないことは言をまたない。

しかし、儒教の新知識は一要素であったとは言え、その重要性はそれ相應に認識されず、從って十分に調査されなかったのである。ヨーロッパ特にフランスでは、十七八世紀の間に思想の型全體が一變することとなって、その後は多くの點で孔子の思惟に似て來たのである。その變化もその類似も表面的ではなかった。類似の一部には單なる暗合によるものもあったが、元よりすべてが暗合と思われないことは誰にも明らかである。この類似は一文化が他の文化に及ぼした影響の結果生ずるもので、その程度如何を極めるには愼重な調査を必要とし、而も空前な大規模なものを要するのである。これが行われれば、民主政治の歴史に重要な一章を加えることとであろう。

こういう研究からどんな風の結果が出て來るだろうかは、一九四八年にアーサ・オー・ラヴジョーイが發表した「浪漫主義のシナに於ける起源」と題する非常に面白い論文中に若干示されている。それはイギリスというただ一つの西洋の國の、美學というただ一つの分野で、十八世紀中に受けたシナの影響を細心に一々證據を擧げて研究したものである。ラヴジョーイは「審美的卓越の新規準」はシナから輸入されたと結論して「近代趣味の歴史上の轉換は、整正、簡素、畫一、および論理的に理解し易いことの諸理想が、初めて公然疑問視された時、卽ち眞の美は『幾何學的』であるという假定が、『自然法に對するが如くにあらゆる人が同意した』もので無くなった時に達せられた。イギリスでは、とにかく、この假定の廢棄をみたのは、凡そ十八世紀の大半を費して、初めてシナ藝術の影響および實例によるものだということが一般に認められたようである」と言っている。(七四)

以前から文明人はすべて同意するものとされていたヨーロッパ思想という金城鐵壁のような自明な公理に、とって代るものを出したというシナの思想のはたらきは、藝術以外の分野でも反響を呼ぶことになった。人間の幸福の價値如何というような根本的な問題にも關係があった。ギルバート・キナードは、「全キリスト教文明では、幸福は涙と悲しみとの谷間では望むべくも、得らるべくも無いという思想に立脚してる」と言っている。(七五)今までにこれに抗議した人も少なくなかったが、全般的にその聲は淋しく、それらの人の羣も大きく無かった。

この際東洋を發見したことは、ヴォルテールが目に見る如く敍述してるように、一つの新しい道義的且つ物質的な世界をヨーロッパ人の眼前に展開したことになった。彼らはシナに於いて、世界最古を主張する國、また、あらゆる信任狀中最も疑點の少ない、繁榮を保持していることに議論の餘地ない國を發見したのであるが、(七六)その繁榮たるや靜かに自ら足れりとして、多くの點でヨーロッパで行われた主義とは正反對に、自らを調節し來たったものである。ここでは幸福は眉を顰められないで、個人ばかりで無く國家の最高目的とさえされていた。人間の平等も否定されるどころではなく、シナのことを報道した人達は平等こそは社會理論および政治理論の根底そのものであると主張した。

この「新世界」が非正統的概念を支持するヨーロッパの獨立新教信者の心に訴える所あったのは必然で、ヨーロッパの傳説と相容れない慣行ももはや「うまく行かないだろう」とか「行われない」とかは言われなくなった。ヴォルテールはベールの立場に反對して、(七七)無神論者の社會はでき得ないとの意見を抱くその人が同時に、世界最古の(シナの)政治が無神論者の社會だと主張している」と斷言して北叟笑んでいた。(七八)また現狀維持論者が、何も世襲的身分の無い人間に功績があったからというだけの根據で、政治上の權力を與えることは、善政と秩序とを破壞するものだと言った時に、バジェルは、今や「この立派な準則に最も嚴格に從って、最も大仕掛に守り、最大の人口を擁して最善の政治をする全世界での最大國。それこそ外ならぬシナである」と答えることができたのである。(七九)

ヨーロッパ式の標準が滅亡せらるべくもないものならば、この脅威は傳説の擁護者と一戰を交えなければならなかった。果して一戰を交えたことは既に述べた通りで、ヨーロッパ式標準は、ヨーロッパでは、シナ卽ち儒家の思想の評判を徹底的に傷けることに成功し、その結果フランス革命の時以來は、シナが西洋の民主主義的思想の伸展に多少意義ある貢獻をしたことなどはほとんど全く忘れ去られてしまった。

ヨーロッパでシナに興味を持ちはじめたそもそも最初の頃に、ライプニッツは「シナとヨーロッパとの間に文明の交流」の起こるようにとの希望を表明したが、(八〇)勿論それは不可能なことであった。それでも、恐らくは今日考えているより以上に、部分的ではあるが決し物の數ではないとはいえない貴重な輸血が起きたと思われる。

ヨーロッパ人が、彼らの民主的世襲財産にシナからどれだけの影響を受けたかの度合を知らないならば、アメリカ人の大部分が十八世紀の啓蒙哲學、わけてもフランス哲學がアメリカ合衆國の民主的な思想および制度に及ぼした影響を知らないことはほぼ同樣でややましな位であろうと思われる。アメリカ革命はフランス革命より前で、フランス革命を起こすに力を藉したのであるから、それだけ餘計に忘れ勝ちとなるわけである。

そうは言っても、フランスの啓蒙思想はアメリカ革命を準備する上にはっきりした一役を演じた上に、革命後のアメリカに於ける民主思想の發展の爲に、恐らくはそれ以上の大役を果したのである。獨立宣言の起草者であったタマス・ジェファスンは「アメリカに於ける啓蒙の象徴」と言われた人であった。[八一] 孔子の哲學がアメリカに於ける民主的思想の進展上に及ぼしたかと思われる影響は、主としてではなく恐らく專ら、フランスの受けた影響を通じてであった。アメリカ人で自國の革命に名を著わした人は、シナのことに何の興味を示さなかったようだが、それはアメリカとフランスとの知的接觸が最も密接となった頃には、既にシナはヨーロッパで大いに信用を失墜してたことも、その一半の理由であったと言えよう。

しかし、少なくもケネーの重農主義の學說は明らかに關連ある一線を貫いている。アダム・スミスとカール・マルクス[八二]との兩人に重大な影響を與えたこの理論體系が、その實、相當多分にシナから流れて來たことは時には疑問視された。[八三] ケネーがシナから得たと言った確證は勿論無いが、苟くもシナの政治および經濟の理論に關する文獻に親しんだ人ならば、ケネーを讀んで高度な相關關係の存することに甚しく打たれないものは無い。その上、ケネーが言わんと欲したことの大部分が、耶蘇會士やヴォルテールのような文筆家がシナのことを書いたものから得たものであることは明らかで一點の疑いも無く、[八四] ルイス・エー・マヴェリックは、ケネーが重農主義の政治問題の面を發表した「シナの專制政治」の最初の七章は、ジャック・フィリベール・ルスロー・ドゥ・シュルジーの筆に成るシナのことを記述した本から「そっくりそのまま盜用した」ものだと言っている。[八五]

重農主義は農業の重要性を特に强調して、國はこれを奬勵助長すべきであると力說した。同時に重農主義者は商工業を生產的で無いと考え、自由貿易を主張し農業のみに課稅すべきだと言った。ケネーは、政治の首長は「專制的」權力を持つ君主であるべきだが、その君主の政治は、「勝手氣儘や壓制的」であってはならず、シナの皇帝のようであるべきだと思っていた。[八六]

今まで述べた所では、ケネーの理論で、シナの文獻のどこかにその根據を見出し得ないものは無かったが、ケネーおよびその學派の人々が、「啓蒙された專制」と稱する彼らのヨーロッパ的理論はシナ皇帝の專制的權力の思想(これは既に述べたように孔子の思想が歪曲されたもの)を改作したものであることは疑い無い。その上に、彼らは私有財產制の重要性を强調して、儒教の理論が皆無か、それともその理論とは一致しない方法によって、天が一番立派な社會公衆の爲になる役目を行わせる爲につくった……富裕な事業主の」任務の大切なことを力說した。[八七]

ベンジャミン・フランクリンのフランスへ行ったのは、一七六七年で、ケネーの「シナの專制政治」の出たのがまたこの年である。實はフランクリンは、それが初めて發表された雜誌の購讀者であり、寄書家でもあった。[八八]フランクリンはケネーの家庭で、陽氣な、氣の置けない、學識あり哲學ある社交界の存在を知って甚しく心を引かれ、[八九]また重農學者の中でも最も有力な二人卽ちミラボー侯爵とチュルゴーと友達になった。こんな次第で、ベルナール・ファイは「フランクリンはこの有名な學派の絕大な勢力をアメリカ贔屓たらしめ、これが(フランスの)輿論を左右する一大巨步となったのである」と言っている。[九〇]

フランクリンは、まだその上に重農學者からその思想をも借用した。ファイは「フランクリンは重農學者の思想をその一番單純な要素に歸せしめて、どうしたらば、重農主義の思想を、イギリスとアメリカとの討論の際に利用できるか、また、どの程度、アメリカの農家が、イギリスの商人に對抗する主張の助けになるかを調べたが……これこそ、彼の心中では實に革命であった。フランクリンは一七二〇年來タマス・ゴードンの古いイギリスの自由黨體系と、ウィリアム・ペティの重商主義の理論との二つに指導されて來たのだが、突如としてこれらのものが舊式のように思われて來た。フランクリンは、イギリスとアメリカとの憲法の論爭には、今までに既に疲らされた上に問題の要點を逸しつつあると思っていた所で……重農學者に一つの學説を授けられ、この大嵐の時代に、彼が筆を揮うに際して、この學説を利用したのである。(九一)」

ジェファスンもまた重農主義者の思想に大いに興味を感じ、仁慈な專制政治の思想は受け入れなかったけれども、(九二)かなり重農主義の思想の影響は受けたように思われる。(九三)ジェファスンの一通の書翰によれば、重農主義とシナとの關係について知っていたことの含みはあるようだけれども、(九四)彼にしても、フランクリンにしても、シナ哲學そのものをある程度研究してみようと思う程に心を動かされたことは曾て無かったようである。

非常に間接的な意味以外で、何の影響も受けなかったことは疑いを容れないけれども、タマス・ジェファスンの思想を、孔子のそれと比較することは、興味あることである。兩人共通なことは、形而上學には我慢できなかった點、富者に抗して貧者に味方することに關心を持った點、人間の基本的平等を主張した點、すべて人間は皆(未開人でも)本來は禮儀を辨《わきま》えていることを信じた點、および權柄には訴えないで、誰れ彼れ問わず誠實な人の理知と感情とに訴える點であった。(九五)「政治の術は誠實の術に盡きる」とのジェファスンの言明は(九六)顏淵一七と驚くばかりに似ているが、なおこういうような例は外にも擧げ得るのである。

孔子もジェファスンも、二人共平民の爲になることを强力に推し進めた選士であったけれども、兩人とも人々の能力は決して一樣では無いという事實を輕視しなかった。(民主政治を主張する人には輕視するやに見える人もある。)一八一三年にジェファスンはジョン・アダムスに書き送って「大勢の人間の中に、本來の上流社會のあることは貴見に同意であり、その根底は有德有能である。……それからまた富や門閥を根據とする人爲の上流社會もある。……私は本來の上流社會を、教育の爲にも、信頼される爲にも、社會の支配の爲にも、最も貴重な自然の贈物だと思う。

……一番効果的に自然的上流貴族を政治の衡に當らせるよう純正に選擇することに備えてる所を見ればその政體こそ最善のものといって差支え無いのでなかろうか」と言っている。(九七)

シナの試驗制度をこれ以上に手際よく要約することはむつかしいようである。ジェファスンは國の有能な青年を政治上の仕事をさせる爲に選抜して教育することは急務中の急務であると痛感していたから、一七七九年にこの目的を達する計畫で、彼は「學問の一般普及增進法案」をヴァージニア州の下院へ提出した。この法案では、普通教育こそは民主政治の最上の防衛であると言明し、また政治は「賢明で誠實な」人々によって行わるべきであり、「自然から才能と諸德とを賦與されたそれらの人々は、高等普通教育によって人格を陶冶し、平民仲間の權利と自由との神聖な寄託を受けるに値いし且つ守り得る人たらしめるべきであり、而もそれらの人は富とか門地とか、その他偶然な狀況や事情には構わずその任務に呼び出されるべきだ」と主張した。しかし、貧乏人はその子を教育するだけの力が無いから、彼らの中からできのよい子を「捜し出して、皆の共同費用で」公益の爲に「教育を施すべきだ」とされた。

ジェファスンの法案は三階級の教育制度を建てようとしたものであった。地方學校では、子供は一人殘らず無料で三年間教育を受けることになっていた。學校中で一番よくできる子供でも、その兩親が貧乏でそれ以上の教育を受けさせることのできない時には、非常に刻苦勉勵し、且つ公平な試驗と調査の結果定期的に選抜されて二十の初等中學校の一つに送られ公費で教育を受けることになっていた。初等中學校でも生徒達は何遍も試驗を受けねばならず、最優秀のものだけがそのまま學業を續け得て、最終に、これらの中から少數の最優秀者がウィリアム、メアリ大學に送られて自分達の選擇する學問の研究を引續き三年間行うことになっていた。ジェファスンは「貧乏人階級の中から、できる少年を選擇することを規定してるこの法案のその部分によって、富者と同じように、貧者の間にも自然が自由に蒔いた才能を捜し求めて訓練しなければ、用いられないで枯死してしまうのを、國家が活用することを望んでいるのだ」と説明した。(九八)

　ジェファスンの法案にはシナの試驗制度と共通な三原則がある。(一)教育は國家の主要な事業と考えるべきであること、(二)目立ってできる生徒は競爭試驗の方法で三段に選抜されることになっていたこと、即ち最下級の生徒は小地區から選抜され、最上級は全國から選抜されることになっていた(シナの縣、省、國の試驗に相當する)。(三)主たる目的は貧富を問わずまた門地も構わず、市民中で最も有能な官吏としての勤勞を「國が利用する」ことであった。この案はある程度の教育は一人殘らず無料で授けることになっていた點、有能な人に呼びかけてその教育は全部公費ですべきであるとした點は、シナの制度と異っていた。ジェファスンは彼の所謂本來の上流社會はただ試驗に及第するばかりで無く、地位に選擧せらるべきで、シナのように任命せらるべきでは無いとの要求を彼は持っていたのである。(九九)

　これら類似點の存することはジェファスンの思想がシナの試驗制度の影響を受けた證明にならないことは言をまたないが、影響のあり得ることは明瞭で、ジェファスンが一七七九年の法案を提出する前からシナの制度の存在を知っていたことは確かなようである。十七世紀の初めの頃のシナの政治は事實あらゆる權力が皆官僚の掌中に握られ、その官僚となるには、嚴重な試驗を數回受けて初めて許されるのであるから「これに優る政治は人間の力では想像できない」とヴォルテールの言明している書物をジェファスンが讀んでこれの廣汎な注釋を作ったのは遲くも一七七六年だということが證明されたのである。(一〇〇)シナの試驗制度のことは、多數のヨーロッパの古い本に詳細に載っているが、(一〇一)その中の少なくも一部がジェファスンの藏書中にあったことは分明である。(一〇二)

ジェファスンは、彼の教育案を根本的重要なものと思っていた。彼は民主政治が徐々に暴政の邪道に陥らないように民主政治自らを防衛するのに、彼の教育案の如き方法を何か講ずる外はないと確信していた。[一〇三]彼の一七七九年の法案はその目的を覆《くつがえ》す程ひどく修正を加えられたのである。彼は一八〇六年に大統領として「教育に關する國立施設」を新設できるよう憲法の改正を下院に提出した。[一〇四]一八一三年にジョン・アダムスに書き送った書翰の中で、彼の最初の法案の原理が「われわれの政治のアーチの要石」とされるよう今もなお望んでいると言っている。[一〇五]一八一七年には、彼は彼の原理を具體化した教育案の議會通過に「今は沒頭して他を顧みない」と書いている。[一〇六]彼は晩年に至るまで引續きこの爲に活動しまた筆を執った。[一〇七]

ジェファスンが主張したような教育案は採られなかったけれども、人々が官職に選ばれるのは、その人が人氣を博していることよりは、その人の能力如何に基づくべきであるという原理が、西洋の民主政治で認められ、文官は競爭試驗によって募るという制度になったのである。一九四三年に鄧嗣禹はイギリス帝國の文官制度はシナのそれによって起こされたものだということを示す研究を念入りな證據文書を附して發表した。彼は東インド商會が、シナに近接しているインドの營業所でこういう種類の試驗をしたのが最初であること、およびこの制度の採否が議會で討論された際に贊成者も反對者も均しく、シナの制度に言及したことを他の證據と共に擧げている。[一〇八]

その後アメリカ合衆國で、文官試驗制度が採用されたが、これは主としてイギリスの影響によったものである。しかし、この法案が國會で懸案となった時に、ラルフ・ワルド・エマスンが、公職の候補者はその資格あることを示す爲に、「まず試驗に及第すべきことを要する」という事柄では、「シナはアメリカ竝にイギリス、フランスよりも、この無謀な慣行を根本的に匡正することでは先鞭をつけていた」と述べたことは注目に値いする。[一〇九]

（一）朱謙之「中國思想のヨーロッパ文化に對する影響」二九五。
（二）マコーレー「ヘンリー・ニール著英國歴史物語を評す」（「エディンバラ評論」第四十七卷三三三―四）。
（三）ブリュンティエール「フランス文學史の批判的研究」一九九。
（四）ルフェーヴル「フランス革命の發生」緒言六。
（五）ルフェーヴル「フランス革命の發生」五〇。
（六）ルフェーヴル「フランス革命の發生」二一五。
（七）ラヴジョーイ「浪漫主義のシナに於ける起源」一〇八。
（八）ライプニッツ「最近のシナ」序三。
（九）「ヴォルテール全集」第四十九卷一八四―五。
（一〇）バジェル「スパルタ王クレオメネスへの一書翰」緒言九五―六。
（一一）ケネー「シナの專制政治」（ケネー「經濟および哲學著作集」）六三六。
（一二）ドゥンヌ「明朝末期のシナに於ける耶蘇會士達」およびローボザム「宣教師にして大官――シナ宮廷の耶蘇會士達」を見よ。
（一三）ピノー「シナと、フランスに於ける哲學精神の形成」九。
（一四）ライヒワイン「シナとヨーロッパ」七八に引用されている。
（一五）「ヴォルテール全集」第二十一卷二二〇―一。
（一六）ドゥンヌの博士論文一二五。マテオ・リッチ評論からの引用である。なお、トリゴーの「在りし日のシナ」ガラジェ譯一五七を見よ。
（一七）アンリ・ベルナール「神父マテオ・リッチとその頃のシナの社會」第一卷三二四、アンリ・ベルナール「シナの智慧とキリスト教哲學」一〇一―八を參照せよ。
（一八）アンリ・ベルナール「神父マテオ・リッチとその頃のシナの社會」第一卷三二五。ローボザム「宣教師にして大官――シナ宮廷の耶蘇會士達」六四―五を參照せよ。
（一九）胡適「シナの文藝復興」三〇。

(二〇) 朱謙之「中國思想のヨーロッパ文化に對する影響」一一三および一三五。

(二一) 朱謙之「中國思想のヨーロッパ文化に對する影響」一一〇。

(二二) かように「漢學派」と呼ばれたのは、宋の學者の注釋を標準として受け入れず、漢時代のものまで溯ったからである。

(二三) ドゥンヌ「明朝末期のシナに於ける耶蘇會士達」一五四—九。アンリ・ベルナール「神父マテオ・リッチとその頃のシナの社會」第一巻三二五。ハメル「清時代の高名なシナ人達」第一巻四二二—三。朱謙之「中國思想のヨーロッパ文化に對する影響」九九—一五三、一六六—八。張蔭林「明清の際西學中國に輸入する考略」(「清華學報」巻一、六二—六)。

(二四) 胡適「シナの文藝復興」七〇。

(二五) レオナード・許仕廉「孫逸仙——その政治的社會的理想」三〇—一。

(二六) ピノー「シナと、フランスに於ける哲學精神の形成」一八三—五。

(二七) この時代の耶蘇會士達の書き送った報告類としては、例えばトリゴーの「在りし日のシナ」一三六—七五、デュ・アルドの「シナ一般史」ブルックス譯第三巻一四—六三を見よ。なお、ドゥンヌの「明朝末期のシナに於ける耶蘇會士達」八九—九一を見よ。ロバート・バートンは、その著「憂鬱の解剖」の中で「耶蘇會士マテオ・リッチはあらゆる國民の中で彼らシナ人が一番迷信的であるとわれわれに報告した。」三一〇。

(二八) ベルナール「神父マテオ・リッチとその頃のシナ社會」第一巻三四四。

(二九) ドゥンヌ「明朝末期のシナに於ける耶蘇會士達」九二。

(三〇) ライヒワイン「シナとヨーロッパ」七八。

(三一) 衛靈公四一。

(三二) ライヒワイン「シナとヨーロッパ」七七。

(三三) 「ヴォルテール全集」第四十九巻二七一。

(三四) 「ヴォルテール全集」第十六巻三三五。

(三五) ライヒワイン「シナとヨーロッパ」八〇。

(三六) 「ヴォルテール全集」第四十九巻二七二。

(三七) フェヌロン「死者の對話」四三。

(三八) モンテスキュー「法の精神」ニュージェント譯第一卷一四二。
(三九) ディドゥロー、ダランベール「百科事典」第三卷三四七。
(四〇) ル・コント「シナ全帝國旅行の回顧並に所見」英譯二四二。
(四一) グッドリッチ「乾隆の文學的異端審問」を見よ。
(四二) 「ヴォルテール全集」第十六卷三三〇—三およびモンテスキュー「法の精神」第一卷一四二—四を見よ。イー・カルカソンヌはモンテスキューのシナ論を見事に分析してシナが同意しなかったある先入的の原則を支持することに、モンテスキューが大いに關心を持っていたことを示し、また耶蘇會士達の報告について全體的な疑問の諸點を論じた。カルカソンヌ「法の精神に於けるシナ」を見よ。
(四三) ラハ「ドイツ文明に對するシナの寄與」九六—七。
(四四) ハタスレ「民主主義小史」一四三。
(四五) ベデ「ギュスターヴ・ランソン」(「アメリカの學者」第四卷二八六)。
(四六) ランソン「フランス十八世紀の哲學形成における經驗の役目」(「月刊評論」第九卷四一三)。
(四七) 前記引用文中にある。
(四八) 表題を變えて公けにされた。書目フェヌロンの條を見よ。
(四九) ランソン「フランス十八世紀の哲學形成における經驗の役目」(「月刊評論」第九卷五—二八)。
(五〇) ランソン「フランス十八世紀の哲學形成における經驗の役目」(「月刊評論」第九卷二四—五)。
(五一) ラハ「ドイツ文明に對するシナの寄與」四—五および一四〇。ライヒワイン「シナとヨーロッパ」二〇。およびピノー「シナと、フランスに於ける哲學精神の形成」四五八—六六の書目を見よ。
(五二) ピノー「シナと、フランスに於ける哲學精神の形成」一五—六および一四一—二。
(五三) ランソン「フランス十八世紀の哲學形成における經驗の役目」(「月刊評論」第九卷四一一—二)。
(五四) ランソン「フランス十八世紀の哲學形成における經驗の役目」(「月刊評論」第九卷四二〇)。
(五五) 例えばパーカス「彼の巡禮者たち」第十二卷三八七を見よ。
(五六) 特に朱謙之「中國思想のヨーロッパ文化に對する影響」、ライヒワイン「シナとヨーロッパ」、ピノー「シナと、フランスに於ける哲學精神の形成」、マヴェリック「シナ――ヨーロッパへの一つの模型」、ハドスン「ヨーロッパとシナ」、ラヴジョーイ「浪漫主義のシナに於ける起源」およびローボザム「儒教が十七世紀のヨーロッパに與えた衝撃」を見よ。

(五七) ラハ「ライプニッツとシナ」(「思想史誌」第六巻四四〇―一および注一七)。ライヒワイン「シナとヨーロッパ」八五。

(五八) ピノー「重農主義者と十八世紀のシナ」(「近代史および現代史評論」第八巻二一三―四)。マヴェリック「シナ――ヨーロッパへの一つの模型」四四―五八。

(五九) 子路一六を比較せよ。ル・コント「シナ全帝國旅行の同顧竝に所見」英譯一二五およびディドゥロー、ダランベール「百科事典」第九巻三五七。

(六〇) モンテスキュー「法の精神」第一巻三四六―五〇。

(六一) リンゼー「近代民主國家」第一巻一二八。

(六二) ウェーレ譯「詩經」二五五(大雅文王之什皇矣)、「書經」多士一七五―七七、「多方」一九四―九八。子路一三、憲問二〇、陽貨五。「孟子」梁惠王下八を見よ。

(六三) デュ・アルド「シナ一般史」ブルックス譯第二巻一八。ケネー「經濟および哲學著作集」五七二―三。ゴールドスミス「世界市民」第一巻一八一。

(六四) モンテスキュー「法の精神」第一巻一四四。

(六五) ル・コント「シナ全帝國旅行の同顧竝に所見」二八四。

(六六) ラスキ「民主政治」(「社會科學百科事典」第五巻八〇)。

(六七) ピノー「シナと、フランスに於ける哲學精神の形成」三九五。

(六八) パーカス「彼の巡禮者たち」三八七。

(六九) デュ・アルド「シナ一般史」ブルックス譯第三巻一二。

(七〇) バートン「憂鬱の解剖」五〇三。

(七一) バジェル「スパルタ王クレオメネスへの一書翰」九一―七。

(七二) ゴールドスミス「世界市民」第一巻一三七―四一。

(七三) 「ヴォルテール全集」第十六巻三三五。マヴェリック「シナ――ヨーロッパへの一つの模型」三〇、四九、二〇一、二三五。

ポアヴル「一哲學者の旅」英譯一六〇―一。
(七四) ラヴジョーイ「浪漫主義のシナに於ける起源」一三五。
(七五) キナード「タマス・ジェファスン、アメリカ主義の使徒」七五。
(七六) 一例として廣東地方の繁榮がポアヴル(「一哲學者の旅」一三八―四〇)によって注目された時の驚きを見よ。こういう所見は珍らしくなかった。
(七七) ピエール・ベール(一六四七―一七〇六)はフランス革命への道を開いた思想家の中でも、極めて重要な人物で、ヴォルテールおよび「百科事典」の編者ディドゥローに大きな影響を與えた。彼は耶蘇會の大學で教育を受けその主著「歴史的および批評的辭書」にはシナに關する個所も數多く存する。ランソンは次のように書いている。「無信仰者の社會が立派に成立ち、而もどのキリスト教社會とも異ることなく規制されていけるものだということを、ベールが、不面目無しとはいかないにしても、不條理無しに主張することができたとすれば、それはこの逆説が一つの事實によって權威附けられたからである。即ち宣教師達がシナで最上の政治が行われ、あらゆるものの中で、最も有德な社會を見たかまたは見たと思ったことである。而もそこで爲政の衝に當っていた一團即ち學者連中は無信仰者であったのである」と(ランソン「フランス十八世紀の哲學形成における經驗の役目」月刊評論第九卷一八)。
(七八) 「ヴォルテール全集」第十六卷二一一。
(七九) バジェル「スパルタ王クレオメネスへの一書翰」九一。
(八〇) ライヒワイン「シナとヨーロッパ」八一に引用されている。
(八一) コッホ「タマス・ジェファスンの哲學」四四。
(八二) ウューレルス「重農主義者」(「社會科學百科事典」第五卷三五一)。
(八三) ピノー「重農學者と十八世紀のシナ」(「近代史および現代史評論」第八卷二〇〇―一四)。
(八四) 例えば左のものを見よ。ル・コント「シナ全帝國旅行の回顧並に所見」。デュ・アルド「シナ一般史」第二卷一一五―二三。「ヴォルテール全集」第十六卷三三〇―三、第二十一卷二一一―四。なお、ライヒワイン「シナとヨーロッパ」一〇二―三をも見よ。
(八五) マヴェリック「シナ――ヨーロッパへの一つの模型」一二七。

(八六) ケネー「シナの専制政治」五六四。
(八七) ケネー「シナの専制政治」六五六。
(八八) ファイ「フランクリン、近代の使徒」三四三。
(八九) ファイ「フランクリン、近代の使徒」三四二。
(九〇) ファイ「フランクリン、近代の使徒」四一五。
(九一) ファイ「フランクリン、近代の使徒」三四三―四。
(九二) コッホ「タマス・ジェファスンの哲學」一七八―八五。
(九三) パリントン「アメリカ思想に於ける主流」第二巻一一。
(九四) コッホ「タマス・ジェファスンの哲學」一七二。
(九五) 比較に便する爲これらの諸點に番號を附した。孔子の意見は論語の次の諸章を、ジェファスンの意見についてはコッホの「タマス・ジェファスンの哲學」の次の頁を見よ。
㈠ 述而二〇。コッホ一一四。
㈡ 先進一七。コッホ一七四。
㈢ 雍也一。述而七。コッホ一三三。
㈣ 雍也一九。子罕一四。子路一九。コッホ一一六―九。
㈤ 陽貨二一。コッホ一四五。
(九六) 「ジェファスン著作集」第一巻四四六。
(九七) 「ジェファスン著作集」第九巻四二五。
(九八) この摘要は一部は原案から、一部はジェファスンの「ヴァージニアに關する手控え」に書かれてる所から作ったものである。「ジェファスン著作集」第二巻二二〇―九および第三巻二五一―五。
(九九) 「ジェファスン著作集」第九巻四二六。
(一〇〇) 「ヴォルテール全集」第二十一巻二一二。ヴォルテールは、これらの役人は「選擧で擧げられた」と附言しているが、勿論これは誤りであったがジェファスンの關心はこの爲に高められたかも知れない。ジェファスンがこの道義に關する論文を讀んでその手控えを作ったのはいつ頃かということはキナード編「タマス・ジェファスンの備忘錄」一四を見よ。

(一〇一)　鄧嗣禹は、彼の「シナの試驗制度を記述した西洋の書籍および論文の書目」に掲げたものの中に一七七五年以前に出版された英語のものが十一、佛語のものが三つある。鄧嗣禹の「西洋の試驗制度に及ぼしたシナの影響」(ハーヴァード「アジア研究誌」第十卷三〇八—一一)を見よ。この書目は網羅し盡したものであるとは自ら任じていない。

(一〇二)　もとの國會圖書館の燒けたあと、一八一五年にジェファスンは自分の藏書を國會に賣った。それは「合衆國圖書館目錄」に載せられ(一八一五年にワシントンで)ジョナサン・エリオットによって印刷されている。この書目の中に試驗制度に關してかなり詳細に記錄されてる本が二部ある。それはデュ・アルドの「シナ一般史」(第三卷一—一四)およびル・コントの「シナ全帝國旅行の回顧竝に所見」(二八〇—三)である。ジェファスンはル・コントの本は佛語版を持っていた。デュ・アルドの方は賣られた時、既に彼の書齋には第一卷があったのみである。だから彼が曾て第三卷を持っていたかどうかは確かでない。

(一〇三)　「ジェファスン著作集」第二卷二二一、第九卷四二五—七。

(一〇四)　「ジェファスン著作集」第八卷四九四。

(一〇五)　「ジェファスン著作集」第九卷四二八。

(一〇六)　「ジェファスン著作集」第十卷九五。

(一〇七)　「ジェファスン著作集」第九卷五〇一、第十卷五一。アロウッド「タマス・ジェファスンと一共和國における敎育」一二九—三二。コッホ、ペデン兩氏編「タマス・ジェファスンの傳記および選集」四九—五二。

(一〇八)　鄧嗣禹「西洋の試驗制度に及ぼしたシナの影響」を見よ。

(一〇九)　鄧嗣禹「西洋の試驗制度に及ぼしたシナの影響」三〇六。

第十六章　孔子と中華民國

孔子は、その在世中にも政治上反動家であるとか、君主專制政治に強力な支持を與えるとか言われ、また儒教は帝王がその臣下を服從させておく爲宣傳の道具に使われたという說もあって、中華民國となってから、一部で孔子の名が呪詛されたのは當然のことであった。二十世紀の前半に孔子の名が、軍閥や精々怪しげな民主政治の味方のような人物に利用されたという否定できない事實は彼の人氣を博する所以とはならなかった。從って孔子と中華民國との關係は主として否定的で、シナの革命の經過は、西洋から輸入された民主主義が儒教を追い出し、とって代ったという感じが高まってきたことは容易に首肯し得ることである。

儒教と言っても、滿洲王朝が後援した嚴正な國教的正統儒教だけを指すに限るならば、今述べたこともある程度眞實であるが、既に述べたように、孔子その人の哲學はそれとは全然別のもので、淸帝國の終りの世紀頃には、多くの比較的有爲で且つ獨立的な學者の間に在っては初期儒教復活の運動が發展しつつあったのである。前章で、耶蘇會士のヨーロッパへ傳えた初期儒教の思想が、西洋で民主政治の發達に貢獻する所あったことは、既に述べたが、その思想は中華民國との關係に於いても一《ひと》役演じたのである。

明らかに、中華民國は儒教だけの力で成立したものでは無く、主として西洋の壓迫によってできたものだが、それはこの壓迫によってシナはもはや今まで通りのやり方を續けていっては主權國として留まるわけにいかなくなることが明らかにされたからであった。さりとて、中華民國憲法の形式、さては、恐らくシナがそもそも民主國になったことにも、全然儒教と無關係というわけでは決して無かった。日本に對する西洋の壓力は、一八六八年にこの國をして政治上の大改革をなさしめたが、日本人は共和國をつくらないで、强力に中央集權された君主政治を打ち建てた。本質的には全然同一な刺戟に對して、日本とシナとで異った反應の決定をみたのは、大部分はそれぞれの國の傳統的哲學に差異が存したからである。

二十世紀のシナ人には、初期儒教の思想と、それが邪道に陷った後の國教的正統儒教との區別を十分に見分け得ない人が多かったのであるが、それでもシナ人皆が皆そうでは無かった。胡適は、近代の正統儒教は古典的儒教の民主的精神を把握していないと言っているし、(一)中華民國の父孫逸仙がこのことを十分知っていたことは實際には一番重要なことであった。

レオナード・許仕廉は以前にシナ外務省の官吏であったが、孫の哲學の背景を分析して「淸(滿洲)朝時代の高等批判運動もまた孫博士の思惟に莫大な影響があった。約二百五十年前に一團の學者が解放と批判とを論じて一世を聳動させ、論語の初めの方は別として、儒教の古典は皆眞正なものでは無いと言うものさえ出て、孔子に復るべきだと稱した。孫逸仙主義の權威と認められてる戴季陶(孫の同僚、革命家)によれば、孫博士は儒教哲學の近世に於ける繼承者であると自稱したことは一再で無かったとのことである。(二)

孫は講演の際には繰返し孔子を民主主義者と高らかに呼んで敬意を表したが、この講演の印刷に附せられたものは夥しい部數に上り、その影響は絶大であった。彼は「孔子と孟子とは民主主義の代表者である……孔子は堯、舜の言を引用するのがその常であったが、それは堯も舜も帝國を世襲財產として保有しなかったからである。堯、舜の政治は名稱は君主政治であったが、その實民主政治で、孔子が堯、舜を尊敬した所以もまたここに存したのである」(三)と斷言した。

孫は西洋から少なからず借用したことを認めてはいたけれども、自分を、ただ西洋の民主主義を輸入しただけの人間とは考えていなかった。現に彼は「シナではヨーロッパ、アメリカに先んじて、數千年の昔に民主的哲學の發達をみた」(四)と言明し、また「ヨーロッパがシナより進んでいるのは、政治哲學では無く、物質文明だけである。……ヨーロッパから學ぶ要あるものは科學であって、政治哲學では無い。政治哲學の眞の原理に至っては、ヨーロッパ人はシナから學ぶ必要がある」と言った。(五)

孫は「三民主義」と題する彼の有名な著書の中で、シナが世界で正當な地位を恢復すべきだとすれば、「シナ古代の道義を復活させること」が肝要であると言い、そこで彼は德目を列擧しているが、それは普通儒家が實行すべしと言うものである。さらになお驚くべきことには、彼がシナの古い學問を復活することもまた必要であると斷言し、儒教の流れを汲んだものが作った古典の一つである「大學」からその一節を引用して古代の政治哲學はこういったもので、外國には無く「國寶」として保護する要あるものだと說明した。(六)

孫がこういう言明をした理由の一つは、シナ人たるもの宜しく自信を取り戻すべしという彼の悲願であったことは疑い無いが、これらの言明をただ空虛な愛國的仕種《しぐさ》以外の何ものでも無いと解したり、或は彼が、シナ自身の哲學から受けた影響は深遠なもので無いと思ったりすることは大きな間違いである。ポール・エム・エー・ラインバーガは、孫の思惟について「外形は西洋風だが、中身は依然としてシナ風だ」と言っている。(七)この言が人を欺かないことは、孫の言説をたまたま注視しただけですぐ明瞭となる。孫がカール・マルクスの影響を受けたことは誰もがよく知っていることだが、儒教がマルクスと衝突した時、時としてマルクスが敗北の結果をみたこともあったのである。

この點は階級闘爭の理論に關しても明瞭で、孫はマルクスの著述が世に出てからの數年間に、經濟的正義の方向へ相當著しい進歩をみたことを指摘して、「この社會進化の原因は何か」と疑問を發し、「マルクスの學說に基づいて判斷すれば、社會の進化は階級闘爭の結果であり、そしてその階級闘爭は資本家の勞働者壓迫の結果であり、而も資本家と勞働者とは利害相反して到底調和し得ない爲、その結果階級闘爭となり、そしてそれが進步に資するのだと言わざるを得ないではないか」と言った。然るに實際はこの通りにいくものでないことがわかった。卽ち勞働者にとっての條件の改善は、資本に對する利潤の增大を意味し、それが循環して勞働者の賃金値上げを意味することとなった。「かような次第で資本と勞働との利害は相反せず、相互に協調するものだとわかって、社會進步の原因は、一般に人々の經濟的利害の間に調和の存することにあって、爭闘によっては得られないのである。」かようなわけで、孫は階級闘爭は進步の原因で無く社會的推移に於ける病氣の徵候であるとし、「マルクスは社會生理學者と呼ぶべきでは無く、社會病理學者と稱すべきである」と結論した。(八) ここで、孫が、社會を構成する全員が協力の要あることをシナ人、而も儒家が力說した影響を受けていることは一目瞭然である。また彼がマルクスの餘剩價値說を拒否した時にも、同じ力が働いていたのである。(九)

シナの憲法は、西洋の民主政治の三權分立には據らず、孫逸仙立案の五權分立に基づいている。アーサ・エヌ・ホルカムは、シナの政治に關する孫の綜合計畫について、「孫博士の計畫のやや巨細の點については何と考えられようとも、彼の計畫は、いかなる近代革命の他の指導者に比しても、遜色ない政治哲學に基礎を置いている」と書いている。(一〇) 孫自身もあの計畫は、西洋とシナと兩方の思想の混成に基礎をおき、モンテスキューと孔子との兩者に負う哲學に據ってることを明らかにしている。[一一]彼は曾て彼の五權分立の憲法案は、本質的には顚覆したシナ帝國の憲法であったとまで言ったことがある。[一二]

孫は、各種の民主主義の憲法、およびそれらの憲法が實際には結局どういうことになったか、その推移を研究の後、二つの機能が缺如していると斷じ、進んでこれら二つの機能は、儒家の提唱によってシナ帝國に於いて皇帝の干渉から少なからず獨立を享受して行使していた官吏の機能そっくりであるとの結論を下した。その結果は甚だ良好であったから、孫はこれら二つの機能を、獨立の權力として、五院中の二院に賦與した。[一三]

君主たるものの過失を責める大臣の義務は孔子が重きを置いたものであったが、帝政の下でそれは特殊の官吏に歸屬することになっていたことが想起される。これら監察官はその上に政府部内至る所の腐敗を捜査彈劾する義務があった。孫は批判の機能が西洋の政治では立法府か裁判所かで行われることを認めていたけれども、政府部内にこういう元老の一團があって、何ものをも恐れず、何ものにも偏せず抑制し、腐敗の罪を犯した官吏はこれを起訴することをその明白な機能とするものには一籌を輸すると思ったのである。従って孫は五權分立の憲法の中で監察制度を設けて監察院とした。[一四]

孫の第五權が基づく所の試驗制度は孔子の考案に出たものでは無いが、その基礎は明らかに孔子が築いたものである。と言うのは、孔子は「正しいものを昇進せしめ」て政府の行政を有德有能な人の掌中に置くことの必要を繰返し主張したからである。孔子はまた相應の教育を受けて行政上の責に任ずるだけの準備の整った人々が、他のどんな要件をも無視して、人格と能力とだけによって選拔され政府の官職に就くべきだと力説した。[一五]試驗制度はこれらの原則を實行に移そうとして企てられたものであった。

孫逸仙は帝政時代に行われていた通りのままの試驗制度を繼續しようとは思っていなかった。彼は（孔子のように）思慮ある人であったから、古代の書物の知識があっても、それだけで政府の官職に就く資格を與え得るなどとは思えなかった。しかし、孫はヨーロッパおよびアメリカに於ける民主政治の實績は期待に反して遙かにそれに及ばざることも十分知っており、その責の大部分は人間の平等についての誤った觀念にあると思った。孫は孔子およびジェファスンと同じく世襲貴族政治に信をおかなかったが、同時にまた孔子およびジェファスン同様、事實「人間は生來平等で無い」と信じていた。（一六）實現され得る平等なるものは、機會均等ただ一つだけである。彼は言った、「若しわれわれが各人の間に存する知識才能の差異に注意を拂わないで、人間の間に絶對平等の存在を主張しようとして、頭角を見《あら》わす人物を押し倒せば、人類は進歩しないで後退する。かような次第で、民主主義と平等とを語って、なお且つ世の進歩を希う時には政治的平等のみを語るものである。それは、そもそも平等なるものは自然の與えるもので無く、人間の作るもので、人間が作る目的を果たし得る平等は、政治上の立場の平等、唯一つだけであるからである」と。（一七）

従って、孫は、あらゆる人が選擧權の行使によって政治を左右する平等の力を持つべきである一面、官職に必須な知識能力を持つ人だけがその地位に就くべきものと信じていた。すべての人に、その資格を備えるだけの機會は平等に與えらるべきではあるが、果してその資格を備えているや否やは試驗制度によって試驗されなければならないとした。それ故に、孫は「選擧によるものも、任命によるものも、また全國的でも、地方的でも、すべて官職に對する志望は者皆彼らが必要な條件を備えてることを確める爲に中央政府の行う試驗に及第する要がある」という案を立てたのである。（一八）

こういう制度には、政治的手加減はあり勝ちなことは明らかであるが、孫は政府の別の機關卽ち試驗院に試驗の管理を委ねて、この弊を最小限度に止めたいものと思った。この試驗院は帝政下でこの機能を行っていた官吏階級組織にある程度範をとったものであった。

西洋で認められた政治の三權に加えるに、さらに儒教から來たこれらの二權を以てして、孫は民主政治が西洋で行われた時に生じた缺陷を匡正し、「世界中で最も完全なまた最も立派な政治」を確立することができると信じていた。(一九)この期待の實績は何であるにもせよ、今日までのシナ政府の機能の定め方を根據としては判定を下し得ないことは注目すべきである。と言うのはシナの政治には監察院と試驗院とがあるのに、これらの機關はこの過渡期に於いては、孫逸仙が二院の爲に希望した活動範圍卽ち權力をば未だ曾て與えられなかったからである。

將來シナ人が孔子をどんな風に評價するかは、將來になってみなければわからないが、彼らが孔子の名を稱揚すると忘却するとに拘らず、シナ人は皆今後引續いて長くその感化を受けることは明白である。ラインバーガは一九三八年に儒教は相變らず「この國の最大且つ唯一の知的な力」である(二〇)と書いているし、林語堂は一九四三年に「儒教はシナ人の中に存する活潑な力としてわが國務の運營をなおも具體化して行こうとしてる」と斷言した。(二一)

儒教には、少なくも眞理の尺度があるということが一九四五年に多分立證されたと思うのは、中華民國の外務大臣が國際連合をつくる爲に招集された會合の席上で、シナは「他國との關係上、必要とあれば、新國際機構に主權の一部を讓る用意がある」(二二)と宣言して滿座を驚かしたことである。また、それより二十一年も前に孫逸仙は「つい最近ヨーロッパで提議された世界主義はシナでは二千餘年の昔に論議されたことがある」と言って、その證據として儒教の一古典を擧げたことがある。(二三)

（一）胡適「儒教」（「社會科學百科事典」第四卷二〇〇）。
（二）レオナード・許仕廉「孫逸仙——その政治的社會的理想」三〇—一。
（三）孫逸仙「中山叢書」第一卷「民權主義」一〇。同上プライス譯一六九。同上デリア譯二三二—四。岩波文庫「三民主義」上一五二—三。
「三民主義」を譯する場合は、以上中山叢書、プライス譯、およびデリア譯の三者を參照したものに基づき、どの一つの譯にも從わなかった。孫の著作の飜譯で世に行われるものには意に滿たぬ所も少なくなく、その上時に人を誤解に導く嫌い無しとしない。一つには、初め講演として述べられたものを基としたものが多い爲に、逐字的に譯しても理解し易くすることが困難だからである。

孔子が民主的思想を懷抱していたことに孫が言及している章句は、外にもあるが、「中山叢書」第一卷「民主主義」四四、プライス譯四四、デリア譯四七六および「中山叢書」第二卷「民權初步」一〇四を見よ。
（四）孫逸仙「中山叢書」第一卷「民權主義」一〇—一。プライス譯一七〇。デリア譯二三六。岩波文庫「三民主義」上一五四。
（五）孫逸仙「中山叢書」第一卷「民族主義」五二。プライス譯九八。デリア譯一五八—九。岩波文庫「三民主義」上九三—四。
（六）孫逸仙「中山叢書」第一卷「民族主義」六六および七〇。プライス譯一二五—六。デリア譯一八六および一九四—五。岩波文庫「三民主義」上一一七および一二四。
（七）ラインバーガ「中華民國の政治」一九三。
（八）孫逸仙「中山叢書」第一卷「民生主義」一五—六。プライス譯三九〇—一。デリア譯四二九—三〇。岩波文庫「三民主義」下一〇一。
（九）孫逸仙「中山叢書」第一卷「民生主義」一六。プライス譯三九一—二。デリア譯四三〇。岩波文庫「三民主義」下一〇三。
（一〇）ホルカム「シナ問題」（「社會科學百科事典」第二卷四三五）。
（一一）孫逸仙「中山叢書」第二卷「民權初步」九九—一一二。
（一二）孫逸仙「中山叢書」第二卷「民權初步」一〇六—七。
（一三）孫逸仙「中山叢書」第一卷「民權主義」一〇〇—一一二。プライス譯三四〇—六〇。デリア譯三八三—四〇〇。岩波文庫「三民主義」下六三—七五。

（一四）　孫逸仙「中山叢書」第一巻「民權主義」一〇九―一一。プライス譯三五六―八。デリア譯三九七―八。岩波文庫「三民主義」下七二―三。
（一五）　爲政一九。雍也一。述而七。先進二五。顔淵二二。憲問一九、二〇。
（一六）　孫逸仙「中山叢書」第一巻「民權主義」三五。プライス譯二二〇。デリア譯二八一。岩波文庫「三民主義」上一九五。
（一七）　孫逸仙「中山叢書」第一巻「民權主義」三六。プライス譯二二一。デリア譯二八二。岩波文庫「三民主義」上一九六。
（一八）　孫逸仙「中山叢書」第二巻「建國方略」三。
（一九）　孫逸仙「中山叢書」第一巻「民權主義」一一〇。プライス譯三五八。デリア譯三九八。岩波文庫「三民主義」下七三。
（二〇）　ラインバーガ「中華民國の政治」二四〇。
（二一）　林梧堂「孔子の智慧」二。
（二二）　「ニューヨーク・タイムス」一九四五年四月二十七日號一二。
（二三）　孫逸仙「中山叢書」第一巻「民族主義」五二―三。プライス譯九八―九。デリア譯一五九―六〇。岩波文庫「三民主義」上九四―五。引用されている文章は明らかに「大學」（「禮記」第四十二）に出て來るが、孫はここで「明明德於」に代えるに「平」を以てし「明德を天下に明らかにする」とあるを「天下を平らかにする」としたのである。

跋　文

以上孔子の經歴を考察して來たが、彼は魯の名も無き家に生まれ、その生存中には、これと言って成し遂げたことも無かったのである。死後、彼の感化力が漸次に增大するのを見守ってきたが、彼の主義に敵對するものは遂に自衞の爲に彼の說を曲解しようと努めるの外無きに至った。彼らは苦勞の結果その目的の一部は達したけれども、それはほんの一部に過ぎなかった。

彼の名が數世紀に亙って數ヵ國の人々に歡呼を以て迎えられ來たったのを見、また大要に過ぎなかったが、彼の思想(かなり變形されたことも少なくなかった)が各種の文明史上何らか重要な、而もそれぞれに違った役目を、どんな風に演じて來たか、その跡を辿って來た次第である。これらのことを考え合わせて、彼の感化力に、世の常ならぬ永續性のある理由が奈邊に存するかを審らかにしないではいられなくなるのである。孔子は主として社會哲學と政治哲學とに關わりがあるから、その理由も多分その方面にあろうと思われる。

國家機構の型をできるだけ廣く大別すれば、獨裁制と民主制との二つになる。この二つの型の中にも、それぞれいろいろの種類があり、またその上に二つの結びついたものもあることは言をまたない。獨裁國では、結局權力は一人または數人の個人の手中に委せられ、大多數の人民は實權の分け前には何ら與らないのに、民主國では權力は、もと統一體である人民に賦與されているのである。獨裁政治の下では、その目的は「國家の利益」であると一般に信じられているが、その爲に却って國民大多數の繁榮が犧牲に供されることもあるのである。これに反して、眞の民主政治では、國民一人一人が完全に國家を成す一員であるから、國民各自の繁榮と幸福とに關心を持たないわけにはいかないのである。

歴史の示す所によれば、眞正且つ效果的な民主政治はその狀態を實現することの困難な政治であり、況んやこれを永續させることは、なおさら骨の折れることとである。それに比べれば、獨裁政治は强靭でよく成長するものである。これには數々の理由がある。獨裁政治の支配下では國家に關する哲學および個人の義務が、比較的明瞭に政府の手で規定されるが、民主政治(一番廣義なのを除いて)國に哲學は無く個人の義務も全然明瞭を欠くのである。政府を支持しても、攻撃しても、どちらも個人の義務と言い得られるので、その人自身の良心以外にはどちらが義務なのか判定を下し得るものは無い。

然るに民主政治にあっては、國民の義務は何かということをあらゆる雄辯の祕術を盡して熱心に國民に告げる人は決して少なくないが、國民としては、自分達の爲に、かくも熱心に考えてくれる人はどういう人かと疑念を抱くのは全く無理の無い話で、國民は何れをとるべきかの難關に直面する。國民として國家の運命を託するのは、高潔の點で疑點の無いとも限らない職業政治家か、それとも善意には滿ちてるが、餘り練達で無い素人の努力家か、その何れに託すべきか。

さらにもっと大きい矛盾がある。民主政治では、最終權力は國民全體に存するが、その最終權力たる國民全體が、政治上の事柄に關しては素人にさえ及ばないことがかなりしばしばある。それは、素人は「愛好者」であるのに、民主政治の國民は政治の成行きに携わることを必ずしも好まないからである。政治が滿足するようになればなる程、國民の政治に對して持つ關心はそれだけ減退するのである。かようなわけで、立派な民主的政治は、ある意味では、民主政治そのものの最大の敵である。なぜなら、國民がいささかの油斷も無く用心していないと、民主政治の敵が國を乘っ取ってしまうことができるかも知れないという危險が常に存するからである。

民主政治は、その上もっと微妙な知的な板ばさみにあっているのである。協同國家にあっては、國民が彼らの政府を信任する要があるとの孔子の意見に、政治哲學者は同意である。(一)その上、政治の目的およびこれが達成方法を決定するには、すべての人が皆これに若干參與せねばならず、從って基礎となる政治哲學の面に於いて、ある程度の一致を見る要がある。然るに、民主政治では、國民に對して今言ったような哲學を指定するなどできることでは無く、またどんな信念があろうとも、それが怪しげなものだという根據の無い限り、批判の限りで無いとか、討論せしめないとか、聲明することはできないのである。この理由の爲に、今までも民主政治は獨裁政治の宣傳に傷けられ勝ちであったが、今後もきっとそうであるに違いない。これに對して民主政治は自己を防衞しなければならないが、それも言論の自由を正當に行使することをば禁じないで、やらなければならないのである。

民主主義を抽象的な原理として認めた思想家は誰もが、やや困難な諸要件を滿たすだけの確乎たる哲學を、民主主義の爲に用意し得るとは限らなかったのに、孔子の哲學は世の常で無い程これをやってのけた。彼の思想があれ程廣く世間の同情を引いたのもこの爲だと言われる。孔子の哲學は民主的だとは言っても、そのことばの近代的の意味を十分に備えたと言うならば、それは行き過ぎであろう。しかし、孔子は民主政治の先驅者卽ち道を開いて荒野に叫ぶ聲であったと言っても過言ではない。その上、――これこそわれわれの話の核心であるが――彼は人と人とが協同して成功する基盤となる二三の根本原理の眞價を、大いに認めていた點では、他の哲學者の遠く及ばない所で、よし、同じ程度のものがあっても、それは甚だ稀有であった。彼はただ協同國家を認めたのみで無く、情熱を以てその實現に獻身し、民主主義に對しただに哲學のみで無く、「喊の聲」をも與えたのである。さらになお驚嘆すべきは、彼がこの上無い熱意に燃えながらも、徹底的に思慮ある自制を忘れず、またその立場上當然とする公正を傷けるような過當な要求は決してしないで、民主政治の大義の爲に犠牲を要求することのできたことである。

民主主義最大の戰いは惡に對する劇的な戰いでは無く、個人の心の中の倦怠に對する靜かな苦鬪であることを知ってたようである。獨裁政治は一時的美觀や、あらゆる問題に對する最終解決を以て人を誘惑するが、民主主義はただ簡素な人間の尊嚴と、休みなく人間の幸福の爲に働く機會とを提供するだけで、報酬としては働き續ける機會に惠まれる以外には何も無いのである。民主主義の戰いにはこれが最終と言うことは無く、民主政治の最高目標は靜的完全の意味での政治の完全な狀態または完全な制度ではあり得ない。なぜかと言えば、事物がこれでもう變轉しないと思うのは錯覺だからである。民主主義がただ望み得ることは、新しい事態に立派に對處し得る男女をつくることのみである。

孔子は社會を指導する爲に、何か不變な標準、それが形而上學の學であろうと、書物であろうと、法律であろうと、またはただの原則であろうと、それを建てようとすれば、その人は三重の危險を冒すことになることをよく心得ていたようである。第一にその標準は創意を抑壓する。第二に立法者に豫見されなかった狀態が起きた時には、害をなすかも知れない。最後に、若しも批判(これは協同國家では抑えられない)が標準に對する國民の信頼を破壞すれば、國民は全然指導無しに放置されるかも知れないのである。孔子は、絕對的權威は何れにもせよ課そうとしたことは無かった。

それでも、國が無政府狀態に陷ってはならないとすれば、何かしら權威が無ければならない。その權威を孔子は人間に託したいものと思った。そこいらの誰でもよいというわけではなく、「道」を體得した人に託したかったのである。しかし、「道」は固定した法典では無く、況んや形而上學は何の關わりも無かった。「道」は人々の作った一連の理想で、それはまた人々が休まず續けて發達させねばならないものである。「人は『道』を弘めることはできるが『道』は(ひとりでに)人を弘めることはできない。(二)」これは今日「民主的な世渡り」と言われるものに似ているけれども、近代民主主義でしばしば連想せしめられるよりは、より多くの赤誠と熱意とを以てこれを主張した點が孔子の人と異るのである。彼はあれだけの熱意を以てしなければ、協同社會はできないことを知っていた。

孔子は人間を信用したけれども、あらゆる人を皆信用したわけでは無く、それ程愚直ではなかったが、概して人間は正直だと思っていた。彼はすべての人が皆政治に與るだけの能力を備えてるとは思っていなかったけれども、彼ら全部にある程度の教育を施して、眞に協同國家の組成者とすべきであることを強く主張し、彼らの中で有能有德たることを示したものには、もっと教育を施して權力の地位に置くべきであると提案した。孔子はひとたびそこに達すれば、彼らが彼ら自身の最善の判斷によって政治を行うことにしてよいと思っていたのである。そして彼は長い目で見れば、一般人民が役人達の良否を識別できるようになることを信じていた。

彼は人類に信をおいた人であった。

(一)　顔淵七。
(二)　衞靈公二九。

附錄　論語の眞僞

論語には疑いを免れない個所もあるものの、大體この本が今日孔子についての唯一最良の源泉たることは、學者の皆一致する所のようである。漢代よりも古い書物には、どれにも論語という名で呼ばれていないらしいことを考えれば、この一致は驚くべきことである。しかし、漢以前からある書物にも論語にある章句が見られるから、(一) これらのことばは、これに特に名を附けないで、ある期間儒家の間で手から手へ渡されたことは明らかである。

孔子とその門弟達のことばが、初めて一巻の書物に編集されたのは、正確にいつときめることはできないようである。最初に集めたのは恐らく孔子の門弟達では無く、その門弟達の門弟の中の誰かであったようである。既に論ぜられてるように、今日の論語の前十篇が原典で次の五篇はやや後れて附加されたもののようである。第十六篇乃至第二十篇は、それからまた後の附加であるという崔述の假説は確かに正しいようである。第十六篇以下では、孔子は「子」と言われないで、大概「孔子」と呼ばれているし、他にも違った點があって、あの五篇は趣を異にしている。(二) しかし、最後の五篇があとから原典に附加されたといっても、これらの資料で早くから存在したものは一つも無いという意味では無い。論語の學而三は逐語的に陽貨一七と重複しているが、これは古い材料にも最終五篇の中にあるものが存することを證明するようである。子夏篇は概して孔子よりも門弟達に關するものだが、一番古い篇のどれとも全く同程度に信用すべきもののようである。しかし後に論ずるように、最終五篇の材料は他に比し遙かに疑わしいようである。

前漢の頃、論語に三種の原典があったと言われている。前漢の終り頃、張禹という學者が三つの中の二つを基として、新たに原典を編した所、これが大いに世に行われて、他のものは影を潛めるに至った。[三] 西紀一七五年頃に論語の原典が石碑に刻まれ、その原典の斷片數個は今日なお現存している。この斷片は今行われてる原典とは多少の相違はあるけれども、その相違の大部分は無視して差支え無く、意味に甚しく響くものは無い。[四]

内在的證據が論語は古い書物であることを示している。ベルンハルト・カールグレンは、論語は「孟子」と全く同じ形式の文法であることを發見し、多少相違のあるのを、論語が「孟子」より古い原典であることを根據として説明している。[五] 論語には地（形而上學の意味で）、陰陽、および五行のような概念は出て來ないが、若し論語が周の極めて末期か漢代の書物ならば、それらの概念はほとんど間違いなく書中に現われる筈である。[六] 論語に描かれてる孔子は超人的な聖人では無く、單純で、物わかりのよい人間である。孔子は後世の物語に書かれてるような高貴な人では無かったし、また政治上頗る重要な地位に就いたことがあるということも主張しかねるのである。孔子は疑念と弱點を持っていたが、同時にまた信念と力量とを持っていた。

論語が眞正なものである一番よい證據の一つは、論語が明らかに儒教の書物であるのに、儒家としては、論語の中に無い方がむしろ望ましいようなものが澤山載っていることである。子夏篇には門弟間の爭論を詳記し、而もその二五では門弟の一人が、孔子は門弟子貢に劣ると言ったことを載せている。また雍也二八には、孔子が香しからぬ噂の高い公爵夫人と會見したことが書かれてある。このことは無數の謹直面《づら》の儒家連を困らせ、また漢代には儒家を嘲る爲にその敵に利用された。[七] それにも拘らず、これらのことが本文から削除されなかったことは、論語に對するわれわれの尊敬を增さずには措かないのである。

そうは言っても、論語に疑問とすべき章句が無いわけでなく、やや怪しい程度のものから、まるっきりの虚僞まで各種の程度に亙っている。郷黨篇は特殊の問題を提供しており、アンリ・マスペロとアーサ・ウェーレは、これは禮に關する論文で、君子はどういうことをすべきかを教えたものを、二三改めて論語の一篇としたものだと考えている。(八)そうかも知れない。この篇全部を孔子の行動を描いたものとして用いることに不安のあることは確かである。しかし、郷黨篇一の二、二の終りの方、三、四の二章は特殊の人に關することで、恐らく孔子ではないかと思われる。

孔子にも、門弟にも無關係の數章句があるが、これは無關係のものが原典にはいり込んだと思われる。それは季氏一四、微子二、九—一二、竝に堯曰一—六である。漢代に石に刻まれた論語には明らかに堯曰八が無く、この章は古い原典中最良と思われてた魯の本文に無かったと言われている。(九)爲政四および子罕九については既に私の疑點は記した(本書第九章注五一および第十二章注一二九)。崔述は衞靈公一をありそうもないという理由で疑問視したが、これは一理あるようである。(一〇)ウェーレは季氏一に疑いを持ったが、その根據は相當なもののようである。(一一)この章で、子路と冉求との二人が季氏に仕え、冉求が主たる權力を握っているかのように、孔子が話しているが、子路は冉求より前に季氏の宰となったようで、彼のような氣性の人が左遷後、相變らず季氏に仕えていたということは、疑いを挾む餘地があるようである。次の各章は道教の思惟を反映してるようだから多少の留保を以て見なければならない。憲問三九—四二、季氏一一の二、陽貨一九(本書第十二章注一〇一)および微子五—八。

最後の五篇中の九章で、孔子は頗る衒學的な調子で、三愆、九思、四惡等、數を用いて語っているが、それは季氏四—八および一〇、陽貨六および八、竝に堯曰七である。論語の最初の十五篇にも「孟子」にも、孔子がこんな風で話したことになってる所は一つもない(公冶長一六と憲問三〇とは上述したのと似てはいるが、外見だけでその趣旨はやや異るのである)。前述の各章の中には、その内容が孔子から出たものもあろうが、後世儒家の教訓的文體に鑄直されたものもあったろうと思われる。

最後に孔子の境遇や哲學に關して確め得られる事實と反してるように見えるのが六章あり、あとから原典へ附加した虚僞の文章と考えざるを得ない程に事實と反している。これらの諸章に反對な證據は別の所で既に述べたが、それは述而一六（本書第十二章二九六）、子路三（第十三章注四八）、季氏二（第十三章三三一—二）および九（第十三章三三二—三）、微子三（第四章注八七）および四（第十三章三三七）である。

（一）　こういう例はレッグ譯「シナ古典」第一巻一七—八に表示されている。

（二）　崔述の論語の批判は、一學者が單獨でこの問題に貢獻した最も重要なもので、書目に崔、崔二、崔三と列擧した「洙泗考信録」、「洙泗考信餘録」および「論語餘説」の内容をなしている。彼の結論は「論語餘説」二四—三五に要約されている。論語の本文の歴史の荒筋は、クリール、張、ルドルフ共著「歸納法による文學的シナ文」第二巻九—二〇に於いてやや詳しく大體を述べておいた。なお、錢穆「論語要略」をも見よ。

（三）　「前漢書」補注巻三十、二〇—二一。「洙泗考信録」巻二、一八。「洙泗考信餘録」巻三、三三—九を見よ。

（四）　これらの復原された斷片の本文は張國淦「漢石經碑圖」および羅振玉「漢熹平石經殘字集録」下二九—三四で公けにせられている。

（五）　カールグレン「左傳の眞僞および本質について」三四—五。

（六）　これら概念は遲いものであるが、その時代については第十二章の注二二、二六および三六を見よ。

（七）　「鹽鐵論」巻二論儒第十一、一五—六。

（八）　マスペロ「古代シナ」四五九。ウェーレ「孔子の論語」五五。

（九）　「論語注疏」二〇。校勘記三。

（一〇）　「洙泗考信録」巻三、二八—九。

（一一）　ウェーレ「孔子の論語」二〇四注六。

書目

ここに列記する書物、論文等は本書の注に引用したものを著者名(あるものは書物名)の日本流發音に從ってアイウエオ順に排列したものである。西洋語のものは別に更に同一番號によって表示した。

(一) アリストテレス「政治學」
(二) アルトシューラー「精神病患者の社會復歸に於ける音樂の役割」
(三) アロウッド「タマス・ジェファスンと一共和國における教育」
(四) アーヴィン「ヘブライ人」
(五) 「晏子春秋」(四部叢刊版)
(六) イー・エス・エス(社會科學百科事典)
(七) インテレクチュアル・アドヴェンチュア・オブ・エインシェント・マン
(八) ウィンデルバント「哲學史」
(九) ウィルスン「エジプト」
(10) ウィットフォーゲル「遼の公職とシナ試驗制度」
(11) ウィルバー「前漢時代のシナ奴隸制」
(12) ウィルヘルム「孔子と儒教」
(13) ウィリアムスン「王安石」
(14) ウェーレ「孔子の論語」
(15) ウェーレ「易經」

(一六) ウェーレ「道とその力」
(一七) ウェーレ「詩經」
(一八) ウェーバ(マックス)「社會學論文集」
(一九) ウェーレルス「重農主義者」
(二〇) エスカラ「シナの法律」
(二一) エーガー「『史記』研究の現状」
(二二) 「易經」レッグ英譯
(二三) 「淮南子」(四部叢刊版)
(二四) 「鹽鐵論」ゲール英譯
(二五) 閻若璩「校正四書釋地」
(二六) 王先愼「韓非子集解」
(二七) 王先謙「荀子集解」
(二八) 王先謙「前漢書補注」
(二九) 「カント全集」十四卷
(三〇) カント「永久平和論」
(三一) カレン「プラグマティズム」(イー・エス・エス第十二卷三〇七—一一)
(三二) カールグレン「左傳の眞僞および本質について」
(三三) カールグレン「淮と漢」
(三四) カルカソンヌ「法の精神に於けるシナ」
(三五) カッシレ「カント」
(三六) 郭沫若「金文叢考」
(三七) 郭沫若「兩周金文辭大系考釋」

(三八) 郭沫若「十批判書」野原、佐藤、上原共譯「中國古代の思想家たち」
(三九) 韓愈「朱文公校韓昌黎先生集」(四部叢刊版)
(四〇) 「漢書」ダッブス英譯、二卷
(四一) 「韓非子」廖氏英譯
(四二) 桓寬「鹽鐵論」(四部叢刊版)
(四三) キナード「タマス・ジェファスン——アメリカ主義の使徒」
(四四) キナード「ジェファスンと重農主義者」
(四五) キナード編「タマス・ジェファスンの備忘錄」
(四六) ギボン「ローマ帝國衰亡史」
(四七) 「欽定春秋傳說彙纂」
(四八) 許仕廉「孫逸仙——その政治的社會的理想」
(四九) 「儀禮」スチール英譯、二卷
(五〇) クリール「シナ古代文化の研究」
(五一) クリール「孔子は不可知論者か」
(五二) クリール「釋天」
(五三) クリール「シナの誕生」
(五四) クリール外二名共著「歸納法による文學的シナ文」
(五五) クリール(ロレン)「初期儒敎に於ける社會秩序の觀念」
(五六) グッドリッチ「乾隆の文學的異端審問」
(五七) クラック「帝政下のシナ文官試驗に於ける門地と功績」
(五八) 「公羊傳注疏」(十三經注疏)
(五九) ケネー「シナの專制政治」

(六〇) ケネディ「春秋の解釋」
(六一) コッホ「タマス・ジェファスンの哲學」
(六二) コッホ、ペデン共編「タマス・ジェファスンの傳記および選集」
(六三) ゴールドスミス「世界市民」二卷
(六四) 胡適「中國哲學史大綱」(上海、一九三〇)
(六五) 胡適「王莽、千九百年前の社會主義者皇帝」(王立アジア協會北シナ支部誌第五十九卷二一八—三〇)
(六六) 胡適「漢代國教としての儒教の成立」(王立アジア協會北シナ支部誌第六十卷二〇—四一)
(六七) 胡適「儒教」(イー・エス・エス第四卷一九八—二〇一)
(六八) 胡適「論學近著」第一卷(上海、一九三五)
(六九) 胡適「シナの文藝復興」
(七〇) 黃式三「論語後案」(一八四四)
(七一) 顧頡剛「孔子六經を删述する說および戰國著作の僞書を論ずる書」(「古史辨」第一冊四一—三)
(七二) 顧頡剛「春秋時代の孔子と漢時代の孔子」(「古史辨」第二冊一三〇—九)
(七三) 顧頡剛「周易卦爻辭中の故事」(「古史辨」第三冊一—四四)
(七四) 顧頡剛「詩經の春秋戰國時代に於ける地位」(「古史辨」第三冊三〇九—六七)
(七五) 顧頡剛「戰國秦漢頃の人の造僞と辯僞」(「古史辨」第七冊㈠一—六四)
(七六) 顧頡剛「禪讓傳說墨家に起こるの考」(「古史辨」第七冊㈢三〇—一〇七)
(七七) 「古史辨」顧頡剛編。第一冊—第五冊(北平、一九二六—三五)。第六、七冊(上海、一九三八—四一)
(七八) 「穀梁傳注疏」(十三經注疏)
(七九) 康有爲「孔子改制考」
(八〇) 吳大徵「愙齊集古錄」(一八九六)
(八一) 「孔子家語」(四部叢刊版)

(八二) 「國語」(四部叢刊版)

(八三) 「左傳」レッグ英譯

(八四) 「左傳注疏」(十三經注疏)

(八五) 崔述「洙泗考信錄」崔東壁遺書巻三

(八六) 崔述「洙泗考信餘錄」崔東壁遺書巻四

(八七) 崔述「論語餘説」崔東壁遺書巻五

(八八) シセロ「演説集」

(八九) ジェファスン「タマス・ジェファスン著作集」

(九〇) ジャコブセン「メソポタミア」

(九一) シュリョック「孔子に對する國家禮拜の起源および發達」

(九二) 「詩經」レッグ英譯

(九三) 「書經」レッグ英譯

(九四) 「史記」シャヴァンヌ佛譯

(九五) 「商君書」ドゥイヴェンダク英譯

(九六) 「荀子」ダッブス英譯

(九七) 朱謙之「中國思想のヨーロッパ文化に對する影響」(長沙、一九四〇)

(九八) 戰國策(四部叢刊版)

(九九) 銭穆「先秦諸子繫年」

(一〇〇) 銭穆「論語要略」

(一〇一) 銭玄同「詩經の眞相を論ずる書」(「古史辨」第一册四六—七)

(一〇二) 齊思和「戰國制度考」(「燕京學報」巻二十四、北京、一九三八、一五九—二一九)

(一〇三) 齊思和「商鞅變法考」(「燕京學報」巻三十三、北平、一九四七、一六三—九四)

(一〇四) 孫詒讓「墨子閒詁」(一八九五)
(一〇五) 孫逸仙「中山叢書」四巻(上海、一九二七)
(一〇六) 孫逸仙「三民主義」プライス譯(上海、一九二九)
(一〇七) 孫逸仙「三民主義」デリア譯(武昌、一九三一)
(一〇八) 孫海波「甲骨文編」(北平、一九三四)
(一〇九) 「莊子」レッグ英譯
(一一〇) ダッブス「孔子は易經を學んだか」(「通報」巻二十五、八二—九〇)
(一一一) ダッブス「シナ人の哲學體系を建設することの失敗」(「通報」巻二十六、九八—一〇九)
(一一二) ダッブス「哲學者老子の年代と情勢」(アメリカ東洋協會誌第六十一巻二一五—二二一)
(一一三) 「太平御覽」
(一一四) 戴望「戴氏注論語」(一八七一)
(一一五) 瀧川龜太郎「史記會注考證」十巻
(一一六) 張國淦「漢石經碑圖」(北平、一九三一)
(一一七) 張蔭林「明清の際西學中國に輸入する考略」(「清華學報」巻一、北京、一九二四)三八—六九
(一一八) 張歆海「シナの歴史的思想の若干の型」(王立アジア協會北シナ支部誌第六十巻、上海、一九二九、一—一一九)
(一一九) 張心澂「僞書通考」(長沙、一九三九)
(一二〇) 陳啓天「韓非子校釋」(上海、一九四〇)
(一二一) 陳夢家「五行の起源」(「燕京學報」巻二十四、北京、一九三八、三五—五三)
(一二二) デュ・アルド「シナ一般史」四巻
(一二三) テーラー「ソクラテース」
(一二四) 程樹德「論語集釋」(北京、一九四三)
(一二五) ドゥイヴェンダク「正名論に關する荀子」

(一二六) ドゥイヴェンダク「荀子年表」
(一二七) ドゥイヴェンダク「シュリョック著『孔子に對する國家禮拜の起源および發達』について」
(一二八) ドゥンヌ「明朝末期のシナに於ける耶蘇會士達」
(一二九) トリゴー「在りし日のシナ」
(一三〇) 董作賓「殷曆譜」
(一三一) 湯用形「王弼の易經および論語の新解釋」
(一三二) 鄧嗣禹「西洋の試驗制度に及ぼしたシナの影響」
(一三三) ハタスレ「民主主義小史」
(一三四) ハーンショウ「ヨーロッパの騎士道」(イー・エス・エス第三卷四三六—四一)
(一三五) ハドスン「ヨーロッパとシナ」
(一三六) ハメル(ウィリアム)「康有爲、歴史批評家にして社會哲學者、一八五八—一九二七」(「太平洋歴史評論」第四卷三四三—五五)
(一三七) ハメル(アーサ)「清時代の高名なシナ人たち」
(一三八) バジェル「スパルタ王クレオメネスへの一書翰」
(一三九) バーンズ(デリスル)「民主政治、その利弊」
(一四〇) バーンズ(デリスル)「民主政治に對する挑戰」
(一四一) バーンズ(ジェームス)「率直に語る」
(一四二) バートン「憂鬱の解剖」
(一四三) ハロウン「虙子および景子の斷片」
(一四四) ハロウン「孔子以前の斷片」
(一四五) パリントン「アメリカ思想に於ける主流」
(一四六) パーカス「彼の巡禮者たち」第十二卷

（一四七）梅思平「春秋時代の政治と孔子の政治思想」（「古史辨」第二冊一六一―九四）
（一四八）ビオー「シナに於ける學校育および學者團體の歴史に關する論文」
（一四九）ピック「キリストの正典外の生涯」
（一五〇）ピノー「シナと、フランスに於ける哲學精神の形成」
（一五一）ピノー「重農主義者と十八世紀のシナ」
（一五二）ヒューズ「大學と中庸」
（一五三）「百科事典」（ディドゥロー、ダランベール編）
（一五四）ファイ「フランクリン、近代の使徒」
（一五五）フェヌロン「死者の對話」
（一五六）ファイナー「政治の將來」
（一五七）ブライス「神聖ローマ帝國」
（一五八）ブリュンティエール「フランス文學史の批判的研究」
（一五九）プルターク「英雄傳」第二卷
（一六〇）プラトン「對話集クラティルス」
（一六一）プラトン「對話集ファイドン」
（一六二）プラトン「對話集共和國」
（一六三）プラトン「對話集法律」
（一六四）馮友蘭「シナ哲學史、哲學者たちの時代」ボッデ英譯、柿村峻邦譯「シナ古代哲學史」
（一六五）馮友蘭「孔子の中國歴史に在っての地位」（「古史辨」第二冊一九四―二一〇）
（一六六）馮友蘭「中國哲學史補」（上海、一九三六）
（一六七）傅斯年「性命古訓辨證」（長沙、一九四〇）
（一六八）ベデ「ギュスターヴ・ランソン」

(一六九) ベルナール「神父マテオ・リッチとその頃(一五五二―一六一〇)のシナの社會」
(一七〇) ベルナール「シナの智慧とキリスト教の哲學」
(一七一) ペリオ「疑問を提起された墨子」
(一七二) ヘフディング「近代哲學史」マイエル英譯
(一七三) ポアヴル「一哲學者の旅」
(一七四) ボッデ「最初のシナ統一者」
(一七五) ボッデ「古代シナに於ける經世家、愛國者、而して將軍」
(一七六) ホルコム「シナ問題」(イー・エス・エス第三卷四三一―六)
(一七七) ホルコム「計畫民主主義の政治」
(一七八) 「ヴォルテール全集」九十二卷
(一七九) 「墨子」梅貽寶英譯
(一八〇) 本田成之「作易年代考(先秦經籍考)」
(一八一) マコーレー「ヘンリー・ニール著英國歷史物語を評す」
(一八二) マスペロ「古代シナ」
(一八三) マスペロ「左傳の編纂とその年代」
(一八四) マヴェリック「シナ――ヨーロッパへの一つの模型」
(一八五) 牧野謙次郎「史記國字解」
(一八六) メリアム「新民主政治と新專制主義」
(一八七) モーレ「ディドゥローおよび百科事典學者」第一卷
(一八八) モンテスキュー「法の精神」ニュージェント英譯、二卷
(一八九) 「孟子」レッグ英譯
(一九〇) 「孟子注疏」(十三經注疏)

(一九一)「毛詩注疏」(十三經注疏)
(一九二)ライプニッツ「最近のシナ」
(一九三)ラインバーガ「中華民國の政治」
(一九四)ラスキ「民主主義」(イー・エス・エス第五巻七六—八五)
(一九五)ラダン「萬民法」(イー・エス・エス第八巻五〇二—四)
(一九六)ライヒワイン「シナとヨーロッパ」
(一九七)ラヴジョーイ「浪漫主義のシナに於ける起源」
(一九八)ラング「西洋文明に於ける音樂」
(一九九)ランソン「フランス十八世紀の哲學形成における經驗の役目」
(二〇〇)ラハ「ドイツ文明に對するシナの寄與」
(二〇一)ラハ「ライプニッツとシナ」
(二〇二)ラ・マスタ「病院に於ける精神病患者治療具としての音樂療法」
(二〇三)羅振玉「殷虚書契前編」(一九一二)
(二〇四)羅振玉「貞松堂集古遺文」(一九三一)
(二〇五)羅振玉「漢熹平石經殘字集錄」(增訂版、一九二八)
(二〇六)「禮記」レッグ英譯
(二〇七)リンゼー「近代民主國家」
(二〇八)陸德明「經典釋文」(四部叢刊版)
(二〇九)梁啓超「荀卿および荀子」(「古史辨」第四冊一〇四—一五)
(二一〇)林語堂「禮——社會統制のシナの原理と組織」
(二一一)林語堂「孔子の智慧」
(二一二)梁啓雄「荀子柬釋」(上海、一九三六)

(二二三) 劉寶楠「論語正義」
(二二四) 劉鶚「鐵雲藏龜」
(二二五) ル・コント「シナ全帝國旅行の同顧並に所見」
(二二六) ルフェーヴル「フランス革命の到來」
(二二七) レッグ「シナ古典」英譯
(二二八) レッキー「ヨーロッパに於ける合理主義精神の發生および影響の歴史」二卷
(二二九) ロージャース「ソクラテース流の問題」
(二三〇) ローボザム「宣教師にして大官——シナ宮廷の耶蘇會士たち」
(二三一) ローボザム「儒敎の十七世紀ヨーロッパに及ぼした影響」(「東亜四季報」第四卷二二四—四二)
(二三二) 「論語」レッグ、アーサ・ウェーレの譯等あり
(二三三) 「論語注疏」(十三經注疏)
(二三四) 「老子」(道德經)
(二三五) 葉玉森「殷虚書契前編集釋」(上海、一九三四)
(二三六) 容肇祖「韓非子考證」(上海、一九三六)
(二三七) 容庚「金文編」(長沙、一九三六)

(1) *Aristotle's Politics*, tr. by Benjamin Jowett(1905; reprinted Oxford, 1931). (Pagination given as in Bekker.)
(2) Ira M. Altshuler, M. D., "The Part of Music in the Resocialization of Mental Patients," in *Occupational Therapy and Rehabilitation* XX(Baltimore, 1941), 75—86.
(3) Charles Flinn Arrowood, *Thomas Jefferson and Education in a Republic*(New York and London, 1930).
(4) William A. Irwin, "The Hebrews," in *Intellectual Adventure*, 223—360.
(6) *Encycropaedia of the Social Sciences*, ed. by Edwin R. A. Seligman and Alvin Johnson, 15 vols. (1930—5; reprinted New York, 1937).

(7) H. and H. A. Frankfort, John A. Wilson, Thorkild Jacobsen, William A. Irwin, *The Intellectual Adventure of Ancient Man*(Chicago, 1946).

(8) Wilhelm Windelband, *A History of Philosophy*, tr. by James H. Tufts(New York, 1923).

(9) John A Wilson, "Egypt," in *Intellectual Adventure*, 31—121.

(10) Karl August Wittfogel, "Public office in the Liao and the Chinese Examination System," in *Harvard Journal of Asiatic Studies* X(Cambridge, 1947), 13—40.

(11) C. Martin Wilbur, *Slavery in China During the Former Han Dynasty*(Chicago, 1943).

(12) Richard Wilhelm, *Confucius and Confucianism*, tr. by G. H. and A. P. Danton(London, 1931).

(13) H. R. Williamson, *Wang An Shih*, 2 vols. (London, 1935—1937).

(14) *The Analects of Confucius*, tr. by Arthur Waley(1938; reprinted London, 1945).

(15) Arthur Waley, "The Book of Changes," in *Bulletin of the Museum of Far Eastern Antiquities* V(Stockholm, 1933), 121—142.

(16) Arthur Waley, *The Way and It's Power*(London, 1934).

(17) *The Book of Songs*, tr. by Arthur Waley(London, 1937).

(18) From Max Weber: *Essays in Sociology*, tr, and ed. by H. H. Gerth and C. Wright Mills(London, 1946).

(19) G. Weulersse, "The physiocrats," in *ESS* V, 348—351.

(20) Jean Escarra, *Le Droit Chinois*(Peking and Paris, 1936).

(21) Fritz Jäger, "Der heutige Stand der Schï-ki-Forschung," in *Asia Major* IX (Leipzig, 1933), 21—37.

(22) The *Yi King*, tr. by James Legge, in *Sacred Books of the East* XVI, 2 nd ed. (Oxford, 1899).

(24) Huan K'uan, *Discourses on Salt and Iron*, tr. by Esson M. Gale(Leyden, 1931).

(29) *Immanuel Kant's Sämmtliche Werke*, ed. by K. Rasenkranz and F. W. Schubert, 14 vols. (Leipzig, 1838—1842).

(30) Immanuel Kant, *Perpetual Peace*, reprint of translation published in London in 1796, translator unnamed(Los Angeles, 1932).

(31) Horace M. Kallen, "Pragmatism," in *ESS* XII, 307—311.

(32) Bernhard Karlgren, *On the Authenticity and Nature of the Tso Chuan*(Göteborg, 1926).

(33) Bernhard Karlgren, "Huai and Han," in *Bulletin of the Museum of Far Eastern Autiquities* XIII(Stockholm, 1941).

(34) E. Carcasonne, "La Chine dans l'Esprit des Lois," in *Revue d'Histoire Littéraire de la France*, 31e Année(Paris, 1924), 193—205.

(35) Ernst Cassirer, "Kant, Immanuel," in *ESS* VIII, 538—542.

(40) Pan Ku, *The History of the Former Han Dynasty*, tr. by Homer H. Dubs, Vols. I and II(London, 1938 and 1944).

(41) *The Complete Works of Han Fei Tzŭ*, tr. by W. K. Liao, Vol. I(London, 1939).

(43) Gilbert Chinard, *Thomas Jefferson, the Apostle of Americanism*, 2 nd ed., rev. (Boston, 1946).

(44) Gilbert Chinard, "Jefferson and the Physiocrats," in *University of California Chronicle* XXXIII(Berkeley, 1931), 18—31.

(45) *The Commonplace Book of Tomas Jefferson*, ed. by Gilbert Chinard(Baltimore and Paris, 1926).

(46) Edward Gibbon, *The History of the Decline and Fall of the Roman Empire*, 3 vols. (1776—1788; reprinted New York, 1946).

(48) Leonard Shihlien Hsü, *Sun Yat-sen; His Political and Social Ideals*(Los Angeles, 1933).

(49) The *I Li*, tr. by John Steele, 2 vols. (London, 1917).

(50) H. G. Creel, *Studies in Early Chinese Culture*, First Series(London, 1937).

(51) H. G. Creel, "Was Confucius Agnostic ? " in *T'oung Pao* XXIX(Leyden, 1935), 55—99.

(52) H. G. Creel, "Shih T'ien," in *Yenching Hsüeh Pao* XVIII(Peiping, 1935), 59—71.

(53) H. G. Creel, *The Birth of China*(London, 1936; New York, 1937).

(54) H. G. Creel, T. C. Chang, and R. C. Rudolph, *Literary Chinese by the Inductive Method*, 2 vols. (Chicago, 1938—9).

(55) Lorraine Creel, *The Concept of Social Order in Early Confucianism*(unpublished Ph. D. dissertation, University of Chicago, 1943).

(56) Luther Carrington Goodrich, *The Literary Inquisition of Ch'ien-lung*(Baltimore, 1935).

(57) E. A. Kracke, Jr., "Family vs. Merit in Chinese Civil Service Examinations under the Empire," in *Harvard Journal of Asiatic Studies* X(Cambridge, 1947), 103—123.

(59) François Quesnay, " Despotisme de la Chine, " in *Oeuvres Èconomiques et Philosophiques de F. Quesnay*, ed. by

Auguste Oncken(Frankfort and Paris, 1888), 563—660. First published serially in the *Èphémérides du Citoyen*(Paris, 1767) ; translated in Maverick, 141—304.

(60) George A. Kennedy, "Interpretation of the Ch'un-Ch'in," in *Journal of the American Oriental Society* LXII(Baltimore, 1942), 40—8.

(61) Adrienne Koch, *The Philosophy of Thomas Jefferson*(New York, 1943).

(62) *The Life and Selected Writings of Thomas Jefferson*, ed. by Adrienne Koch and William Peden(New York, 1944).

(63) Oliver Goldsmith, *The Citizen of the World*, 2 vols.(1762 ; reprinted London, 1790).

(65) Hu Shih. "Wang Mang, the Socialist Emperar of Nineteen Centuries Ago," in *Journal of the North China Branch of the Royal Asiatic Society* LIX(Shanghai, 1928), 218—230.

(66) Hu Shih, "The Establishment of Confucianism as a State Religion During the Han Dynasty," in *Journal of the North China Branch of the Royal Asiatic Society* LX(Shanghai, 1929), 20—41.

(67) Hu Shih, "Confucianism," in *ESS* IV, 198—201.

(69) Hu Shih, *The Chinese Renaissance*(Chicago, 1934).

(83) The Chinese Classics, tr. by James Legge, Vol. V, *The Ch'un Ts'ew, with the Tso Chuen*, 2 pts. (London, 1872).

(88) Cicero, *The Speeches*, tr. by N. H. Watts(London and New York, 1923).

(89) *The Writings of Thomas Jefferson*, ed. by Paul Leicester Ford, 10 vols. (New York and London, 1892—9).

(90) Thorkild Jacobsen, "Mesopotamia," in *Intellectual Adventure*, 125—219.

(91) John K. Shryock, *The Origin and Development of the State Cult of Confucius*(New York and London, 1932).

(92) The Chinese Classics, tr. by James Legge, Vol. IV, *The She King*, 2 pts. (London, 1871).

(93) The Chinese Classics, tr. by James Legge, Vol. III, *The Shoo King*, 2 pts. (London, 1865).

(94) Se-ma Ts'ien, *Les Mémoires Historiques*, tr. by Édouard Chavannes, 5 vols. (Paris, 1895—1905).

(95) *The Book of Lord Shang*, tr. by J. J. L. Duyvendak(London, 1871).

(96) *The Works of Hsüntze*, tr. by Homer H. Dubs(London, 1928).

(106) Sun Yat-sen, *San Min Chu I, the Three Principles of the People*, tr. by Frank W. Price(Shanghai, 1929).

(107) Sun Yat-sen, *The Triple Demism of Sun Yat-sen*, tr. by Paschal M. D'Elia(Wuchang, 1931).

(109) *The Writings of Kwang-3ze*, tr. by James Legge, in *Sacred Books of the East* XXXIX, 125—392 and XL, 1—232 (1891; reprinted London, 1927).

(110) Homer H. Dubs, "Did Confucius Study the 'Book of Changes'?" in *T'oung Pao* XXV(Leyden, 1928), 82—90.

(111) Homer H. Dubs, "The Failure of the Chinese to Produce Philosophical Systems," in *T'oung Pao* XXVI(Leyden, 1929), 98—109.

(112) Homer H. Dubs, "The Date and Circumstances of the Philosopher Lao-dz" in *Journal of the American Oriental Society* LXI(Baltimore, 1941), 215—221.

(118) Chang Hsin-hai, "Some Types of Chinese Historical Thought," in *Journal of the North China Branch of the Royal Asiatic Society* LX(Shanghai, 1929), 1—19.

(122) J. B. Du Halde, S. J., *The General History of China*, tr. by R. Brookes, Vol. I(London, 1736), Vols. II—IV, 3 rd ed. rev. (London, 1741).

(123) A. E. Taylor, *Sacrates*(1932; reprinted Edinburgh, 1933).

(125) J. J. L. Duyvendak, "Hsün-tzŭ on the Rectification of Names," in *T'oung Pao* XXIII(Leyden, 1924), 221—254.

(126) J. J. L. Duyvendak, "The Chronology of Hsün-tzŭ," in *T'oung Pao* XXVI(Leyden, 1929), 73—95.

(127) J. J. L. Duyvendak, "*The Origin and Development of the State Cult of Confucius*. By John K. Shryock." Review in *Journal of the American Oriental Society* LV(New Haven, 1935), 330—8.

(128) George H. Dunne, S. J., *The Jesuits in China in the Last Days of the Ming Dynasty*(unpublished Ph. D. dissertation, University of Chicago, 1944).

(129) Nicholas Trigault, *The China That Was*, tr. by L. J. Gallagher, from work published in 1615(Milwaukee, 1942).

(131) T'ang Yung-t'ung, "Wang Pi's New Interpretation of the *I Ching and Lun-yü*," tr. by Walter Liebenthal, in *Harvard Journal of Asiatic Studies* X(Cambridge, 1947). 124—161.

(132) Têng Ssŭ-Yü, Chinese Influence on the Western Examination System," in *Harvard Journal of Asiatic Studies* VII (Cambridge, 1943), 267—312.

(133) Alan F. Hattersley, *A Short History of Democracy*(Cambridge, 1930).

(134) F. J. C. Hearnshaw, "Chivalry, European," in *ESS* III 436—441.

(135) G. F. Hudson, *Europe and China.*

(136) William F. Hummel, "K'ang Yu-wei, Historical Critic and Social Philosopher, 1858—1927," in *Pacific Historical Review* IV(Glendale, Calif., 1935), 343—355.

(137) Arthur W. Hummel, ed., *Eminent Chinese of the Ch'ing Period*, 2 vols. (Washington, 1943—4).

(138) Eustace Budgell, *A Letter to Cleomenes King of Sparta*(London, no date, but Library of Congress catalogue gives 1731).

(139) C. Delisle Burns, *Democracy, It's Defects and Advantages*(New York, 1929).

(140) C. Delisle Burns, *Challenge to Democracy*(New York, 1935).

(141) James S. Byrnes, *Speaking Frankly*(New York, 1947).

(142) Robert Burton, *The Anatomy of Melancholy*(1621; reprinted New York, 1938).

(143) Gustav Haloun, "Fragmente des Fu-tsï und des T'siṅ-tsï. Frühkonfuzianische Fragmente I," in *Asia Major* VIII (Lipzig 1933), 437—509.

(144) Gustav Haloun, "Das Ti-tsï-tsï, Frühkonfuzianisehe Fragmente II," in *Asia Major* IX(Leipzig, 1933), 467—502.

(145) Vernon Louis Parrington, *Main Currents in American Thought*, 3 vols. (New York, 1930).

(146) Samuel Purchas, *Hakluytus Posthumous or purchas His Pilgrims*, Vol. XII(1625; reprinted Glasgow, 1906).

(148) Édouard Biot, *Essai sur l'Histoire de la l'Instruction Publique en Chine, et de la Corporation des Lettrés*(Paris, 1847).

(149) Bernhard Pick, *The Extra-Canonical Life of Christ*(New York, 1903).

(150) Virgile Pinot, *La Chine et la Formation de l'Esprit Philosophique en France*(1640—1740) (Paris, 1932).

(151) Virgile Pinot, "Les Physiocrates et la Chine au XVIIIe siècle," in *Revue d'Histoire Moderne et Contemporaine* VIII(Paris, 1906—7), 200—214.

(152) E. R. Hughes, *The Great Learning and the Mean-in-action*(New York, 1943).

(153) *Encyclopédie*, ou Dictionaire Raisonné des Sciences, des Arts et des Métiers, ed. by Denis Diderot and J. L. d'Alambert, Vols. III and IX(Paris, 1753, and Neuchatel, 1765).

(154) Bernard Fäy, Franklin, the Apostle of Modern Times(Boston, 1929).

(155) François de Salignac de la Mothe Fénelon, *Dialogues des Morts*, first published at Cologne in 1700 as *Dialogues divers entre les cardinaux Richelieu et Mazarin et autres*(Paris, 1819).

(156) Herman Finer, The Future of Gevernment(London, 1946).

(157) James Bryce, *The Holy Roman Empire*, 8th ed., rev. (London and New York, 1897).

(158) Ferdinand Bruntière, *Études Critiques sur l'Histoire de la Literature Française* 8e série(Paris, 1907).

(159) *Plutarch's Lives*, "the translation called Dryden's" rev. by A. H. Clough, Vol. II(Boston, 1864).

(160) *Cratylus*, in *The Dialogues of Plato*, tr. by Benjamin Jowett 2 vols. (1892; reprinted New York, 1937), I, 173—229.(Pagination given, for this and the following dialogues, as in Stephens.)

(161) *Phaedo*, in ibid. I, 441—501.

(162) *The Republic*, in ibid. I, 591—879.

(163) *Laws*, in ibid. II, 407—703.

(168) Jean-Albert Bédé, "Gustav Lanson," in *The American Scholar* IV(New York, 1935), 286—291.

(169) Henri Bernard, S. J., *Le Père Mathieu Ricci et la Société Chinoise de son temps(1552—1610)* 2 vols.(Tientsin, 1937).

(170) Henri Bernard, S. J., *Sagesse Chinoise et Philosophie Chrétienne*(Tientsin, 1935).

(171) Paul Pelliot, Meou-tseu ou les doutes levés," in *T'oung Pao* XIX(Leyden, 1920), 255—433.

(172) Harald Höffding, *A History of Modern Philosophy*, tr. by B. E. Meyer, Vol. II(1900; reprinted London, 1920).

(173) Pierre Poivre, *Travels of a Philosopher*, tr. from French, translator unnamed(Dublin, 1770).

(174) Derk Bodde, *China's First Unifier*(Leyden, 1938).

(175) Derk Bodde, *Statesman, Patriot and General in Ancient China*(New Haven, 1940).

(176) A. N. Holcombe, "Chinese Problem," in *ESS* III, 431—6.

(177) A. N. Holcombe, *Government in a Planned Democracy*(New York, 1935).

(178) *Oeuvres Complètes de Voltaire*, 92 vols. (Impr. de la Sociéte Littéraire-typographique, 1785—9).

(179) *The Ethical and Political Works of Mo Tzu*, tr. by Mei Yi-pao(London, 1929).

(181) Thomas Babington Macauley, "*The Romance of History, England*. By Henry Neele." Unsigned review in *The*

Edinburgh Review XLVII(Edinburgh, 1828), 331—367.
(182) Henri Maspero, *La Chine Antique*(Paris, 1927).
(183) Henri Maspero, La composition et la date du Tso tchouan," in *Mélanges Chinois et bouddhiques* I (Brussels, 1932), 137—215.
(184) Lewis A. Maverick, *China, a Model for Europe*(San Antonio, 1946).
(186) Charles E. Merriam, *The New Democracy and the New Despotism*(New York and London, 1939).
(187) John Visconut Marley, *Diderot and the Encyclopaedists*, Vol. I(London, 1923).
(188) Charles de Secondat, Baron de Montesquieu, *The Spirit of Laws*, tr. by Thomas Nugent, 2 vols. (Cincinnati, 1873).
(192) Gottfried Wilhelm, freiherr von Leibniz, *Novissima Sinica*, 2 nd ed. (Leipzig ? 1699).
(193) Paul M. A Linebarger, *Government in Republican China*(New York and London, 1938).
(194) Harold J. Laski, "Democracy," in *ESS* V, 76—85.
(195) Max Radin, "Jus Gentium," in *ESS* VIII, 502—504.
(196) Adolf Reichwein, *China and Europe*; *Intellectual and Artistic Contacts in the Eighteenth Century*(London, 1925).
(197) Arthur O. Lovejoy, "The Chinese Origin of a Romanticism," in *Essays in the History of Ideas*(Baltimore, 1948), 99—135.
(198) Paul Henry Lang, *Music in Westrn Civilization*(New York, 1941).
(199) Gustav Lanson, "Le Rôle de l'experience dans la Formation de la Philosophie du XVIII Siècle en France," in *La Revue du Mois* IX(Paris, 1910): I. "La Transformation des Idées Morales et la Naissance des Morales Rationelles de 1680 à 1715," 5—28; II. "L'Éveil de la Conscience Sociale et les Premières Idées de Réformes Politiques," 409—429.
(200) Donald F. Lach, *Contributions of China to German Civilization*, 1648—1740(unpublished Ph. D. dissertation, University of Chicago, 1941).
(201) Donald F. Lach, "Leibniz and China," in *Journal of the History of Ideas* VI(New York, 1945), 436—455.
(202) Robert J. La Master, "Music Therapy as a Tool for Treatment of Mental Patients in the Hospital," in *Hospital Management* LXII. 6(Chicago, 1946), 110—14, LXIII. 1(1947), 110—14.
(206) The Lî Kî, tr. by James Legge, in *Sacred Books of the East* XXVII and XXVIII(1885; reprinted London, 1926).

(207) A. D. Lindsay, *The Modern Democratic State*, Vol. I(New York and London, 1947).

(210) Lin Yutang, "Li : the Chinese Principle of Social Control and Organization "in *Chinese Social and Political Science Review* II. No. 1(Peking, 1917), 106—118.

(211) Lin Yutang, *The Wisdom of Confucius*(New York, 1943).

(215) Louis Daniel Le Comte, *Memoirs and Observations* ……*Made in a Late Journey Through the Empire of China*, tr. from the Paris ed. (London, 1697).

(216) Georges Lefebvre, *The Coming of the French Revolution*, tr. by R. R. Palmer(Princeton, 1947).

(217) *The Chinese Classics*, tr, by James Legge, Vols. I—II. 2 nd ed. rev. (Oxford 1893—1895) Vols. III—V(London, 1865—1872).

(218) W. E. H. Lecky, *History of the Rise and Influence of the Spirit of Rationalism in Europe*, 2 vols.(New York, 1866).

(219) A. K. Rogers, *The Socratic Problem*(New Haven, 1933).

(220) Arnold H. Rowbotham, *Missionary and Mandarin, the Jesuits at the Court of China*(Berkeley and Los Angeles, 1942).

(221) Arnold H. Rowbotham, "The Impact of Confucianism on Seventeenth Century Europe," in *Far Eastern Quarterty* IV(1945), 224—242.

譯者あとがき

クリール教授の主著の一つと思われる本書の原書を譯者が通讀したのは數年前のことである。日本人として、ヨーロッパ人やアメリカ人よりも遙かに身近《ちか》に感ずる筈の孔子の人柄やその言行を、アメリカの斯界隨一の權威が、同文で無いに拘らず、或は却ってそのために、古今東西の文獻を渉獵し、民主政治との關連を以て解說せられた本書は、平素孔子に關心を持ちながら、新古の注釋による論語のみでは、物足らぬ感を免れ得なかった譯者にとっては感銘特に淺からぬものを覺えた。そこで熟讀の意味を以て邦譯を試みることも亦無益で無いと思い、餘暇を以てこれに充て、素養不足のため幾多の困難に逢着しつつも、一年有餘の日子を費して一應終了し、その間得るところ決して鮮少でなかった。

飜ってわが國現下の狀況を見るに、物質的の面では戰後經濟の復興、その進展見るべきものあるに反し、精神的の面では、所謂孔孟の敎えが數世紀に亙って敎養ある人士の道義的脊骨を形成し、明治維新の變革に際しても本質的には殆んど微動だも見せなかったものが、今回の敗戰と共に地を拂って片影だも留めざるに均しき無殘な狀態となった。

かくて新時代に卽應する道義的脊骨が、世界との共存協力と兩立する愛國の至誠、良心の發露となって、果して何れの日に遺憾無き具現を見るや一部に眞劍な憂慮の聲が聞かれるのも當然であり、わが國の興廢實にこの一事にありとさえ思われるのである。蓋し、前古未曾有の敗戰による虛脫と、敗戰に至るまでの當局の虛僞に對する反感と、古くは、その昔シナ文明の輸入に隨った佛敎の如くに、西洋文明の輸入に伴ったキリスト敎を受け入れなかった史實と、在来宗教の無氣力と、等々相俟って今日の有様に至ったものの如くである。

この時に當って従來の所謂儒教と異る孔子本來の思想が、今日の民主主義と一脈相通じ、人を愛する仁、宜しきに叶う義、社會の潤滑油たる禮、等々の諸徳の眞意義を論じて人間の平等、協同社會の理念を説く本書の如きは、これをわが國讀書界に紹介するも強ち徒爾でなかろうと感じはじめ、盲目蛇に怖じず、遂に岩波書店にこの原書と試みた譯文第一章(本書の梗概)の草稿とを示して出版のことを謀ったところ、進んでこれに當る旨の快諾に接した。爾來岩波書店は飜譯に關する手續きを了し、譯者は更めて譯文を原書に對照して推敲を重ね、ここに上梓を見た次第であるが、もともと譯者は一市井人で基礎的素養を缺くのみならず、文筆の經驗絶えて無くただその意の通ずることをのみこれ力めたけれども、飜譯、表現共に恐らくは過誤無きを保し難い。加うるに、漢字假名の使用慣習、假名遣い及び西洋固有名詞の發音等、不案内且つ無智の爲、出版書肆に少なからず累を及ぼしたが、この面の誤りもまだあることかと思う。すべて譯者の責に任ずべきことで、大方の叱正を待つ次第である。

英文解釋上の疑義は中學以來の舊友、東京大學名譽教授市河三喜博士に就いてしばしば垂示を仰ぎ、また友人式部官黑田實氏の教示を受けたことも一再でない。ここに兩氏の篤き友情に對し深く感謝の意を表する。また本書の内容についての譯者の非力無學が致す缺陷は多分に京都大學人文科學研究所の貝塚茂樹及び平岡武夫兩教授の懇切な指導並に中華民國大使館公使張伯謹先生の教示によって少なからず補塡された。この三先生の厚意、殊に平岡先生の屢次の激勵に對しては感謝のことばを知らない。なお、參考書等に關し東京大學名譽教授宇野哲人、東京教育大學名譽教授諸橋轍次の兩博士及び東京教育大學講師水澤利忠氏の與えられたる厚志に對しても深く謝意を表する。なお、原著の題字を用いることの承諾を、中華民國大使館參事官崔萬秋先生の厚意によって筆者、孔子第七十七世直系孔德成先生より與えられたことについては、深く兩先生に對し感謝の意を表する。最後に、しかし決して最小でなく、原著者に對し非禮を敢てし書翰を以て高教を乞うたに際し、迅速且つ鄭重に教示を與えられたことに對してはここに特筆して譯者の心からなる御禮を申述べる。また譯者の請いを容れて著者がその近影を以て巻頭を飾ることを許されたることは、これまた感謝措く能わざるところである。以上内外諸先生の指導と激勵とが微かりせばこの譯書は世に出なかったろうと思うにつけ、上木に際し更めて諸先生に對する感謝の念を新たにするものである。

注はアメリカ版では末尾に集められ、イギリス版では各頁の脚注となっているが、この譯書では、その何れにも從わず、章毎に通《とお》し番號を用いて、各章尾にこれを一括した。原著で、注に於いては、引用參照する書名を「略辭」で表示しているが、この譯書では若干の例外を除き、引用參照の際、注に於いて一應如何なる書物であるかを明瞭にし、「略辭」は用いないこととした。しかし、「書目」は譯文により、アイウエオ順に配列作成し、且つシナ文または日本文以外のものは更に「原文書目」を末尾に添えた。

この譯書では、例えば「史記」が引用されている場合、原書通りにシャヴァンヌの佛譯五巻竝に瀧川龜太郎著「史記會注考證」(十巻漢文)の巻數及び頁數を掲げるよりは「國譯漢文大成」經子史部第十三巻乃至第十六巻によって、その四冊の巻數及び頁數を掲げる方が常識に叶うのみでなく、著者は序文の中で「參考として擧げるシナの原典は飜譯書を以てすることとしたが、その都度いつでも原典をも參照した」と言っている故に、頻繁に引用されるシナ原典について次の便宜によることとした。その他のシナ原典の頁數表示は區々である。

㈠　論語は特に「　」をも附せず、書名は全然省略して、例えば學而篇第十章は「學而一〇」と表現することとした。本書の讀者は論語の篇名を見れば直ちに論語の一篇たることを十分に知り得ると思うからである。章を表わす數字は岩波文庫本によって表示した。これは單に便宜のためのみで、他意は無い。

(二) 「孟子」は「孟子」を頭に冠する外、論語の例に準じ章を表わす數字についても論語に準ずる。

(三) 「易經」も岩波文庫本によるものとし、大體「孟子」の例に準ずる。

(四) 「禮記」は「國譯漢文大成」經子史部第四卷安井小太郎譯によって頁數を附した。但し「大學」「中庸」の二篇は「國譯漢文大成」第一卷小牧昌業譯によった。

(五) 「書經」「詩經」「春秋左氏傳」「國語」「墨子」「老子」「莊子」「荀子」「商君書」「韓非子」「晏子春秋」「史記」は、それぞれ、「國譯漢文大成」經子史部第二卷、第三卷、第五卷第六卷第十七卷、第八卷第七卷、第八卷第九卷第十八卷、第十三卷乃至第十六卷の服部宇之吉、山口察常「國譯書經」、釋清潭「國譯詩經」、兒島獻吉郎「春秋左氏傳」上下二卷、林泰輔「國譯國語」、小柳司氣太「國譯墨子」「國譯老子」「國譯莊子」、笹川臨風「國譯荀子」「國譯商子」、宇野哲人「國譯韓非子」、藤田劍峯「國譯晏子春秋」、公田連太郎「國譯史記」(卷一、二)、矢內亘「國譯史記」(卷三、四)により、それぞれの卷、頁の數に改變した。但し、レッグ、シャヴァンヌをはじめヨーロッパ人、アメリカ人のシナ古典譯書に譯者の意見を表わす注の個所は、元よりそれら譯者自體のもので、その譯書の頁を表示するは當然のことである。

(六) 「漢書」は縮印百衲本(宋景祐刊本)によったが、ダッブスの英譯書によった個所もある。それはダッブス譯「漢書」第二卷が東洋文庫等の圖書館に無く、又右第二卷の表わす頁の數と本文の內容とを勘案してその個所を捉えるだけの學力と時間との不足から來た不統一の一であり殘念である。

(七) 原著では馮友蘭の「シナ哲學史、哲學者たちの時代」はボッデの英譯書により、郭沫若の「十批判書」は、シナ原書によるも、この邦譯では、それぞれ、柿村峻譯「シナ古代哲學史」および野原四郎、佐藤武敏および上原淳道共譯「中國古代の思想家たち」の邦譯書によって引用個所を示した。

索引は原書のそれに基づき、人名等分類作成した外、配列その他若干の變更を見たが、一に原書の意を體して讀者の便に供せんとしたに外ならない。

最後に岩波書店の各君がこの書物の出版について示された各面に於ける少なからざる厚意に對して厚く御禮を述べる。

昭和三十五年十一月

譯　者

著者略歴

エッチ・ジー・クリール教授は一九〇五年一月十九日イリノイ州シカゴ市に生まれ、シカゴ大學から一九二六年にバチェラー・オブ・フィロソフィー、一九二七年にマスター・オブ・アーツ、一九二九年にドクター・オブ・フィロソフィーの學位を受けた。ハーヴァード大學に於ける二年間の特別研究の後、一九三二年より一九三六年まで北京に留學、歸米後シカゴ大學講師を經て現に同學教授の職に在り、シナの文學および制度を講ず。

主著

「シナの誕生」（一九三六年） "The Birth of China, a survey of Formative of Chinese Civilization"

「シナ古代文化の研究」（一九三七年） "Studies in Early Chinese Culture"

「孔子 その人とその傳説」（一九五一年） "Confucius, the Man and the Myth"

「シナの思想 孔子より毛澤東まで」（一九五三年） "Chinese Thought, from Confucius to Mao Tse-tung"

主論文

「孔子は不可知論者か」（一九三二年） "Was Confucius Agnostic ?"

「商代に於ける青銅器の製造と裝飾の起源について」（一九三五年） "On the Origins of the Manufacture and Decoration of Bronze in the Shang Period"

「シナ表意文字の本質について」（一九三六年） "On the Nature of Chinese Ideography"

■岩波オンデマンドブックス■

孔子――その人とその伝説　H. G. クリール

1961年1月31日　第1刷発行
1993年10月7日　第6刷発行
2014年9月10日　オンデマンド版発行

訳　者　田島道治《たじまみちじ》

発行者　岡本　厚

発行所　株式会社　岩波書店
〒101-8002 東京都千代田区一ツ橋2-5-5
電話案内 03-5210-4000
http://www.iwanami.co.jp/

印刷／製本・法令印刷

ISBN 978-4-00-730135-3　Printed in Japan

人 名 索 引

ア 行

カ 行

サ 行

タ 行

ナ 行

ハ 行

マ　行

ヤ　行

ラ　行

事 項 索 引

〈哲學・思想等〉

〈古　典〉

〈その他〉

〈孔子に關する事項〉